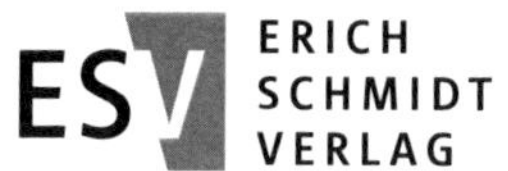
ESV
ERICH
SCHMIDT
VERLAG

AF535251

GRUNDLAGEN DER GERMANISTIK

Herausgegeben von Christine Lubkoll, Ulrich Schmitz,
Martina Wagner-Egelhaaf und Klaus-Peter Wegera

65

Filmdidaktik Deutsch

Eine Einführung

von

Ingo Kammerer

und

Klaus Maiwald

ERICH SCHMIDT VERLAG

Bibliografische Information der Deutschen Bibliothek
Die Deutsche Bibliothek verzeichnet diese Publikation in der Deutschen Nationalbibliografie; detaillierte bibliografische Daten sind im Internet über dnb.ddb.de abrufbar.

Weitere Informationen zu diesem Titel finden Sie im Internet unter
ESV.info/978-3-503-19912-9

Umschlaggestaltung unter Verwendung von zwei Abbildungen aus:
Wikimedia Commons: „People using smartphones", Rawpixel.com, CC0 1.0 und „Early film posters in Romania", Marcellin Auzolle (1862-1942), CC BY-SA 3.0.

Gedrucktes Werk: ISBN 978-3-503-19912-9

www.ESV.info

Dieses Papier erfüllt die Frankfurter Forderungen der Deutschen Bibliothek und der Gesellschaft für das Buch bezüglich der Alterungsbeständigkeit und entspricht sowohl den strengen Bestimmungen der US Norm Ansi/Niso Z 39.48-1992 als auch der ISO-Norm 9706.

Satz: L101, Fürstenwalde/Spree
Druck und Bindung: Difo-Druck, Untersiemau

Inhaltsverzeichnis

Einleitung

Von Goethe stammt der Satz „Man erblickt nur, was man schon weiß und versteht“ (1819, zit. nach Burkhardt 1870, S. 29), dessen Kurzform, „Man sieht nur, was man weiß“, noch heute gerne zitiert wird. Natürlich hatte der Dichter zu seinen Lebzeiten nie ein Kino betreten und daher auch nicht die Filmkunst im Sinn. Dennoch lässt sich seine Sentenz leicht auf die Filmrezeption beziehen. Obwohl die sinnliche Wahrnehmung eines Films in Teilen an die alltägliche Wahrnehmung erinnert, funktioniert das filmische „Erblicken“ (und Hören) nicht naturwüchsig, von selbst. Es bedarf vielmehr des Wissens und Verstehens, der Kenntnisse und Kompetenzen rund um jene (Kunst-)Form audiovisueller Inhaltsdarbietung, die in den gut 125 Jahren ihrer Existenz eine bemerkenswerte technische, kommerzielle und kulturelle Erfolgsgeschichte schreiben konnte.

Inzwischen hat sich der Film sowohl in den Fachdidaktiken und Lehrplänen als auch im Unterricht selbst etabliert. Dies ist gut und war notwendig, denn Filme sind schon seit längerem das Leitmedium unserer audiovisuell geprägten Medienkultur. Wenn Menschen z. B. Fiktionales erleben wollen, sitzen sie mehrheitlich nicht mehr über einem Buch, sondern vor einer Leinwand, einem Monitor, einem Display. Es ist somit verständlich und wenig überraschend, wenn in der Aus- und Weiterbildung von Lehrer*innen das Thema Film auf erhöhtes Interesse stößt. Denn gerade Deutschlehrkräfte haben den Umgang mit schriftlicher Literatur und Sprache bereits in der Schule und dann im Studium ausgiebig erlernt; den Umgang mit dem Film und dessen ‚Sprache‘ dagegen meist nicht. Die vorliegende Einführung antwortet darauf mit didaktischen Begründungen, sachanalytischen Informationen und praktisch-methodischen Umsetzungen für die Filmbildung im Deutschunterricht.

Freilich wird mit einer Einführung nicht nur der gesicherte Kenntnisstand in einem Fachgebiet aufgezeigt (der sog. *state of the art*), sondern es werden auch immer Positionen bezogen. In der Filmdidaktik kann man z. B. von einem engen oder einem weiten filmischen Gegenstandsspektrum ausgehen; man kann produktives Gestalten von Filmen unterschiedlich gewichten; man kann eher gegenstandsorientiert oder stärker subjektorientiert denken. Unseres Erachtens sollten solche Entscheidungen auch in einer Einführung deutlich werden: Somit wird zunächst in Kapitel 1 nach dem ‚Weshalb‘ und dem ‚Wozu‘ des Filmunterrichts gefragt und aus bestehenden Konzeptionen heraus ein didaktischer Begründungsrahmen gezogen. Kapitel 2 fragt dann nach dem ‚Was‘ und ‚Wie‘ des Gegenstands selbst, entfaltet dabei ausführlich fach- und sachanalytische Grundlagen, auf die Filmlehrer*innen zugreifen können müssen. Eine Systematisierung und Positionierung von Verfahren des Umgangs mit filmischen Texten erfolgt in Kapitel 3. Kapitel 4 präsentiert sechs Praxismodelle, in denen der Kompetenzaufbau für verschiedene filmische Gegenstände und Jahrgangsstufen exemplarisch aufgezeigt wird. Ein kurzer fachlicher und didaktischer Ausblick schließt als Kapitel 5 die Einführung ab.

Der Band kann somit nicht nur als Ganzes gelesen, sondern auch zum gezielten Nachschlagen genutzt werden, wenn man beispielsweise etwas über filmbezogene Kompetenzmodelle, filminterne Darstellungsmittel, Filmgenres und Filmgeschichte, Methoden des Filmunterrichts oder konkrete Filmarbeit wissen möchte. Ein Stichwortverzeichnis und ein Glossar zu mit einem Sternchen (*) versehenen Spezialbegriffen erleichtern zudem die Nutzung des Bandes. Eine kleine Auswahlliste mit Online-Angeboten zu Filmanalyse, Filmkultur und Filmarbeit lädt zu ergänzenden Streifzügen im Netz ein.

Wir danken Frau Stephanie Jürgens und Frau Hedda Monstadt für ihren Beitrag zur Erstellung des Manuskripts und Frau Dr. Carina Lehnen vom ESV für die geduldige Betreuung.

Augsburg, im März 2021

Ingo Kammerer und Klaus Maiwald

1 Fach- und filmdidaktischer Begründungsrahmen

Traditionelle Hauptgegenstände des Deutschunterrichts sind gesprochene und geschriebene Sprache. Weshalb und wozu soll sich der Deutschunterricht also mit Film beschäftigen? Die Beantwortung dieser Frage steht im Zentrum dieses Kapitels.

1.1 Eine Filmdidaktik für den Deutschunterricht

„Eine Filmdidaktik für den Deutschunterricht gibt es nicht". Mit diesem Satz leitete Peter Christoph Kern (2004, S. 217) in dem Band *Grundzüge der Literaturdidaktik* seinen Beitrag über „Film" ein. Dass dieser Beitrag im Teilbereich „Literaturgeschichte und literarische Gattungen" platziert wurde, ist in mehrfacher Hinsicht aufschlussreich: Umgang mit dem Film ist hier Teil der *Literatur*didaktik bzw. wird deshalb zu einer wesentlichen literaturdidaktischen Aufgabe, weil der Film (neben Drama, Roman/Erzählung und Lyrik) als *Gattung* der Literatur gilt. Folglich unterliegt der Film der Zuständigkeit vor allem des *Deutsch*unterrichts bzw. stellt sich das Erfordernis einer Filmdidaktik *für den Deutschunterricht.* Dies berührt sogleich zentrale didaktische Fragen für den schulischen Umgang mit dem Film:

- Ist der Film eine Form bzw. Gattung der Literatur? Ist er Teil der Literatur oder etwas anderes?
- Kann es sinnvollerweise eine Filmdidaktik (nur) für den *Deutsch*unterricht geben? Kann die Behandlung als literarische Gattung innerhalb des Deutschunterrichts dem Medium Film gerecht werden?
- Ist der Film (vor allem oder ausschließlich) als ‚literarischer', sprich fiktionaler Film relevant? Oder umgreift eine Filmdidaktik auch nicht-fiktionale, dokumentarische Filme?

Die vorliegende Einführung positioniert sich zu diesen Fragen bereits mit ihrem Titel. Unserer **Filmdidaktik Deutsch** geht es vorrangig um den (Spiel-)Film als narratives, aber auch um den (Dokumentar-)Film als expositorisches Medienangebot – und damit um den **Umgang mit Texten (in einem weiten Sinne) als Aufgabenfeld primär des Deutschunterrichts**. Damit wird kein Monopol reklamiert. Denn z.B. auch im Unterricht moderner Fremdsprachen ist der Film von Interesse: als Geschichtenerzähler und als Reservoir für sprachliches und (inter-)kulturelles Lernen (vgl. z.B. Becker/Roos 2016; Hallet 2016; Leitzke-Ungerer 2016). In gesellschaftswissenschaftlichen Fächern sind NS-Propaganda-Filme von Leni Riefenstahl, die Inszenierung von Geschichte in den Doku-Fictions von Guido Knopp oder von Politik in Nachrichten- und Talk-Sendungen des Fernsehens legitime Gegenstände. Als visuelles Medium ist der Film zudem für das Fach

Kunst, als auditives für das Fach Musik von Belang. Mit diesen Hinweisen auf die filmdidaktischen Zuständigkeiten anderer Fächer wird zugleich anerkannt, dass Filmbildung absehbar kein eigenes Schulfach sein wird und dass filmdidaktische Modellierungen schon realistischerweise von einer Integration in bestehende Fächer ausgehen sollten.

Den **Deutschunterricht** sehen wir hierbei allerdings in einer **Leitfunktion**. Auch wenn er anders erzählt als der Roman, die Erzählung oder die Kurzgeschichte: „Der Film ist in erster Linie ein erzählendes Medium" (Pfeiffer/Staiger 2008, S. 5). Doch nicht nur das: Für Joachim Paech (1997, S. 178) ist der realistische Film im Kino und im Fernsehen „der direkte Nachfolger des Romans des bürgerlichen Realismus". Man kann noch zuspitzen, dass der Spielfilm im Laufe des 20. Jahrhunderts vom realistischen Roman (z. B. eines Flaubert, Dickens, Fontane) die Rolle als narratives Leitmedium übernommen hat (vgl. auch Frederking/Schneider 2010, S. 290). Das heißt: Wenn Menschen eine Geschichte erleben wollen, finden sie sich mehrheitlich und bevorzugt vor einer Kinoleinwand und (später dann) vor einem Bildschirm ein. Aus diesem **Gebrauch des Films als narratives Leitmedium in unserer Kultur** (vgl. auch Länderkonferenz MedienBildung 2015, S. 3, NQ[1]) ergibt sich u. E. die primäre Zuständigkeit des Deutschunterrichts bzw. das Erfordernis einer Filmdidaktik Deutsch.

Kerns Aussage über die fehlende Filmdidaktik für den Deutschunterricht war zu Beginn der Nuller-Jahre ohne Frage zutreffend. Sie ist es heute natürlich nicht mehr, denn es gibt mittlerweile eine Reihe von filmdidaktischen Konzeptionen, auf die eine Einführung wie diese zurückgreifen kann und von denen sie sich abgrenzen muss. Bereits 2004 gab es aber auch schon eine fast 100 Jahre währende Geschichte pädagogischer Reaktionen auf das neue Medium des Films. Im Folgenden sollen wichtige Stationen dieser Geschichte kurz beleuchtet werden.

1.2 Film und Unterricht – ein historischer Abriss

Der folgende Abriss ist keine lückenlose Nacherzählung, sondern eine Rekonstruktion systematischer, bis heute nachwirkender didaktischer Dimensionen und Positionen. (Hinweise zur frühen Filmdidaktik finden sich ausführlicher bei Barsch 2006, S. 79–95; Maurer 2010a, S. 41 ff.; Schönleber 2012, S. 19 ff.)

Die pädagogischen Reaktionen auf das neue Medium Film waren von Anfang an zwiespältig. Exemplarisch hierfür ist eine (gern zitierte) Stellungnahme des Hamburger Lehrervereins von 1907. Diese stellte den Film als populäre Jahrmarktsattraktion mit sensationsheischenden Inhalten einerseits unter Verdacht. Da viele der „lebenden Photographien"

1 Mit NQ werden folgend Netzquellen abgekürzt, deren vollständige URL-Angaben sich im Anhang befinden.

> in ihrer Ausführung mangelhaft sind, das Häßliche, Verbildende und sittlich Gefährdende in ihnen überwiegt und viele Theaterräume billigen Anforderungen der Hygiene nicht genügen, halten wir den Besuch der Theater lebender Photographien für Kinder für gefährlich. Dem Besuch von Vorführungen dieser Art hat die Schule erziehlich entgegenzuwirken. (Zit. nach Barsch 2006, S. 80)

Die Vorbehalte richteten sich also nicht nur gegen die Inhalte der Filme, sondern auch gegen die äußere Anordnung (medientheoretisch gesprochen: das Dispositiv) ihrer Verbreitung in unhygienischen Theaterräumen. Als Lasterhöhle galt das Kino stets sowohl in dem, was sich auf der hellen Leinwand, als auch in dem, was sich in den dunklen Sitzreihen abspielte.

Gab es also durchaus einen frühen „Kulturkampf gegen das Kino" (Pfeiffer 2010), so waren sich die Hamburger Lehrer andererseits auch bereits der bildenden Potenziale des Films bewusst: „Technisch und inhaltlich einwandfreie kinematografische Darstellungen können dagegen ein ausgezeichnetes Mittel der Belehrung und Unterhaltung sein" (zit. nach Barsch 2006, S. 80). Im Sinne einer „besseren und edleren Ausnutzung des Kinematographen" sollte die Filmindustrie „zu guten, speziell für Kinder geeigneten Vorführungen" (ebd.) bewogen werden. Innerhalb der Reformpädagogik verfolgten die **‚Kinoreformer'** (z. B. Hermann Lemke, Adolf Sellmann) die Nutzbarmachung des neuen Mediums als Bildungstechnologie: für die Förderung lernschwächerer Kinder und für die Veranschaulichung mit bloßem Auge schwer zugänglicher Phänomene (vgl. ebd., S. 81).

Institutionalisiert wurde dieses Bestreben in der sog. **Schulfilmbewegung**. Ab 1919 wurden staatliche Bildstellen eingerichtet, die die Produktion und Nutzung von Lehrfilmen betrieben. Es ging hier also nicht mehr um den Film als „ein ausgezeichnetes Mittel [auch der] Unterhaltung", welches der Hamburger Lehrerverein noch ausmachte, sondern nur noch um dessen Funktionalisierung, „um den Heranwachsenden einen administrativ geprüften und abgesicherten Lehrstoff zu vermitteln" (ebd., S. 84). Ende der 1920er Jahre existierten in Preußen rund 70 Bildstellen.

Nach der sog. Machtergreifung 1933 wurde auch der Film nationalsozialistisch gleichgeschaltet. Unter Aufsicht des „Reichsministeriums für Propaganda und Volksaufklärung" von Joseph Goebbels wurden Filmschaffende in der „Reichsfilmkammer" organisiert. Generell stand der **Film als Propaganda- und Zerstreuungsinstrument** in hohem Ansehen des Regimes, rund 1.200 Filme wurden im sog. Dritten Reich produziert (vgl. hierzu Kap. 2.3.3). Auch die schulische Beschäftigung mit Medien wurde kontrolliert, in der „Reichsanstalt für Film und Bild in Wissenschaft und Unterricht". In der Folge entstanden indoktrinierende Lehrfilme wie ARBEITSMAIDEN HELFEN (1938) oder FLUGZEUGBAUER VON MORGEN (1944). Besonders perfide war der Kurz-Dokumentarfilm DIE SÜNDEN DER VÄTER (1935), in dem die Vernichtung sog. „unwerten Lebens" als Euthanasie legitimiert wird. Filme avancierten zu einem zentralen Unterrichtsmittel im Dienst der völkisch-rassischen Ideologie das Nationalsozialismus (vgl. Barsch 2006, S. 84–86).

In den ersten Jahrzehnten nach dem Zweiten Weltkrieg stand der Umgang mit Medien stark unter **bewahrpädagogischen** Vorzeichen. Das vor allem von konservativ-kirchlichen Kreisen befeuerte Anliegen, Kinder und Jugendliche vor vermeintlich schädigenden Einflüssen abzuschirmen, erwuchs einerseits aus den Erfahrungen mit der menschenverachtenden, kriegshetzenden NS-Propaganda, andererseits aus neu wahrgenommenen Gefährdungen der Kultur wie dem Comic, bestimmten Musikrichtungen, die man gerne als „Negermusik" diffamierte (Jazz, Swing, Rock 'n' Roll), und später dann US-amerikanischen Zeichentrickserien.[2] In dieser Zeit entstand neben dem Jugendschutzgesetz und der Bundesprüfstelle für jugendgefährdende Schriften auch die **Freiwillige Selbstkontrolle der Filmwirtschaft** (FSK) (1949) (vgl. ebd., S. 87). 1950 wurde das Institut für Film und Bild in Wissenschaft und Unterricht (FWU) gegründet, das „an die Kinoreformbewegung anschließt" und eine Hinführung zum „wertvollen Film" anstrebte (ebd., S. 92). Als methodischer Königsweg galt das sog. Filmgespräch (vgl. Schubert 1957), das vor allem auf Distanzierung und kritische Würdigung des Gehalts setzte (vgl. Barsch 2006, S. 93). Auf diese Weise sollte eine Immunisierung vor schlechten und eine Sensibilisierung für wertvolle Filme erzeugt werden. Typisch für das bewahrpädagogische Anliegen und ein Startpunkt des Diskurses über Film im Deutschunterricht ist Robert Ulshöfers Aufsatz „Welchen Raum können Filmerziehung und Hörspielarbeit im Deutschunterricht der Gymnasien beanspruchen?" (1958): Durch künstlerisch wertvolle Filme (und Literatur) sollte der „niedere" Filmkonsum überwunden werden: „So wird der Besuch des Wildwestfilms, des Kriminalreißers und des schlüpfrigen Films ohne moralische Ermahnungen seltener werden und schließlich ganz aufhören" (Ulshöfer 1958, S. 11).

Unterfüttert wurde diese Art von Bewahrpädagogik durch rezeptionspsychologische Annahmen. Erwähnenswert sind in diesem Zusammenhang die empirischen Forschungen von Martin Keilhacker, die von physischen Reaktionen bei der Filmrezeption auf psychische Wirkungen schlossen. Zugrunde lagen die in den 1950er Jahren dominante Psychologie des Behaviorismus (v. a. vertreten von B. F. Skinner), die davon ausging, dass bestimmte Reize automatisch bestimmte Reaktionen auslösen, und die auf dem Behaviorismus aufbauende Theorie des sozialen (Modell-)Lernens (von A. Bandura), die Lernen als Nachahmung von Verhalten begriff. Auf diesen **psychologischen Lerntheorien** fußte das bewahrpädagogische Anliegen, Schüler*innen vor schädlichen Reizen bzw. Verhaltensmodellen abzuschirmen.

In den 1970er Jahren verschoben sich die mediendidaktischen Koordinaten grundlegend im Zuge der **kommunikativen Wende**. Drei Aspekte waren hierbei maßgeblich: 1) Es rückten Medienangebote und -praktiken ins Zentrum, die die

---

2 So wurde die 1972 in Deutschland ausgestrahlte US-Serie THE PORKY PIG SHOW/SCHWEINCHEN DICK nach 50 Folgen wieder abgesetzt, weil man befürchtete, dass das dargestellte aggressive Verhalten auf die Zuschauer*innen übergreift (vgl. Barsch 2006, S. 91).

kommunikative Lebenswelt der Schüler*innen prägen. 2) Im Sinne einer emanzipatorischen Erziehung zur Mündigkeit sollten jene Angebote und Praktiken gesellschafts- und ideologiekritisch aufgearbeitet werden. 3) Für die Erlangung kommunikativer Kompetenz wurde Handlungsorientierung zum methodischen Leitprinzip. Als paradigmatisch für veränderte Gegenstände, Ziele und Methoden können drei Publikationen gelten: die ab 1970 (bis 1995) erschienene Zeitschrift *Diskussion Deutsch*, der von Herrmann K. Ehmer 1971 herausgegebene Band *Visuelle Kommunikation. Beiträge zur Kritik der Bewußtseinsindustrie* sowie die von Dieter Baacke 1973 vorgestellte *Grundlegung einer Didaktik der Kommunikation und ihrer Medien.*

Anstatt vor Medien abseits des pädagogisch, ästhetisch und kulturell Wertvollen bewahren zu wollen, wurden diese nun einbezogen und als Produkte einer sog. *Kulturindustrie entlarvt. Leitend war dabei die Vorstellung, dass Kultur wie eine Ware produziert wird, deren Konsum gesellschaftliche Benachteiligungsverhältnisse vernebelt. Drei Beiträge aus dem Band von Ehmer verdeutlichen dies: Ehmer (1971b) selbst analysiert versteckte sprachliche und visuelle Botschaften einer Werbeanzeige und erläutert, wie diese die gesellschaftlichen Verhältnisse verschleiern. Dieter Baacke (1971) beschäftigt „Der traurige Schein des Glücks“ in kommerziellen Jugendzeitschriften, welchem sowohl durch kritische Analyse als auch durch die eigene Produktion einer Zeitschrift entgegengewirkt werden soll. Horst Königstein sieht im Filmgenre des Italo-Westerns (vgl. Kap. 2.3.1) eine „marktkonforme Ästhetik“, ein triviales Kino, das die Wirklichkeit reduziert, Massenbedürfnisse befriedigt und somit „alternative Seherfahrungen im Sinne einer revolutionierten Semantik“ verhindere (1971, S. 316). Die **kritische Deutschdidaktik der 1970er Jahre** wandte sich also gegen den bildungsbürgerlichen Kanon schriftlicher Hochliteratur und öffnete sich anderen Medien aus der kommunikativen Alltagsrealität: Comics, Werbung, Spielfilmen, Fernsehserien.

Trotz der Vorläuferbewegungen brauchte es die kommunikative Wende, um Film und Fernsehen zu relevanten Inhalten des Deutschunterrichts zu erklären. Sym ptomatisch für das damalige Interesse ist etwa das Vorwort der *Einführung in die Film- und Fernsehanalyse* von Knilli/Reiss (1971, S. 7), wonach „eine Einübung in die Wort-Bild-Sprache, in Wort- und Bild-Verknüpfungen [...] als Lehranalyse für Ideologiekritik“ notwendig sei, damit der „lohnabhängige Zuschauer“ den „Herrschaftsideologien“ in Film und Fernsehen auf die Spur komme.

Mit diesem gesellschaftskritischen Anliegen erfolgte zugleich eine **Verwissenschaftlichung** des Umgangs mit dem Film. So mahnte Werner Faulstich, dass „[d]ie wissenschaftliche Erforschung des Films und seine Berücksichtigung im schulischen und universitären Bildungsbereich [...] als unabdingbare Forderungen der Gesellschaft begriffen werden“ (1976, S. 3). Erstmalig wurde in jener Zeit der Versuch unternommen, **semiotisch-strukturalistische Verfahren der Filmanalyse** und der literarischen Textanalyse in die Schule zu überführen, um so für Aufklärung und kritisch-kompetenten Umgang mit dem Film und anderen Massenmedien zu sorgen (vgl. Knilli 1971; Wember 1972; Paech 1975; Faulstich/Faulstich 1977; Kuchenbuch 1978; Hickethier/Paech 1979; Silbermann u. a. 1980).

Dass in der Realität des Deutschunterrichts der Film dennoch randständig geblieben sein dürfte, lässt sich z. B. Heften der Zeitschrift *Praxis Deutsch* aus den 1970er Jahren entnehmen. Diese besetzen zwar kommunikationsdidaktische Themen, bleiben dabei aber stark der Verbalsprache verhaftet. Es gibt lediglich ein Heft über „Funkmedien und Sprache" (8, 1974), welches auch die semiotische Analyse eines Films beinhaltet (Matthias 1974), und eines über „Fernsehen" (25, 1977). Erst in den 1980er und 90er Jahren erscheinen Hefte mit einschlägigem Film-Bezug: „Verfilmte Literatur – literarischer Film" (57, 1983), „Fernsehserien" (121, 1993) und „Filmanalyse" (140, 1996).

Die ideologiekritischen Ziele und die zugrunde liegenden rezeptionspsychologischen Annahmen der 1970er Jahre wirken aus heutiger Sicht überzogen. Weder ist alle Kultur eine gigantische Verschwörung zur Aufrechterhaltung kapitalistischer Ausbeutung, noch sind alle Medienrezipient*innen hilflos willfährige Opfer von Verblendung und Manipulation. Mit dem semiotisch-strukturanalytischen Ansatz liegt jedoch ein wesentlicher Bezugspunkt auch für die heutige didaktische und unterrichtliche Beschäftigung mit Filmen vor. Filmanalyse scheint kein schlechter Beginn zu sein, wenn es darum geht, die Sache selbst und den Umgang damit zu betrachten (vgl. Kap. 2).

Wenigstens kurz sei auf die filmdidaktischen **Gegebenheiten in der DDR** eingegangen: Dort stand die Schule und damit auch der Umgang mit dem Film ausdrücklich im Dienst sozialistischer Bildungsziele. Programmatisch hierfür war eine Publikation von Siegfried Hamisch (1963) über *Die Erziehung der Schuljugend durch den Spielfilm*, die dem künstlerisch und weltanschaulich wertvollen Spielfilm einen bescheidenen Platz im Unterricht verschaffte. In der Regel dominierte dabei eine inhaltliche Betrachtungsweise mit dem Ziel einer Persönlichkeitsbildung, die es den Schüler*innen ermöglichen sollte, die „eigene Stellung und Perspektive in der sozialistischen Gesellschaft tiefer zu erfassen" (Diez 1971). Eine kritische Deutschdidaktik wie in der BRD, die Jugendzeitschriften wie *Bravo*, Werbeanzeigen oder Filme wie den Italo-Western als Produkte einer manipulativen Bewusstseinsindustrie (Ehmer 1971a) bzw. *Kulturindustrie (vgl. Horkheimer/Adorno 2003) enttarnte, gab es bzw. brauchte es in der (sozialistischen) DDR natürlich nicht. Produktionen des staatlich gelenkten und daher jeglicher Unverträglichkeit unverdächtigen Fernsehens wurden unterrichtlich genutzt (vgl. z. B. Giesemann 1972), und in den 1960er und 1970er Jahren produzierten DDR-Rundfunk und -Fernsehen sogar Sendungen zur Unterstützung des Literaturunterrichts (vgl. Swarowsky 1976). In der 1977 veröffentlichten Publikation *Hören und Anschauen im Literaturunterricht* formulierten Wilfried Bütow und Horst Dahm ein generelles Konzept für den Einbezug audiovisueller Medien, welches bis zum Ende der DDR als das Standardwerk der Medienerziehung im Deutschunterricht galt. Jens Förster legte 1990 einen der ersten Beiträge vor, die nach der sog. Wende eine grundsätzliche, auch mediale Umorientierung für den

Deutschunterricht an Schulen der ehemaligen DDR verlangten (vgl. die Fachbibliographie von Kepser 2016).

In der BRD dominiert in den 1980er und 1990er Jahren eine „Didaktik der Adaption" (Schönleber 2012, S. 57), der es v. a. um die **Literaturverfilmung** ging (vgl. z. B. Gast/Vollmers 1981; Gast 1993). Wolfgang Gast (1981, S. 73) kennzeichnet „Lesen oder Zuschauen?" als „falsche Alternative" und führt weiter aus: „So, wie man lernen muß, literarische Texte angemessen zu lesen, ihre ästhetischen Zeichen und Strukturen, ihre damit verbundenen inhaltlichen Aussagen zu deuten, so muß man es genau so bei audiovisuellen Texten." Die Romanverfilmung sieht Gerhard Tesch (1987, S. 214) im Unterricht als „eigenständiges ästhetisches Werk, das selbst wieder interpretationswürdig ist und neue Sinnhorizonte eröffnen kann". Dass filmisches und schriftliterarisches Erzählen grundlegend verschieden sind und dass daher die Suche nach Abweichungen in einer Verfilmung weitgehend müßig ist, hat sich als wichtiges filmdidaktisches Prinzip etabliert. Anstatt nach Abweichungen zu suchen (gerne, um den Film abzuwerten), ist es sinnvoller nach der medienspezifischen Umsetzung zu fragen (vgl. Staiger 2010a, S. 15, 17; Maiwald 2015b, S. 11).[3]

Im didaktischen Diskurs der 1990er Jahre nehmen Medien im Allgemeinen zunehmend Raum ein, dabei dominieren jedoch die ‚Neuen Medien' **Computer und Internet**. Exemplarisch hierfür stehen der Band *Information und Lernen mit Multimedia* (Issing/Klimsa 1995), das Themenheft „Medien im Deutschunterricht" von *Praxis Deutsch* (199, 1999) und insbesondere Jutta Wermkes Schrift *Integrierte Medienerziehung im Fachunterricht* (1997). Für den „Schwerpunkt: Deutsch" zeigt Wermke auf, wie die „traditionellen Gegenstände des Faches in den Medien präsent" sind bzw. wie „Medien zur Veränderung des traditionellen Gegenstandsbereiches" führen (ebd., S. 27). Dabei geht es auch, aber nicht nur und nicht primär, um audiovisuelle Angebote wie Musikvideos oder Actionfilme.

Die 2001 veröffentlichten Ergebnisse der ersten PISA-Studie lenkten das bildungspolitische und fachdidaktische Augenmerk stark auf das printmediale Lesen vor allem von Sachtexten zurück. Neuere Medien, *visual literacy* oder Filmlesekompetenz waren damit nicht passé, schienen aber auch nicht länger vordringlich. Von Matthis Kepser (2008a) publizierte Ergebnisse einer Erhebung zeigten, dass in puncto Spielfilmbildung an deutschen Schulen weitgehende „Fehlanzeige" herrscht. Auch die im Gefolge von PISA entstandenen nationalen **Bildungsstandards der Kultusministerkonferenz** (KMK) legen keinen grundlegenden Wandel nahe: Wo für den Mittleren Bildungsabschluss zum Umgang mit literarischen Texten detaillierte Standards formuliert sind, ist der Film kaum mehr

3 Dagegen gibt es auch Positionen, die die Hinzuziehung von Literaturverfilmungen als hinderlich für die Erkenntnis von „Parallelen und Differenzen zwischen den beiden Erzählkünsten" betrachten (Paefgen 2007, S. 155) und daher die „Schnittstellen zwischen Literatur und Film [...] jenseits der Verfilmungen einer literarischen Vorlage" ausfindig machen wollen (Schönleber 2012, S. 178).

als ein Anhängsel unter „medienspezifische Formen" (vgl. KMK-Standards Mittlerer Bildungsabschluss 2003, S. 15, NQ). Die Standards für das Abitur stellen einen – freilich kleinen – Fortschritt dar: Die Schüler*innen analysieren und erstellen „Theaterinszenierungen, Hörtexte und Filme", wobei sie sich mit „Welt- und Wertvorstellungen, auch in einer interkulturellen Perspektive, auseinandersetzen" (KMK-Standards Abitur 2012, S. 24, NQ). Auf einem „erhöhten Niveau" (ebd.) geht es um ästhetische Qualität, um kulturelle und historische Dimensionen und um Filmkritik und Filmtheorie.

In **neueren Bildungsplänen im Fach Deutsch** sind filmbezogene Kompetenzen mittlerweile durchaus verankert, und zwar für alle Schularten (vgl. dazu auch Anders/Staiger u.a. 2019, S. 28–31). Drei Fundstellen mögen dies exemplarisch belegen: Der Lehrplan für die sächsische Grundschule nennt neben literarischen und Sachtexten auch „auditive, audiovisuelle und andere geeignete digitale Texte" wie „Hörbuch, Hörspiel, E-Book, altersgerechte Internetseiten, Film, Fernsehen, Theater" und die „Gestaltungsmittel Bild und Ton" (Lehrplan Grundschule Sachsen 2019, S. 13, 22, NQ). Auch für die sog. Stadtteilschulen in Hamburg (2011) gibt es eine Reihe filmbezogener Vorgaben:

- das szenische Entfalten von Situationen, z.B. auch als Filmszenen [...] (ebd., S. 21),
- die Kenntnis elementarer filmischer Gestaltungsmittel (Kameraeinstellung, -perspektive, Zusammenwirken von Bild und Ton) und deren Anwendung auf vertraute Beispiele, z.B. auf Fernsehserien (ebd., S. 26),
- Kenntnis wesentlicher Darstellungsmittel eines Mediums (auch Film, Fernsehen/Fernsehserie [...]) und Einschätzung von deren Wirkung (ebd., S. 36),
- Filmkritik als Bsp. für argumentierendes Schreiben (ebd., S. 41),
- Kenntnis grundlegender filmischer Gestaltungsmittel (Kamerabewegung, Einstellungsgrößen, Montage, Licht, Farbe, Ton/Musik) (ebd., S. 44),
- Anwendung elementarer Verfahren der Filmanalyse (bezogen auf Gestaltungsmittel der Kamera, Bildkomposition, Schnitt und Montage, Ton) (ebd.),
- Analyse dramaturgischer Strukturen von (Spiel-)Filmen und TV-Serien (bezogen auf Figuren, Handlungsverlauf, Story, Plot, Schlüsselszenen) (ebd.),
- Entwurf einer Filmszene oder eines Storyboards (ebd.),
- Das „praktische Arbeiten (z.B. [...] Arbeiten mit Film- und Tonmedien)" (ebd., S. 45) als ein Bereich der Leistungsbewertung.

Und schließlich hat sogar das gerne als konservativ geltende Bundesland Bayern in seinem neuen LehrplanPLUS dem Film einigen Platz eingeräumt, dies auch im Gymnasium: Bereits in der 5. Jahrgangstufe untersuchen die Schüler*innen „ggf. Hörtexte oder Filme, beschreiben dabei grundlegende Mittel zur Erzeugung von Gefühlen (z.B. Perspektive, Musik und Geräusche)"; ebenso kann die Lektüre einer sog. Ganzschrift „durch die Analyse eines Films ergänzt werden"; in Jahrgangstufe 8 kann die Analyse eines Films die Ganzschriftlektüre sogar ersetzen, ebenso untersuchen die Schüler*innen „die Wirkung von medialen Gestaltungsmitteln in Hörtexten oder Filmen". Und noch in Jahrgangstufen 11/12 wird die zusätzliche Analyse eines Films immerhin „empfohlen" (LehrplanPLUS Bayern Deutsch Gymnasium, NQ).

Zum Eingang des Films in Bildungspläne für das Fach Deutsch dürfte auch der **Filmkanon der Bundeszentrale für politische Bildung** (BpB) aus dem Jahr 2003 beigetragen haben. Dessen erklärtes Ziel war und ist es,

> bedeutenden Werken der Filmgeschichte auch im Schulunterricht mehr Aufmerksamkeit zu verschaffen und so der filmschulischen Bildung in Deutschland neuen Auftrieb zu geben. Der Kanon erhebt dabei nicht den Anspruch, einen vollständigen Überblick über das umfangreiche Schaffen der schon über 100-jährigen Filmgeschichte zu geben. Vielmehr will er sensibilisieren für die Vielfältigkeit dieser Kunstform, für die Geschichte des bedeutendsten Mediums des 20. Jahrhunderts und für das Verstehen des Films der Gegenwart. (Bundeszentrale für politische Bildung: Filmkanon, NQ)

Die 35 Filme des BpB-Kanons sind näher beschrieben in Holighaus 2005 sowie in Pfeiffer/Staiger 2010. Die Auswahl war nicht unstrittig: So stammte der neueste Film von 1999, es ist keine Regisseurin vertreten, nur drei Filme für Kinder und Jugendliche sind mit dabei: EMIL UND DIE DETEKTIVE (1931), DAS DSCHUNGELBUCH (1967) und WO IST DAS HAUS MEINES FREUNDES (1988). Daher wurde der Kanon vom Bundesverband Jugend und Film um 14 Filme für Kinder im Alter zwischen sechs und zwölf Jahren ergänzt (vgl. Bundesverband Jugend und Film: Filmkanon, NQ). Generell kann man die „Schulgängigkeit" der BpB-Auswahl (Abraham 2016a, S. 23) anzweifeln und der Kanonisierungsidee kritisch gegenüberstehen (vgl. Kepser 2008b). Gleichwohl ist der Filmkanon der BpB als eine verdienstvolle, wichtige Initiative für die schulische Filmbildung in Deutschland anzuerkennen (vgl. in diesem Sinne Pfeiffer/Staiger 2008, S. 4 f.; Kammerer 2013a).

Ungeachtet der PISA-bedingten Lesedominanz entwickelte sich ab 2000 auch eine verstärkte **deutschdidaktische Aufmerksamkeit für das Thema Film**, die in Einzelbeiträgen, einschlägigen Sammelbänden und Themenheften sowie Monographien ihren Niederschlag fand. Exemplarisch im Zeitraum bis 2010 stehen hierfür: das Jahrbuch *Medien im Deutschunterricht* für 2005 zum Thema „Filmdidaktik – Filmästhetik" (Frederking 2006); die Themenhefte „Film im Deutschunterricht" der Zeitschrift *informationen zur deutschdidaktik* H. 4, 2003 (vgl. den Einführungsartikel von Rußegger 2003) und „Filmdidaktik" der Zeitschrift *Der Deutschunterricht* H. 3, 2008 (vgl. den Einführungsartikel von Pfeiffer/Staiger 2008); eine „Textsortensystematisch fundierte Filmdidaktik im Fach Deutsch" von Ingo Kammerer (2009); das Konzept einer subjektorientierten Filmbildung für die Hauptschule von Björn Maurer (2010a und b); der Band *Literaturverfilmungen im Deutschunterricht* von Michael Staiger (2010). Im Jahr 2009 erschien zudem mit *Filme im Deutschunterricht* von Ulf Abraham ein Buch, das auf das von Kern konstatierte Defizit zu antworten suchte mit „einer Didaktik des Films als sprachbasierter Vermittlung der kulturellen Praxis, als die sich Film/Kino in unserer Lebenswelt etabliert haben" (Abraham 2016a, S. 7).

Neben den Folgeauflagen des Buches von Abraham (2012, 2016a) erschienen in den Jahren seit 2010 diverse Monographien mit Konzepten zur Filmbildung – von Raphael Spielmann (2011), Ines Müller (2012), Matthias Schönleber (2012) und Kristina Wacker (2017). Ingo Kammerer und Matthis Kepser begründeten 2014 die Reihe Film-Bildung-Schule (FBS), in der u.a. ein Band über *Film in den Fächern der sprachlichen Bildung* (Blell u.a. 2016) erschien. Im Jahr 2019 veröffentlichten Petra Anders und Michael Staiger mit drei weiteren Beiträger*innen eine *Einführung in die Filmdidaktik*, die „Kino, Fernsehen, Video, Internet" umspannte.

Aus dem soeben absolvierten Schnelldurchgang durch gut 100 Jahre Filmerziehung sollen nun grundlegende filmdidaktische Entscheidungsfelder und Positionen abgeleitet werden.

1.3 Grundsätzliche filmdidaktische Entscheidungsfelder und Positionen

a) Zunächst ist zu entscheiden, ob ein Phänomen überhaupt **Eingang in die Institution Schule** findet. Den Umgang mit einem Computer lernt man (zumindest rudimentär) in der Schule, das Fahren eines Autos hingegen nicht. Mit Kanonliteratur beschäftigt man sich in der Schule ausführlich, mit Computerspielen bislang noch weniger bis gar nicht. Der Film löste, wie gesehen, von Anfang an auch bewahrpädagogische Abwehrhaltungen aus, die ihn entweder ganz oder zumindest in seinen schädlichen Ausprägungen abzuwehren, aus Bildung und Erziehung herauszuhalten suchten. (Bewahrpädagogisch wäre es etwa, im Deutschunterricht beim Märchen ausschließlich die Grimm'schen Lesemärchen heranzuziehen und filmische Adaptionen gezielt außen vor zu lassen. Vgl. Praxiskap. 4.1.1.)

b) Nimmt man den Film in den Unterricht auf, so kann dies als **Lerngegenstand oder als Lernmittel** geschehen. Behandelt man einen Spielfilm als literarische Gattung oder einen Dokumentarfilm als Sachtext, so ist der Film ein Lerngegenstand. Wenn der Film sich einbettet in anderweitige deutschunterrichtliche Aktivitäten, wird er tendenziell zum Lernmittel, z.B. beim Schreiben einer Inhaltsangabe oder Rezension, bei einem Referat über Hollywood oder die Digitalisierung der Filmproduktion oder bei der Reflexion von Sprache/Sprachgebrauch in einem Film. Wenn Schüler*innen 1935 ein (NS-)Lehrfilm über die HERSTELLUNG VON HOLZSCHUHEN (vgl. Barsch 2006, S. 85), in den 1980ern eine für den Literaturunterricht eigens hergestellte Sendung des (DDR-)Fernsehens (vgl. Swarowsky 1986) oder heute ein Erklärvideo zum Thema Gedichtanalyse (vgl. Anders/Staiger u.a. 2019, S. 262) gezeigt wird, so war bzw. ist der Film vollständig ein Lernmittel.

c) Die **Grenzen des Films als Lerngegenstand** können unterschiedlich weit gezogen sein. Im einen Extrem könnte man sie auf cineastisch wertvolle Verfilmungen von sog. hochliterarischen Texten verengen, z. B. EMIL UND DIE DETEKTIVE von 1931, die Filmfassung der *Faust*-Inszenierung von und mit Gustaf Gründgens von 1960, oder „Michael Hanekes Film DIE KLAVIERSPIELERIN (2001) nach Elfriede Jelineks gleichnamigem Buch“ (v. Hoff 2003); im anderen Extrem würde man sich sämtlichen audiovisuellen Texten vom Spielfilm und Dokumentarfilm über Kurzfilme und (Fernseh-)Serien bis hin zu Werbespots, Musikvideoclips und Erklärvideos zuwenden (vgl. in diese Richtung gehend z. B. Erlinger/Lecke 2004; Anders/Staiger u. a. 2019). Insbesondere stellt sich die Frage, inwieweit der Film (lediglich?) als „Literaturtransporteur“ (Schörkhuber 2003) sowie der Unterhaltungsfilm (Zeitlinger 2003) oder gar der „schlechte Film“ (Holzmann 2003) mit in den Unterricht gehören.

d) Die ideologische Instrumentalisierung des Films im sog. Dritten Reich, die „Rolle des künstlerischen Films bei der Formung der jungen Persönlichkeit“ in der DDR (Hamisch 1968), aber auch die ideologiekritische Programmatik in der BRD der 1970er Jahre verdeutlichen, dass der schulische Umgang mit dem Film unter verschiedenen **weltanschaulichen Vorzeichen** stehen kann. Dies kann in freien und demokratischen Gesellschaften auch in subtileren Formen auftreten: Wenn Lehrpläne heute etwa vom „Verstehen und Nutzen“ von Texten sprechen (vgl. LehrplanPLUS Bayern Deutsch Gymnasium 8. NQ), so könnte man dies als Ausdruck eines neoliberalen Denkens sehen, welches sogar den Umgang mit ästhetischen Gegenständen einem Nützlichkeitsanspruch unterzieht.

e) Aufgetaucht ist auch die Frage nach **Methoden und Verfahren** der Filmbildung. Eine sprachlich-kommunikative Vermittlungsweise wie das „literarische Sehgespräch“ (Möbius 2008; vgl. Kap. 3) hat ihre Vorläufer im Filmgespräch der 1950er Jahre. Eine nicht nur rezeptive, sondern auch produktive Filmdidaktik (z. B. Müller 2012) wurde von der handlungsorientierten Medienpädagogik der 1970er Jahre (vgl. Baacke 1971; 1973) vorgezeichnet. Und diese hatte wiederum einen Vorläufer in Adolf Reichweins Schrift *Film in der Landschule – Vom Schauen zum Gestalten* (1938; vgl. Hüther 2001), nimmt sie doch „viel von dem vorweg, was heute unter Medienkompetenz und handlungsorientierter Medienerziehung diskutiert wird“ (Barsch 2006, S. 87). Seit längerem schon öffnen sich mit den „Optionen des Symmediums Computer“ (Frederking/Schneider 2010) wiederum neue didaktisch-methodische Möglichkeiten. (Vgl. zu Methoden ausführlicher Kap. 3.)

f) Die Frage nach **Produktion und/oder Rezeption** ist jedoch nicht nur eine methodische, sondern auch eine didaktische. Ob die Filmbildung zu einem (wie auch immer definierten) kompetenten Sehen und Hören oder aber zu Fähigkeiten der Filmherstellung führen soll, ist eine didaktische Grundsatzfrage. Will man versierte Filmkenner*innen oder ambitionierte Jungfilmer*innen heranziehen? Dabei kann Filmproduktion ganz unterschiedlich begründet werden: als Filmanalyse mit nicht nur kognitiven, sondern auch affektiven Mitteln, als personalkreativer Selbstausdruck, als Emanzipation von den vorgefertigten Produkten der vermeintlichen *Kulturindustrie oder als erster Kompetenzerwerb für ein mögliches Berufsfeld.

g) Im letzten Punkt angeklungen, aber allen Punkten zugrunde liegend ist ein prinzipieller **didaktischer Zielkonflikt**: Der (Spiel-)Film ist ein ästhetischer Gegenstand, der zu großen Teilen der Unterhaltung breiter Bevölkerungskreise dient – und dies schon immer und weitestgehend ohne didaktische Betreuung geschafft hat. (So, wie Millionen Menschen *Harry Potter* gelesen und genossen haben, ohne in der Schule dazu animiert oder angeleitet worden zu sein.) Wenn der (Spiel-)Film also Gegenstand von Unterricht wird, tut sich ein Konflikt auf zwischen affektiv-genussvoller Verstrickung (als Hauptfunktion des Mediums) und kognitiv-analytischer Distanznahme (als Hauptzweck von Schule). In dem sieben Dimensionen umfassenden Modell der Medienkompetenz von Norbert Groeben (2002, S. 165 ff.) stehen „Genussfähigkeit“ und „Kritikfähigkeit“ unmittelbar nebeneinander. Aber wie wird man beidem *zugleich* gerecht, der Unterhaltung und dem Lernen? Wird ein Film im Unterricht gezeigt, gehen Schüler*innen (und auch Studierende) gerne in den zurückgelehnten, entspannten (Popcorn-)Modus, den sie mit Kino und Fernsehen überwiegend verbinden. Wie verhält sich dies zu einem produktiven Arbeits- und Erkenntnis-Modus?

h) Dies bringt uns zum ersten Punkt zurück: Man kann sich entscheiden, den Film aus Erziehung und Bildung herauszuhalten, weil man ihn kulturell für irrelevant und/oder pädagogisch für unwert hält. Man kann es aber auch deshalb, weil man meint, dass man Filmrezeption gar nicht eigens lernen müsse. Obwohl eine systematische Spielfilmbildung zumindest vor 2008 an deutschen Schulen erkennbar nicht stattfand (vgl. Kepser 2008a), haben doch Millionen Menschen auch ohne formelle Spielfilmbildung tagtäglich und für sie offenbar befriedigend Spielfilme rezipiert. Braucht es daher überhaupt „Eine filmische Sehschule im Deutschunterricht“ (Kern 1996)? Lernt und kann man Filmsehen (und -hören) nicht einfach so, indem man es tut, so wie das Sprechen? Bedarf (Spiel-)Filmbildung **formeller Lernprozesse und gesteuerten Kompetenzerwerbs**?

Antwortete man auf die letzte Frage mit „Nein“, wäre die vorliegende Einführung nicht entstanden. Antwortet man mit „Ja“, muss sie sich in den genannten Entscheidungsfeldern positionieren:

- Wir halten den Film für einen kulturell hoch relevanten Gegenstand (Stichworte: Gattung der Literatur, narratives Leitmedium), der daher natürlich auch Gegenstand schulischer Bildung zu sein hat.
- Primär sehen wir den Film als Lerngegenstand des Deutschunterrichts (v. a. im Bereich „Umgehen mit Texten“), wobei der Umgang mit diesem Gegenstand weitere Lernbereiche einbezieht (v. a. Sprechen und Hören, Schreiben).
- Die Grenzen des Gegenstandfeldes ziehen wir eher weit. Es geht uns nicht (nur) um „Kino als Kunst“, wie in der Filmdidaktik von Alain Bergala (2006), sondern um den Film in seiner kulturellen Breite. Dazu gehört der Mainstream, dazu gehört der dokumentarische Film.

- Wir sehen den Umgang mit dem Film in keiner Weise als weltanschaulich gebunden, agieren aber in einer Bildungswelt, in der Kompetenzorientierung der vorherrschende Diskurs ist.
- Verfahren haben sich u. E. stets didaktischen Zielsetzungen unterzuordnen. Es gibt keine per se guten oder schlechten Verfahren. Ein kurzer Lehrervortrag (z. B. zu einer filmischen Technik wie *Bullet Time) kann in höchstem Maße sinnvoll, das ‚kreative' Weiterschreiben eines Märchenfilms kann grober Unfug sein.
- Die vorliegende Einführung zielt nicht auf die Befähigung zum Drehen eigener Filme. Produktive Filmbearbeitung wird aber als potenziell sinnvoll für die Gewinnung analytischer Erkenntnisse und Deutungen erachtet.
- Wir verfolgen keine Addition, sondern eine Synthese von Kritik und Genuss, von Distanzierung und Verstrickung. Wir setzen darauf, „dass elaboriertes Sehen intensiveres und gleichzeitig kritischeres Sehen bedeutet, dass mithin der Sehgenuss sich erhöht, wenn er über eine diskursiv-poetologische Zwischeninstanz läuft" (Kern 2004, S. 220).
- Und natürlich sind wir daher überzeugt, dass auch audiovisuelle Texte keineswegs eine oberflächliche und passive Rezeption verlangen, sondern dass man lernen muss, „ihre ästhetischen Zeichen und Strukturen, ihre damit verbundenen inhaltlichen Aussagen zu deuten" (Gast 1981, S. 73). Sprechen können Kinder bereits bei Schuleintritt, und doch ist Mündlichkeit über die ganze Schulbildung hinweg ein wichtiger Kompetenzbereich des Deutschunterrichts. Analog würden wir eine gebildete Rezeptionsfähigkeit für Filme als wichtige schulische Aufgabe sehen.

Diese Rezeptionsfähigkeit für Filme ist nun näher zu bestimmen. Im Folgenden entwickeln wir aus bestehenden didaktischen Konzeptionen ein einfaches Kompetenzmodell, welches wir unserer Filmdidaktik Deutsch zugrunde legen.

1.4 Modellierung filmbezogener Kompetenzen für eine Filmdidaktik Deutsch

1.4.1 Zum Kompetenzbegriff

Vorangestellt seien einige Anmerkungen zum Kompetenzbegriff. Kompetenzorientierung impliziert, dass Didaktik und Unterricht sich nicht abbildhaft aus Lerngegenständen ableiten lassen. Bis in die 1950er und 60er Jahre waren Lehrpläne eher Stoffpläne, und Bildung verstand sich als Aufnahme materialer Bildungsgüter, wie sie z. B. Goethes *Iphigenie*, das Grimm'sche Märchen, die deutsche Grammatik oder die Phasen der klassischen Rhetorik (*inventio* etc.) darstellen. In den 1970er Jahren wurde diese **Gegenstandsorientierung** von einer systematischen **Lernzielorientierung** abgelöst. Statt um *Iphigenie* ging es nun um Kenntnis eines klassischen Dramas und deren Ausdifferenzierung in hierarchisierten Richt-, Grob- und Feinzielen bzw. kognitiv, affektiv, sozial, instrumentell, motorisch dimensionierten Zielen. Die im Gefolge der PISA-Studie 2000 erwachsene **Kompetenzorientierung** verschob den Fokus noch radikaler von den Gegenständen weg und hin zu dem, was Schüler*innen können sollen – v.a. für die Bewältigung ihres Lebens und für ihre Teilhabe an der Gesellschaft. Daher sind Lernziele nicht automatisch auch Kompetenzen: Es könnte ein *Lernziel* sein, die 35 Filme des Kanons der BpB auswendig aufsagen oder Dialoge aus CITIZEN KANE (1941) mitsprechen zu können. Man würde derlei aber nicht als sinnvolle *Kompetenz* begreifen. *Lern*ziele sind mitunter eher *Lehr*ziele; Kompetenzen sind hingegen stets von den Lernenden aus gedacht. In einer häufig zitierten Definition bestimmte Franz E. Weinert Kompetenzen als

> die bei Individuen verfügbaren oder durch sie erlernbaren kognitiven Fähigkeiten und Fertigkeiten, um bestimmte Probleme zu lösen, sowie die damit verbundenen motivationalen, volitionalen und sozialen Bereitschaften und Fähigkeiten, um die Problemlösungen in variablen Situationen erfolgreich und verantwortungsvoll nutzen zu können. (Weinert 2001, S. 27 f.)

Wesentliche Aspekte dieser Definition seien noch einmal herausgehoben: Kompetenzen sind 1) Fähigkeiten und Fertigkeiten, 2) gedacht zur Lösung von Problemen, 3) verbunden mit weichen Faktoren wie Motivation und sozialer Bereitschaft, 4) nutzbar in variablen Situationen. Die Fähigkeiten, einen PKW zu fahren oder sich selbständig einen Sachtext zu erschließen, sind gut als Kompetenzen beschreibbar. Auch der Besuch eines Kinos kann als Kompetenz bestimmt werden: Man muss fähig sein, aus dem Angebot einen Film auszusuchen, den Weg zum Kino zu nehmen und sich dort zurechtzufinden. Man muss den Film selbst dekodieren und deuten können. Man behebt mit diesem Kinogang vielleicht sein Problem fehlender Unterhaltung und/oder Bildung. Man ist bereit, mit anderen ins Kino zu gehen und sich im Saal sozialverträglich zu benehmen; fast immer muss man die Anwesenheit anderer Menschen handhaben. Und schließlich sind diese Fertigkeiten und Fähigkeiten variabel auch bei anderen Kinogängen nutzbar.

So weit, so gut, jedoch wirft die Kompetenzorientierung auch Fragen auf. Da ist einmal die Frage nach dem **Verhältnis von Wissen und Kompetenzen** bzw. von Kennen und Können. Bloßes Wissen und Kennen ist streng besehen keine Kompetenz. Man kann wissen, wie eine *Stop-Motion-Animation funktioniert, und zahlreiche Lego-Animationen auf YouTube kennen (vgl. zum Thema Animation Kap. 4.1.1); damit hat man aber noch keine Fähigkeit und Fertigkeit in Sachen Stop-Motion. Andererseits wird man bei deren Erwerb doch auf Wissen und Kenntnisse zurückgreifen (müssen), die dann Teil der Kompetenz sind. Was den Kinobesuch angeht, muss man Informationsquellen über das Kinoprogramm *kennen*, und es hilft zu *wissen*, wie es in einem Kino zugeht (z.B., dass man vor Betreten des Kinosaals ein Ticket kauft und niemand durch die Reihen geht und kassiert).

Zweitens und grundlegender stellt sich die Frage, ob jeder Bildungsprozess in eine (sichtbare, messbare, problemlösende) Fähigkeit oder Fertigkeit münden kann – und muss. Diese Frage ist besonders virulent im **Umgang mit Kunst bzw. mit ästhetischen Gegenständen**, die es wesentlich ausmacht, frei von pragmatischem Nutzen und praktischen Zwecken zu sein. Ein Mensch, der beim Anschauen von Alfred Hitchcocks PSYCHO (1960) höchste Angstlust erfährt oder sich königlich über Matt Groenings THE SIMPSONS (1989 ff.) amüsiert, hat keine Kompetenz im eigentlichen Sinne gezeigt. Und selbst wenn er weiß, was es mit dem Suspense bei Hitchcock auf sich hat und was ein Thriller ist bzw. dass der Schulleiter von Bart Simpson nicht umsonst (nach dem Behavioristen) Skinner heißt und dass diese Serie mit ironischen Verweisen auf andere Medien arbeitet – selbst damit hat dieser Mensch noch keine Fähigkeit oder Fertigkeit erworben, mit der man ein bestimmtes Problem löst und die man „in variablen Situationen erfolgreich und verantwortungsvoll nutzen" (Weinert 2001, S. 27 f.) kann. Andererseits ist solches Wissen für die Erschließung von Texten, von uneigentlichen Sprechweisen, von symbolisch-ästhetischen Phänomenen und damit für die eigene Welterfahrung von großer Bedeutung.

Somit gehen wir von einer Kompetenzorientierung aus, die sich nicht auf Können verengt, sondern auch Wissen einbegreift. Damit ist kein träges oder gar totes, sondern funktionales Wissen gemeint. Im Untertitel des BpB-Kanons „35 Filme, die Sie kennen müssen" (vgl. Holighaus 2005) drückt sich zunächst eine rein gegenstandsorientierte Perspektive aus. 35 ausgesuchte Filme zu kennen bedeutet indes nicht, filmkompetent zu sein. Eine Filmdidaktik Deutsch bedarf daher eines Kompetenzmodells, welches im Folgenden aus einer Reihe einschlägiger Vorarbeiten entwickelt werden soll.

1.4.2 Referat und Kommentierung filmbezogener Kompetenzmodelle

Ein 2017 erschienenes Buch von Kristina Wacker beansprucht, „Filmwelten verstehen und vermitteln" zu wollen. Obwohl der Titel ein didaktisches Anliegen ausdrückt, leitet sich der Inhalt rein aus der Sachstruktur des filmischen Gegenstands ab – ohne dass er in ein didaktisches Konzept eingebunden wird. Dabei wurde in den letzten Jahren eine Reihe von Kompetenzmodellen vorgelegt, auf die sich ein Verstehen und Vermitteln von Filmwelten stützen kann.

1.4.2.1 Das Freiburger Filmcurriculum (Fuchs u. a. 2008)

Da im Film verschiedene Künste und Techniken zusammenfließen, führt das Freiburger Curriculum die Fachdidaktiken bzw. Fächer Deutsch, Kunst und Musik zusammen und definiert für die Primarstufe (Jahrgangstufen 2 und 4), Sekundarstufe I (Jahrgangstufen 6, 8, 10) und die Sekundarstufe II jeweils filmbezogene Kompetenzen, Inhalte und Verfahren. Für jede Stufe werden zudem „integrative Aspekte" der drei beteiligten Fächer sowie zu erwerbende Fachbegriffe definiert. Exemplarisch ist in Tab. 1 für die Jahrgangstufe 6 ein selektiver Auszug adaptiert (vgl. Fuchs u. a. 2008, S. 87):

	Deutsch	Musik	Kunst
Kompetenzen: Die Schülerinnen und Schüler können ...	• Die Handlung eines Films [...] wiedergeben • On- und Off-Ton unterscheiden und über die unterschiedlichen Funktionen reflektieren • Eine Filmhandlung erfinden	• Die Rolle der Musik in Standardsituationen erkennen und benennen (z. B. Charakterisierung von Figuren) • Geräusche und Musik zur akustischen Gestaltung einer Filmszene erfinden und digital umsetzen	• Die Wirkung einfacher Einstellungsgrößen erkennen und beschreiben • Szenen einer Geschichte als gestaltete Animation umsetzen
Inhalte	(Kurz-)Spielfilme (aus dem Kinderfilmkanon), Musikvideos, Werbespots		
Verfahren	– Einfaches Filmprotokoll erstellen – Einen Film mittels *Voice-Over kommentieren – Song oder Gedicht als multimediale Präsentation (z. B. PowerPoint) umsetzen	– Musik zu Filmszenen grafisch protokollieren – Klänge und Geräusche mit digitalen Geräten aufnehmen – Werbespots auswählen und besprechen	– Einstellungsgrößen (mit Hilfe von *Motion Stills) zuordnen können und diese in eine begründete Reihenfolge bringen – *Stop-Motion-Animation mit einer digitalen Kamera mit Stativ – Montieren/Editieren in einem einfachen Schnittprogramm
Integrative Aspekte	Beziehung zwischen Bild- und Tonebene erkennen und verbalisieren Einen Trickfilm (z. B. als Knetanimation oder als animierte Zeichnung) herstellen und vertonen		
Fachbegriffe	Kulisse, Requisiten, Einstellungsgrößen (Totale, Halbnah, Groß), Montage, Hauptfigur, Nebenfigur, Beleuchtung, Zoom, Storyboard, Musik im On/Off, *Voice-Over, Kompilation		

Tab. 1: Selektiver Auszug aus dem Freiburger Filmcurriculum für die Jahrgangstufe 6 (eigene Darstellung)

Der Hauptvorzug eines der in der Tat „wichtigsten Versuche zur Gestaltung eines Filmcurriculums" (Kepser 2016) liegt darin, dass es in mehrerlei Hinsicht **integrativ** ist. Das Freiburger Filmcurriculum integriert...

- mit Deutsch, Musik und Kunst diejenigen Fächer, bei denen für ein narratives audiovisuelles Medium plausibel die sachliche Hauptzuständigkeit liegt, und formuliert neben fachspezifischen auch fachverbindende Aspekte;
- Kompetenzen, Inhalte und Verfahren;
- „Kognition und Handlungsorientierung, rezeptions- und produktionsorientierte Kompetenzen" (ebd., S. 84);

- die Filmbildung als „schulisches Gesamtprogramm von der Primar- bis zur Kursstufe (Sek. II)“ (ebd.);
- ein breites audiovisuelles Gegenstandsspektrum vom Daumenkino und Animations-/Trickfilmen in Jahrgangstufe 2 (vgl. ebd., S. 85) über „Blockbuster“ in Jahrgangstufe 10 (ebd., S. 89) bis zu ausgewählten Filmklassikern, Texten zur Filmtheorie und zur Ästhetik der Filmmusik und Videokunst in der Sekundarstufe II (vgl. ebd., S. 90). Ausgeklammert scheint allerdings der Dokumentarfilm.

Weitgehend zu teilen ist die **Kritik** von Müller (2012, S. 35 ff.) in Bezug auf das Freiburger Filmcurriculum:

Einmal sind **Kompetenzen und Verfahren** nicht immer klar zuzuordnen oder schlüssig voneinander zu scheiden. In Jahrgangstufe 8 sollen die Schüler*innen z. B. über Raumsymbolik in Literatur und Film nachdenken und Figuren in einem Film charakterisieren. Abgesehen davon, dass Nachdenken keine Kompetenz ist, sind Verfahren hier nicht eindeutig bestimmt. Neben der Zuordnung von Kompetenzen und Verfahren ist mitunter deren Unterscheidung fraglich: „Einstellungsgrößen (mit Hilfe von *Motion Stills) zuordnen können und diese in eine begründete Reihenfolge bringen“ oder auch „Montieren/Editieren in einem einfachen Schnittprogramm“ (Jahrgangstufe 6, Fuchs u. a. 2008, S. 87) scheinen eher (Teil-) Kompetenzen als Verfahren zu sein. Generell wäre zu prüfen, ob bei der Film*produktion* Kompetenzen und Verfahren überhaupt sinnvoll trennbar sind.

Die Integration und die **Bezüge der filmbezogenen Aktivitäten in andere Lernbereiche des Faches Deutsch** könnten präziser gefasst und systematisiert werden:

- *Schreiben*: kurze Texte zu einem Film verfassen (Jahrgangstufe 2), die Handlung eines Films strukturiert nacherzählen und schriftlich wiedergeben, (Jahrgangstufe 6), eine Filmkritik schreiben (Jahrgangstufe 8), Exposé bzw. Treatment schreiben (Jahrgangstufe 10). (Vgl. zu diesen Textsorten Kap. 3.)
- *Sprechen/mit anderen Sprechen*: Filmgespräch (Jahrgangstufe 2), sich mit Hilfe von Fachbegriffen über Filme unterhalten (Jahrgangstufe 4), sich mit Hilfe von Fachbegriffen über die Machart eines Filmes austauschen (Jahrgangstufe 6).
- *Sprechen/vor anderen Sprechen, Referieren und Präsentieren*: von einem Filmerlebnis erzählen (Jahrgangstufe 2), einen selbst gewählten Film anderen vorstellen (Jahrgangstufe 4).
- *Sprechen/szenisches Spiel*: einzelne Szenen aus einem Film szenisch nachgestalten (Jahrgangstufe 6), Schauspieltechniken einüben (Jahrgangstufe 8).
- *Umgang mit (anderen) Texten*: Song oder Gedicht als multimediale Präsentation (z. B. PowerPoint) umsetzen (Jahrgangstufe 6), eine Kurzgeschichte als multimediale Präsentation (z. B. PowerPoint) umsetzen (Jahrgangstufe 8) bzw. filmisch adaptieren (Sek. II), einen literarischen Text oder Song als multimediale Präsentation oder Film umsetzen (Jahrgangstufe 10), Parallelen und Unterschiede filmischen und literarischen Erzählens erkennen (Sek. II).

Gerade im Rahmen einer Filmdidaktik Deutsch wären solche Bezüge noch klarer zu machen: „Kurze Texte zu einem Film verfassen" (Jahrgangstufe 2) oder die „eigene Meinung zu einem Film äußern" (Jahrgangstufe 4) braucht eine im besten Fall kommunikativ situierte Aufgabenstellung. Es wäre zu erläutern, was ein Filmgespräch ist (vgl. Kap. 3) und warum es nur in Jahrgangstufe 2 auftaucht, während für zahlreiche Kompetenzen höherer Stufen gerade auch Gespräche geeignet schienen. Oder es wäre zu fragen, warum in der Sek. II keine (expositorischen) Schreibaufgaben mehr erscheinen, z.B. zur Filmgeschichte oder zu dramaturgischen Mustern oder zum Vergleich filmischen und schriftliterarischen Erzählens.

Drittens stellt sich die Frage, ob die **Zuständigkeiten der einzelnen Fächer** theoretisch immer klar abgegrenzt wurden bzw. praktisch immer klar abgrenzbar sind. Offen bleibt, ob die Fächer mehr oder weniger unabhängig voneinander ihre jeweiligen Kompetenzen abarbeiten; oder aber, ob sie sich zu bestimmten Themen (z.B. Animationsfilm in Jahrgangstufe 4 oder Filmgenres in Jahrgangstufe 10) koordinieren. Davon abgesehen sind die Fachgrenzen oft fließend: On- und Off-Ton ist häufig auch Musik, Musik und Bild gehen über Musik hinaus, das Sprechen ist ein deutschunterrichtliches Aufgabenfeld (vgl. Jahrgangstufe 6).

Ungeachtet aller Kritik ist das Freiburger Curriculum eine wichtige **filmdidaktische Pioniertat**. Erstmalig wird hier ein über die gesamte Schullaufbahn systematisch voranschreitender (das heißt: curricularer), mehrere Fächer verbindender Erwerb filmbezogener Kompetenzen entworfen. Das Modell wirkt im Ganzen schlüssig.

Die Bedeutung der fachlichen Perspektiven, aber auch die Schwierigkeit in deren Abgrenzung zeigt der **empirische Validierungsversuch** des Freiburger Filmcurriculums, den Raphael Spielmann (2011) vorgelegt hat. Pointiert weist Spielmann dem Fach Kunst das Bild, der Musik den Ton und Deutsch den „Text" zu (vgl. ebd., S. 98); gemäß der vorangehenden, schlüssigen Definition von „Text" als „jeder zeichenhafte Komplex von Elementen, die in einem Sinnzusammenhang miteinander verflochten sind" (ebd., S. 15), wären Bild und Ton aber nicht separiert, sondern Bestandteile des Textes. Zweitens unternimmt Spielmann die Überprüfung des Curriculums an fertigen Schülerfilmproduktionen, was zwangsläufig den Fokus auf den produktionsorientierten Anteil bzw. auf die im Fach Kunst situierten Kompetenzen legt (vgl. ebd., S. 122). Dass Filmproduktion vor allem im Fach Kunst stattfindet (vgl. ebd., S. 227) und dort zu den genuinen Kompetenzen zählt, überrascht wenig; im Fach Deutsch hingegen wären produktive Aktivitäten eher Verfahren z.B. für analytische Kompetenzen – und dann auch anders zu begründen.

Uneingeschränkt zuzustimmen ist Spielmann (und dem Freiburger Filmcurriculum) jedoch darin, dass der Film „nicht nur eine Zulieferungsfunktion für den Literaturunterricht erfüllt, sondern als eigenständiges Medium ernst genommen wird" (ebd., S. 262); bedenkenswert sind weiter Spielmanns Zweifel daran, wieweit und ob das Freiburger Curriculum tauglich für Schüler*innen aus der Hauptschule ist. Wiederholt verweist Spielmann in diesem Zusammenhang auf ein Konzept von Björn Maurer (2010a und b).

1.4.2.2 Subjektorientierte Filmbildung in der Hauptschule (Maurer 2010a)

Björn Maurer unternimmt es,

> ein Curriculum Filmbildung für Hauptschulen zu entwickeln, das auf nachhaltige Weise sowohl filmspezifisches Wissen vermittelt (z. B. formalästhetisches u. dramaturgisches Wissen, Kenntnisse im Bereich Medienkonvergenz/Film und Gesellschaft) als auch auf verschiedenen Ebenen die Persönlichkeitsbildung der Schülerinnen und Schüler ermöglicht (z. B. Personale Kompetenz, Soziale Kompetenz, Orientierungsfähigkeit, Lebensbewältigung). (Maurer 2010a, S. 459)

Einerseits weist das Konzept trotz des Hauptschulbezugs eine starke Gegenstandsorientierung auf. Zwar didaktisch reduziert, aber dennoch ambitioniert geht es um Erkenntnisse der frühen Filmtheorie (ebd., S. 170), historische Entwicklungen in der Filmästhetik (ebd., S. 186), Filmgenres (ebd., S. 201) sowie Filmanalyse (ebd., S. 256). „Formalästhetische Kompetenzen bilden [sogar, IK/KM] den klassischen Kernbereich der audiovisuellen Bildung" (ebd., S. 346). Perspektiviert wird die audiovisuelle Bildung jedoch durch den „Schwerpunkt Persönlichkeitsbildung" (ebd., S. 291 ff.), etwa durch Selbst- und Sozialkompetenz, Förderung ästhetischer Kreativität, Auseinandersetzung mit Rollen und Figuren (vgl. ebd.).

Es fragt sich freilich, warum nur die „Zielgruppe Hauptschulmilieu" (ebd., S. 81 ff.) derart persönlichkeitsbildender Stärkungen für ihre Lebensbewältigung bedarf. Auch wuchert die Definition von Lernfeldern und Kompetenzen stark ins Unübersichtliche: Die sechs unterschiedenen audiovisuellen Lernfelder (vgl. ebd. S. 281 ff.) enthalten ca. 170 Einzelkompetenzen, die vier persönlichkeitsbildenden Lernfelder (vgl. ebd., S. 334 ff.) noch einmal knapp 90. Überraschend bleibt die tabellarische Kreuzung der filmbezogenen mit den subjektbezogenen Kompetenzen unbefüllt (vgl. ebd. S. 351 ff.), und es werden abschließend nochmals 17 Kompetenzfelder aufgeschichtet, die sich (nicht vollends schlüssig) danach anordnen, ob sie stärker auf Produktion oder Rezeption bzw. audiovisuelle Bildung oder Persönlichkeitsbildung orientiert sind.

Ob die enorme Fülle an Einzelkompetenzen und die mehrfachen Systematisierungen geeignet sind, Filmbildungsprozesse griffig zu strukturieren, sei dahingestellt. Zu Recht erinnert Maurers Konzeption aber daran, dass Unterricht neben fachlichen auch **pädagogische Ziele** verfolgt. Ebenso plausibel ist der Gedanke, dass Hauptschüler*innen spezielle Lernvoraussetzungen haben, denen mit didaktischen Grundprinzipien wie z. B. präsentativer Körperdarstellung, Anschaulichkeit, praktischem Lernen, spielerischen Formen und szenischem Spiel Rechnung getragen werden kann (vgl. ebd. S. 108 ff.). Die von Maurer vorgeschlagenen **methodischen Konzepte** für die „Rezeptive Filmarbeit" (ebd., S. 381 ff.)

wie für die „Aktiv-produktive Filmarbeit" (ebd., S. 404 ff.) sind variabel und erkennbar an den genannten Prinzipien orientiert (z. B. Aufgabenwürfel, Filmjury, Standbilder stellen, rezeptionsleitende Karten als rezeptive Verfahren). Die aktiv-produktive Filmarbeit beginnt bei Maurer sinnvollerweise bereits vor der Herstellung ganzer Filme. Im Rahmen einer filmästhetischen Früherziehung lassen sich z. B. Spielzeugautos wie echte ins Bild setzen (vgl. ebd., S. 414 ff.) oder einfache Filmtricks wie *Tassensprung (ebd., S. 434) oder Rückwärtsclips (ebd., S. 436) erproben, so dass man auf diese Weise die Gemachtheit filmischer Wirklichkeit erfahren kann.

Gerade die letztgenannten Beispiele legen indes eine **Unterscheidung zwischen Filmproduktion und produktiven Verfahren** nahe. Produktive Verfahren liegen bereits dann vor, wenn man zu Figuren in einem *Motion Still eine Gedankenblase füllt, wenn man zu einer tonlos präsentierten Filmszene verschiedene Musikuntermalungen einspielt, oder wenn man mit einer Smartphone-Kamera per Stopp-Trick eine Figur oder einen Gegenstand verschwinden lässt. (Dieser sehr alte Filmtrick wurde bereits von dem Pionier Georges Méliès erprobt, in L'Illusionniste fin de siècle/An Up-to-Date Conjurer von 1899.)

1.4.2.3 Kompetenzmodell der Länderkonferenz MedienBildung (2009/2015)

Wertvolle Impulse für die Filmbildung liefert ein von der Länderkonferenz MedienBildung im Jahr 2009 herausgegebenes und 2015 überarbeitetes „Kompetenzorientiertes Konzept für die Schule". „Film ist das *narrative* Leitmedium für Kinder und Jugendliche", daher sei es „für die Orientierung in der Welt der bewegten Bilder unverzichtbar, [f]ilmische Zeichen und ihre Wirkungen grundlegend verstehen und gestalterisch nutzen zu können" (Länderkonferenz MedienBildung 2015, S. 3, NQ). Von diesen Prämissen ausgehend, versteht das Kompetenzmodell

- unter Film weitgefasst „alle möglichen Formen des Bewegtbildes", wobei sich der „Fokus auf den Spiel- und den Dokumentarfilm als Urformen des audiovisuellen Erzählens" richtet (ebd.);
- sich als vielfach anschlussfähig und integrierbar in fachbezogene Lehrpläne und Didaktiken einzelner Fächer (vgl. ebd.);
- sich anschließend an eine handlungsorientierte Medienpädagogik (vgl. ebd., S. 4);
- Filmbildung als relevant für alle maßgeblichen Stationen im Bildungsverlauf bzw. für die gängigen Bildungsabschlüsse (vgl. ebd.).

Das Modell unterscheidet **vier Kompetenzbereiche**: Filmanalyse, Filmnutzung, Filmproduktion und -präsentation, Film in der Mediengesellschaft (Abb. 1). Es berücksichtigt damit, dass Filmbildung nicht ausschließlich vom Gegenstand (Analyse), sondern von den lernenden Subjekten (Nutzung, Produktion) her zu denken ist; dass sie rezeptiv und produktiv ausgerichtet werden kann; und dass sie sich sowohl auf die filmischen Texte im engeren Sinne als auch auf vielfältige

Kontexte erstreckt (z. B. Filmgeschichte, Filmwirtschaft). Zudem muss das Modell nicht auf den Spielfilm beschränkt bleiben. Vielmehr lassen sich die vier Kompetenzbereiche auch für den Umgang mit Dokumentarfilmen und auch stärker „im Hinblick auf die spezifischen Kompetenzfelder des Deutschunterrichts" (Kammerer/Kepser 2014, S. 56) konkretisieren.

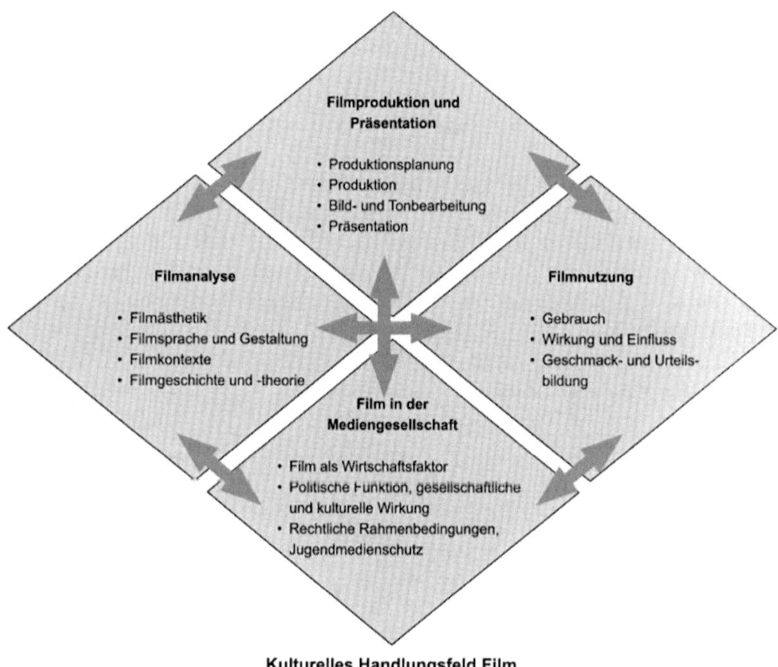

Abb. 1: Kompetenzmodell der Länderkonferenz MedienBildung (2015, S. 5, NQ)

Bereits in dieser Übersicht zeigen sich jedoch auch die **Konsistenz- und Abgrenzungsprobleme** des Modells. Zunächst fällt auf, dass Analyse, Nutzung und Produktion/Präsentation *Tätigkeiten* von Lernenden, „Film in der Mediengesellschaft" aber ein Aspekt des *Lerngegenstandes* ist. Dringlicher fragt man sich, ob der gesamte Bereich der Filmnutzung, besonders so etwas wie Geschmacks- und Urteilsbildung, und ebenso der Bereich Filmproduktion die Analyse nicht wesentlich *voraussetzt* bzw. davon keineswegs abtrennbar ist. Stimmiger schiene es, Analyse als *grundlegend* für die anderen drei Felder zu sehen, was dann aber anders darzustellen wäre. Dafür spräche auch, dass Analyse in der Ausarbeitung den größten Raum einnimmt (vgl. ebd., S. 5–9), an erster Stelle kommt und am feinsten untergliedert ist (Tab. 2):

Filmanalyse

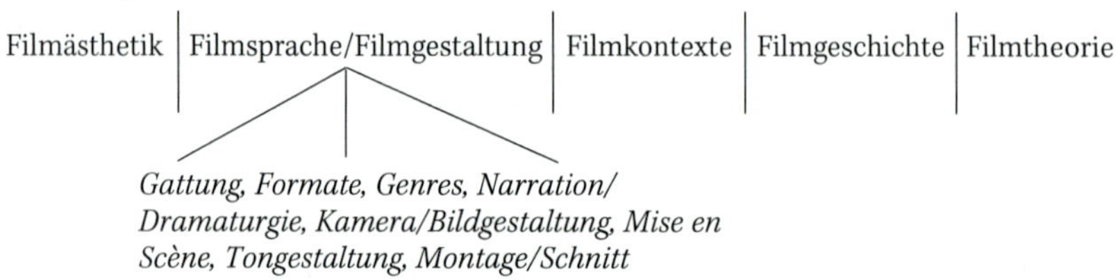

Tab. 2: Der Bereich Filmanalyse im Kompetenzmodell der Länderkonferenz MedienBildung (2015, vgl. S. 5–9, NQ; eigene Darstellung)

Abgrenzungsprobleme setzen sich in dieser Untergliederung fort: Filmgeschichte und -theorie zählen u.E. zu den Filmkontexten; ebenso wie Gattung, Format und Genre nicht aus einem Einzeltext, sondern stets nur kontextuell erschließbar sind (vgl. Kap. 2.3). Vor allem aber stellt sich die Frage nach dem Verhältnis von Filmästhetik zu den anderen Subbereichen. Blicken wir auf einen Detailsauzug aus dem Modell (Tab. 3):

Teilbereiche	**Kompetenzerwartungen Klasse 4**	**Kompetenzerwartungen Klasse 10**	**Kompetenzerwartungen Klasse 12**
Filmästhetik	- Gefühle und Eindrücke benennen und begründen (→ *Bezug zum Kompetenzbereich Filmnutzung*) - Film als gestaltetes Werk an einfachen Beispielen beschreiben	- ästhetische Wirkungen eines Films beschreiben und begründen - Film als gestaltetes Werk analysieren	- ästhetische Wirkungen eines Films erörtern - ästhetische Gestaltung eines Films in ihrer Gesamtheit analysieren und beurteilen
Filmsprache/ Filmgestaltung			
Filmgattung	- ausgewählte Filmgattungen anhand einiger spezifischer Merkmale unterscheiden	- verschiedene Filmgattungen aufgrund ihrer jeweiligen Erzähl-, Gestaltungs- und Funktionsweise unterscheiden	- gattungsbezogene Aspekte der Erzählweise, Gestaltung und Funktion eines Films analysieren und die Umsetzung bewerten, auch im Vergleich mit Filmen der gleichen oder einer anderen Gattung

Tab. 3: Kompetenzmodell der Länderkonferenz MedienBildung (2015, S. 6, NQ), Auszug aus dem Bereich Analyse

Im Bereich Ästhetik geht es um Gefühle, Eindrücke, ästhetische Wirkungen und werkhafte Gestaltung. Es bleibt jedoch unklar, was hier genau benannt, beschrieben, begründet und erörtert werden könnte. Vor allem aber erfordert all dies unbedingt analytische und interpretatorische Operationen.

Das Modell (Abb. 1) verdeutlicht durch Pfeile die Verbundenheit von Allem mit Allem, es weist auf Überschneidungen hin (vgl. ebd., S. 4) und setzt mehr als 20 entsprechende Hinweise. Dies zeigt das Komplexitätsbewusstsein der Urheber*innen; es zeigt aber auch, dass der Gegenstand womöglich noch nicht optimal trennscharf modelliert wurde. Dessen ungeachtet liefert das Modell wichtige Impulse: Es reklamiert Filmbildung für alle Stationen im Bildungsgang und bringt den Kompetenzerwerb in eine curriculare Progression. Es begreift den Film als multimediales Gebilde und geht von einem weiten Filmbegriff aus. Es umfasst sowohl filmische Texte als auch Kontexte, sowohl Rezeption als auch Produktion. Für eine Filmdidaktik Deutsch bedarf es jedoch weiterer Anpassungen und Ergänzungen.

1.4.2.4 Filmbildung in der Schule (Müller 2012)

Ines Müller greift für ihre *Filmbildung in der Schule* (2012) das Modell der Länderkonferenz gerade deshalb auf, weil „konsequent ein Fächerbezug vermieden" wird (ebd., S. 44). Sie konzipiert eine „Fachdidaktik [!], die sich auf den Gegenstand Film bezieht und nicht einer Fremddidaktik unterworfen ist" (ebd., S. 15). Hierfür entwickelt sie zu jedem der vier aus dem Modell übernommenen Kompetenzfelder für jeweils eine Doppeljahrgangsstufe Themenbereiche, Inhalte, Kompetenzfelder, Verfahren und Lernprodukte. Dies führt zu einer detaillierten Zuordnung von Kompetenzen, Inhalten und Verfahren.

Es führt jedoch auch in die **Unübersichtlichkeit**: Allein der Plan für die Jahrgangstufen 3/4 nimmt zehn Seiten ein (vgl. ebd., S. 145 ff.); das filmbezogene Gesamtcurriculum von der Primarstufe zur Sek. II breitet sich auf rund 60 Seiten aus. Für dessen Abarbeitung bräuchte es ein eigenes Schulfach von Jahrgangstufen 1 bis 12 mit wenigstens zwei Wochenstunden. Da solche Ressourcen nicht existieren, ist die vorgelegte Fachdidaktik Film wie ein König ohne Königreich. Alternativ wird die Filmbildung im Rahmen eines schulinternen Curriculums dann (doch wieder) in verschiedene Fächer vergeben. Das Beispielcurriculum ist über sechs Jahre (Jahrgangstufen 5–10) und auf sieben Fächer verteilt (Kunst, Deutsch, Englisch, Politik, Geschichte, Religion/Ethik, Musik) (vgl. ebd., S. 208–219). Damit aber verschärfen sich nicht nur die (im Freiburger Filmcurriculum latenten) curricularen Kohärenz- und Organisationsprobleme. Zu fragen wäre auch, ob so unterschiedliche Fächer wie Kunst, Deutsch, moderne Fremdsprachen und Politik/Geschichte nicht unterschiedliche Filmdidaktiken brauchen. Beispielsweise erscheint aus der Perspektive einer Filmdidaktik Deutsch Müllers ausgeprägter Fokus auf Produktionsorientierung bzw. Filmproduktion fraglich (vgl. z. B. ebd., S. 129).[4]

4 Positiv ist, dass die produktionsorientierte Filmanalyse mit einfachen Übungen (vgl. ebd., S. 101, 108) ansetzt. Von der damit gewonnenen Anschaulichkeit, z. B. über filmi-

1.4.2.5 Film in den Fächern der sprachlichen Bildung (Blell u. a. 2016)

Betrachten wir abschließend noch ein Kompetenzmodell, welches mehrere Fächer einbezieht, dabei aber die **sprachlichen Bezüge der Filmbildung** akzentuiert. Das von Blell u. a. zum „Film in den Fächern Deutsch, Englisch, Französisch, Spanisch" (2016) konzipierte Modell beruht auf einer Reihe sinnvoller Annahmen: Demnach sollte Filmbildung sowohl den Gegenstand als auch das Handlungsfeld betreffen (vgl. ebd., S. 15), wobei das „Handlungsfeld ‚Film' in seiner ganzen Breite, also einschließlich dokumentarischer Genres und Fernsehformate sowohl im Kino als auch zuhause am Fernsehgerät oder Computer, vielleicht gar unterwegs mit dem Smartphone", zur Disposition steht (ebd., S. 18). Filmbildung darf nicht nur fachliche Kompetenzen vermitteln, sondern „muss auch stets subjektbezogen der Persönlichkeitsbildung dienen" (ebd.). Vor allem aber wird das (fachunspezifische) Modell der Länderkonferenz MedienBildung mit fachspezifischen Kompetenzfeldern unterfüttert – für die Sprachfächer sind das besonders Sprechen und Schreiben (vgl. ebd., S. 17). Im Überblick stellt sich das Modell wie folgt dar (Abb. 2):

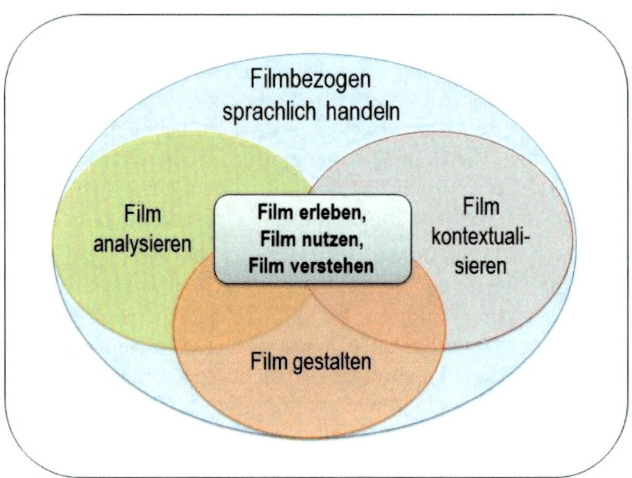

Abb. 2: Kompetenzmodell Film in den Fächern der sprachlichen Bildung (Blell u. a. 2016, S. 22)

sche „Auflösung" im Gegensatz zu einem Theaterraum (vgl. ebd., S. 99), profitieren aber nicht nur Lernende mit Schwächen in Analyse und Abstraktion (vgl. ebd., S. 21). Auch bliebe das Kosten-Nutzen-Verhältnis produktionsorientierter Verfahren zu beachten: Kameraperspektiven wären anstatt mit eigenen Digitalfotografien in vier Stunden ebenso gut mit aussagekräftigen *Motion Stills in einer Stunde erlernbar (vgl. ebd., S. 220 ff.).

„Filmbezogen sprachlich handeln" (rezeptiv, produktiv und mehrsprachig, vgl. ebd., S. 26) ist demnach das alles integrierende Anliegen. Dies leuchtet ein, denn in der Tat wird „auch sprachlich gehandelt, wenn Filme analysiert, kontextualisiert und produziert werden" (ebd., S. 23). Zu schärfen wären in der Konkretisierung Operatoren wie „sich einlassen", „sprachlich-komplex [...] mit Filmszenen arbeiten" sowie das Aufgabenprofil: Für wen wird beschrieben oder vorgestellt? (ebd., S. 27). Die Darstellung setzt eine dreigeteilte Kompetenz zentral, nämlich „Film erleben, nutzen, verstehen", sodass die Bereiche Analysieren, Gestalten und Kontextualisieren als Verfahren im Dienste dieser Trias begreifbar sind. (Kontextualisieren betrifft: Film in der Mediengesellschaft, *intermediale Bezüge, Film als kulturelle Ausdrucksform verstehen; vgl. ebd., S. 35.) Für den Bereich der **Analyse** wird diese **dienende Funktion** explizit plausibel gemacht. Filmanalyse führe zu gesteigerter Erlebnisfähigkeit (vgl. ebd., S. 28), sie sei

> ein wichtiger Teil von Filmbildung, aber niemals als Selbstzweck, sondern funktional ausgerichtet auf das Verstehen, Interpretieren, Nutzen und Genießen von Filmen, auch bezogen auf deren Verortung im jeweiligen historischen oder kulturellen Kontext. [...] Filme interessieren (nicht nur) junge Menschen in der Regel zuallererst aufgrund ihrer Geschichte und der darin handelnden Figuren [...] (ebd., S. 20 f.)

Dem ist rundum zuzustimmen. Aber aus dem Trio „Erleben, Nutzen, Verstehen" wird nun ein Quartett aus „Verstehen, Interpretieren, Nutzen und Genießen"; zweitens wird die Analyse in der Erläuterung des Modells als „Erkennen, Benennen, Beschreiben und Deuten der formalen Gestaltungsmittel audiovisueller Texte" (ebd., S. 28) dann doch als eigenständiges Kompetenzfeld gehandelt. Die Beschreibung des Modells macht die systematischen Zusammenhänge der einzelnen Felder wenig deutlich, sie arbeitet stattdessen additiv die fünf Bereiche ab. Das zentrale Erleben/Nutzen/Verstehen und das übergreifend-integrierende *Filmbezogen sprachlich handeln* geraten dabei auf ein und dieselbe Gliederungs- und konzeptionelle Ebene wie die Teilkompetenzen Analyse, Gestaltung, Kontextualisierung.

Etwas diffus begründet ist der Bereich „Film gestalten". Einmal sei dieser „gerade für junge Menschen" wichtig aufgrund lebensweltlicher Praktiken wie Vlogs, Vodcasts, Videocasts (ebd., S. 22), zum anderen als „erfahrungsbasierter Aufbau filmbezogener Kompetenzen" (ebd., S. 37). So fragt sich auch hier, ob das Gestalten eine eigene Kompetenz darstellt oder aber den Weg zu anderen, eigentlichen Kompetenzen. Auch wäre da und dort der Anspruch zu überdenken: „einen kurzen Film in mehreren montagegerechten Einstellungen drehen und dabei bewusst Einstellungsgrößen, Perspektiven und Kamerabewegungen einsetzen sowie die Bildkomposition beachten" (ebd., S. 50) erfordert u. E. bereits semi-professionelle Kompetenzen und viel Zeit.

Die Autor*innen merken an, dass „viele Teilkompetenzen [...] eng miteinander verzahnt" seien (ebd., S. 41). Ähnlich wie bei der Länderkonferenz MedienBildung wäre zu überprüfen, wie weit dies in der Natur oder aber in der Modellierung der

Sache liegt. Dessen ungeachtet kann eine Filmdidaktik Deutsch aus dem Modell einen wesentlichen und wichtigen Impuls ziehen: Filmbildung integriert sich im Deutschunterricht nicht nur als Umgang mit (auch filmischen) Texten, sondern in allen Kompetenzbereichen als **sprachbasierte Vermittlung einer kulturellen Praxis** (vgl. Abraham 2016a, S. 7). Film, so Ulf Abraham, ist nicht „sprachfrei zu haben" (2016b, S. 136).

1.4.2.6 Fazit

In seinem Aufsatz „Konzepte und Perspektiven der Filmbildung" definierte Horst Niesyto (2006, S. 8f.) zwei **filmdidaktische Grundrichtungen**:

Von der **Filmwissenschaft und Filmkunst** herkommend, bedeutet Filmbildung eine Wahrnehmungssensibilisierung für anspruchsvollere Filme.	Von der **Medienpädagogik und kulturellen Medienbildung** herkommend, verfolgt Filmbildung eher subjektbezogene Konzepte und sieht Filme als symbolische Reservoirs für Orientierung und Identitätsbildung.

Ähnlich unterscheiden Anders/Staiger u.a. (2019, S. 40) eine **„Analytische-reflexive Ausrichtung"** bzw. eine **„Ästhetische Ausrichtung"** und ergänzen noch eine **„*Intermediale Ausrichtung"**, bei der Medienvergleiche zentral sind.

Diese zwei bzw. drei Grundrichtungen schlagen sich auch in den soeben referierten und kommentierten Filmkompetenzmodellen unterschiedlich nieder. Obwohl die empirische Validierung dieser Modelle als filmdidaktisches Forschungsdesiderat noch offen steht, lässt sich aus ihnen doch eine Art **filmdidaktisches Grundsubstrat** gewinnen:

1. Die Modelle zeigen, dass sich Filmbildung nicht rein abbilddidaktisch aus dem Gegenstand ableiten lässt. Ein Studien- oder Arbeitsbuch zur Filmanalyse (z.B. von Hickethier 2007; Korte 2010; Faulstich 2013; Beil/Kühnel/Neuhaus 2016) ist noch kein filmdidaktisches Konzept. Ohne ein solches aber ist der Anspruch, „Filmwelten verstehen und vermitteln" zu wollen (vgl. Wacker 2017), nicht sinnvoll formulierbar, geschweige denn einzulösen.
2. Die Modelle fassen den Film als Medienkombination aus (bewegtem) Bild, Ton und verbaler Sprache bzw. filmische Realitätskonstruktionen als komplexe multimediale Gebilde auf.
3. Die Modelle vertreten einen unterschiedlich weiten, in keinem Fall aber auf „Kino als Kunst" (Bergala 2006) verengten Filmbegriff.
4. Die Modelle sehen Filmbildung für alle Schulstufen vor bzw. fragen nach entsprechenden Differenzierungserfordernissen.
5. Die Modelle begreifen „Filmlesefähigkeit und kulturelle Handlungsfähigkeit" (Maiwald 2013a, S. 231ff.) als didaktische Zielperspektiven für die Filmbil-

dung. Stets geht es also nicht nur um filmische Texte, sondern auch um deren ästhetische, kulturelle, ökonomische Kontexte.

6. Die Modelle beinhalten rezeptive und produktive Kompetenzen und/oder Verfahren.
7. Die Modelle zielen auf fachliche und auf personale Lerngewinne.

Auf dieser Grundlage skizzieren wir nun ein einfaches Kompetenzmodell, welches wir dieser Filmdidaktik Deutsch zugrunde legen wollen.

1.4.3 Kompetenzmodell Filmdidaktik Deutsch

Zunächst einige Erläuterungen, auch zu Anspruch und Reichweite des Modells:

Analog zu Hans-Heino Ewers (2000) für die Kinder- und Jugendliteratur unterscheiden wir grundlegend Film als **(textuelles) Symbolsystem und als (kontextuelles) Handlungssystem.** In einem Übergangsbereich sehen wir einmal textübergreifende Codes wie gängige filmische Erzählmotive (z. B. der Ritt in den Sonnenuntergang) und Genrebezüge; ebenso werkbezogene, aber werkexterne *Paratexte wie z. B. Filmplakate und Trailer.

Auch die **Kenntnis** von Dingen und Sachverhalten (z. B. von filmischen *Paratexten oder von ökonomischen Gegebenheiten der Filmproduktion) begreifen wir als Kompetenz.

Filmanalyse und Filmproduktion sind keine eigenen Kompetenzfelder. Analytische Operationen und produktive Verfahren stehen im Dienst der genannten Hauptkompetenzen (v. a. für *Konstruktion/Konstruiertheit filmischer Wirklichkeitsdarstellung begreifen* sowie *übergreifende Codes wahrnehmen und deren Bedeutung in der Sinnkonstitution erkennen*). Im Rahmen einer Filmdidaktik Deutsch verfolgen wir eher produktive Verfahren als die Produktion kompletter Filme.

„Die Menschen stärken, die Sachen klären" ist ein gerne zitiertes Motto des Pädagogen Hartmut von Hentig (1985). Beides halten auch wir für wichtig, würden es aber so sehen (wollen), dass man Menschen vor allem stärkt, *indem* man die Sachen klärt. Unser Modell weist **personale Kompetenzen** nicht eigens aus. Personale Kompetenzen (wie z. B. „Mit Gefühlen umgehen" bei Abraham 2016a, S. 49 oder auch das gern verwendete „sich einlassen") sind schwer zu operationalisieren und noch schwerer nachzuweisen. (Man könnte auch grundsätzlich fragen, ob Gefühle nicht Privatsache sind.) Dies bedeutet nicht, dass der Umgang mit dem Film nicht auch subjektbildende Funktionen hat. Wenn man etwa in einem Hollywood-Katastrophenfilm (wie TWISTER 1996) die filmische Konstruktion bzw. scheinbare Dekonstruktion von Geschlechterrollenklischees aufdeckt und reflektiert (vgl. Maiwald 2006), dann trägt dies natürlich zur Individuation und Sozialisation bei. Derlei jedoch sichtbar und womöglich messbar machen zu wollen, schiene uns vermessen.

Ebenso sehen wir es nicht als Aufgabe von Unterricht und damit des Umgangs mit dem Film an, außerschulischen Mediengebrauch nachzuspielen. Zum einen ist Schule (und auch der Deutschunterricht) vorrangig ein Ort, an dem (im Hentig'schen Sinn) „Sachen [zu] klären" sind. Manche Sachen müssen dafür vom Bauch in den Kopf wandern, wo sie bewusst, beschreibbar und anderen mitteilbar werden. Dies ist Anstrengung und Arbeit – und insofern (meistens) kein Spaß. Allerdings sind der Film und insbesondere der Spielfilm ästhetische Gegenstände, die vor allem für den Genuss rezipiert werden. Thomas Anz (1998) hat für das literarische Lesen lustvolle Genüsse ins Feld geführt: das Wohlgefallen am Schönen (ebd., S. 77 ff.), die Faszination des Schrecklichen (ebd., S. 115 ff.), das Spannungserleben (vgl. ebd., S. 150), die Lachlust (ebd., S. 172 ff.) oder die erotische und pornografische Lust (ebd., S. 205). Dabei betont Anz jedoch, dass „**Analyse- und Genussfähigkeit** im Umgang mit Kunst sich keineswegs ausschließen müssen, sondern vielmehr gegenseitig befördern können" (ebd., S. 10). Dies scheint uns zentral. Wir nähern uns ästhetischen Gegenständen in der Schule (wo es etwas zu lernen gilt) anders als auf der Couch oder im Kinosessel – was für den Umgang mit Buchliteratur oder mit Musik als selbstverständlich akzeptiert wird. Aber auch eine stärker erkenntnisorientierte Annährung muss keineswegs freudlos bleiben, und vor allem kann sie einen zusätzlichen, eigenen Genuss stiften. Abraham ist zuzustimmen,

> dass das analytische Sehen in der Schule nicht als anstrengend gegen das lustvolle Freizeitsehen ausgespielt werden darf: Wer entdeckt, dass sich mit seiner Hilfe eine zweite Ebene neben der Inhaltsebene auftut, dass „Sinn" auch in der Form stecken kann und gute Regisseure auch im Detail bewusst arbeiten, der wird zunächst Freude an solchen Entdeckungen haben [...] (Abraham 2016a, S. 37).

Noch einmal erinnert sei auch an das Diktum von Kern (2004, S. 220), wonach „der Sehgenuss sich erhöht, wenn er über eine diskursiv-poetologische Zwischeninstanz läuft".

Wichtig scheint uns für eine Filmdidaktik Deutsch, die **Sprachlichkeit** des Umgangs mit dem Film deutlich zu machen, indem wir die Verfahren sehr stark aus den Aufgaben des Deutschunterrichts heraus ableiten und systematisieren. Das Modell ist aus Gründen der Übersichtlichkeit und für den vorliegenden Zweck nicht voll elaboriert (Tab. 3). Es geht uns hier um **die Positionierung unserer Konzeption im filmdidaktischen Feld**. Daher bildet das Modell keine curriculare Progression und keine (z. B. nach Schularten differenzierenden) Schwierigkeitsstufen ab. Ebenso werden die Hauptkompetenzfelder ohne Anspruch auf Vollständigkeit nur beispielhaft konkretisiert. In den Praxismodellen in Kap. 4 wird dies jeweils näher detailliert, keinesfalls jedoch möchten wir filmentschlossene Lehrer*innen durch überbordende Kompetenzkataloge lähmen, sondern zu einer kompetenzorientierten Filmarbeit ermutigen.

Hier das Modell im Überblick (Tab. 4):

Hauptkompetenzfelder						
Film als Symbolsystem		*Übergangsbereich*		Film als Handlungssystem		
SuS rekonstruieren die Handlung (Was? bzw. die *Story) von Filmen.	SuS begreifen die Konstruktion/Konstruiertheit filmischer Wirklichkeitsdarstellung (Bild, Ton, Verbalsprache) (Wie? bzw. Plot).	SuS nehmen in Filmen übergreifende Codes wahr (Motive, Genres, Gattungen) und erkennen deren Bedeutung in der Sinnkonstitution.	SuS kennen und deuten filmische *Paratexte.	SuS verstehen und bewerten Filme im historischen/ sozialen/ kulturellen/ technischen Kontext.	SuS kennen prägende ökonomische und rechtliche Gegebenheiten der Filmproduktion.	SuS kennen und partizipieren am Film als mediales Dispositiv bzw. als kulturelle Praxis.
Beispiele/Konkretion [ohne Anspruch auf Vollständigkeit!]						
Figur, Ort, Zeit, Handlung	Visuelle Mittel Auditive Mittel Ästhetische Konventionen (z. B. **establishing shot*, unsichtbarer Schnitt, parallele Ton-Bild-Korrespondenz) Authentisierungsstrategien im Dokumentarfilm On/Off Musikalische Klischees	Motive Genrekonventionen Plotmuster Klischees Serialitätsprinzipien bzw. Standardsituationen (z. B. Cliffhanger, Duell im Western)	Filmplakat Filmtrailer Filmkritik	Gesellschaftliche Tabus, Zensur, Zeitgeist, Ideologien, Overacting im Stummfilm, Konkurrenz durch das Fernsehen in den 1950ern/ 60ern, Digitalisierung	Hollywood vs. Autorenkino, FSK, Urheberrecht öffentlich-rechtlicher vs. privater Rundfunk; Streamingdienste	Kino und Schulkino Online-Plattformen und -foren (z. B. YouTube) Filmfestivals und -wettbewerbe
Dramaturgische/narrative Mittel						

Mögliche Verfahren [aus den Aufgaben des Deutschunterrichts heraus gedacht; vgl ausführlicher Kap. 3]			
Lesen über Filme Sach- bzw. Informationstexte über Filme nutzen (z. B. Texte zur Filmtheorie und Filmgeschichte, Feuilleton, Rezensionen; Informationstexte über filmische Mittel)	*Sprechen (und Zuhören) über Filme* Filmgespräch führen; Lieblingsfilm anderen vorstellen; Referat/Präsentation zu einem filmbezogenen Gegenstand oder Thema gestalten *Sprechen/Spielen zu/in Filmen* *Voice-Over-Kommentar zu einem Film sprechen; Rollencasting durchführen; Filmjury spielen; Filmquiz durchführen; Filmszene spielen/in einem Film mitspielen	*Schreiben über Filme* Inhalt eines Filmes zusammenfassen; Filmprotokoll verfassen; Filmfigur charakterisieren; Film begründet bewerten; Filmkritik schreiben *Schreiben zu/in Filmen* Gedanken einer Filmfigur imaginieren und aufschreiben; Exposé, Treatment, Storyboard, Drehbuch verfassen; Film computerunterstützt beschreiben und kommentieren; Covertext oder Programmankündigung zu einem Film schreiben; Film(szene) in einen schriftlichen Erzähltext umschreiben	*(Nicht-sprachliches) Gestalten zu/von Filmen* Filmszene/einem Film eine (andere) Tonspur unterlegen; Einfache filmische Darstellungsmittel/Filmtrick (re-)produzieren (z. B. Stopp-Trick, *Stop-Motion); Filmszene drehen

Tab. 4: Kompetenzmodell Filmdidaktik Deutsch im Überblick

Zusammenfassung

Der Gebrauch des Films als narratives Leitmedium in unserer Kultur begründet einen schulischen Bildungsauftrag mit zentraler Zuständigkeit des Deutschunterrichts. Bereits zu Beginn des 20. Jahrhunderts setzen pädagogische und didaktische Reaktionen ein, die den Film einerseits abwerten und bekämpfen, ihn andererseits als Gegenstand und Mittel verschiedenartiger Bildungsziele ansehen (z. B. Schulfilmbewegung, Bewahrpädagogik, kommunikative Wende, Fokus auf Literaturverfilmung). In heutigen kompetenzorientierten Bildungsplänen im Fach Deutsch ist der Film verankert; eine Filmdidaktik Deutsch ist jedoch grundlegender zu bestimmen: Wie (weit) wird das filmische Gegenstandsspektrum gefasst? Welche Zielsetzungen verfolgt der Umgang mit Filmen? In welchem Verhältnis stehen genussvolle Verstrickung und analytische Distanznahme? Welche Rolle spielen insbesondere produktive Verfahren und Filmproduktion? Die Positionierung zu diesen Fragen mündet in ein einfaches Kompetenzmodell, welches aus einem kritischen

Referat existierender Modelle (v. a. Freiburger Filmcurriculum, Modell der Länderkonferenz MedienBildung, Modell Film in den Fächern der sprachlichen Bildung) entwickelt wird. Wesentlich hierbei ist es, den Film als Symbolsystem und als Handlungssystem zu begreifen und den Umgang mit dem Film von den (Kompetenz-)Aufgaben des Deutschunterrichts her zu denken.

Weiterführende Literatur: Barsch, Achim (2006): Mediendidaktik Deutsch. Paderborn. **Blell, Gabriele u. a. (2016)**: Film in den Fächern Deutsch, Englisch, Französisch, Spanisch. Ein Modell zur sprach- und kulturübergreifenden Filmbildung. In: Dies. (Hrsg.): Film in den Fächern der sprachlichen Bildung. Baltmannsweiler. S. 11–61. **Fuchs, Mechthild u. a. (2008)**: Freiburger Filmcurriculum. Ein Modell des Forschungsprojekts „Integrative Filmdidaktik" (Pädagogische Hochschule Freiburg). In: Der Deutschunterricht. Jg. 60. H. 3. S. 84–90. **Gast, Wolfgang (1981)**: Lesen oder Zuschauen? Produktive Folgerungen aus einer falschen Alternative. In: Schaefer, Eduard (Hrsg.): Medien und Deutschunterricht. Vorträge des Germanistentages Saarbrücken 1980. Tübingen. S. 59–78. **Länderkonferenz MedienBildung (Hrsg.) (2015)**: Filmbildung. Kompetenzorientiertes Konzept für die Schule. Überarbeitete Fassung (NQ).

2 Fach- und sachanalytische Grundlagen

Im Folgenden geht es um die Sache selbst: um den Film. Dabei sollen infolge unserer Einteilung in filminterne und -externe Untersuchungsbereiche schrittweise die Grundlagen für kommende didaktische Handlungen verdeutlicht werden. Nach einem Einstieg zur Beziehungsstiftung zwischen **Film und Unterrichtsfach Deutsch** fokussieren wir auf **filminterne** und **-externe Analysebereiche.** Grundsätzliche didaktische Überlegungen beschließen jeweils die Teilkapitel.

Erläutert wird also das filmische Bedingungsfeld, dessen Grundlagen auch immer wieder auf herausgehobenen ‚Inseln' exemplarisch betrachtet werden. Dabei gilt es, die Fragen: **Was ist Film? Wie und warum wirken seine Gestaltungsentscheidungen? In welchen größeren, auch medienübergreifenden Zusammenhängen kann er betrachtet werden?,** an Beispielen zu sichten und Inhalte des im Haupttext Geschilderten zu konkretisieren. Mit einer solchen Insel wollen wir auch beginnen – zur kleinsten filmischen Einheit: der Einstellung. Da Film nicht nur in übertragener, sondern auch in direkter Bedeutung immer eine Frage der Einstellung ist, soll der erste Blick dieser Basis gelten und an einem international gefeierten deutschen Film betrachtet werden.

Einstellung (I)

Eine **Einstellung** *ist die kleinste kohärente Filmeinheit (vgl. Korte 1999, S. 25; Faulstich 2002, S. 113; Schleicher/Urban 2005, S. 14f.; Keutzer u. a. 2014, S. 9). Unbeschnitten, szenisch, zwischen Start und Stopp der Kamera aufgezeichnet ist sie die morphologische Keimzelle des Films, aus der durch Verknüpfung mit anderen Einstellungen der gesamte Text entsteht. Nicht das Bild ist filmisch, sondern die Einstellung, die im Deutschen, anders als im englischen Sprachraum* (shot, take), *auch psychologisch zu verstehen ist. Da nimmt jemand (Regisseur, Kameramann, kommentierende Kamera etc.) eine wertende Position zu etwas ein und bringt dies durch Komposition und Aufzeichnung zum Ausdruck. Einstellungen weisen mehr als nur die visuellen und auditiven Inhalte vor: Sie verdeutlichen, beziehen, klären auf.*

So auch in der Exposition von Fritz Langs M – EINE STADT SUCHT EINEN MÖRDER *(1931). Ein klingendes Schwarzbild führt in den Film ein oder gibt der ersten Sequenz einen redseligen Start. Zunächst hört man einen Gongschlag, kurz darauf beginnt eine Mädchenstimme folgenden Abzählreim im Off (the screen):*

Warte, warte nur ein Weilchen, / dann kommt der schwarze Mann zu dir. / Mit dem kleinen Hackebeilchen / macht er Schabefleisch aus dir.

Erst im Anschluss an das Signalwort „Weilchen" ‚erscheint' mittels Aufblende das Bild. Das zeigt in fast vertikaler Aufsicht und inmitten eines Kinderkreises jenes Mädchen, das wie ein Uhrenzeiger sein Zählwerk vollführt. In einer Halbtotalen gelangt sie on the screen *(On-Ton), ist somit sowohl zu sehen als auch zu hören (Abb. 3):*

Du bist raus!

Das angesprochene Kind verlässt den Kreis. Die Sprecherin zählt weiter. Nach einer erneuten Drehung von ihr nimmt die Kamera die Bewegung auf, fährt leicht vorwärts über den Innenhof der Wohnsiedlung (Abb. 4–5), schwenkt dabei horizontal nach links, dann vertikal nach oben, und endet in Untersicht auf einem Balkon, der das Bild diagonal durchschneidet. Dort läuft hinter der Gitterbrüstung von links kommend eine Frau mit Schürze und Wäschekorb ins Bild, wird auf den Abzählreim aufmerksam, eilt zum Geländer und schreit den Kindern entgegen (vgl. Abb. 6):

Ihr sollt det verfluchte Lied nich' singen, hab' ich euch jesacht. Könnt ihr denn nich' hör'n?

Sofort wird es still im Siedlungshof, worauf die Frau sich schimpfend entfernt. Kurz nachdem sie den Balkon verlassen hat, ist der Abzählreim aber erneut zu hören (Off-Ton).

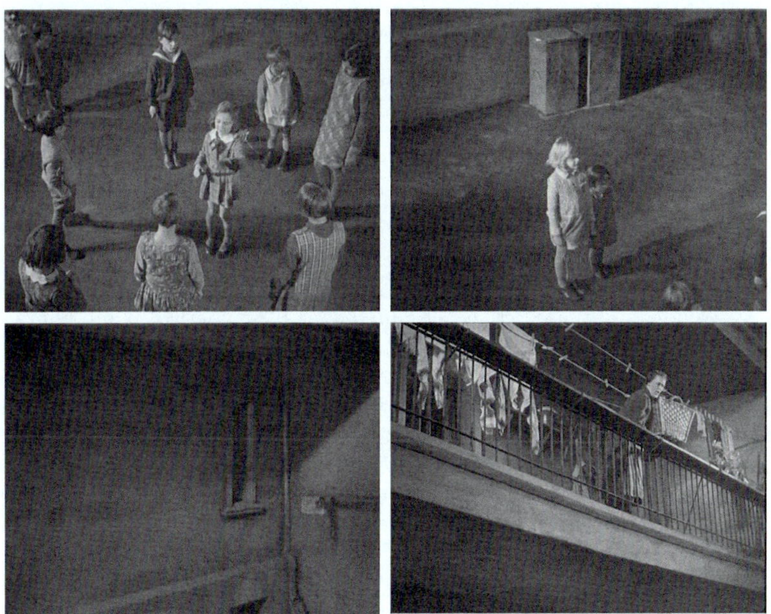

Abb. 3–6: M – Eine Stadt sucht einen Mörder

Mit der ersten Einstellung von M *wird bereits viel verdeutlicht: Ein Kindermörder geht um in Berlin und greift sich seine Opfer aus dem Umfeld der Besitzlosen und Arbeiter. Deren Generationen leben zwar räumlich nah beieinander, sind aber doch getrennt, da der elterliche Schutz der Kinder aus Gründen des Brotwerwerbs eingeschränkt ist. Missbräuchliche Eingriffe sind leicht möglich. Wie also mit der Gefahr umgehen? Ängstlich verschweigen oder spielerisch verarbeiten? Die Arbeiterkinder entscheiden sich für das Spiel, verfremden den Grusel und nutzen ihn kreativ als organisierenden Abzählreim. Die Eltern dagegen fliehen ohnmächtig in Tadel und Verbot. Da aber die schützenden Wohnräume für Wäscherei- und andere Gelegenheitsarbeiten gebraucht werden, muss man die Kinder ins Freie schicken, wo es gerade besonders gefährlich ist. So wird der Nachteil klassenspezifischer Geburt deutlich markiert, während das fürchterliche (Aus-) Zählwerk weiterläuft. Noch ein „Weilchen"! Bis zum Ende des Films. Langs Fallanalyse wird schon zu Beginn von inszenierten Gegensätzen getragen: Der Kinderwelt des Spiels steht die Erwachsenenwelt der Arbeit gegenüber, dem schützenden Kreis die trennende Gerade, der Auf- die Untersicht, spielerischer Zweckfreiheit die zweckmäßige Balkonnutzung, schließlich auch der offenen die begrenzte Fläche. Und wir, die Zuschauer*innen, sehen aus distanzierter Position, dass in den Hinterhöfen des Proletariats etwas Unsichtbares Einzug hält, die Lebensatmosphäre der darin Eingesperrten bestimmt und ganz unterschiedliche Reaktionen der potentiellen Opfer hervorbringt.*

2.1 Film im Fach Deutsch

„Ein Weilchen" musste man auch auf den Film im Deutschunterricht warten. Trotz einiger Vorüberlegungen zum Thema (z. B. Zeitschrift „Der Deutschunterricht", H. 3/1958, H. 6/1960; Feusi 1964; Grieger 1969) brauchte es die „kommunikative Wende" zu Beginn der 1970er Jahre (vgl. z. B. Spinner 2012), um Film und Fernsehen zu relevanten Inhalten des muttersprachlichen Unterrichts zu erklären. Dabei hatte man Befreiendes vor. Repräsentativ für das Aufklärungsinteresse damaliger Autoren sollen hier Friedrich Knilli und Erwin Reiss zu Wort kommen, die im Vorwort der *Einführung in die Film- und Fernsehanalyse* (1971, S. 7) schreiben, dass „eine Einübung in die Wort-Bild-Sprache, in Wort- und Bild-Verknüpfungen [...] als Lehranalyse für Ideologiekritik" notwendig sei, denn nur so könne der „lohnabhängige Zuschauer" den „von bezahlten Zynikern" verbreiteten „Herrschaftsideologien" in Film und Fernsehen auf die Spur kommen. Man müsse, drängen die Autoren, nun endlich handeln, da „dem Wort-Analphabetismus vergangener Jahrhunderte [...] der Bild-Analphabetismus des unseren" entspreche (ebd.). Das meint auch Werner Faulstich (1976, S. 3) und folgert, dass „[d]ie wissenschaftliche Erforschung des Films und seine Berücksichtigung im schulischen und universitären Bildungsbereich [...] als unabdingbare Forderungen der Gesellschaft begriffen werden [können]."

Vielleicht mag man der **Analphabeten-Analogie** und der damit verbundenen **Filmlesefähigkeit** – Begriffe, die im Fachdiskurs bis heute präsent sind (vgl. z. B. Kamp/Rüsel 1998; Hildebrand 2006; Bienk 2006; Frederking u. a. 2018) – nicht ganz zustimmen, trotzdem ist es nach wie vor lohnend, sich mit jenen Wende-Texten auseinanderzusetzen (z. B. Knilli 1971; Wember 1972; Paech 1975; Faulstich/Faulstich 1977; Kuchenbuch 1978; Hickethier/Paech 1979; Silbermann u. a. 1980). Erstmalig wird dort der Versuch unternommen, semiotische Filmdiskurse der 1960er in die Schule und Kategorien literarischer Textanalyse auf den Film zu überführen, um für Aufklärung im Umgang mit dem Massenmedium zu sorgen. Diese Pionierleistungen sind vor allem an begrifflicher und methodischer Orientierung interessiert und beweisen dabei mitunter eine große Liebe zum Detail. So wird z. B. die „Montage der Distinctio" von der „enumerativen Montage" unterschieden (vgl. Knilli/Reiss 1971, S. 50 f.; Silbermann u. a. 1980, S. 59, 66), auch werden komplette Filme bei unterschiedlicher Schwerpunktsetzung ausdauernd analytisch erfasst (vgl. Faulstich/Faulstich 1977; Kuchenbuch 1978, S. 130–168). Nicht alles davon konnte bis heute überleben. Gleichwohl liegt hier so etwas wie der deutschdidaktische Beginn einer Beschäftigung mit Filmen vor und zweifellos ein wesentlicher Bezugspunkt aller folgenden Bemühungen in diesem Themenfeld.

Filmanalyse scheint also ein guter Start zu sein, wenn es darum geht, die Sache selbst und den Umgang damit zu betrachten. Dabei fällt in vielen Publikationen ein Begriff auf, der zwar unmittelbar einleuchtet, aber gerade im deutschdidaktischen Umfeld erläutert werden muss. Gemeint ist die Bezeichnung **Filmsprache**. Manche Autoren (z. B. Paech 1975; Gast 1993; Katz 1999; Arijon 2000; Monaco 2005; Bienk 2006; Jost/Kammerer 2012; Leubner/Saupe 2012; Abraham 2016a) kennzeichnen Kategorien der Filmanalyse als sprachliche Mittel und können so leicht kritisiert werden (vgl. Lohmeier 1996, S. 1–23; Schnell 2000, S. 171–183; Hickethier 2001, S. 24 f.; Mikos 2003, S. 10 f.), denn die linguistische Faktenlage ist unzweideutig. Jenseits des Gesprochenen und Geschriebenen gibt es in Filmen keine Sprache im eigentlichen Sinn. Filmzeichen sind nicht arbiträr, sondern analog organisiert, Bilder und Einstellungen sind keine Wörter, Sequenzen keine Sätze, Filmisches ist nicht lexikalisch, „[e]in Bildlexikon wäre unendlich" (Pasolini 1971, S. 40). Trotzdem ist die Metapher der Filmsprache in gewisser Weise theoretisch abgesichert. Denn bereits früh wird eine Sprachanalogie in der Filmtheorie gezogen (vgl. z. B. Eisenstein 1934; Astruc 1948; Bazin 1955; Beilenhoff 2005) und schließlich in den filmsemiotischen Überlegungen der 1960er und 70er Jahre zentral platziert (z. B. Peters 1962; Eco 1972; Metz 1972 und 1973). Zwar bleibt die metaphorische Bedeutung des Begriffs unangetastet, das muss aber im didaktischen Handlungsfeld kein Nachteil sein. „‚Filmsprache' ist als Begriff so problematisch wie als Metapher erhellend" (Abraham 2016a, S. 36), denn die Notwendigkeit einer sprachlichen Grundlagenschulung zum Verstehen der Filme und zur besseren Verständigung darüber ist für Lernende durchaus schlüssig. Da der Film „gerade weil [er] leicht zu verstehen ist, [...] so schwer zu erklären [ist]" (Metz 1972, S. 101), braucht man Kenntnisse der Filmsprache, um nicht zuletzt damit „einige Methoden, die wir zum Studium von Sprache benützen, auch mit Erfolg beim Studium eines Films" anwenden zu können (Monaco 2005, S. 158). Man mag sich hier nun (linguistisch) sträuben und lieber von Codes, Gestaltungsformen, Aufnahme- bzw. Darbietungstechniken sprechen oder aber nach Verdeutlichung der Bildlichkeit auch von filmsprachlichen Gestaltungsmitteln: Eine Nähe des Films zu Mitteilung, Rede und Erzählung ist nicht zu leugnen.

Sprache oder Sprachverwandtes zu erschließen, reflektieren und funktional wie auch kreativ zu erproben sind zentrale Aufgaben des Deutschunterrichts, die insbesondere bei Beschäftigung mit Texten und/oder Literatur erarbeitet werden. Bezieht man diese Begriffe auf den Film, so ist seine Betrachtung als audiovisueller **Text** inzwischen unstrittig. Texte müssen nicht unbedingt schriftlich fixiert sein, sondern liegen auch dann vor, wenn eine „verbale, nonverbale, visuelle und auditive Mitteilung [...] von einem Sender mittels eines Codes an einen Empfänger gerichtet" wird (Nöth 2000, S. 392) und Bedingungen der Textualität berücksichtigt sind (vgl. ebd.; Glück 2010, S. 708). Es ist demnach stimmig, von unterschiedlich medial gespeicherten Filmtexten zu sprechen und diese im Deutschunterricht zu behandeln. Zwangsläufig stellt sich dann die Frage nach einer funktionalen Differenzierung im Sinne von eher pragmatischen oder poetischen Texten. Hier gibt es in filmwissenschaftlichen Publikationen eine Trennung von faktualen und fiktionalen Texten, die der philologischen Aufteilung in Sachtexte und **Literatur** ungefähr entspricht (vgl. Hickethier 2001, S. 190–193; Borstnar u. a. 2002, S. 29–34; Mikos 2003, S. 251–260; Keutzer u. a. 2014, S. 281–287). Zudem wird der Spielfilm seit geraumer Zeit als *vierte literarische Hauptgattung* gehandelt (vgl. Abraham/Kepser 2005, S. 145) und diese „mit einer gewissen Chuzpe eingefordert[e]" Gattungsausweitung (Kepser/Abraham 2016, S. 52) hat sich inzwischen zu einem deutschdidaktischen Axiom entwickelt (vgl. Pfeiffer 2010, S. 57; Leubner u. a. 2012, S. 204).[5] Ob man nun den Spielfilm als die vierte Großgattung oder eher als eine medial andersartige Gestaltungsform dramatischer und epischer Kategorien bezeichnet, „ist unter anderem auch davon abhängig, inwieweit man den Spielfilm selbst als gewichtige [...] Textsorte trotz oder gerade wegen seiner ‚sprachlichen' Besonderheit [...] ausweisen möchte" (Kammerer 2009, S. 27). Unstrittig ist, dass Kriterien eines normativen Literaturbegriffs (*Fiktionalität, ästhetische Formprinzipien, Mehrdeutigkeit*; vgl. Baasner/Zens 2001, S. 12–16; Bräuer 2012) filmisch greifen. Zudem kann mit Abraham (2005, S. 21) festgestellt werden, dass man „in einem gewissen Ausmaß" poetisch

5 Im Grunde bezeichnet schon 1957 Käte Hamburger (1987, S. 195) den Film „als fiktionale und damit literarische Form"; sie betrachtet Film aber eher als eine von seiner Technik geprägte Kooperation vorrangig epischer und dramatischer Mittel. Film sei, so Hamburger, schon „literarische Fiktion, wenn auch an einem der epischen und dramatischen nicht gleichberechtigten Platz" (ebd., S. 205).

kompetent sein kann, „ohne überhaupt lesen zu können", und hierbei spielt der Film als Literaturagent zweifellos eine bedeutende Rolle. Sprachlicher Umgang mit Texten und Literatur kann also auch filmisch geleistet werden oder: Film ist eine wichtige ästhetische Verständigungsform des Deutschunterrichts (geworden).

Als quasi traditionelle Reaktion auf dieses neue Angebot kommt es auch immer wieder zu **Kanonüberlegungen** (vgl. Kap. 1) der Deutschdidaktik. Dabei wird einschränkend festgestellt, dass „[k]ein Kanon [...] Sinn für sich selbst und für immer [macht]. Kanonischen Wert sollte der kommunikative Prozess haben, als Teil unserer Kultur und nicht mit der Verpflichtung, feste Ergebnisse für unsere Kultur zu liefern" (Erlinger 2004, S. 40), indes werden immer wieder Filmlisten erstellt und kritisch betrachtet. Das kommt nicht von ungefähr. 2003 wird von der Bundeszentrale für politische Bildung (BpB) im Anschluss an die Fachkonferenz „Kino macht Schule" „der Filmkanon" publiziert (vgl. Holighaus 2005) und stößt eine intensive deutschdidaktische Diskussion an. Zwar monieren die Didaktiker den Versuch an sich, die Nicht-Berücksichtigung von Fachkolleg*innen im Expertengremium der BpB, freilich auch die Listenauswahl selbst (vgl. Staiger 2004; Kepser 2008b; Abraham 2010; Barsch 2010; zusammenfassend: Kammerer 2013a) und doch wird der Ansatz auch als Orientierungsbaustein begrüßt (vgl. ebd.; Abraham 2016a, S. 22–24) und eingehend publizistisch genutzt. Es kommt in der Folge zu Übernahmen, vertiefenden Betrachtungen (Keppler-Tasaki/Paefgen 2012; Pfeiffer/Staiger 2010) und Ergänzungen. So gibt es inzwischen Empfehlungen zu Kinder- und Jugendfilmen (Kurwinkel/Schmerheim 2013; Maiwald u. a. 2016), Dokumentarfilmen (Abraham/Anders 2015, S. 7, 10), Kurzfilmen (Klant 2012), sogar eine vierseitige „Gesamtliste" zum Hybridgenre des *Biopic (Abraham/Kepser 2018) ist jüngst vorgelegt worden. Dabei ist einerseits festzustellen, dass die Kenntnis von kanonischen Werken, die unterschiedliche Genres, stilbildende Regisseure und verschiedene ästhetische Strömungen der Filmgeschichte abbilden, kein Unterrichtsextra ist, auf das man leicht verzichten könnte, sondern ein wichtiger Wissensbaustein bei der Auseinandersetzung mit Filmtexten. Andererseits ist aber auch unstrittig, dass eine solche Ansammlung zentraler Werke nie abgeschlossen sein kann und um weitere Formate wie die TV-Serie, Musikvideos, Werbefilme, Trailer etc. (vgl. Kepser/Abraham 2016, S. 210 f.; Frederking u. a. 2018, S. 222) ergänzt werden muss.

Einstellung (II)

Ein kanonischer Filmtext, wenn auch im BpB-Kanon nicht berücksichtigt, ist sicherlich Alfred Hitchcocks REAR WINDOW *(dt.* DAS FENSTER ZUM HOF, *1954). Nachdem darin zu Beginn die reduzierte Filmräumlichkeit einer Wohnsiedlung und einige der dort lebenden Menschen abgebildet worden sind, wird in einer Einstellung (Abb. 7–15) die männliche Hauptfigur vorgestellt.*

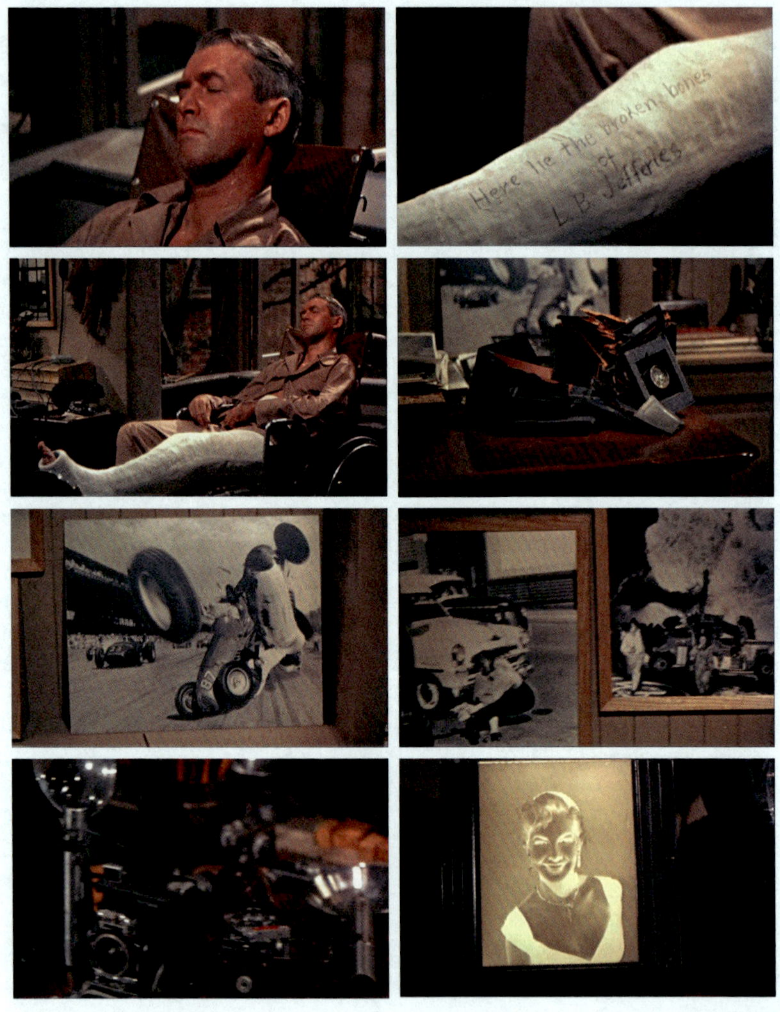

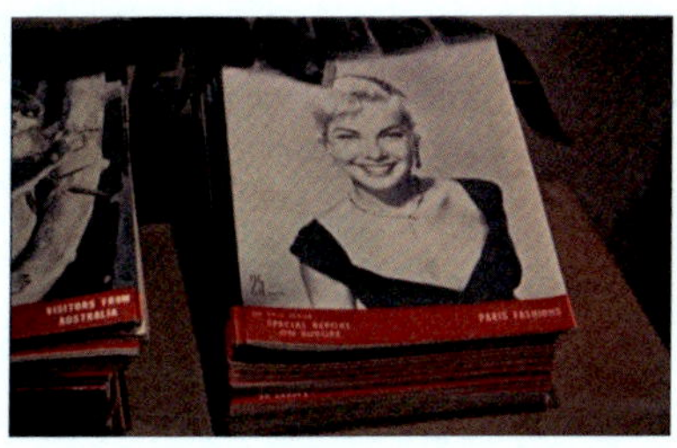

Abb. 7–15: Rear Window

Man sieht in **Nahaufnahme** *und* **Aufsicht** *einen schwitzenden Mann, der in einem Stuhl schläft (Abb. 7). Darauf fährt die Kamera an seinem Körper entlang und endet bei einer* **Detailaufnahme** *seines linken Beines, das eingegipst ist. Auf dem Gips kann man den Hinweis lesen: „Here lie the broken bones of L. B. Jefferies" (Abb. 8). Wieder fährt die Kamera zurück und zeigt in einer Art* **Halbtotalen** *den ganzen Mann in seiner Sitzgelegenheit: einem Rollstuhl (Abb. 9). Bei durchweg beschwingter* **Musik** *(aus dem Radio des Nachbarn) und einigen urbanen Hintergrund***geräuschen** *entfernt sich das Aufnahmegerät schließlich ganz von der Figur, um Details seiner Wohnung zu präsentieren. Man sieht durch* **Fahrt** *und* **Schwenk** *miteinander verbunden verschiedene Gegenstände: einen zerstörten Fotoapparat (Abb. 10), verschiedene Fotografien von Unfällen und ähnlichen Katastrophen (Abb. 11–12), einen funktionstauglichen Fotoapparat mit Blitzlicht (Abb. 13), das Fotonegativ eines Frauenportraits in einer Art Rahmen oder Sichtfenster (Abb. 14), schließlich das Positiv davon als Titelbild eines Magazins (Abb. 15). Danach wird* **abgeblendet***.*

Hitchcocks Metafilm über die Kinosituation ist ein Paradebeispiel dessen, was er als das Ideal des „pure cinema" bezeichnete. Die Kamera soll zeigen und den Rest dem Zuschauer überlassen. So auch in dieser Einstellung. Innerhalb weniger Sekunden erfährt der Betrachter einige Grundbedingungen der folgenden 90 Minuten. L. B. Jefferies ist bewegungseingeschränkt (Abb. 8–9), weil er in seinem Beruf als Fotoreporter (Abb. 12–13) bei einer spektakulären Aufnahme (Abb. 10–11) verletzt worden ist. Die berichtende Kamera legt also Details für manche Erzählung vor, die der Zuschauer erstellen muss. Zudem kann das Publikum bereits auf Kommendes schließen. Wenn nämlich ein Abenteurer an den Rollstuhl gefesselt ist, ist anzunehmen, dass er auch in dieser unbefriedigenden Situation seinem Beruf gemäß handeln wird. Schöne Aussichten, denn dieser geistig rege Protagonist ist der Perspektivengeber des folgenden Films und demnach eine Art erster Kinozuschauer. Wie dieser sieht, verknüpft und reagiert er, ist immer auf der Suche nach Sensationen, wittert das Außergewöhnliche – notgedrungen auch in seiner Nachbarschaft. Ein kleines Hemmnis ist dabei zunächst seine Freundin Lisa, die in der Modebranche tätig ist und unbe-

dingt von Jefferies geheiratet werden will. Das will der Abenteurer aber (noch?) nicht. Somit entwickelt sich um diesen Zwiespalt (Abb. 14–15) manches Streitgespräch und wird das (Neben-)Thema „Ehe“ hier und in den Wohnungen der Umgebung (zumeist negativ) gespiegelt.

2.2 Textinternes

Wenn man für Beschreibung und Erläuterung von Hitchcocks 35 Sekunden-Einstellung knapp vier Minuten (Lese-)Zeit benötigt, wird die Schwierigkeit sprachlicher Bewältigung von Filminformationen recht deutlich. Einerseits. Andererseits wird nämlich auch klar, dass es bei Interesse an Filmdiskurs keine Alternative zur symbolischen Sprache gibt. Schon allein deshalb, da ein Film als Text gewissermaßen „unauffindbar“ (Bellour 1975), weil flüchtig ist und selbst in repräsentierenden Bilderfolgen wie den obigen Abbildungen nicht adäquat zitiert werden kann. Will man also nicht das Sprechen darüber durch Präsentation der Originaleinstellung (z. B. via Smartphone) ersetzen – was nur zeigt und wiederholt, aber nichts klärt –, muss man sich der Sprache bedienen und dafür ein bestimmtes System der Bezeichnungen kennen. Analysekompetenz ist eine entscheidende Fähigkeit bei der Auseinandersetzung mit Filmen. Sie wird nicht nur für die Filmbeschreibung genutzt, sondern prägt auch die eigentliche Textgestalt des vorliegenden Films. Denn, so Bellour weiter, die Zergliederung eines Films (durch z. B. ein Einstellungsprotokoll) lässt zwar weiterhin „den Film immerzu entfliehen, paradoxerweise entflieht er jedoch als Text“ (ebd., S. 15). Und für diesen (Bild-)Text ist letztlich wie im obigen Hitchcock-Beispiel die Sprache der Analyse zuständig, die dem Flüchtigen eine (Verständigungs-)Form gibt (vgl. ebd., S. 15 f.). Somit ist klar: Eine Auseinandersetzung mit Filmen braucht Begriffe zur verbalen Repräsentation des Filmischen und schließlich auch eine fixierte Form für Rück-, Zu- und Eingriffe unterschiedlicher Art.

Bei Betrachtung der internen Textebene wird in einschlägigen Publikationen gerne unterteilt in **Visuelles**, **Auditives** und **Narratives** (vgl. z. B. Kamp/Rüsel 1998; Hickethier 2001; Bienk 2006; Staiger 2008; Jost/Kammerer 2012; Keutzer u. a. 2014; Frederking u. a. 2018). Das ist sinnvoll, da so die audiovisuellen Wirkungstechniken von der Handlungsdarbietung getrennt vorliegen und in ihrer Bedeutung für narrative Entscheidungen verdeutlicht werden können. Unsere Darstellung wird ebenso differenzieren und schrittweise die Bedingungen filmischer Gestaltung bezeichnen.

2.2.1 Visuelle Gestaltung

Vergegenwärtigt man sich erneut die bisher vorgestellten Einstellungen, dann wird spätestens bei der zweiten klar, dass Film ein visuelles Ereignis ist. Hitchcocks Figureneinführung wäre ohne Bildinformation unverständlich oder offen für manche Projektion. Langs erste Einstellung dagegen gibt durch den Sprechtext schon manche Information, die man sich bildlich vorstellen kann, wenn auch die wichtige Raumgestalt, Perspektivenwahl und Bildkomposition noch unklar bliebe. Film ist zunächst, und in seinen sensationellen Anfängen fast ausschließlich, ein optisches Medium und steht in einer Traditionslinie mit anderen visuellen Künsten wie z. B. der **Malerei**, **Fotografie** und dem **Theater**. Aus diesen Feldern bezieht er auch einen Großteil seiner Analysekategorien – streng genommen sind nur die Kamerabewegung und die Montage filmische Codes –, weshalb die Filmgestalt mitunter auch als „Superzeichen" (Descourvieres 2002, S. 29) oder „synästhetische Kunst" (Paech 2002, S. 291–293) bzw. eine Art „Gesamtkunstwerk" (Schanze 2000, S. 181; Finger 2006, S. 123–140) bezeichnet wird. Visuelle Analyseinteressen konzentrieren sich auf Inszenierungsüberlegungen oder die Einstellungsgestaltung (Mise en Scène) sowie die sichtbaren Übergänge durch Blende und Schnitt (Montage). Hierfür gibt es eine Reihe von Gestaltungsbereichen, von denen wir im Folgenden die grundlegenden vorstellen wollen (vgl. auch Kamp/Rüsel 1998, S. 13–41; Hickethier 2001, S. 42–93; Bienk 2006, S. 29–82; Staiger 2008, S. 8–11; Jost/Kammerer 2012, S. 23–56; Keutzer u. a. 2014, S. 9–111, 149–191).

2.2.1.1 Kameracodes

Die Kamera zeichnet das auf, was vor ihr stattfindet. Sie dringt dabei aber auch durch Bewegung und Schnitt in jene Realität ein und gestaltet sie nach ihren Bedingungen, weshalb jede Aufzeichnung ein Konstrukt von Wirklichkeit und nie ein authentisches Abbild des Lebens ist. Dieser Ausschnitt wird geprägt durch die physischen Begrenzungen der Kamera und die Vor-Ort-Entscheidung ihrer Platzierung. Somit ist die Frage der **Rahmung** zentral für die Inhaltsdarbietung und damit ein entscheidender Fokus der Analyse. Dabei sollte man vor allem auf die Gestaltungsbereiche Größe, Perspektive, Bewegung und Schärfe achten.

- ***Einstellungsgröße***

Aufnahmeentscheidungen der Kamera orientieren sich am menschlichen Sehen und werden auch so wiedererkannt. Die Einstellungsgröße gibt dabei eine Auswahl vor, die der Nähe oder Distanz des Zuschauers zum Abgebildeten entspricht. Für jene Distanzverhältnisse haben sich im deutschsprachigen Raum acht Bezeichnungen etabliert, die alle vom abgebildeten menschlichen Körper ausgehen. In der **Weiteinstellung** (oder Panorama; Abb. 16) ist der Mensch, wenn er denn überhaupt im Bild ist, kaum zu erkennen. Weiteinstellungen erfassen den Raum oder die Landschaft. Sie zeigen also die Umgebung möglicher Figuren- oder Personenhandlungen, weshalb sie als räumliche Einführung gerne zu Beginn einer Sequenz (**establishing shot*) platziert werden. In den folgenden Einstellungsgrößen nehmen die Informationen über den abgebildeten Menschen schrittweise zu. In der **Totalen** (Abb. 50) gilt der Raumschwerpunkt zwar weiterhin, indes können teilnehmende Akteure schon besser erkannt werden. Die **Halbtotale** (Abb. 3, 9) erfasst dann den Menschen von Kopf bis Fuß, die **amerikanische** Einstellung (Abb. 63) von den Knien an, die **Halbnahe** (Abb. 72) ab der Hüfte, die **Naheinstellung** (Abb. 7) ab dem Brustkorb aufwärts. Die noch fehlenden Einstellungsgrößen überwinden schließlich den im Alltag üblichen Mindestabstand und zeigen in der **Großeinstellung** (Abb. 35) nur den Kopf und in der **Detaileinstellung** (Abb. 8) einen noch kleineren Ausschnitt (z. B. Mund, Augen etc.) des abgebildeten Menschen. Bei den zuletzt Genannten wird das Erfahrungsfeld natürlicher Wahrnehmung deutlich erweitert oder eine ganz neue, nur der Kamera mögliche Sichtweise vermittelt. Daher gelten diese Einstellungsgrößen als besonders wirksam und suggestiv, vielleicht ja auch deswegen, da „eine Großaufnahme an sich unanständig [ist]" (Dürrenmatt 1954, S. 36).

Die angebotene Nähe bzw. Ferne zu Menschen im Raum hat zudem eine psychologische oder soziale Funktion. Empathie- und Identifikationsbemühungen des Zuschauers benötigen mimische Informationen der Figur, weshalb bei solcher Wirkungsabsicht mindestens eine Halbnahe (eher: eine Naheinstellung) gewählt wird. Allerdings kann auch eine Totale die Verlassenheit der Figur/des Menschen im Raum verdeutlichen. Es ist wie bei vielem eine Frage des Kontextes. Funktioniert nun diese Zuordnung beim menschlichen Abbild noch weitgehend gut, so ist eine Zuschreibung bei anderen Objekten kompliziert. Ein Baum hat keine Hüfte, ein Stuhl kein Gesicht. Fehlt in einer Filmeinstellung die Bezugsgröße Mensch, ist eine konkrete Bezeichnung erschwert.

- ***Kameraperspektive***

Bei der Perspektivenwahl wird auf einer vertikalen Differenzlinie der Aufnahmestandort der Kamera entscheidend. Zu Nähe bzw. Distanz kommt also die Position des Aufzeichnungsgerätes, die unter Umständen auch einen kommentierenden Mehrwert transportiert. Als Ausgangspunkt gilt dabei die **Normalperspektive**, die auf Augenhöhe der abgebildeten Person oder des Objektes die Szenerie abbildet. Hierbei wird natürliche Wahrnehmung suggeriert und keine zusätzliche Bedeutung vermittelt. Abweichungen von diesem ‚Nullpunkt' können nach unten – **Untersicht** und bei extremem Fall auch Froschperspektive – oder nach oben – **Aufsicht** und bei extremer Steigung auch Vogelperspektive – durchgeführt werden. Letztlich gibt es noch die Möglichkeit, bei Kippbewegungen in Richtung der horizontalen Achse die Perspektive der **Schrägsicht** einzunehmen.

Ist nun die verzerrte Schrägsicht eine selten gewählte Ausnahme und eher filmgeschichtlich bedeutsam,[6] so kommen die anderen perspektivischen Formen jenseits der Normalsicht quasi in jedem Film vor. Da diese Positionierungen mit

6 Eine überproportionale Präsenz der gekippten Einstellung kann man vor allem in manchem expressionistischen Stummfilm der Weimarer Republik feststellen, auch griff die kriminalistische Strömung des *Film noir* zwischen 1940 und 1960 häufig auf diese Ästhetik zurück.

alltäglicher Wahrnehmung korrespondieren und entsprechende Gefühle vermitteln, werden der Unter- und Aufsichtwahl bestimmte Bedeutungen zugeschrieben. So kann eine Untersicht die Überlegenheit und Machtposition, eine Aufsicht die Kleinheit und Ohnmacht des Abgebildeten verdeutlichen. Das muss aber nicht so sein: Der Blick einer Figur von einem Hochhaus wird kaum anders als durch eine Vogelperspektive darzustellen sein, der Blick nach einem davonfliegenden Luftballon geht zwangsläufig nach oben. Auch können satirische Überzeichnungen sehr gut durch die Wahl von Extremperspektiven erzielt werden: Der in Untersicht präsentierte Machtmensch wird dann schnell zu einer lächerlichen Figur. Vermittlungszusammenhang und Autorenhaltung sind also gerade bei der Perspektivenwahl zu bedenken. Wenn z.B. Fritz Lang in der ersten Einstellung von M zwei Extremperspektiven miteinander verknüpft (Abb. 3, 6), dann werden hier zweifach Ohnmächtige vorgestellt, von denen im Übrigen nur die in Aufsicht präsentierten Kinder der Gefahr etwas Bewältigendes entgegenstellen.

Einstellung (III)

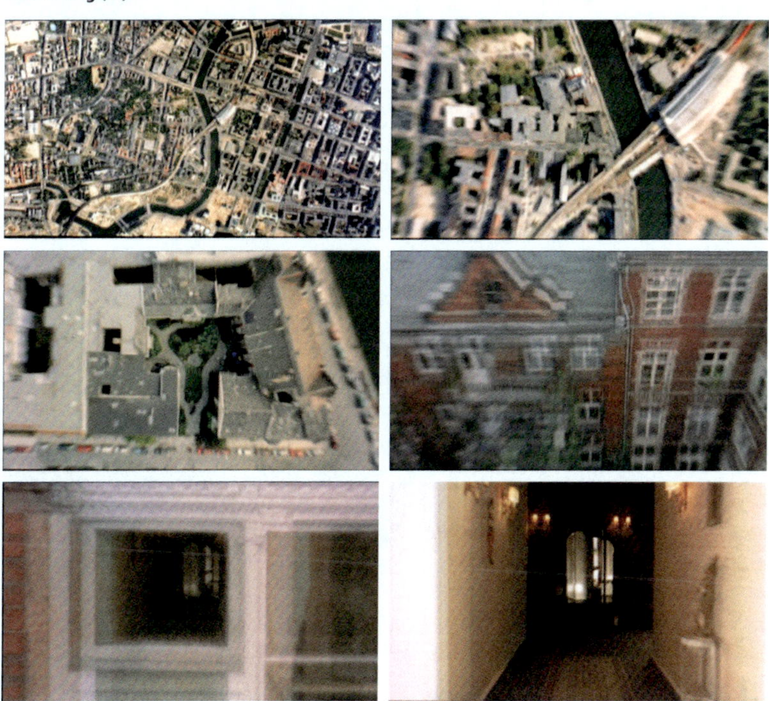

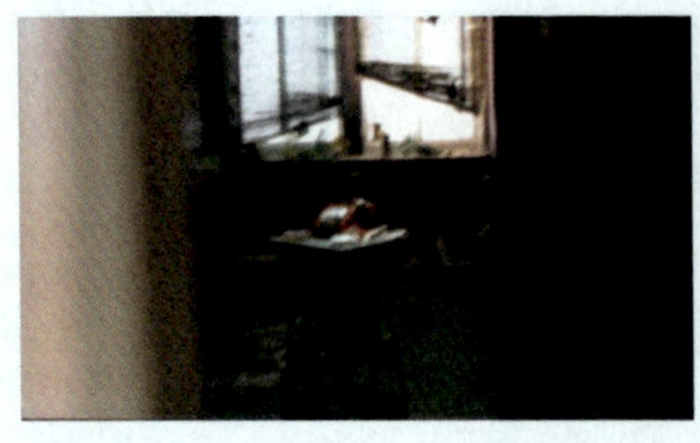
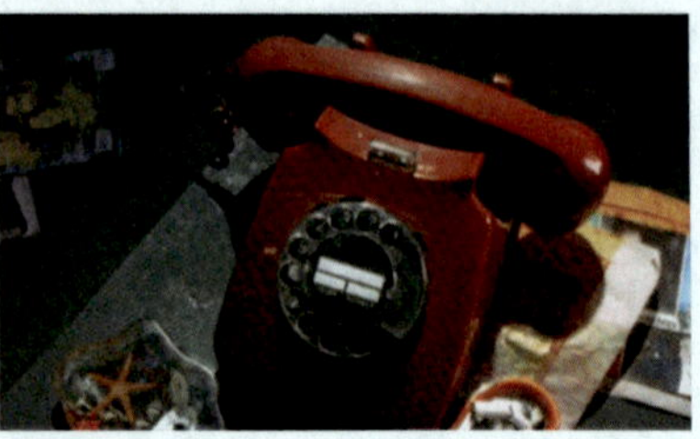

Abb. 16–23: LOLA RENNT

Mit einer Vogelperspektive beginnt auch die dritte Einstellung, die wir genauer betrachten wollen. Sie stammt aus Tom Tykwers LOLA RENNT (1998) und macht zu Beginn der Haupthandlung in einem Schwung vieles klar: räumliche Orientierung, handlungsleitendes Requisit und die rasante Erzählhaltung des gesamten Films. Ausgangspunkt ist eine **Weiteinstellung** *aus der* **Vogelperspektive** *(Top Shot) von Berlin (Abb. 16). Im Stil der damals noch nicht existierenden Google-Maps sieht man den Spreebogen auf Höhe Bahnhof Friedrichstraße, stürzt dann nach unten (Abb. 17–18) in die Albrechtstraße auf das dortige Haus 13 zu. Der Sturzflug macht eine Kurve und biegt in Richtung eines Fensters des Hauses ab (Abb. 19–20). Die Kamera fliegt dann durch dieses Fenster hindurch, fährt über einen Flur (Abb. 21), um nach einer weiteren Kurve vor dem* **Detail** *eines roten Telefons in* **Aufsicht** *zum Stehen zu kommen (Abb. 22–23). Seit dem Fensterdurchbruch hatte man das klingelnde Telefon schon gehört. Gleich wird die Hauptfigur den Hörer abnehmen - die Handlung kann beginnen.*

*Tatsächlich ist mit diesem Kameraflug, der seine Freiheiten auch der Computertechnik verdankt, noch keine Handlung in Gang gesetzt. Die Kamera beschreibt vielmehr schrittweise und in einer Bewegung relevante Örtlichkeiten (Berlin Mitte, Haus, Telefon) kommender Handlungsdetails (Berlinläufe, Lolas Ausgangspunkt, Konfliktbericht von Lolas Freund am Telefon), und das geschieht beinahe zeitlos und unter einer zunehmenden Verkleinerung des Ausschnittes. Bevor die Erzählung also richtig losgeht, sind die Zuschauer*innen über das atemlose Tempo und den (bereits hier musikalisch vorgegebenen Stakkato-)Rhythmus der folgenden Geschichte unterrichtet. Damit ist es die Form - der* **Kameraflug** *und die anschließende* **Kamerafahrt** *vorwärts -, die im Mittelpunkt der Zuschaueraufnahme steht. In nur acht Sekunden sorgt sie dafür, dass das Publikum ordentlich durchgeschüttelt und konkret auf das filmische Achterbahnerlebnis vorbereitet wird.*

- ***Kamerabewegung***

Nicht nur Kameraflüge oder -fahrten sind Gestaltungsbereiche in diesem Feld, sondern auch die **Bewegungen der Objekte** vor der Kamera. Da Filme das *movere* (= in Bewegung setzen) in vielerlei Hinsicht wörtlich nehmen, ist jede Bewegung im oder mit dem Einstellungsrahmen eine Besonderheit und entsprechend zu betrachten. Sind also Objekte (i.d.R. Menschen) im Bildrahmen in Bewegung, dann ist neben den möglichen Veränderungen der Einstellungsgröße, Perspektive und Bildschärfe auch das **Achsenverhältnis** zu klären. Achsenverhältnisse bezeichnen die Position der Kamera- zur Handlungsachse. Die Frage ist, ob ein rechtwinkliges (90°) oder paralleles (0° oder 180°) Verhältnis der Achsen vorherrscht. Bei einem rechtwinkligen Verhältnis sieht man Menschen im Profil, bei einem parallelen sieht man sie von vorne oder hinten. Parallele Abbildungen machen (zumindest in der Gesicht bietenden 0°-Variante) Figureneinfühlung für den Zuschauer leichter möglich, rechtwinklige Abbildungen dagegen verstärken die Figurendistanz und stellen häufig andere Bereiche ins Zentrum (z.B. die Sprachinformation, die Bildkomposition). So exakte Achsenverhältnisse sind natürlich nicht immer auszumachen, sie können aber auch bei grober Zuordnung hilfreich sein, Wirkungsabsichten der Filmemacher zu verdeutlichen.

Die eigentliche Kamerabewegung geht schließlich von der Aufnahmeapparatur aus. Auch wenn man sich heutzutage nicht durchgängig sicher sein kann, ob die Bewegung tatsächlich mit der Kamera durchgeführt wurde oder erst in der Nachbearbeitung entstanden ist, sind grundsätzlich drei Bewegungen der Kamera zu unterscheiden: Schwenk, Fahrt und Zoom. Beim **Schwenk** ist der räumliche Standpunkt der Kamera fixiert und nur die Kamera selbst wird horizontal (Schwenken), vertikal (Heben, Neigen) und selten auch kreisend (Rollen) bewegt. Hier gibt es einige Besonderheiten, wobei der Reißschwenk[7] aufgrund seiner Schnittnähe besondere Beachtung verdient. Die **Kamerafahrt** hingegen ist Bewegung in alle Richtungen und durch keine Raumbegrenzung einzuschränken. Mit ihr kann am besten vermittelt werden, dass der Film in seinen zwei Dimensionen doch eigentlich einen dreidimensionalen Erlebnisraum erfahrbar machen will. Raumtiefen, räumliche Entfernungen werden durch Kamerafahrten einsehbar: Orientierung und Teilnahme des Zuschauers ‚vor Ort' sind leichter möglich. Solche Fahrten geschehen fliegend, fahrend, kriechend, schwimmend etc., werden mit Schienen, *Steadicams, Kränen, Drohnen, Hubschraubern, Booten usw. möglich gemacht. Man kann die Kamerafahrt somit nach der Technik (*Dollyaufnahme, *Steadicam, Kranfahrt, Handkamera), der Aufnahmerichtung (vorwärts, rückwärts, parallel, Kreisfahrt), dem Tempo (langsam, schnell) und der Intention (objektgebundene, subjektive Bewegung; freie, kommentierende Bewegung) betrachten (vgl. Jost/Kammerer 2012, S. 38). Solcherart Bewegung ist noch immer

7 Kamera schwenkt dabei mit großer Geschwindigkeit, so dass die Bildinformationen zwischen dem Ausgangs- und Endpunkt verwischen oder „verreißen" (vgl. z.B. Kamp/Rüsel 1998, S. 24).

eine wirkungsvolle Formentscheidung bei beabsichtigter Rauminformation oder dramaturgischer Zuspitzung. Wie gesehen will LOLA RENNT beides: räumliche Orientierung und Voreinstellung des Zuschauers auf den anstehenden Bewegungsrausch. Aber auch die beiden anderen Einstellungen aus REAR WINDOW und M stellen nicht nur den Ort vor, sondern liefern auf unterschiedliche Weise eine Art der inhaltlichen Ursachenforschung.

Als eine Bewegung vortäuschende Besonderheit in diesem Bereich gilt der **Zoom**. Hier bleibt die Kamera fixiert, während die Brennweite des Objektivs stetig verändert wird. Es liegt also eine Bildbewegung ohne Fahrt vor, weshalb eine bewegliche, weiche Linse benötigt wird, die zwischen langen (Teleobjektiv) und kurzen Brennweiten (Weitwinkel-Objektiv) wechseln kann. Durchaus einer Kamerafahrt vorwärts oder rückwärts ähnlich, ist die Wahl des Zooms aber nicht als „billige Kamerafahrt" abzustempeln, sondern in den besonderen Bewegungsinformationen zu schätzen. Jeder Smartphone-Besitzer kennt ja inzwischen den Unterschied zwischen einer am Touchscreen manipulierten Zoom-Bewegung und echter aufzeichnender Laufarbeit. Beim Zoom bleiben die Raumverhältnisse, da keine Perspektivenveränderung stattfindet, stets dieselben, während die Fahrt permanent neue räumliche Erkenntnisse offenbart. Somit wird der Zoom häufig als Zeigefunktion mit Erkenntnis- und Überraschungspotential verwendet, während die Kamerafahrt wiederum das Vor-Ort-Sein der Rezipiententeilnahme wirkungsvoller möglich macht. Eine interessante Verknüpfung von Fahrt und Zoom liegt beim sogenannten **„Vertigo-Effekt"** (weil Ersteinsatz in Hitchcocks VERTIGO [1958]; auch: *Dolly-Zoom) vor, wobei eine Kamerafahrt vorwärts mit einem Zoom zurück gekoppelt wird, so dass die Mischung aus verändertem Brennwinkel und raumgreifender Bewegung für eine Ausweitung des Raums sorgt. Auf diese Art wurde bei der Erstverwertung dem Zuschauer das Schwindelerlebnis der Hauptfigur (der Figur wird der Boden unter den Füßen weggezogen) direkt vor Augen geführt.

- ***Schärfenverhältnis***

Ein scharf abgebildetes Objekt im Bild kann zweifelsfrei erkannt werden, in der Unschärfe dagegen verschwimmen die Konturen zu Farbflächen. Solche Gewichtung im Bild ist für die Rezeption nicht unerheblich und, auf der technischen Ebene, eine Frage des gewählten Objektivs (Weitwinkel-, Normal-, Teleobjektiv). Bei Betrachtung der Schärfengestaltung im Unterricht kann auf dieses technische Spezialwissen freilich verzichtet werden, nicht aber auf die damit erzielte Wahrnehmungssteuerung. Bei **flacher Schärfe** ist der Blickfokus durch den Produzenten vorgegeben. Details, Akteure sind klar erkennbar, anderes (z. B. der Vorder- oder Hintergrund) bleibt flächenhaft, unscharf. Das kann in derselben Einstellung verändert werden, wenn anhand von Schärfenverlagerung der vorher noch konturlose Bereich plötzlich fokussiert wird. Somit ist die inhaltliche Priorisierung offenkundig: Durch Schärfe und Unschärfe wird der Bildraum geschlossen und das Publikum bewusst zu den wichtigen Objekten geführt. Im Fall von

Tiefenschärfe liegt dagegen eine gewisse Freiheit des Zuschauerblicks vor. Da alle Bildinhalte dann klar konturiert sind, kann der Zuschauerblick schweifen und sich seinen Interessen hingeben. Allerdings ist auch in solchen Fällen eine Lenkungseinheit zu finden, denn schon eine vertraute Identifikationsfigur zieht den Blick an, ebenso eine sprechende Figur oder die Entscheidung, in welcher Einstellungsgröße die verschiedenen Akteure abgebildet werden.

Die Kenntnis der vorgestellten Kameracodes ist sicherlich die minimale Grundlage filmanalytischer Kompetenzschulung. Wer nicht auf unreflektierte Gefühlsäußerungen setzen, sondern im analytischen Interesse die Frage: **Was wird durch Gestaltung wie wirksam?**, beantworten möchte, benötigt ein Fundament an sachspezifischen Begriffen oder eine filmsprachliche Grundbildung. Das ist nun deutschdidaktisch nichts Neues, denn auch eine literarische Schulung setzt auf dem Weg zum (besseren) Verstehen des Textes auf spezielle Grundkenntnisse wie etwa Metaphorik, Erzähl(er)theorie, Metrik etc.; bei Filmen muss es eben das Darbietungsrepertoire der Kamera sein. Da der Film aber in visueller Traditionslinie mit anderen Künsten steht, sind auch andere Betrachtungen relevant, namentlich Inhalte zur Bildkomposition, Beleuchtung, Farbgestaltung und schließlich, dies alles verbindend, zur Montage.

2.2.1.2 Bildkomposition, Beleuchtung, Farbe

Filmbilder werden immer in Bezug auf die Kameramöglichkeiten komponiert. Dabei verweist die Gestaltung auch auf ältere Künste, die die Aufnahme des Dargeboten mitprägen. Insbesondere das *Theater* und verschiedene *Bildende Künste* (federführend sicherlich die Fotografie, aber auch Malerei, Architektur) können hier hilfreich in die Analyse mit einbezogen werden. Damit ist klar, dass weite Felder abgesteckt und auch Fachbereiche jenseits des Deutschunterrichts berührt werden. Da einige dramaturgische Möglichkeiten aber nur hier sinnvoll aufzuzeigen sind, soll dieser Bereich wenigstens kurz angesprochen werden.

So kann z. B. auf der Ebene der **Bildkomposition** schon das verwendete *Filmformat* wichtige Hinweise zur Bildraumgestaltung geben – ein Standardformat (Verhältnis Bildhöhe: Bildbreite = 1 : 1,37) fordert eine andere raumfüllende Komposition als ein Breitwandformat (z. B. Ultra Panavision = 1 : 2,76). Die Komposition der im Bild vorhandenen Bildelemente ist dann immer eine Organisation innerhalb des *Rahmens* (*cadrage*) bzw. eine Verhältnissetzung zu diesem. Gewichtungs- (z. B. nach dem *Goldenen Schnitt oder der Dreieckskomposition) und Gestaltungsfragen (z. B. symmetrisch oder nicht) sind hier zu beantworten, Bildstrukturen wie *Linien* (trennende Vertikale, ausgleichende Horizontale, Konflikt andeutende Diagonale), *Formen*, *Flächen* zu berücksichtigen. Schließlich kann die gesamte Komposition *geschlossen* (alle wesentlichen Informationen werden im Rahmen erfasst) oder *offen* (der Betrachter denkt den Bildraum über den Rahmen hinaus weiter) sein.

Überlegungen zur **Beleuchtung** sind allein schon deshalb anzustellen, weil Licht oder Lichtsetzung den Film erst möglich macht. Beleuchtung ist das „Bild und Film stiftende Urelement", denn „[o]hne Licht bleibt das Bild schwarz, gibt es keinen Film" (Jost/Kammerer 2012, S 43). Auch die heute digitalen und kaum noch auf dem Trägermedium Zelluloid produzierten Filme beantworten Fragen der Lichtsetzung und ermöglichen so die Informationsentnahme durch den Zuschauer. Dabei kann man verschiedene *Lichtquellen* differenzieren (z.B. Führungs-, Füll-, Aufhell-, Raumlicht) und daraufhin untersuchen, was wie beleuchtet, was unbeleuchtet ist, ob Schatten vorhanden sind, wie mit Kontrasten und Farbstimmungen umgegangen wird (vgl. Dunker 2001, S. 8). Etabliert haben sich in diesem Zusammenspiel verschiedene *Gestaltungsstile*, die größere Wirkungszusammenhänge verdeutlichen. Die Rede ist dann vom Low-Key-, High-Key- und Normalstil. Während beim High-Key-Stil mit hellen, schattenlosen Bildinformationen gearbeitet und eine „freundliche Grundstimmung" (Keutzer u.a. 2014, S. 53) suggeriert wird, bildet der Low-Key-Stil eine schattenhafte Dunkelheit mit entsprechend andersartigen Auswirkungen ab.[8] Der Normalstil (und auch die filmische Normalität) ist dahingegen ausgewogen komponiert und „entspricht den tagtäglichen Sehgewohnheiten" (Dunker 2001, S. 22).

Einstellung (IV)

Über die ***Bildkomposition*** *erzählen Einstellungen nicht selten komplexe Zusammenhänge – wie z.B. die folgende aus Orson Welles'* Citizen Kane *(1941). Nachdem Kanes zweite Frau zur Befriedigung seiner Machtgelüste, gegen ihren Willen und bei nur mäßiger Begabung als Opernstar auf große Amerikatournee geschickt und überall dem Spott des Publikums ausgesetzt worden ist, kommt es zur folgenden statischen Einstellung.*

Der gestaffelte Bildraum in der ***geschlossenen Bildkomposition*** *ist tiefenscharf fotografiert und legt quasi drei Informationsebenen vor (Abb. 24–26). Im Detailschuss und bei Berücksichtigung der Regeln des* ****Goldenen Schnitts*** *sieht man ein Glas mit Löffel und ein Medikamentenfläschchen im Bildvordergrund. Dahinter kann man schemenhaft, quasi als diagonale schwarze* ***Linie*** *und in rechtwinkliger Naheinstellung einen schlafenden Frauenkopf erkennen. Ganz im Hintergrund ist die Türe zu sehen, durch die in Kürze Kane und ein Bediensteter stürmen werden. Beide kommen dann von zuerst halbtotaler Abbildung näher an die liegende Frau heran, bis Kane in paralleler Halbnaheinstellung, die* ***vertikale Trennlinie*** *der Wand überwindet und von einem* ***Seitenlicht*** *beleuchtet seine sorgenvolle Mimik dem Publikum präsentieren kann.*

8 Die verbreitete Zuschreibungstendenz, helle High-Key-Komödien düsteren Low-Key-Dramen gegenüberzustellen, ist natürlich immer kritisch am jeweiligen Film zu überprüfen.

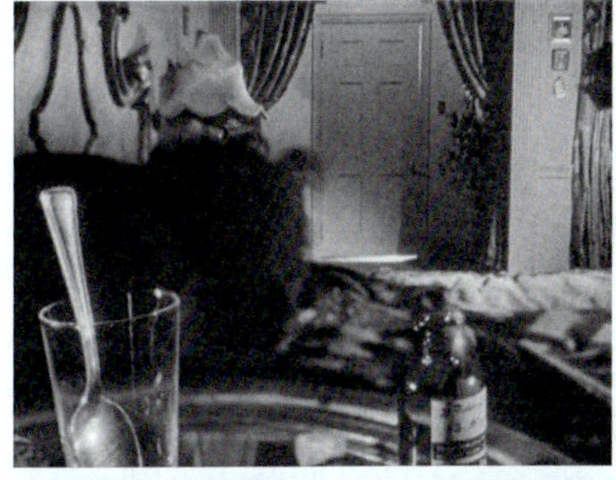

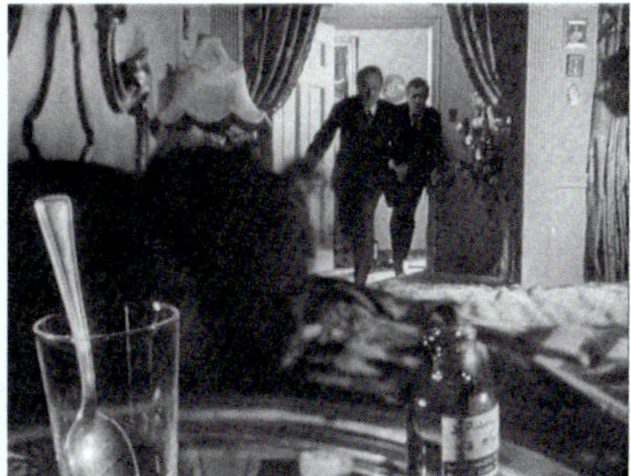

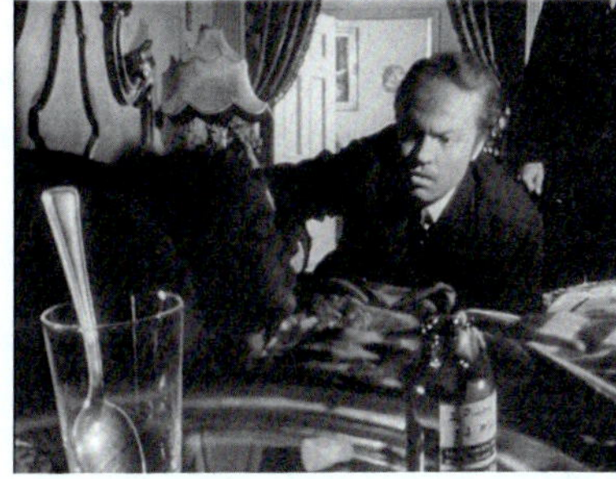

Abb. 24–26: CITIZEN KANE

Bevor der ins Zimmer eilende Kane seinen Bediensteten auffordert, einen Arzt zu rufen, wird das Publikum in die Lage versetzt, den analytischen Bildaufbau zu dechiffrieren. Glas und Medizin scheinen verantwortlich zu sein für den Schlaf der Frau. Ein kleines Geheimnis bleibt diese Schatten-Dame zwar schon, aber die im Vorfeld verdeutlichte Tortur der Operndiva wider Willen macht ein Weiterführen dieses Erzählfadens wahrscheinlich. Auch ist deren zuvor immer wieder gescheiterter Versuch der Auftrittsverweigerung mit dafür verantwortlich, dass der Betrachter die Medizin als Narkotikum und die vollzogene Handlung als Selbstmordversuch entziffert. Letztlich kann man noch Kane durch den Gesichtsschatten und die Verbindungslinie zum Medikamentenfläschchen als verantwortlichen Teil dieser ‚dunklen Tat' erkennen. Durch Bildkomposition und die darin wirksamen Kameracodes angeleitet, kann das Publikum Beziehungen stiften, Korrespondenzen herstellen und Kohärenzleerstellen aktiv füllen.

Licht ist auch entscheidend für den farblichen Eindruck von Flächen und Formen, weshalb man durchaus von „leuchtenden Filmfarben" sprechen kann. Die **Farbgestaltung**, die bereits früh in der Filmgeschichte als Kompositionsmittel eingesetzt wurde,[9] ist eine wichtige Wirkungsmöglichkeit der Filmemacher, der

9 Stummfilme wurden in der Regel monochrom eingefärbt (*Viragierung*) und waren recht selten nur schwarz-weiß.

bereits in der Vorproduktionsphase große Aufmerksamkeit geschenkt wird. Zwar sind Farben semantisch vieldeutig konnotiert und somit kontextbezogen (auch im jeweils verankerten Kulturkreis) differenziert zu betrachten, dennoch werden sie aufgrund ihrer klar organisierenden Signalfunktion gerne erzähldramaturgisch genutzt. Mit ihnen lassen sich Entwicklungsschritte, Wandlungen der Handlung und Figuren unterstreichen, *leitmotivische Fixpunkte setzen, subjektive Perspektiven hervorheben und zeitliche Sprünge markieren (vgl. Wulff 1988, S. 375). Zudem spielt die Farbgestaltung eine Rolle, wenn beabsichtigt ist, innerszenische Kontrastsetzung (Figuren, Räume etc.), Verfremdungs- und Wirkungseffekte zu unterstreichen. So ist z. B. das pink eingefärbte Mädchen im ansonsten schwarz-weiß fotografierten SCHINDLER'S LIST (1993) besonders hervorgehoben und als zwar exemplarischer, aber eben auch individueller Teil des Ganzen wirkungsvoll gestaltet. Auch werden bei Traum- oder Rauschinszenierungen meist andere Farbpaletten gewählt als bei der Darbietung des filmischen Hier und Jetzt.

2.2.1.3 Montage

Unter Montage versteht man die Verknüpfung von Einstellungen, weshalb sie immer Auswirkungen auf Erzählung und Erzählen hat. Pudowkin (1928, S. 70, 72) nannte sie deshalb „[d]ie Grundlage der Filmkunst" und „Schöpferin filmischer Wirklichkeit". Durch Schneiden und Kleben des *Cutters* wechseln Räume, Perspektiven, vielleicht sogar die Haltung der Darbietung, gelingt der Sprung von der Figurenaußen- in die -innensicht und wird mit großen Freiheiten das Zeit-Raum-Kontinuum des Films geprägt. Letztlich entsteht der Film erst hier, weshalb es naheliegt, Montiertes im Feld der narrativen Analyse zu untersuchen. Allerdings ist dieses Gestaltungselement auch sichtbar und somit für eine visuelle Betrachtung relevant.

Zwei Anschlussformen sind für die Montage entscheidend: Schneiden und Blenden. Während beim Schnitt die Verbindung ohne Übergang, gewissermaßen radikal stattfindet, ist bei der Blende ein langsames Auf-, Ab- und Übergehen wahrnehmbar. Manche Autoren sprechen deshalb von einem harten oder weichen Schnitt (z. B. Mikos 2003; Keutzer u. a. 2014; Abraham 2016a), was auf eine materielle Differenz schließen lässt, die faktisch nicht existiert. Wir bevorzugen darum (mit u. a. Hickethier 2001) die Bezeichnungen **unsichtbarer** und **sichtbarer Schnitt**, wobei die Blende immer sichtbar ist, der Schnitt dagegen sowohl sicht- als auch unsichtbar sein kann.

Wenn der Schnitt räumliche und/oder zeitliche Varianzen verdeutlicht, dann unterstreicht die **Blende** gerade diese Veränderung oder hebt sie besonders hervor. Bei der *Aufblende* (das Bild entsteht langsam aus einer i. d. R. schwarzen Fläche) und *Abblende* (das Bild kehrt zu dieser monochromen Einheit zurück) wird zudem der Beginn oder Abschluss einer größeren narrativen Einheit betont: Man wird vor Ort gesetzt oder von diesem entfernt und dabei auf eine in sich geschlossene Erzähleinheit aufmerksam gemacht. Da eine Rahmung durch Auf- und Abblende meist eine größere Sequenz umschließt, kann man ihre Funktion als Zäsur oder auch eine Form der Interpunktion verstehen (vgl. Beller 2005, S. 190). Zum Zusammenspiel von Auf- und Abblende kommt es schließlich bei der *Überblende*. Ohne farblose Zwischeninstanz wird hier von einem Zeit-Raum-Kontinuum zum anderen übergegangen (die eine Bildinformation wird ab-, die andere zeitgleich aufgeblendet) und so eine enge Beziehung der beiden Bereiche nahegelegt. Keineswegs muss dabei, wie z. B. bei der Parallelmontage, Gleichzeitigkeit der Handlungsstränge angenommen werden, eine inhaltliche Verbindung indes besteht zwingend (vgl. Abb. 27–30). Schließlich gibt es noch eine Auswahl an *Trickblenden* (z. B. Wisch-, Schiebe-, Kreis- oder Iris-, auch Unschärfeblenden), die nach längerer filmischer Abwesenheit aktuell und zumal in Comic-Verfilmungen wieder gerne zum Einsatz kommen. Dabei kann u. a. auf veränderte Zeit- und Wirklichkeitsräume (z. B. Unschärfeblende) oder besonders wichtige Details der Inszenierung (z. B. Kreisblende) hingewiesen werden.

Montage (I)

Durch die **Montage** *zweier Einstellungen wird ein Zusammenhang hergestellt, der mehr ist als nur die Addition seiner Einzelbereiche. Hier gibt es ein Extra an Information, wird durch Schnitt und Blende „Bedeutung modifiziert oder erst hervorgebracht" (Borstnar u. a. 2002, S. 134). Dies geschieht immer durch den Betrachter selbst, der „in seinem Bewusstsein eine Brücke [bildet]" und zwischen den verwendeten Einstellungen einen Zusammenhang herstellt (Hickethier 2001, S. 145). Eine Einstellungskombination (technisch) wird zur Einstellungssynthese (psychologisch) und so eine unsichtbare Relation den Aufnehmenden zur Dechiffrierung angeboten.*

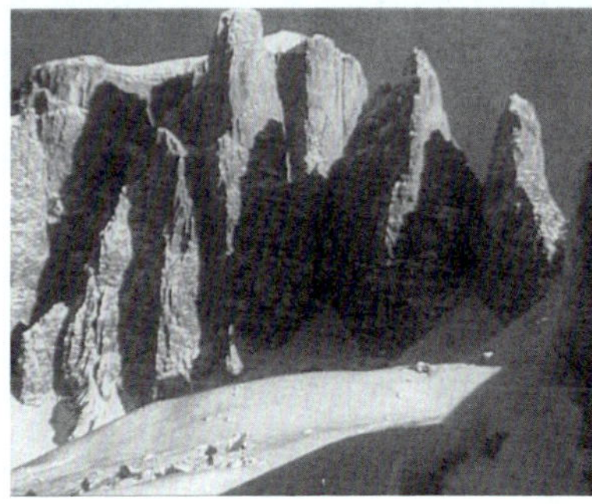

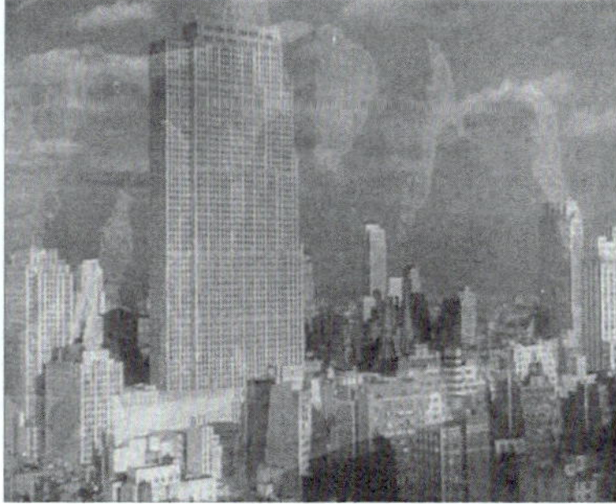

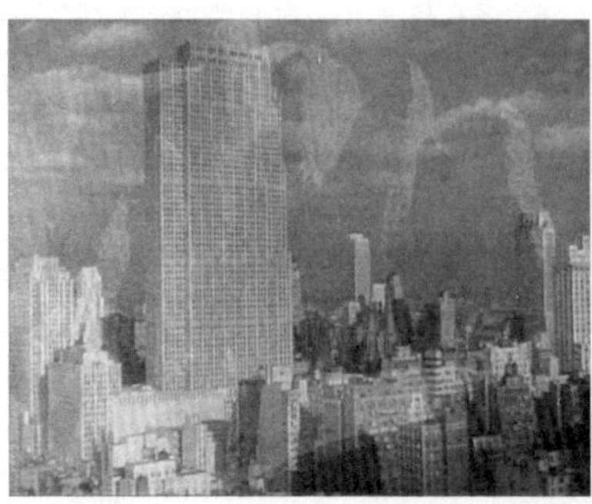 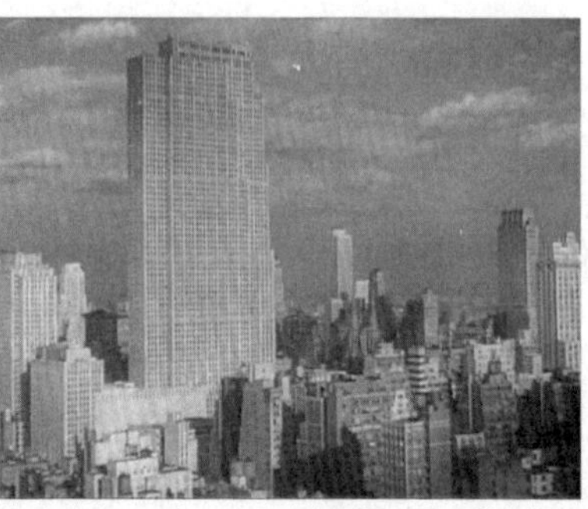

Abb. 27–30: Der verlorene Sohn

In Luis Trenkers Der verlorene Sohn *(1934) wird am Übergang vom ersten in den zweiten Akt eine* **Überblende** *im Stil eines verzögerten* ***Match-Cut** *(s. u.) eingesetzt und auf diese Weise der Antagonismus des Films wirkungsvoll gespiegelt (Abb. 27–30). Man sieht zunächst das Bergmassiv der Sellatürme in den Dolomiten. In der Folge entsteht daraus mittels langsamer Überblendung die New-Yorker-Skyline des Jahres 1933, wobei der mächtige Wolkenkratzer links dem höchsten Gipfel der Dolomitengruppe grafisch angepasst (to match) wird.*

Da Trenker in seiner Interpretation des biblischen Gleichnisses die New-York-Episode als Niedergang des auswandernden Protagonisten konzipiert, ist dieser Ortswechsel von einiger Bedeutung. Hier wird der Heimat die Fremde, der traditionellen Scholle die hyperkapitalistische Moderne, der naiv religiösen Gemeinschaft die Vereinzelung im geldgläubigen Neu-Babel gegenübergestellt. Die Gipfel, so suggeriert die Überblendung, sind nun andere, vom Menschen gemacht und nicht für die Ewigkeit bestimmt. Sie zu erklimmen, ist nicht mehr ausschließlich eine Frage von Mut, Training und Beharrlichkeit: Anpassungsnöte des Südtiroler Bergführers sind zu erwarten.

Wird ein solches Hinübergleiten vermieden und der eigentliche **Schnitt** gesetzt, sind zwei Tendenzen handlungsleitend: Reihung und Kontrast (vgl. Borstnar u. a. 2002, S. 133 ff.). Man könnte dies auch als Kontinuität und Kontrapunktik bezeichnen. Unsichtbar bleibt dabei der Schnitt, wenn er nach bestimmten **Kontinuitätsregeln** verarbeitet wird. Diese auch Coverage-Technik (vgl. Beller 2005, S. 169 ff.) oder *continuity style* bezeichnete Form der Darbietung vermeidet jede Schnittauffälligkeit und orientiert sich an konkreten Aufzeichnungsregeln, deren erstes Prinzip die Wahrung eines einheitlichen Raum-Zeit-Gefüges ist. Es soll also die Realitätsillusion der filmischen Repräsentation nicht unnötig gestört und der Zuschauer nah vor Ort gehalten werden, weshalb bestimmte Eckpunkte konventioneller (Film-)Wahrnehmung zu berücksichtigen sind: ein Einstieg mit **establishing shot* (Weiteinstellung, Totale), der oft als *master shot* (Totale, Halbtotale) die ganze Szene aufzeichnet; ein langsames Hinwenden zur Figurendarstellung im Schuss-Gegenschuss-Verfahren; ein mindestens 30°-Wechsel der Kameraposition bei Variation, damit nicht der Eindruck eines Anschlussfehlers entsteht; das absolute Verbot eines Achsensprungs (180°-Regel) zur Vermeidung von Orientierungsproblemen (die Figur links wäre beim Sprung über die Achse plötzlich rechts platziert). Diese Coverage-Technik ist das übliche (auch gut planbare) Aufnahmeprozedere und kann am Beispiel von Dialogszenen genauer betrachtet werden. Da solche Szenen i. d. R. die Einheit von Zeit, Raum und Handlung aufrechterhalten, sind integrierte Distanzierungstechniken wenig sinnvoll, ist vielmehr eine Teilnahme des Betrachters vor Ort zu ermöglichen. Als fester Bestandteil eines Identifikationskinos wird die Kontinuitätsdarbietung auch gerne als Hollywood-Stil bezeichnet und bis heute (jedoch nicht nur dort) angewandt (vgl. ausführlicher hierzu: Beller 2005, S. 169–176; Jost/Kammerer 2012, S. 48–50).

Deutlich sichtbar ist der Schnitt hingegen bei **kontrastierender Gestaltungsabsicht**. Der Ursprung solcher Gegensätze geht auf das frühsowjetische Kino zurück, wo Regisseure nicht nur neue Montagemöglichkeiten erprobten, sondern diese auch in theoretischen Schriften erläuterten. Die Montage wurde hier als filmische Innovation besonders ernstgenommen, analysiert und sodann als Manipulationsmittel (man sprach eher von erzieherischen Absichten; vgl. Eisenstein 1924, S. 16; 1945) oder zur intentionalen Beziehungsstiftung zielbewusst eingesetzt. Für die dabei zu erzielende Kontrastwirkung ist sicherlich Eisensteins Programm der **Kollisionsmontage** von entscheidender Bedeutung (vgl. Eisenstein 1924). Im Prinzip steht dabei die Unterbrechung der Spielhandlung durch einen filmischen Insert, der außerhalb der Erzählung steht, im Fokus. Z. B. wird ein eitler Politiker bildlich mit einem Pfau in Beziehung gesetzt, die Einmischung eines Panzerkreuzers in ein örtlich stattfindendes Massaker mit einem erwachenden Löwen, die Verfolgung von streikenden Arbeitern durch die bewaffnete Miliz mit der Schlachtung eines Ochsen etc. Es wird also eine filmische Trope (Vergleich, Metapher) in die Erzählung eingebracht, um zu kommentieren und das Gezeigte zu entlarven. Dass die filmrhetorische Maßnahme den Betrachter in Distanz versetzt, ist freilich beabsichtigt, denn die intellektuelle Zuschreibung des Gesehenen unterbindet eine einfühlende Aufnahme von Handlungsinhalten. Hier wird verfremdet und eine neue Sichtweise vermittelt, demnach aufgeklärt oder auch satirisch überspitzt. Da nun aber Satire und Didaktik im Kino einen schweren Stand haben, ist es nicht verwunderlich, dass solche Kollisionen heute kaum noch in Spielfilmen eine Rolle spielen. In Werbefilmen, Musikvideos und als Argumentationsstütze in Dokumentarfilmen werden sie aber nach wie vor genutzt.

Montage (II)

Eisensteins „drei Löwen" sind Ikonen der **Kollisionsmontage.** *Sie sollen deshalb auch hier nicht fehlen. Wenn im Film* PANZERKREUZER POTEMKIN *(1925) die Zarenmiliz Odessas eine friedliche Demonstration brutal und blutig niederschlägt, mischt sich die meuternde Besatzung der „Potemkin" ein und feuert mit einem der Schiffsgeschütze gegen das Blutbad. Man sieht das abfeuernde Geschütz, die Detonation des Geschosses an der Oper von Odessa und dann drei steinerne Löwen. Der erste schläft, der zweite erwacht und der dritte richtet sich auf (Abb. 31–33). Nach kurzer Rückwendung zum rauchenden Beschussergebnis erfolgt die Abblende.*

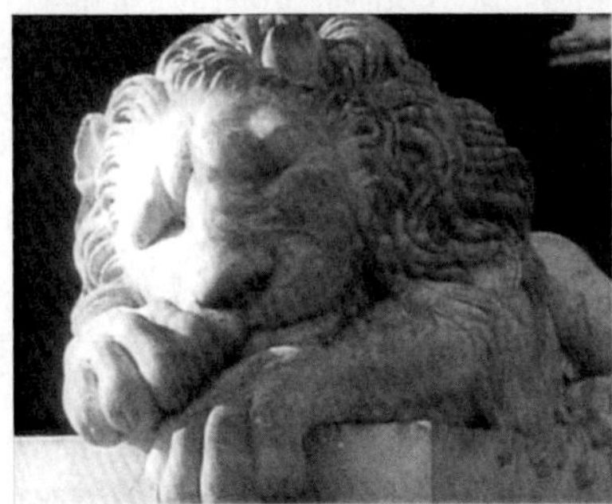

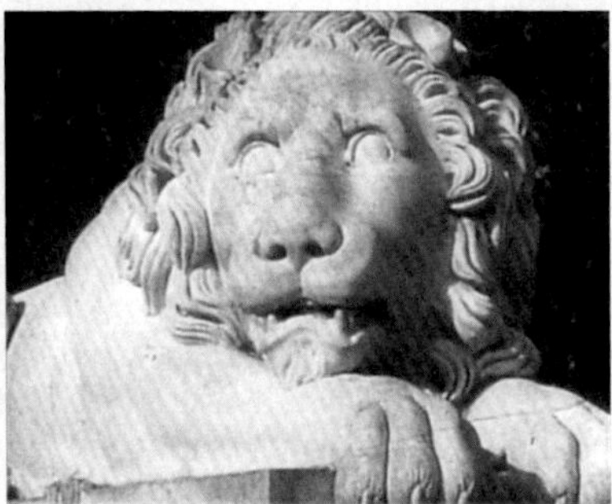

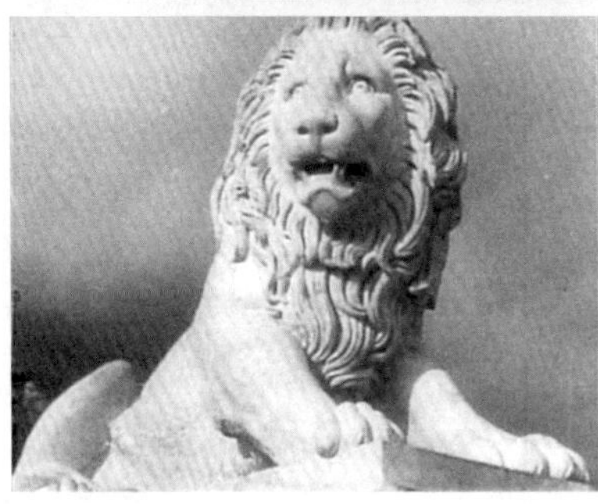

Abb. 31–33: PANZERKREUZER POTEMKIN

Die Wirkung dieser Intervention ist so einfach wie verblüffend. Die ‚Löwen' stehen in keinem Bezugsverhältnis zur Haupthandlung, sie unterbrechen die Narration vielmehr für einen Regiekommentar. Wenn die meuternden Matrosen gegen das repressive Zarensystem aufstehen und sich bewaffnet auf die Seite der einfachen Bevölkerung stellen, dann ist der schlafende Löwe erwacht und zeigt seine Kraft. Das Volk schüttelt seine Unterdrücker ab, wenn es nur zusammenhält und seine (zahlenmäßige) Übermacht erkennt. Die Metapher des Löwen steht somit für die wahren Machtverhältnisse im Staat. Sein Erwachen stellt in dieser Aufarbeitung der letztlich gescheiterten russischen Revolution von 1905 die drängende Frage nach dem Status Quo und setzt, so suggeriert der Film, den wichtigen ersten Funken für den 12 Jahre später gelingenden Neuversuch.

Um diese Eckpfeiler – Kontinuität und Kontrast – herum lassen sich andere Spezifikationen finden, indes können die verbindenden und trennenden Möglichkeiten der Montage an diesen beiden Polen gut verdeutlicht werden. Grundsätzlich ist festzustellen, dass der Montageprozess auch aufgrund der sich stetig verändernden technischen Möglichkeiten ständig Neues hervorbringt und daher eine abschließende Klassifikation nicht möglich ist. Zwar gibt es bekannte Systematisierungen der filmischen „Syntagmatik" (eine von Eisenstein selbst, vgl. Eisenstein 1929; eine andere von Christian Metz, vgl. Metz 1972, S. 165–198; vgl. auch Kap. 2.3.4, Abb. 95) und weitere Versuche der Organisation (z. B. Kuchenbuchs „logische Beziehungen"; 2005, S. 64–72), aber es scheint für den Deutschunterricht ausreichend zu sein, sich an der reduzierten Verknüpfungslogik von Bordwell/Thompson (2008, S. 220–231) zu orientieren. Die beiden US-Amerikaner bezeichnen „vier grundlegende Wahl- und Kontrollmöglichkeiten" (ebd., S. 220) im Montageprozess, um Bezüge der Einstellungen zu organisieren: **grafische, rhythmische, räumliche und zeitliche Relationen**. So kann man die *Parallelmontage*, in der abwechselnd mindestens zwei Räume miteinander verknüpft werden (*cross cutting*), als eine möglicherweise rhythmisch gefügte Varianz verschiedener Handlungsräume bezeichnen, die miteinander in Beziehung stehen und an deren Schnittstelle Gleichzeitigkeit behauptet wird.[10] Der sichtbare Raumwechsel wird also in Folge der Wiederholung gewissermaßen unsichtbar oder die Zuschauer*innen beginnen sich auf den zwar abstrakten, aber doch kohärenten Erzählraum innerlich einzustellen. Bei einer *elliptischen Montage* ist eine möglicherweise rhythmisch gefügte zeitlich (eventuell auch räumlich) sprunghafte Darstellung eines relevanten Inhaltsbereichs festzustellen. Diese tritt vor allem auf, wenn kleinere Details einen Handlungszusammenhang verdeutlichen. So könnte man eine angespannte Prüfungssituation durch schnelles Schreiben auf Papierbögen, nervöses Kauen an einem Bleistift, den vorrückenden Sekundenzeiger einer Uhr, hektisches Wippen mit den Füßen elliptisch präsentieren. Die hier deutliche Trennung durch sichtbare Schnitte wird für den Zuschauer zum Hinweis auf die Darstellung eines größeren, über den Details schwebenden Zusammenhangs. Und natürlich ist die verkürzende Ellipse (und nicht die einheitliche Szene) das treffende Synonym für Filmmontage. Vereinfacht gesagt wird im Film mehr weggeschnitten als durchgängig gezeigt.

10 Simultanität beim Schnittübergang ist häufig relevant, aber kein Ausschlusskriterium für parallele, alternierende Montageformen. Eine Parallelmontage liegt auch dann vor, wenn weit zurück- oder vorausliegende Zeitsphären mit der Erzählgegenwart abwechselnd in Beziehung gesetzt werden (z. B. zu Beginn der Sollozzo-Sequenz in Coppolas THE GODFATHER [1971] oder in der berüchtigten Beischlafsequenz in Roegs DON'T LOOK NOW [1973]).

Zusätzlich sind bestimmte Sonderformen der Montage wie etwa **Match-Cut*, **Jump-Cut* und *Short-Cut* über ihre Bezugsebenen zu differenzieren. So liegt z.B. beim **Match-Cut* (*to match* = passen, übereinstimmen) eine grafische Beziehung zwischen den Einstellungen vor, wodurch eventuell weit auseinanderliegende Zeit- und Raumdimensionen als irgendwie zusammengehörig markiert werden. Dadurch macht es der „elegante" (Kamp/Rüsel 1998, S. 79) und sowohl sicht- wie auch unsichtbare **Match-Cut* möglich, große Zeiträume in beide Richtungen zu überwinden, das unwesentliche Dazwischen zu raffen, um durch das grafische Verbindungselement eine enge inhaltliche Beziehung zu unterstreichen (s.u.). Elliptisch wird auch beim **Jump-Cut* gearbeitet, interessanterweise aber als sichtbarer Anschlussfehler. Innerhalb einer Bewegung, eines Ablaufs fehlt ein Detail, kommt es zum ‚Bildsprung', zur Unterbrechung und Diskontinuität, weshalb das Mainstreamkino i.d.R. auf eine solche Montage verzichtet. **Jump-Cuts* sind vor allem auf zeitliche und räumliche Sprünge in einer ansonsten meist kontinuierlichen Darstellung aus und können dabei durchaus rhythmisch organisiert werden. Was dieser klar sichtbare (und bewusste) Anschlussfehler jedoch bedeuten soll, warum Zeit und Raum hier aus den Fugen geraten, muss im inhaltlichen Umfeld des Films gesucht werden. Auch der sichtbare *Short-Cut* stellt sowohl räumliche als auch zeitliche Varianzen aus und dies, wie der Name vorgibt, in extrem kurzer Abbildungszeit. Diese auch rhythmisch organisierten Inserts erhellen blitzlichtartig ein Detail, eine Verbindung, einen Gedankengang und sind entsprechend wirkungsvoll, da dem Publikum bei Abbildungen unter einer Sekunde die Zeit zur eindeutigen Bestimmung nicht gegeben ist.

Diskutiert man schließlich noch das **Split-Screen-Verfahren** als Montagetypus,[11] so liegt hier in nebeneinander organisierten Bildkadern ein klar sichtbarer Produzenteneingriff vor. Eine Split-Screen-Darbietung überwindet räumliche Distanzen, indem es sie im Bild parallel präsentiert und so zeitgleich stattfindende Ereignisse synchron zueinander stellt. Es wird also deutlich, dass Bordwells und Thompsons „Dimensionen des Filmschnitts" erzähldramaturgische, bildmotivische, auch ‚musikalische' Möglichkeiten der Montage hervorheben und so in Bezug auf die Bestimmung der Filmwirkung hilfreich sind. Eine Orientierung an diesen grundlegenden Dimensionen (Bild, Ton/Takt, Narration) ist bei der Begegnung mit der wichtigsten ästhetischen Innovation des 20. Jahrhunderts von einigem Wert.

Montage (III)

*Ein ****Match-Cut*** *macht eine Veränderung im Gleichen oder eine Art variable Permanenz durch Schnitt deutlich. Zeit und Raum mögen sich beim Einstellungswechsel verändert haben, etwas aber ist gleichgeblieben.*

11 Das Split-Screen-Verfahren ist sowohl als Montageform wie auch als Bildkomposition zu bewerten und entsprechend zu untersuchen.

Wenn z.B. in David Finchers The Game *(1997; Abb. 34–35) der Junge aus alten Super-8-Aufnahmen plötzlich bei exakt derselben Perspektive, Achse und Einstellungsgröße zum erwachsenen Mann wird, ist nicht nur die Gegenwart der zu erzählenden Geschichte erreicht, sondern auch das (im Vorfeld angedeutete) traumatische Kindheitserlebnis weiterhin im Protagonisten präsent. Dagegen wird der Sprung Benjamins auf die Wassermatratze in* The Graduate *(1967; Abb. 36–37) mittels Bewegungsschwenk zur Landung auf Mrs. Robinson gematcht. Das schmeichelt der Frauenfigur keineswegs, ist aber ein stimmiger Vergleich für diese Affäre, die eben eher sportliches Freizeitvergnügen ist denn eine innere Verbindung. Einen andersartigen Bewegungsschnitt bei 180°-Drehung der Figur und Einstellungsgrößenvarianz wählt Danny Boyle in* Trainspotting *(1996; Abb. 38–39), um den Rückfall seines Protagonisten in die Drogenabhängigkeit zu kommentieren. Dessen Landung in der ‚Drogenwohnung' ist nach einem Salto von einer hohen Mauer zwar gelungen, aber eben auch ein lebensgefährlicher Sprung zurück nach hartem Entzug.*

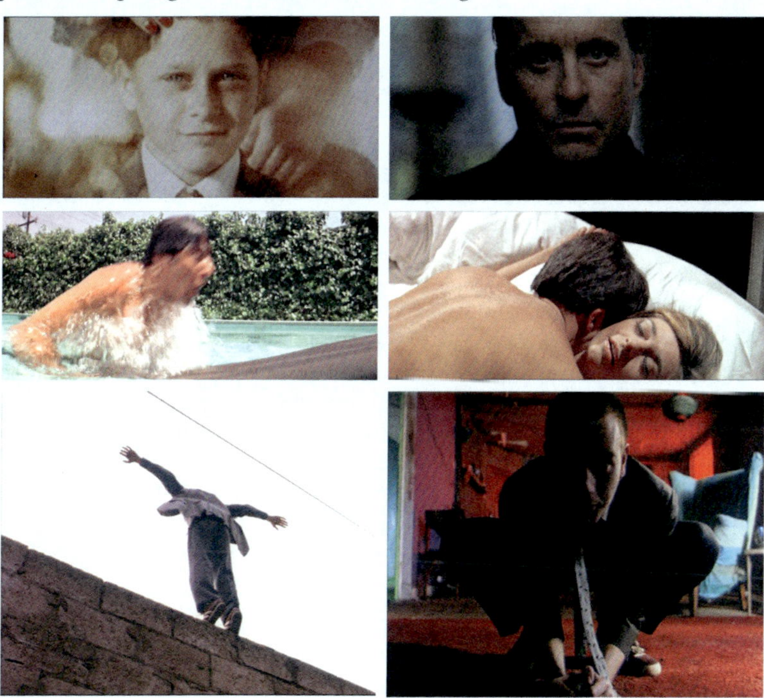

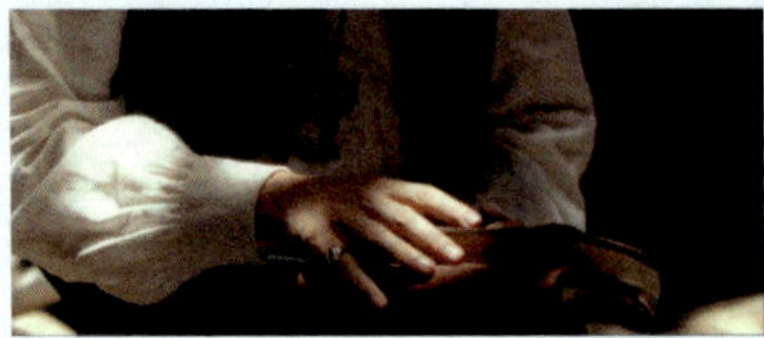
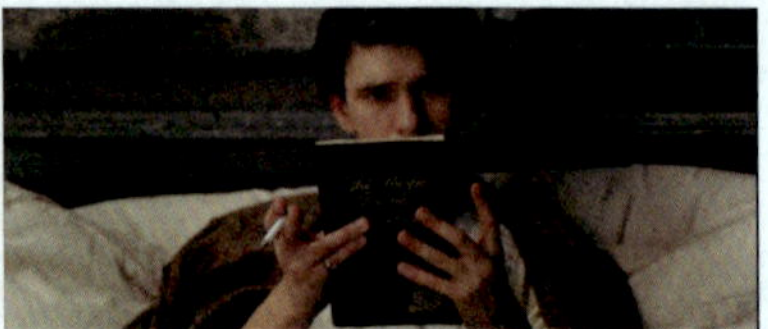

Abb. 34–41: THE GAME (34–35) – THE GRADUATE (36–37) – TRAINSPOTTING (38–39) – CLOUD ATLAS (40–41)

Ein ergiebiges Beispiel für alle möglichen Arten filmischer Zeit- und Raumsprünge ist der Film CLOUD ATLAS *(2012; Abb. 40–41). Erzählt auf sechs miteinander vernetzten Zeitebenen ist ein Anpassen und Zusammenführen für das Verstehen der Zuschauer*innen zwingend nötig. Das gelingt über Mehrfachrollen der eingesetzten Schauspieler, verschiedene Ton- und Bildanschlüsse sowie manchen *Match-Cut wie hier (Abb. 40–41) beim Übergang vom Tagebuchschreiber Ewing (im Jahr 1849) zum Tagebuchleser Frobisher (im Jahr 1936). Da, so der Tenor des Films, Seelenwanderungen existieren und alles mit allem zusammenhängt, wird das Matching quasi zur technisch notwendigen Kohärenzgarantie der Geschichte und nicht zuletzt zur ästhetischen Beglaubigung ihrer esoterischen These.*

Montage umschließt ein weites, hier nur in Ansätzen abbildbares Feld filmischer Darstellung und ist sicherlich ein wichtiger Inhalt filmsprachlicher Ausbildung. Eine didaktische Anpassung kann demnach schnell zum schmerzhaften Prozess werden, wenn auch an ihrer Notwendigkeit nicht zu zweifeln ist. Deshalb schlägt Michael Staiger (2010b, S. 180 ff.) eine Reduktion auf zwei Betrachtungskonzepte vor und nennt jene Zweiheit „epische Montage" (unsichtbar, Coverage) und „konstruktivistische Montage" (sichtbar, Kollision) (vgl. ebd., S. 181). Über die Bezeichnung – erzählt wird auch bei konstruktivistischem Tun – lässt sich sicherlich streiten, aber die Gegensätze sichtbar/unsichtbar, Reihung/Kontrast bzw. Coverage/Kollision werden auch von uns als sinnvolle Reduktionsmaßnahmen betrachtet. Funktional erweitert um die oben dargestellten „Dimensionen des Filmschnitts" wäre u. E. ein stimmiges Montage-Fundament für die Auseinandersetzungen mit Filmen im Deutschunterricht gelegt.

2.2.2 Auditive Gestaltung

Bei der Beurteilung filmischer Wahrnehmungsprozesse existiert gelegentlich die Vorstellung, akustische Informationen seien den visuellen unterzuordnen. Das ist natürlich so nicht haltbar. Filme brauchen das Auditive, sie sind nur mit Ton adäquat zu verstehen. Das hat Gründe. Zum einen kann der **Aufbau von filmischem Raum- und Zeitgefühl** als ein wesentlicher Auftrag der Tonspur bezeichnet werden, zum anderen ist die auditive Gestaltung aber auch in Bezug auf die präsentierte Realität und das damit einhergehende **rezeptive Gegenwartsempfinden** entscheidend. Visuelle Bildfolgen allein sind noch kein Film. Demnach bezeichnet Siegfried Kracauer (1985, S. 187) das von Anfang an präsente (musikalische) Tonelement als die „Rückgabe fotografischen Lebens an die Bilder".[12] Erst dann, wenn die Realitätsillusionen (und auch die erzählten Realitäten des Dokumentarfilms) klingen, können sie als kohärente Erfahrungsofferten vom Publikum angenommen werden. Mögen auch die Figuren der Stummfilmperiode tonlos gewesen sein, die Filme waren es nie. Sie benötigten von Anfang an mindestens eine Klavierbegleitung, um „den Zuschauer ganz ins Zentrum der stummen Bilder hineinzuziehen und ihn ihr fotografisches Leben erfahren zu lassen" (ebd., S. 188).

Anders als beim obigen Rückgriff auf das Standbild ist der filmische Tonraum nicht in einem fixen Orientierungssegment zu erfassen. „Tonebenen und Tonsorten werden in einer Einstellung konkretisiert und gehen vor allem eine Verbindung mit dem Bild ein" (Borstnar u. a. 2002, S. 123), demnach sind in der Analyse größere Handlungsbereiche, Szenen und Sequenzen, zu betrachten und auf Form-, Inhalts- und Wirkungsmuster hin zu befragen. Hierbei gilt es, die jeweiligen Tonquellen und die Möglichkeiten des audiovisuellen Zusammenspiels genauer zu betrachten.

2.2.2.1 Tonquellen

Tongestaltung sei, so Jörg Lensing (2005, S. 114), eine hochkomplexe Textur „aus Geräuschen, Sprache, harmonischen und dissonanten Klängen mit zumeist dramaturgisch-emotionaler Funktion innerhalb des Kontextes Storytelling zum gegebenen Stoff." Man kann auch sagen, die Tonformen haben bestimmte erzähldramaturgische Aufgaben wie z. B. Charakterisierung, Gliederung, emotionale Steuerung und Kommentierung, weshalb es zunächst sinnvoll ist, sie im Einzelnen vorzustellen. Wie auch bei der Montage gilt für die auditive Gestaltungsanalyse, dass zwischen sichtbaren (**On-Ton** – on the screen) und unsichtbaren (**Off-Ton** – off the screen) Tonerzeugern zu differenzieren ist. Zudem muss entschieden werden, ob das erfasste auditive Spektrum zur Erzählwelt gehört oder nicht. Ist dies geklärt, gilt es, die Einzelbereiche des Soundtracks – Geräusche, sprachliche und musikalische Tonquellen – genauer zu betrachten (vgl. auch Kamp/Rüsel 1998, S. 41–46; Hickethier 2001, S. 94–109; Borstnar u. a. 2002, S. 122–130; Lensing 2005; Bienk 2006, S. 83–87; Jost/Kammerer 2012, S. 56–62; Keutzer u. a. 2014, S. 113–147).

Geräusche werden als Bereich der filmischen Mitteilung oft ‚übersehen' bzw. einfach hingenommen, dabei sind sie entscheidend für das rezeptive Realitätsempfinden. Realitätsillusionen wie der Spielfilm müssen Referenzen zur außerfilmi-

12 „Es unterliegt keinem Zweifel, daß musikalische Begleitung den stummen Bildern Leben einhaucht. [...] Ihre [Der Musik] Aufgabe ist es, das Verlangen [des Publikums] nach Geräuschen zu beseitigen" (Kracauer 1985, S. 188).

schen Wirklichkeit setzen, weshalb eine atmosphärische Nähe zu Tonräumen sicherlich die Hauptfunktion der Geräuschetonspur darstellt. Solche *Atmos* werden heute kaum noch vor Ort aufgenommen, sondern durch den *Sound Designer* im Studio produziert. Neben jenen ‚Geräuschkulissen' können aber auch dramaturgisch relevante *Effekte* platziert werden. Da jede Veränderung einer ‚natürlichen' Wahrnehmung – ob nun als tonlose Stille oder durch Lautstärke bzw. Verfremdung erzielte Unterstreichung – dem Zuschauer auffällt und seine Aufmerksamkeit steuert, kann man gerade auf der Ebene der Geräusche Informationen platzieren und Emotionen auslösen. Das drängend laute Ticken einer Uhr (z. B. in THE PLEDGE, 2001), das immer näher kommende Bremsgeräusch einer unsichtbaren U-Bahn (z. B. in THE GODFATHER, 1971), Windrauschen im Fotoatelier (BLOW UP, 1966) und bedrohlich hallende Schritte eines unsichtbaren Verfolgers sind nicht zu überhörende und effiziente Hinweise.

Ein besonderes Geräusch und zugleich das Tonelement, das schon immer die Filmprojektion begleitet hat, ist die **Musik**. Zunächst wurde Musik gegen mögliche Zuschauerangst vor der Dunkelheit, lautstarke Projektorengeräusche, aber auch zur dreidimensionalen Raumaufwertung und atmosphärischen Verstärkung des Filminhalts (vgl. Schneider 1990, S. 19 f.) eingesetzt und unter Vorgabe stereotyper Musikmuster der Kombinationskompetenz des jeweiligen Klavierspielers vor Ort überlassen (vgl. Koebner/Gerdes 2011, S. 223). Schon bald aber wurde der sog. *Score* zu einem fixen Kompositionselement, das bis heute speziell für den vorliegenden Film hergestellt wird. Hier wie da ist eine Unterordnung unter das Bild aber die Bedingung. Filmmusik ist Funktionsmusik! Sie ist eigentlich nicht für Konzertsäle, sondern zur emotionalen Unterstreichung der Bildwirkung gedacht, so dass sie im besten Fall mit den Bildern eine untrennbare Verbindung eingeht, die – man denke z. B. an PSYCHO (1960) oder STAR WARS (1977 ff.) – synästhetisch erinnert wird.

Somit erfüllt der Einsatz von Musik immer **Funktionen** innerhalb der filmsprachlichen Dramaturgie. N.J. Schneider differenziert 20 funktionale Einzelbereiche (vgl. 1990, S. 90–105), wovon manche (z. B. „Ausrufezeichen setzen", „Gruppengefühl erzeugen") vielleicht zu präzisieren wären. Reduzierter geht die Musikwissenschaftlerin Claudia Bullerjahn (2001, S. 69–74) vor und bezeichnet vier „Funktionen im engeren Sinne": dramaturgische, epische (bzw. narrative), strukturelle und persuasive. Minimalistisch unterscheiden schließlich Borstnar, Pabst und Wulff (2002, S. 127) zwei komplementäre Funktionen der Filmmusik: bezeichnende und affektiv-evokative. Da Deutschlehrer*innen nicht notwendigerweise Musikexperten sind, ist fraglich, ob sich ein Deutschunterricht hier besonders exponieren sollte. Möglich und sinnvoll ist es aber, die verschiedenen Formen der musikalischen Bildgestaltung zu beschreiben und kritisch zu reflektieren. Dabei wäre z. B. zu fragen, ob auf der Bild-Ton-Ebene eine Entsprechung oder Erweiterung (*Leitmotivtechnik, satirische Verfremdungen, Wechsel der Erzählebene, ...), Illustration oder Kommentierung vorliegt, wie Räume, Figuren und Handlungssituationen musikalisch mitgestaltet werden, vielleicht auch, welche musikalischen Erwartungen des Publikums eine Genreproduktion erfüllen muss (und gerne erfüllt).

Die meiste Aufmerksamkeit in der auditiven Analyse erfährt in der Regel die dort hörbare **Sprache**. Das ist im Umfeld des Deutschunterrichts nicht verwunderlich, aber nicht gleichzusetzen mit der üblichen Analyse von geschriebenen Texten. Nicht das Drehbuch oder eine sonstige schriftliche Aufzeichnung der Vorproduktion ist hier allein entscheidend, sondern die gesprochene Sprache der Akteure im Filmtext. Von Bedeutung sind also *Dialog* und *Monolog* und diese können im oben erwähnten On-Off-Zusammenhang ganz unterschiedliche visuelle Präsenz bzw. Nicht-Präsenz erzielen. Neben den inhaltlich relevanten Informationen der Sprache sind weitere verbale Ebenen oft verlässlichere Angaben und deshalb von einiger Bedeutung. *Paraverbale* Äußerungen (Stimmlage, Sprechtempo und -rhythmus, Sprachmelodie, Betonung, Pausengestaltung, Lachen, Lautstärke, Artikulation, Sozio-, Dialekt etc.) können entscheidende Hinweise auf Haltung, Charakter, letztlich auch die Wirkung des Sprechenden bergen, desgleichen *nonverbale* Auffälligkeiten (Mimik, Gestik, Körperhaltung und -bewegung). Die vielgliedrige Sprachinformation des Films ist ein verlässliches Instrument historischer und soziokultureller Figurenverortung und zugleich ein wesentliches Steuerungselement für das rezeptive Verstehen. Darth Vader (STAR WARS, 1977 ff.) ist eine Art Menschmaschine, was man vor allem hören kann, denn die Verbindung von menschlichen Atemgeräuschen mit monotoner Maschinenstimme ist sein verbales Wiedererkennungsmerkmal. Charlie Chaplins Gestaltung des Diktators Hynkel (THE GREAT DICTATOR, 1940) gelingt auch deshalb entlarvend, da die semantisch weitgehend unverständliche, para- und nonverbal aber vielsagende Diktatorensprache nicht zu ‚überhören' ist. Alfred Hitchcock wiederum soll für die Sprechanteile von Norman Bates' Mutter in PSYCHO (1960) gleich drei Schauspielerstimmen vermischt haben – eine davon war männlich (vgl. Rebello 2013, S. 242–249). Der Schauder, den Mutters Ansprachen beim PSYCHO-Zuschauer freisetzen, ist also auch eine Folge paraverbaler Uneindeutigkeit und, da man die Figur ja nie beim Reden sieht, ein rein akustischer Effekt.

2.2.2.2 Ton-Bild-Korrespondenz

Auch der Ton wird montiert. Ein Off-Kommentar, On-Dialog, Geräusch oder musikalisches Arrangement kann von einem Bildraum in den anderen übergehen – Verbindungsbrücken werden gebaut, Beziehungen verdeutlicht. Bild und Ton sind zwangsläufig miteinander verknüpfte Informationsbereiche, sie bilden die audiovisuelle Sinneinheit des Films und verdeutlichen dabei ganz unterschiedliche Beziehungen. Eine genauere Betrachtung dieses Zusammenspiels kann wesentliche Erkenntnisse und Einsichten ermöglichen, wenn man z. B. feststellt, dass die **Ton-Bild-Schere** geschlossen oder geöffnet ist. Dabei ist die audiovisuelle Ansprache im Film identisch oder erweiternd, unterstützend oder widersprechend konzipiert, und es ist nicht unerheblich, dies zu durchschauen.

Der Begriff der „Ton-Bild-Schere“ (ursprünglich: Bild-Text-Schere) geht auf den Medientheoretiker Bernward Wember (1976) zurück. Wember stellte bei der Untersuchung von Fernsehdokumentationen fest, dass ein Auseinandergehen der Scherklingen – Bild und Text bringen zeitgleich Eigenes, nicht so sehr Ergänzendes vor – für Verständnisprobleme bei der Rezeption sorgen kann (vgl. Maaßen/Wember 1999; Renner 2001). Unabhängig davon kann die Scherenmetapher aber auch genutzt werden, um grundsätzliche Beziehungen zwischen Ton und Bild zu verdeutlichen. Schon Siegfried Kracauer visiert implizit eine Scherenbewegung an, wenn er verschiedene „Arten der Synchronisierung“ untersucht (vgl. 1985, S. 158–173) und dabei zwei wesentliche Relationen bezeichnet: räumlich-zeitliches und semantisches Verhältnis. Mit der **Raum-Zeit-Relation** ist der bereits erwähnte On- bzw. Off-Bezug gemeint. Der Tonlieferant ist dann innerhalb (On) oder außerhalb des Bildes präsent, ist synchron oder asynchron.[13] Auf der Ebene der **semantischen Relationen** spricht Kracauer von Parallelismus und Kontrapunktik. Parallele Korrespondenz liegt dann vor, wenn quasi eine Entsprechung von Bild- und Toninformation erreicht wird. Man kann auch von Illustrierung oder Potenzierung sprechen, denn das eine wird durch das andere bestätigt und demnach verstärkt – die Schere bleibt mithin geschlossen. Interessanter sind freilich die kontrapunktischen Korrespondenzen. Hier wird die Schere (mitunter weit) geöffnet, vermitteln Ton und Bild unterschiedliche Informationen, so dass eine zusätzliche Bedeutung in Form eines audiovisuellen Widerspruchs in den Text einzieht. Solche inhärenten Wandlungen sind besonders irritierend und von daher spannungsgeladen. Sie sind anziehende Gegensätze, die das Publikum zu ordnenden Eingriffen bzw. zur Auflösung des Unstimmigen aktivieren.

Ton-Bild-Korrespondenz

Vielleicht würden durch Kontrapunkte „die alltäglichen Dinge des Lebens aufgewertet“, meinte Alfred Hitchcock, somit sei die Inszenierung von Gegensätzen der entscheidende Punkt jeder Regie (zit. nach Truffaut 1998, S. 223, 201). Es verwundert also nicht, dass in jedem Hitchcockfilm Momente **kontrapunktischer Bild-Ton-Verknüpfung** *vorkommen, zumeist sublim präsentiert über vielsagende Blicke. Wenn z.B. in* THE BIRDS *(1963) einer Mutter die neue Liebschaft ihres Sohnes vorgestellt wird, bleibt auf der Sprachebene alles höflich und konventionell. Der Mutterblick verrät aber manchen Vorbehalt (Abb.42). So wird die eigentlich belanglose Szene urplötzlich spannend, lässt die Zuschauer*innen recht schnell die Worthülsen überhören, um zu ungleich interessanteren Gedankenprojektionen zu kommen.*

13 Wobei Kracauer asynchronen Ton noch in „aktuellen“ und „kommentierenden Ton“ differenziert, um die nicht sichtbare Tonquelle als Teil der erzählten Welt oder eben nicht zu bestimmen (z.B. Figur vs. Erzähler, Umgebungsgeräusche vs. eingespielte Studiomusik).

Sprachlich kontrapunktisch sind auch die „lovely pictures“, die Alex DeLarge in Kubricks A CLOCKWORK ORANGE *(1971) vor seinem inneren Auge vorbeiziehen lässt. Außergewöhnlich ist das vor allem deswegen, da er diese Bilder – z. B. eine erhängte Braut (Abb. 43) oder sich selbst als Vampir (Abb. 44) – zu den Klängen von Beethovens 9. Symphonie assoziiert. Dessen Vertonung von Schillers „Ode an die Freude“ bekommt in diesem Film eine unerwartete Bedeutung: Freude scheint Geschmacksache und bei einem Psychopathen mit ganz eigenen Ideen gefüllt. Somit kommt hier neben der Sprache auch die Musik als Kontrastbereich zum Einsatz. Zu den Klängen heiterer und hehrer Musikstücke wird in diesem Film geprügelt, vergewaltigt und getötet. Kubricks satirische Dystopie über staatliche Unterdrückungsmechanismen und den freien Willen erhebt den audiovisuellen Kontrapunkt zum zentralen Verfremdungsmittel der Gestaltung.*

Wenn dagegen FORREST GUMP *(1994) seine Kindheitsfreundin auf der Bühne eines Striptease-Clubs entdeckt und begeistert aus dem Off mitteilt, dass sie ihren Traum erfüllt habe und Folksängerin geworden sei (Abb. 45–46), dann ist eine andere Form der Kontrapunktik erreicht. Gumps Rückschauen auf sein Leben verdanken ihre Fehleinschätzungen dem geistig retardierten Erzähler selbst. Beinahe schelmisch teilt der tölpelhafte Protagonist seine Sicht auf die Dinge mit und bleibt durchweg naiv staunendes Kind. Kontraste sind hier also eine Genre- oder Gattungsbedingung (eine Art ‚liebenswerter Picaro‘) und leicht zu übersetzen.*

Anders funktionieren direkte sprachliche Kontaktaufnahmen mit dem Publikum. Solcher Ausbruch aus der Fiktion macht auf das Spiel (mit) der erzählten Welt aufmerksam und beteiligt den Zuschauer quasi-dokumentarisch. Ob nun der Psychopath in Hanekes FUNNY GAMES US *(2008; Abb. 47) oder der Intrigant in der amerikanischen TV-Serie* HOUSE OF CARDS *(2013ff.; Abb. 48; vgl. Praxiskap. 4.6), beide ziehen das Publikum in den Film und halten es zugleich in skeptischer Distanz. Verdeutlicht wird also das Narrationsphänomen der doppelten Erzählzeit, indem ‚eine Art kommentierendes Präsens‘ ins epische Präteritum einzieht und dieses (mal deutlicher, mal versteckter) als zu durchschauende Textgestaltung entlarvt.*

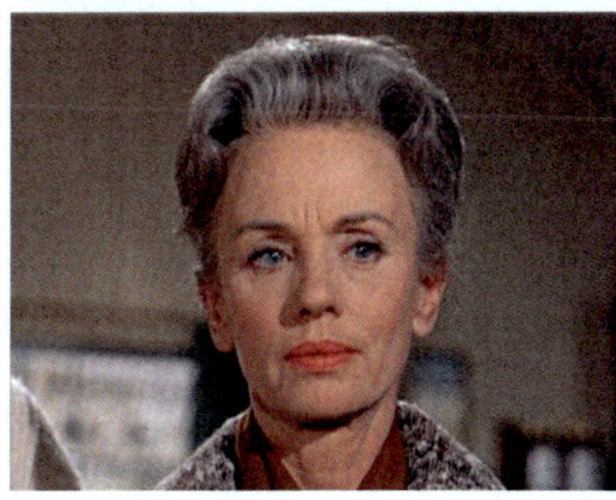

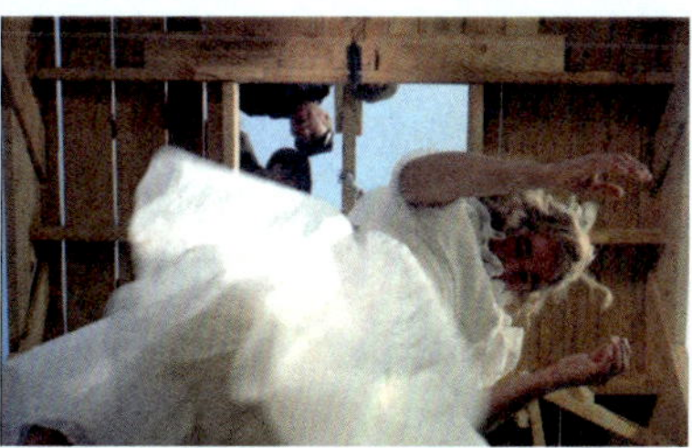

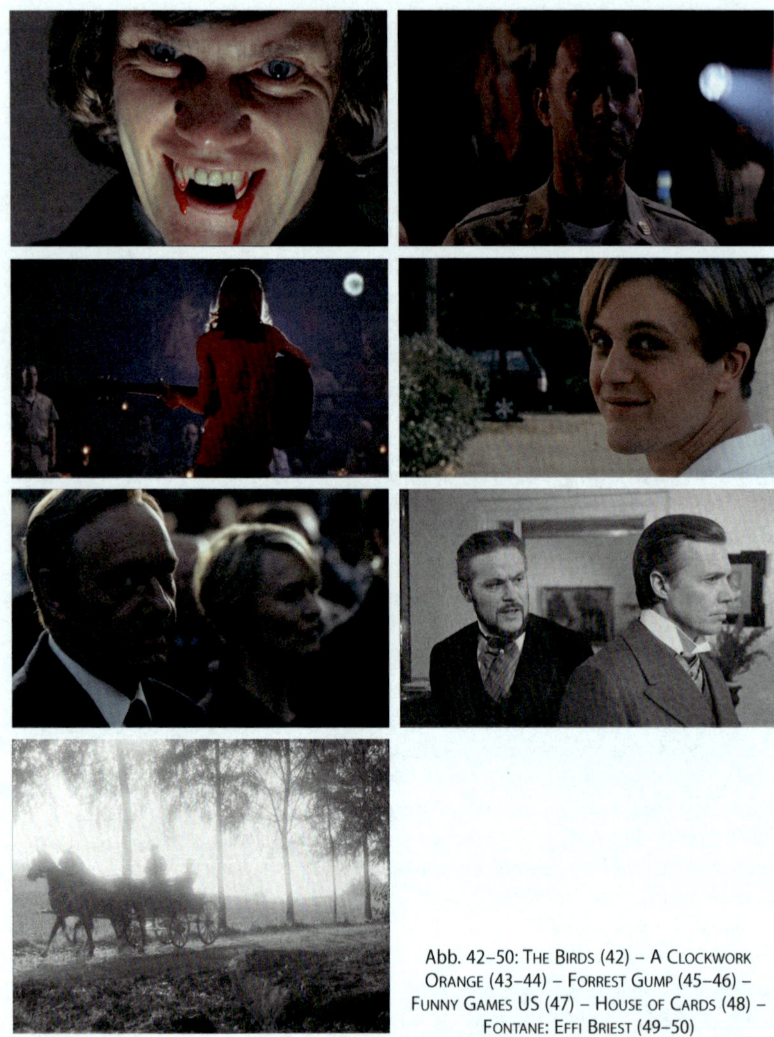

Abb. 42–50: THE BIRDS (42) – A CLOCKWORK ORANGE (43–44) – FORREST GUMP (45–46) – FUNNY GAMES US (47) – HOUSE OF CARDS (48) – FONTANE: EFFI BRIEST (49–50)

Wenn schließlich in Fassbinders FONTANE: EFFI BRIEST *(1974) der berühmte Innstetten-Wüllersdorf-Dialog mit einem bereits fahrenden Sekundanten abwechselnd verknüpft wird (Abb. 49–50), macht der Regisseur durch diesen kommentierenden Ausblick klar, dass alles Abwägen und Überdenken Innstettens überflüssig ist. Die einzig mögliche Handlung ist das Duell (mit dem Nebenbuhler) und die Ächtung der (untreuen) Ehefrau. Das Fatum des*

Einzelnen in wilhelminischer Zeit ist keine Frage sprachlicher Erörterung, sondern eine wortlosen Klassenhandelns.

Als der Tonfilm (ab 1927) allmählich an Fahrt aufnahm und abzusehen war, dass er den Stummfilm ablösen würde, äußerte sich u. a. auch Sergej Eisenstein zu den Chancen des neuen Mediums. Der ‚Erfinder' der Kollisionsmontage blieb sich dabei insofern treu, da er gerade in der Ton-Bild-Kombination ganz neue Konfliktmöglichkeiten antizipierte und schlussfolgerte, dass „[n]ur eine kontrapunktische Verwendung des Tons in Beziehung zum visuellen Montage-Bestandteil" dafür sorgen könne, „das internationale Kino [...] zu unvergleichlicher Kraft und kultureller Höhe [zu] steigern" (Eisenstein u. a. 1928, S. 55 f.). Warum nicht? Kontrapunkte sind sperrig attraktiv und rezeptiv aktivierend. Sie bieten ein Mehr durch Widerspruch und fordern dessen Auflösung durch den Betrachter. Solches kann auch im Deutschunterricht genutzt werden.

2.2.3 Narrative Gestaltung

Filme erzählen nicht immer. Bordwell/Thompson (2008) bestimmen im Rahmen ihrer Dokumentar- und Experimentalfilmanalyse vier Formen des Nicht-Narrativen: eher motivisch beschreibend (*categorical*; ebd., S. 343–348), argumentierend (*rhetorical*; ebd., S. 348–355), abstrahierend rhythmisch (*abstract*, ebd., S. 356–363) oder assoziativ metaphorisch (*associational*, ebd., S. 363–370), und solches kann freilich auch im Spielfilm vorkommen.[14] Zweifellos aber erzählen Filme oft und gerne, vermitteln sie eine Geschichte in zeitlich-räumlicher Beziehungsstiftung. Möglicherweise ja auch deshalb, weil das Narrative die vom Publikum erwartete Darbietungsweise und zugleich eine der großen Wirkungsstärken des Mediums ist.

„Erzählung ist", so Fludernik (2006, S. 13), „die Geschichte, die ein Erzähler erzählt." Und wenn dies auch an der Oberfläche bleibt, so werden hier schon die drei für die narrative Analyse wesentlichen Kriterien erfasst: das spezifische Handeln (*erzählt*) eines Vermittlers (*Erzähler*) zur Präsentation einer kohärenten Raum-Zeit-Einheit (*Geschichte*). Entsprechend differenziert die literarische Erzähltheorie die Betrachtung des Darstellungs-Wie (*Erzähler erzählt*) vom Handlungs-Was (*Geschichte*) (vgl. z. B. Martinez/Scheffel 2007, S. 27–159) und greift dabei zumeist auf die Analysesystematik von Gérard Genette (1998) zurück.[15] Eine direkte Übertragung literaturwissenschaftlicher Bereiche auf den

14 Z. B. sind Eisensteins Löwen (Abb. 29–31) assoziativ metaphorische Inserts in einer narrativen Großeinheit – auch Beschreibungen, Argumentationen und abstrakte Relationen lassen sich in Spielfilmen finden.

15 Genettes Erzählanalyse (zuerst franz. 1972) fokussiert auf die Kategorien *Zeit* und *Modus* des Erzählten sowie *Stimme* des Erzählers (vgl. 1998). Diese Faktoren, die für neuere filmdidaktische Untersuchungen weitgehend gesetzt sind (vgl. z. B. Staiger

Film ist aber, wie bereits erwähnt, nicht unkompliziert. Der Film besitzt eben, um nur diese zu nennen, kein Verb mit unterschiedlichen Konjugationsmöglichkeiten, keine indirekte Rede, schließlich nicht mal einen klar fixierten Erzählerbericht: Film muss, während er erzählt, immer alles zeigen oder auf literarische (und damit unfilmische) Techniken wie z. B. *Voice-Over zurückgreifen. „[D]er kinematografische Apparat [...] kann [...] nur erzählen, indem er das im Modus dramatischer Selbstdarstellung erscheinende Erzählte photo- und tontechnisch reproduziert" (Lohmeier 1996, S. 39). Somit

> erzählt [der Film] sowohl durch das Zeigen der Handlung (showing), welches sich über Kamera, Montage, Schauspiel, Ausstattung und Architektur vollzieht, als auch durch sprachliche Vermittlung (telling), die in Form von Voice-Over, Zwischentiteln, Inserts oder Dialogen stattfinden kann. (Keutzer u. a. 2014, S. 194)

Zu betrachten sind demnach die Inszenierung (Mise en Scène) und deren Organisation im Film (Montage) – einen literarischen Erzähler oder eine deutlich fixierbare Vermittlungsstimme findet man im Visuellen nicht.[16]

Im Folgenden wollen wir das inhaltliche Was (Erzähltes) und das Darbietungs-Wie (Erzählen) der filmischen Narration untersuchen, indem wir die Kategorien der *Handlung*, *Perspektivierung* und *Zeitverhältnisse* etwas genauer betrachten. Zuerst soll allerdings die für die Epik elementare doppelte *Zeitgestalt* im Fokus stehen (vgl. auch Bordwell 1985; Kamp/Rüsel 1998, S. 100–122; Hickethier 2001, S. 110–168; Borstnar u. a. 2002, S. 150–178; Mikos 2003, S. 101–153; Bienk 2006, S. 88–100; Bordwell/Thompson 2008, S. 74- 106; Kuhn 2011; Jost/Kammerer 2012, S. 67–107; Keutzer u. a. 2014, S. 193–234).

2.2.3.1 Plot vs. Story

Die **Montage** ist, wie bereits in Kap. 2.2.1 erläutert, entscheidend für die Erzählgestalt des Films. Erst durch sie wird der Erzählprozess in Gang gesetzt, das dramatische innere Kommunikationssystem (Figurenbeziehungen, -handlungen) um ein vermittelndes (Erzählerbericht) erweitert und so eine doppelte Zeitsphä-

---

2010a; Leubner/Saupe 2012), werden in unserer Betrachtung berücksichtigt, aber nicht absolut gesetzt, da die direkte Übertragung Genettes auf den Film nicht immer problemlos gelingt und zudem seine „Terminologie [...] mit ihren penibeln Klassifikationsmustern" (Keutzer u. a. 2014, S. 209) beim Einsatz in der Schule für manches Verständigungsproblem sorgen dürfte. Berücksichtigt wird also auch die deutschsprachige Narratologietradition (z. B. Lämmert 1955; Hamburger 1957; Stanzel 1964 und 1979; Petersen 1993), von der vor allem Stanzels Erzählsituationen – eine Zusammenfassung von Stimme und Modus in einem Begriff – weiterhin in der Schule präsent sind.

16 Nach Borstnar u. a. (2002, S. 151) sind die wesentlichen Grundlagen des Erzählens: ein räumlich und zeitlich bestimmter Handlungsraum, Figuren als Agenten von Handlung, mindestens ein zusammenhängender Handlungsstrang, ein durch Veränderungen markierter Ablauf von Zeit, Begrenztheit durch Anfang und Ende, Sinnhaftigkeit durch ein internes Bezugssystem der präsentierten Elemente der Erzählung.

re abgebildet (vgl. Lohmeier 1996, S. 43–47). Die Zeit des Erzählens (Erzählzeit) ist eine andere als die Zeit des Erzählten (erzählte Zeit) und die Mischung jener gegenwärtigen Vergangenheiten ist ein wichtiger Wirkungsbereich epischer Texte. Für diese Differenz gibt es in Literatur- wie Filmwissenschaft verschiedene Begriffe (vgl. Borstnar u. a. 2002; S. 151ff; Martinez/Scheffel 2007, S. 26), weshalb wir hier der Einfachheit halber von einer Plot-Story-Differenz reden wollen.

Unter **Plot** ist die konkrete Anordnung des Erzählten im Text zu verstehen. Das auch anderweitig benannte narratologische Phänomen (Sujet, discours) repräsentiert das in der Erzählzeit ablaufende Darbietungs-Wie und ist „ein System, in dem Elemente wie Ereignisse und Figuren nach bestimmten Prinzipien zusammengestellt werden" (Mikos 2003, S. 128). Mit dem Plot ist also der vorliegende Text gemeint, die tatsächliche Entwicklung der Inhalte von Beginn bis Ende des Films. Dabei ist natürlich immer auch die jeweilige filmsprachliche Gestaltung dieser Entwicklung relevant. Aus diesem Angebot „konstruiert der Betrachter die **Story**" (Bordwell 1985, S. 53), was so viel bedeutet wie die Herstellung eines chronologischen, kausalen Handlungs-Was, das in etwa der geordneten erzählten Zeit der Geschichte (Fabel, histoire) entspricht. Wenn also „[d]er Plot [...] sozusagen die Informationsvergabe der Geschichte für den Rezipienten [organisiert]", wird daraus vom Betrachter „parallel zur Filmrezeption die Story kognitiv rekonstruiert" (Borstnar u. a. 2002, S. 152). Diese kausale Wiederherstellung des gegebenen Inhalts ist aber nur ein Teil der Beschäftigung der Zuschauer*innen, da zudem auch Erzähllücken zu schließen, Vorgeschichten und andere Offenheiten des Plots kreativ mit Inhalt zu füllen sind. Dass z. B. PULP FICTION (1994) in der Mitte der Geschichte beginnt und dort auch wieder endet, ist ein Storyelement, das die Zuschauer*innen erschließen müssen. Dass in MEMENTO (2000) von hinten nach vorne erzählt wird, ebenso. Und selbst dann, wenn wie in VICTORIA (2015) ohne Schnitt, zeitdeckend und linear erzählt wird, ist der Plot mit der Story nicht identisch. Auch eine bewegte Kamera montiert, setzt Inhalte in Beziehung, lässt dabei aus und zeigt nicht alles, weswegen das Publikum hier für Füllung und Ausbau der Story nicht weniger aktiv sein muss als bei herkömmlich geschnittenen Filmen.

Die Differenzierung von *Story und Plot ist deshalb wichtig, da man eine Geschichte (Story) eben auf unterschiedliche Arten erzählen kann (Plot). Organisations- und Gestaltungsfragen auf der Plotebene sind somit entscheidende Analyseerkenntnisse bei der Frage, warum das Publikum so reagiert und nicht anders, und stehen im Fokus des Unterrichts. Solche Dramaturgie der Filmereignisse ist von klassisch literarischen wie auch von filmspezifischen Mustern geprägt, weshalb hier gewisse Kenntnisse hilfreich sind bzw. am jeweiligen Filmbeispiel erarbeitet werden können.

Auf der Plotebene können Bedingungen wie z. B. die effiziente *Aktorganisation* (Aristoteles, Lessing, Freytag), Orientierungsmuster wie *Genres*, *Masterplots* und *Standardsituationen* (Kap. 2.3.1) und mythologische Erzählstandards wie die

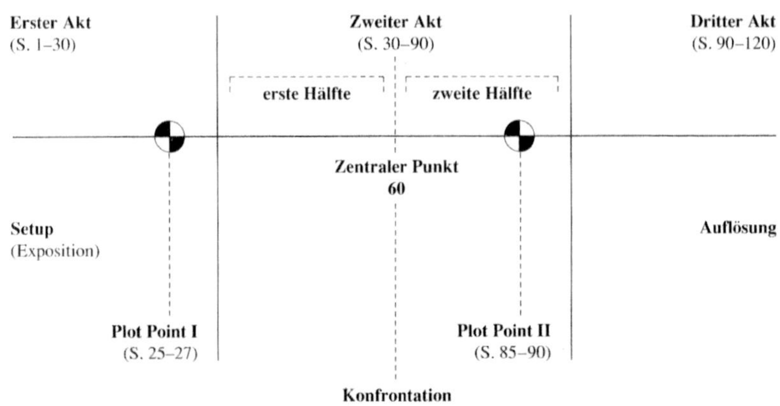

Abb. 51: Syd Fields *Paradigma als Strukturmodell* (Field 2000, S. 158)

Heldenreise*[17] (vgl. Campbell 1949/1999; Vogler 1999; Hant 2000, S. 131–150; Krützen 2004) entlarvt werden. Zum interessanten Betrachtungsschwerpunkt kann auch die Bauform des Mainstreamfilms werden, wie sie **Syd Field in seinem weit verbreiteten „Handbuch zum Drehbuch" (2000) vorgelegt hat. Field diskutiert darin ein „Paradigma als Strukturmodell" (Abb. 51) und legt bis hin zur exakten Seitenvorgabe eine Blaupause der Plotgestaltung vor, deren Nutzung in vielen Filmen nicht zu bezweifeln ist. Vom Grundsatz her „eine Adaption der aristotelesbezogenen dramentheoretischen Literatur des 19. Jahrhunderts" (Kuchenbuch 2005, S. 232) unterstreicht Field besonders die aktverbindenden *Plot Points, die eine Form der Wendung, der pointierten Zuspitzung darstellen, indem sie „in die Handlung ‚eingreif[en]' und sie in eine andere Richtung dreh[en]" (Field 2000, S. 42). Solche Wandlung der Handlungsentwicklung betrifft immer

17 Die *Heldenreise ist ein Plotmuster, das auf den Untersuchungen des Mythenforschers Joseph Campbell (1949) basiert und von Christopher Vogler (1999) als „mythologische[s] Grundmuster des amerikanischen Erfolgskinos" beschrieben worden ist. Darin verlässt der Protagonist/Held nach anfänglichem Zögern seine gewohnte Welt, erlebt Bewährungsproben und Prüfungen, um schließlich mit dem errungenen „Elexier" (einem Objekt, das einen neuen Bewusstseinszustand des Helden repräsentiert; vgl. Hant, 2000, S. 147) in seine gewohnte, nun aber veränderte Ausgangswelt zurückzukehren (vgl. Vogler 1999). Bei Toleranz bezüglich kleiner Abweichungen lassen sich viele Filme auf diesen archetypischen „Monomythos" (Campbell 1999, S. 11) zurückführen: Die Star Wars- (1977 ff.), Jason Bourne- (2002 ff.) und Transformers-Reihe (2007 ff.) ohnehin, aber auch Texte wie z. B. Taxi Driver (1976), The Silence of the Lambs (1991), Lola rennt (1998), American Beauty (1999), Intouchables/Ziemlich beste Freunde (2011) und Toni Erdmann (2016).

auch den Zuschauer und prägt dessen Emotionen und Verstehen auf dem Weg zur Story im eigenen Kopf.

2.2.3.2 Handlung

Als Handlung kann man einerseits die kausallogische, chronologisch organisierte und persönlich erweiterte Geschichte (s. o. Story) des vorliegenden Textes verstehen, andererseits auch die im Film organisierte inhaltliche Entwicklung (s. o. Plot). Diese zweite Form der Darbietung wollen wir im Folgenden fokussieren. Handlung ist dann zu verstehen als „eine Kette von Ereignissen […], die in Ausschnitten präsentiert werden, die wiederum wesentliche Momente des Geschehens zeigen" (Hickethier 2001, S. 121). Solch „Gerüst des Geschehens in der Zeit" (Lämmert 1955, S. 21) benötigt Akteure oder Handelnde, deren „Umsetzung innerseelischer Willensäußerungen in die Tat" (Wilpert 2001, S. 325) erst für die notwendige **(Konflikt-)Entwicklung** sorgt. Zwischen den fixierten Grenzpolen einer *Anfangs- und Endsituation* liegt dann die variantenreiche Wahrheit des Textes, denn der Zustand zu Beginn wird durch *Komplikationen* und Situationsveränderungen Schritt für Schritt in die Auflösung des Schlusses überführt. Dabei sind für die Gestaltung der Veränderung nicht nur die oben erwähnten dramaturgischen Bauformen relevant, sondern auch die Berücksichtigung spezieller Formen der Zuschauererwartung wie etwa Genre-, Seriengestalt, ein besonderer Autorenstil, Rollenklischees, Schauspielercasting.

Neben solcher im Mainstreamfilm bevorzugten **geschlossenen Form** gibt es auch **offene Formen** der Komposition. Bei einer geschlossenen Handlung ist die Orientierung an *aristotelischer Dramaturgie (Abb. 51) offenkundig. Alle notwendigen Informationen werden präsentiert und sämtliche Erzählfäden im Film selbst zur Auflösung gebracht, weswegen diese Form vereinzelt auch zur notwendigen Bedingung eines „guten Drehbuch[s]" (Field 2000) bestimmt wird. Bei offenen Erzählformen, die gerne und nicht ganz trennscharf dem Autoren- und Independentkino zugeschrieben werden (vgl. Munaretto 2009, S. 13), wird hingegen episodenhaft erzählt oder der *aristotelische Aufbau auf andere Weise gesprengt. Auch können hier Lösungen fehlen und Zuschauer*innen durch offene Enden zur Weiterarbeit angeregt werden. Freilich ist klar, dass auch diese Komposition beziehungs- und sinnstiftend angelegt ist; der Rezipierende handelt eben ein wenig aktiver (vielleicht auch freier) in seinen Zuschreibungen und Ergänzungen als beim geschlossenen Pendant.

Grundsätzlich braucht Handlung Handelnde, die die Aktionen initiieren, repräsentieren und somit die Entwicklung vorantreiben. Eine besondere Konzentration auf die **Figuren** und **Figurenkonstellation** ist also legitim. „Ohne [Figuren] gäbe es keine Erzählung, keinen Plot und keine Geschichte" (Mikos 2003, S. 155): Ihr Sinnieren und Tun bestimmen die Handlungsentwicklung, ihr Konkurrieren schürzt den Knoten des Konflikts, ihre Wandlung verändert auch das Filmgeschehen selbst. Für die Figurenanalyse schlagen Leubner und Saupe (2012, S. 62 f.)

fünf Betrachtungsschwerpunkte vor, die als Teil der Handlungsanalyse zu verstehen sind:

(1) Bedeutung der Figuren für die Handlung
(2) Komplexität der Figuren
(3) Figurenmerkmale
(4) Stellenwert der Informationen über die Figuren
(5) Veränderung/Nichtveränderung von Figuren.

Somit ist zunächst (1) nach der Gewichtung für die Handlungsentwicklung zu fragen, sind Haupt- von Nebenfiguren zu differenzieren, Protagonisten, Held*innen und Gegenspieler*innen zu markieren und eventuell verschiedene Funktionsfiguren zu bezeichnen sowie den jeweiligen Konfliktgruppen zuzuordnen (z. B. Helfer, Mentor, **femme fatale*, Witzbold, Berufskiller etc.). Sind diese Figuren „flache oder runde Charaktere“ (E. M. Forster), mehrdimensional oder eindimensional gezeichnet, verändern sie sich dynamisch oder bleiben sie immer gleich und somit statisch (2/5)? Wie werden die Figuren im Film charakterisiert, welche Eigenschaften werden wie präsentiert (3)? Hierbei sind sowohl die äußeren Merkmale als auch soziale Besonderheiten (z. B. Schichtzugehörigkeit) und innere Werte relevant. Dabei können die drei Arten filmischer Charakterisierung (vgl. Faulstich 2002, S. 97 ff.):

- Selbstcharakterisierung (Stimme, Aussehen, Verhalten, Reden der Figur),
- Fremdcharakterisierung (verbale Beurteilungen durch andere Figuren),
- Erzählercharakterisierung (filmsprachliche Figurengestaltung, eventuell Off-Kommentar)

erarbeitet werden. Schließlich muss erneut qualitativ gewichtet werden, indem man die Frage beantwortet, ob diese Figureninformationen zuverlässig sind oder nicht (4).

Figuren als „Agenten von Handlung“ (Borstnar u. a. 2002, S. 151) sind sicherlich ein naheliegender Untersuchungsbeginn, wenn Handlungsbausteine des Films in der Schule erfasst werden sollen. Konfliktentwicklung, auch im kleinstmöglichen Setting, benötigt Gegensätze und somit konkurrierende Interessen, weshalb dramaturgische Wirkungsfragen sehr gut über Figuren und ihre Wandlung verhandelt werden können. Dass dabei auch **Räume** und **Objekte** eine semantisch unterstützende Funktion haben, dass die gewählte **Form der perspektivierten Informationsvergabe** unterschiedliche Wirkung erzielt (z. B. verheimlichende Spannung, schockartige Überraschung, allwissender Suspense, rätselhaftes Geheimnis; s. u.) und dass schließlich **Einfühlungs**- und **Identifikationsangebote** zwangsläufig auf der Figurenebene platziert werden, kann zusätzlich angesprochen werden. Denn der Weg von den Figuren zur Handlung führt zwangsläufig zur eigentlichen Zielfigur aller Handlung: den Zuschauer*innen. Für sie ist das gemacht, sie sollen indirekt teilnehmen und direkt fühlen wie auch ein bisschen leiden. Das durchschaute Handlungs-Was motiviert somit einen genaueren Blick auf das Darstellungs-Wie.

2.2.3.3 Perspektivierung

Dass eine **Bestimmung des Erzählers** im Film schwerer fällt als in literarischen Texten, wurde bereits erwähnt. Gleichwohl kommt man bei Untersuchung der Narration nicht umhin, eine solche Äußerungsinstanz anzunehmen, und muss diese dann auch irgendwie bezeichnen. Nicht selten werden Kamera und Montage als Erzählerinnen benannt (z.B. Mikos 2003, S. 124f.; Bienk 2006, S. 91f.; Jost/Kammerer 2012, S. 26), gelegentlich gelten sogar Regisseur*innen und andere „Autoren" als erzählende Urheber (z.B. Monaco 2005, S. 46). Das sind natürlich nur bedingt taugliche Hilfskonstruktionen, weil sie den außerhalb der Narration stehenden Filmemacher einerseits und die eben nicht literarische Zeichenstruktur andererseits verschweigen.[18] Trotzdem ist festzustellen, dass die audiovisuelle Informationsvermittlung sowohl Bild, Ton als auch Montage einen Erzählerhabitus verleiht (jedoch nicht den Regisseur*innen!).[19] Eine gute Möglichkeit der Betrachtung und Bezeichnung ist somit die Untersuchung der Perspektivierung, die durch **Kameraentscheidungen, Tonauswahl und Montageintervention** vorgelegt wird. „Weil alles, was die Kamera zeigt, aus einer Perspektive aufgenommen ist, formuliert die Kameraperspektive das Erzählkonzept" (Hickethier 2001, S. 130).

Damit beginnen die Schwierigkeiten. Da nämlich der audiovisuelle Film auf seinen Wahrnehmungsebenen konkrete und durchaus unterschiedliche Informationen streut, ist eine klare Perspektivierung, wie sie noch im literarischen Schrifttext gelingen kann, zwar möglich, aber kaum wahrscheinlich und auf die Dauer des gesamten Films nicht zu erwarten. Wenn z.B. FORREST GUMP (1994) im *Voice-Over seine Lebensgeschichte erzählt und kommentiert, kann diese audi-

---

18 Kamera und Montage sind bzw. benötigen technische Apparaturen und können jenseits uneigentlichen Sprechens kaum als Vermittlungsfiguren oder -stimmen bezeichnet werden. Regisseur*innen oder andere Autoren sind (bei sehr wenigen Ausnahmen) nicht im internen Kommunikationssystem des Textes präsent. Zudem ist zwischen historischem, implizitem Autor und fiktivem Erzähler zu unterscheiden (vgl. Lohmeier 1996, S. 43–47; Nünning 2004, S. 7ff., 47ff.; Kuhn 2011, S. 83–87), weshalb die Gleichsetzung von Regisseur*innen/Produzent*innen und Erzähler nicht haltbar ist.

19 Insofern ist Mikos (2003, S. 124) zuzustimmen, wenn er schreibt: „Man kann daher bei Film- und Fernsehtexten zwischen einem direkten Erzähler unterscheiden, der als Voice-Over-Stimme präsent ist [...], und einem indirekten Erzähler, der über die Perspektivierung der Erzählung mittels Kamera und Montage eine Geschichte erzählt." Um den problematischen Begriff „Erzähler" zu umgehen, sprechen verschiedene Autoren (vgl. z.B. Kuhn 2011, S. 81–118; Borstnar u.a. 2002, S. 174f.) von „narrativer Instanz" oder „Erzählinstanz" mit audiovisuellen (s.o. showing) sowie sprachlichen Optionen (s.o. telling).

tive Information als eine Form der *Ich-Erzählung* gedeutet werden – wird dabei aber das von ihm geschilderte Vietnam in einer Totalen aus der Vogelperspektive abgebildet, ist dies nicht seine Blickperspektive, sondern eher ein räumlich orientierender Überblick, den man einem *auktorialen Erzähler* zuschreiben würde. Es wird also deutlich, dass im Medienfeld sowohl eine „(audio-)visuelle" als auch „sprachliche Erzählinstanz"[20] (vgl. Kuhn 2011, S. 83–103) wirksam sein kann und entsprechend untersucht werden muss. Da nun das sprachliche Erzählen – freilich bei manchen Eigenheiten, aber im Ganzen doch – ähnlich wie in der Literatur zu betrachten ist, beginnt die eigentliche Analysearbeit bei der perspektivierenden Funktion von Kamera und Montage.

Narrative Perspektivierung organisiert die Informationsvergabe des Plots an die Zuschauer*innen. Fragen nach der Art der Wissensvergabe, der Sichtweise und dem Standort des Vermittlers sind bei ihrer Bestimmung hilfreich. So ist z. B. beim **Standort** des Erzählers zunächst festzustellen, ob die narrative Instanz Teil der Erzählung ist (homodiegetisch) oder nicht (heterodiegetisch). Auch Varianzen der Vermittler von Binnen- und Rahmenhandlungen können hierunter bezeichnet werden. Im Fall der **Wissensvergabe** und **Sichtweise** sind immer das Figurenwissen mit dem Rezipientenwissen und die dabei gewählte Wahrnehmungsposition abzugleichen. Wissen Rezipient*innen mehr (Nullfokalisierung; auktorial), gleich viel (interne Fokalisierung; Ich, personal) oder weniger als eine Hauptfigur (externe Fokalisierung; neutral)? Ist die Wahrnehmung dieser Informationsvergabe eher objektiver oder subjektiver Natur, gibt es eventuell sogar Einblicke in die Innenwelt einer Figur?[21] Und wie zuverlässig ist dann dieses Erzählen bzw. wie skeptisch sollten die Rezipient*innen den Informationen gegenüber bleiben? Diese Fragen sind zu klären. Dabei scheinen uns Knut Hickethiers (vgl. 2001, S. 130–133) drei Konzepte der audiovisuellen Perspektivierung nach wie vor schulisch tragfähig zu sein, weshalb wir sie hier kurz vorstellen wollen.

Hickethier benennt drei Perspektiven: auktorialer Erzähler, Ich-Erzähler (oder subjektive Kamera) und die „Position der identifikatorischen Nähe" (ebd., S. 132). „Die **auktoriale Außenperspektive** ist die dem Film nächstliegende [...] [und] in der Praxis dann auch die Normalform filmischen Erzählens" (Lohmeier 1996,

---

20 Die sprachliche Erzählinstanz (telling) wird in Filmen umgesetzt durch *Voice-Over, erzählende Figuren, Zwischentitel oder Textinserts (vgl. Kuhn 2011, S. 95; Keutzer u. a. 2014, S. 194).

21 In der US-amerikanischen Filmtheorie (z. B. Edward Branigan, David Bordwell) spricht man bezüglich dieser perspektivierenden Informationspolitik von Point of View (POV), und unterteilt in quantitative (s. o. Wissensvergabe) und qualitative (s. o. Sichtweise) Untersuchungsaspekte. Die enge Verbindung mit Genettes Fokalisierungskonzept ist offenkundig, manche Komplikationen und Probleme des franz. Modells werden aber umgangen. Auch deshalb bevorzugen Leubner und Saupe (z. B. 2006; 2012, S. 132–135; 210–217) im deutschdidaktischen Rahmen einer Erzählanalyse die quantitative und qualitative Betrachtung des POV.

S. 210; Herv. IK/KM). Da der Film alles zeigen und organisieren muss, ist das Allwissende und nicht an eine Figur Gebundene quasi die naturgemäße Form seiner Repräsentation und „im narrativen Spielfilm der statistisch häufigste Fall" (Kuhn 2011, S. 133). Der Standort der narrativen Instanz ist dabei jenseits der Erzählung (heterodiegetisch), die Wissensvergabe an die Rezipient*innen erfolgt idealtypisch vollständig (Nullfokalisierung), so dass die Zuschauer*innen mehr als die Figuren wissen. Die Sichtweise schließlich ist ursächlich eher objektiv beobachtend. Wie beim literarischen Erzählen auch kann filmisch mit Rückwendungen (Analepse) und Vorausdeutungen (Prolepse) gearbeitet werden, auch visuelle oder Montage-Kommentare wie z. B. Eisensteins Löwen (Abb. 31–33) fallen unter diese Perspektive. Da im Auktorialen keine Figurenbindung nötig ist, besitzen Kamera und Montage einige Möglichkeiten und nutzen diese zuweilen weidlich aus. So sind unsere bisherigen Filmbeispiele weitgehend auktorial fundiert. Die Filmauszüge aus z. B. M, Rear Window, Lola rennt (Abb. 3–23) geben durch Ungebundenheit, Kompositionswillen, Freiheit und Gestaltungslust von Kamera, Mise en Scène, Ton sowie Montage Hinweise auf eine auktoriale Perspektivierung.[22]

Mit dem **Ich-Erzähler** oder der **subjektiven Kamera** ist die filmisch größtmögliche Figurenannäherung erreicht. Dieser auch *Point-of-View-Shot* oder *Eyeline-Match* genannte Sprung in die Figur suggeriert so etwas wie unmittelbare Teilnahme am Handlungsgeschehen und ist mitentscheidend für die Identifikation zwischen Rezipient*innen und blickgebender Figur. Eine solche Perspektive findet im Film zumeist nur vorübergehend statt, da die Empathieleistung der Rezipient*innen immer auch die Reaktion der Figur und damit deren Anblick benötigt (Abb. 52). Deshalb sind die häufig vorkommenden Subjektiven immer nur ein Kombinationsteil und werden in der Regel von einer objektiven Einstellung auf den Blickgebenden abgelöst.[23] Der Standort der narrativen Instanz ist somit der Blick einer Figur der Erzählung (homodiegetisch), die Wissensvergabe an die

22 Es gibt vereinzelt Versuche (Hurst 1996; Kargl 2006; Kuhn 2011), Merkmale des Auktorialen (oder der Nullfokalisierung) zu bezeichnen. Das sind natürlich zu überprüfende Tendenzen, die auch bei anderer Perspektivierung Wirkung erzielen, grundsätzlich aber dem Auktorialen zugeordnet werden können. Kuhn (vgl. ebd., S. 139 f.) benennt in diesem Zusammenhang auffällige Montageklammern (z. B. **Match-Cut*), nicht von Figuren motiviertes Zeigen eines Details (evtl. mit Zoom), auffällige, figurenunabhängige Kamerabewegungen, Montagesequenzen mit großer Zeitraffung, Split-Screen-Technik, Luftaufnahmen, Distanz-Einstellungsgrößen etc.

23 Nur in handverlesenen Fällen wurde ein kompletter Film über den Blickwinkel eines Ich audiovisuell erzählt. Ein berühmter und zugleich berüchtigter Film ist Lady in the Lake (1946), an dessen Beispiel in der Fachliteratur zumeist das Dysfunktionale einer durchgängigen Ich-Perspektivierung verdeutlicht wird (vgl. z. B. Lohmeier 1996, S. 197; Kamp/Rüsel 1998, S. 101 f.; Monaco 2005, S. 47). Es gibt aber auch andere Spielfilm-Versuche mit über weite Strecken dominierender subjektiver Kamera (z. B. Der Florentiner Hut, 1939; vgl. auch Kuhn 2011, S. 182 ff.).

Rezipient*innen auf deren Blickfeld beschränkt (interne Fokalisierung), so dass Zuschauer- und Figurenwissen identisch sind. Somit ist die Sichtweise figurengebunden subjektiv. Ins weitere Umfeld des Subjektiven gehören auch filmische Blicke ins Innere der Figuren, wobei z. B. Gedanken und Erinnerungsvorgänge, Visionen, Träume, Rauschzustände usw. visualisiert werden. Diese **Mind-Screen* genannten Anschlüsse beteiligen mehr als die vergleichbare literarische Technik des Bewusstseinsstroms die Rezipient*innen an der Figurenerfahrung und sind entsprechend eingeschränkt informativ. Zählt man (wie z. B. Kuhn 2011, S. 145 f.) schließlich auch noch den *Over-the-Shoulder-Shot* in den Anrainerbereich des Subjektiven, wird deutlich, dass die Vorstellung, der literarische Ich-Erzähler entspreche der filmischen subjektiven Kamera, nicht gehalten werden kann.[24] Die im Film vorkommenden subjektiven Einsprengsel tragen sowohl Züge eines Ich-Erzählers als auch eines **personalen Erzählers**. Und sie kommen selbst in auktorial erzählten Filmen immer wieder durch Einsichtnahmen in verschiedene Figuren vor.

Montage (IV)

*Um zu verdeutlichen, dass nicht nur der Film oder die Filmemacher*innen erzählen, sondern auch die Rezipient*innen mitgestalten, kann der Einsatz der* **subjektiven Kamera** *in einem berühmten Experiment des russischen Filmpioniers Lew Kuleshow herangezogen werden.*

Kuleshow experimentierte Anfang der 1920er Jahre viel im Bereich der Filmmontage auf der Suche nach „dem Wesen des Films", das er nicht in der Einstellung, sondern in deren Verknüpfung vermutete (vgl. Beller 2002a, S. 20). In seinem berühmtesten Experiment, dem sog. **Kuleshow-Effekt**, *geht er folgendermaßen vor: „Er nahm eine Großaufnahme des Schauspielers Iwan Mosschuchin, eine Aufnahme mit bewusst ausdruckslosem Blick, und schnitt sie mit der Aufnahme eines Tellers Suppe, der Aufnahme eines toten Mannes und der einer lasziven Frau zusammen. Die Zuschauer, denen Kuleshow diese jeweiligen Sequenz vorführte, glaubten, auf dem Gesicht des Schauspielers in einem Fall Hunger, im anderen Trauer, im dritten Begierde feststellen zu können." (Wulff 2002, S. 178)*

24 Bei einer Ich-Erzählung muss zwingend zur Darstellung des erlebenden auch die des erzählenden Ichs kommen (also: Reflexionen, Kommentare, Gefühlsschilderungen; wie z. B. ansatzweise und häufig irreführend in den Filmen ALL ABOUT EVE, TAXI DRIVER, FIGHT CLUB, MEMENTO). Somit braucht es eine sprachliche Erzählinstanz, die meist als *Voice-Over-Stimme agiert (vgl. ebd., S. 102).

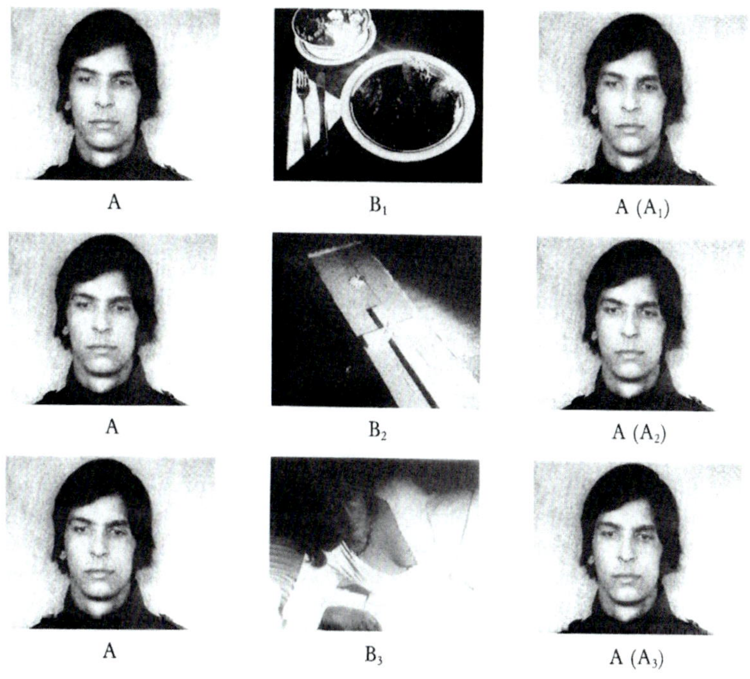

Abb. 52: Nachstellung des Kuleshow-Effekts der HFF München (Beller 2002b, S. 158)

Leider gibt es keinen filmischen Beleg für die genaue Anordnung des Experiments, da die Originalmaterialien nicht mehr existieren. Gestritten wird auch über die Reihenfolge der Einstellungen (A = Schauspieler, B = Subjektive – AB oder BA) und deren Anzahl (Zweier- oder Dreierkombination: ABA') (vgl. Beller 2002b, S.157). Dass die Wirkung einer solchen **Blickmontage** *(der Montage an sich) aber eine der Kontextuierung ist, ist unstrittig und mit diesem Experiment sehr gut zu veranschaulichen. Die Kombination des offenen Schauspielergesichts (A) mit emotionalisierenden Details (B) sorgt für die Gefühlsprojektion der Zuschauer*innen auf den Schauspieler (A') und so für deren direkte Teilnahme am Geschehen. Das mag heutzutage bei einem Teller Suppe nicht mehr überall funktionieren und muss auch nicht immer auf so eng besetzte Blickdetails bezogen sein. Zuschauer*innen denken nämich auch dann mit und projizieren auf die Filmfigur, wenn das subjektiv vom Schauspieler Gesehene keine eindeutige Zuschreibung ermöglicht. Und obwohl das nicht die Absicht Kuleshows war, ist es eine Folge seines Effekts: Das Publikum, subjektiv in den Film gezogen, gestaltet munter mit.*

Um diese typische Filmperspektivierung des objektiv-subjektiven Wechsels zu verdeutlichen, wählt Hickethier die Bezeichnung der „**identifikatorischen Nähe**" (Hickethier 2001, S. 132) und spricht von Vermischungen, „die die erzählerische Potenz des Mediums steigern" (ebd.). Film ist grundsätzlich ein perspektivisches Sowohl-Als auch. Von einer auktorialen Grundanlage aus prägen subjektive, personale, mitunter auch neutrale Erzählinstanzen den Plotbau, um bestimmte Auswirkungen zu erzielen. Gerade die Informationsvergabe durch Perspektivierung aktiviert Emotionen beim Publikum (vgl. Mikos 2003, S. 135). Durch subjektive Blickverengung und einen identischen Informationsstand zwischen Figur und Zuschauer*innen (interne Fokalisierung) wird gewissermaßen ein Rätsel (*Mystery*) gemeinsam gelöst. Durch neutral zurückhaltendes Schweigen, so dass die Zuschauer*innen eventuell weniger wissen als die Figur (externe Fokalisierung), entsteht manche schockartige Überraschung (*Surprise*). Schließlich ermöglicht eine auktoriale Zusatzinformation, wodurch die Zuschauer*innen mehr wissen als die Figur (Nullfokalisierung), eine bestimmte Form der Spannung (*Suspense;* vgl. Kasten „Narration" u. Kap. 4.4.2.3) (Mikos nach E. Branigan, vgl. ebd., S. 135–139). Da Perspektivierungen des Plots die Zuschauer*innen durch Standort, Wissensvergabe und Sichtweise in eine bestimmte Erfahrungs- oder Erlebnisposition versetzen, ist ihre Analyse ein wichtiger Schlüssel für das Verstehen der eigenen Überwältigung.

2.2.3.4 Zeitverhältnisse

Dass Erzählen immer ein **doppeltes Zeitphänomen** ist, wurde bereits erwähnt. Auch der narrative Film macht hier keine Ausnahme. *Erzählzeit* (eine beim Film exakt fixierbare Zeit der Lektüre) und *erzählte Zeit* (Zeit der Handlung oder Geschichte) prägen in ihren unterschiedlichen Beziehungen das Tempo des Textes und sind ausschlaggebend für das Rezeptionserlebnis. Gérard Genette (1998) hat für die Betrachtung der epischen Zeitkomposition die Kategorien Ordnung, Frequenz und Dauer (später: Geschwindigkeit) eingeführt, die sich auf die Analyse von Filmen adaptieren lassen.

Die Frage nach der **Ordnung** des Erzählten fokussiert die Reihenfolge der Geschehnisse im Plot. Ist dabei die chronologische Anordnung (A B C) so etwas wie der vorwärtsstrebende Normalfall, so sind durch Vorausdeutungen (Prolepsen – A C B) und Rückwendungen (Analepsen – B A C) auch anachronische Gestaltungen möglich (vgl. Martinez/Scheffel 2007, S. 30–39). In Filmen wird üblicherweise chronologisch erzählt, jedoch können auch Rückblenden (*flashbacks*) und sehr viel seltener Ausblicke (*flashforwards*) vorkommen. Solche Aufspaltung der Handlungschronologie, die in manchen analytischen Genres beinahe gesetzt ist,[25] beabsichtigt die nach- oder vorzeitige Aufklärung bzw. antizipative Orientierung der Zuschauer*innen und prägt deren Figuren- und

25 Z. B. wird in vielen Kriminalfilmen der zu lösende Fall nach und nach durch klärende Rückblenden aufgedeckt.

Handlungsverständnis. Wenn bei manchen episodenhaften Filmen (z. B. INTOLERANCE, 1916; BABEL, 2006) oder einzelnen Montagesegmenten eine klare zeitliche Zuordnung nicht möglich ist, spricht man von einer achronischen Gestaltung.

Mit **Frequenz** des Erzählten sind inhaltliche Wiederholungen oder deren Fehlen gemeint. Im Normalfall werden Ereignisse, Situationen einmal erzählt. Davon wird mitunter auch abgewichen und es können entweder Handlungssegmente durch verschiedene Reflektorfiguren wiederholt betrachtet oder das Handlungssegment selbst neu gestartet werden (vgl. ebd., S. 45–47). Manche Filme wie z. B. RASHOMON (1950), PRZYPADEK (dt. DER ZUFALL MÖGLICHERWEISE, 1981), GROUNDHOG DAY (dt. UND TÄGLICH GRÜSST DAS MURMELTIER, 1993), LOLA RENNT (1998) beziehen aus solcher Wiederholung und Variation ihr eigentliches Spannungspotential.

Unter **Dauer** oder **Geschwindigkeit** werden schließlich die Beziehungen zwischen Erzählzeit und erzählter Zeit geklärt. Das Verhältnis der Handlungszeit (erzählte Zeit) zur Zeit der Lektüre (Erzählzeit) ist in den seltensten Fällen durchgehend szenisch oder zeitdeckend gestaltet. Vielmehr wird gerafft, gedehnt und mitunter auch zeitlos erzählt (Begriffe nach Lämmert 1955). Als filmanalytischer Ausgangspunkt aber ist die **szenische, zeitdeckende Darstellung** durchaus aufschlussreich, da sie idealtypisch durch die Einstellung repräsentiert wird und man so indirekt die Wichtigkeit der Montage für temporeiche Inszenierungen verdeutlichen kann. Bei zeitdeckendem Erzählen sind erzählte Zeit und Erzählzeit identisch; das betrifft die Einstellungen, aber auch montierte Szenen, in denen die drei Einheiten (Raum, Zeit, Handlung) weitgehend ungestört bleiben (z. B. bei Dialogszenen). Eine sehr lange Einstellung und damit per se szenisch ist die sog. Plansequenz, worin eine bewegliche Kamera verschiedene Räumlichkeiten und Handlungsbereiche fließend und zeitdeckend verbindet. Vereinzelt macht eine Plansequenz sogar den gesamten Film aus (*One Shot*).[26] Wenn dann darin wie z. B. in BIRDMAN OR (THE UNEXPECTED VIRTUE OF IGNORANCE) (2014) das Szenische aufgegeben und Zeit gerafft wird, ist das auf einer anderen Kompositionsebene (z. B. Beleuchtungswechsel) als Form der inneren Montage zu entlarven.

„Nimmt man den gesamten Film als Bezugsgröße, gibt es im narrativen Spielfilm fast ausschließlich den Typus des zeitraffenden Erzählens" (Kuhn 2011, S. 216). Die Notwendigkeit einer **zeitraffenden Darstellung** ist dabei einerseits der Aufnahmefähigkeit des Publikums geschuldet – denn ein Film ist selten länger als 120 Minuten –, andererseits aber auch eine besondere mediale Option (Schnitt, Montage) in der Auseinandersetzung mit episch breiten Zeitläuften. Konzentration, Organisation und sinnstiftende Verknüpfung des Dargestellten sind im Film

26 Bekannte (teilweise verschleiert geschnittene) One-Shot-Filme sind ROPE (dt. COCKTAIL FÜR EINE LEICHE, 1948), TIMECODE (2000), IRRÉVERSIBLE (2002), RUSSIAN ARK (2002), VICTORIA (2014).

durch Zeitraffung gekennzeichnet: Ein Knochen wird per Schnitt zu einem Raumschiff Millionen Jahre später (2001: A SPACE ODYSSEY, 1968), das Scheitern einer Ehe wird in knapp einer Minute durch die immer gleiche Frühstücksszenerie im Lauf der Zeit verdeutlicht (CITIZEN KANE, 1941) und Harry Potters Zugfahrt nach Hogwarts dauert sicherlich länger als die im Film gezeigten vier Minuten (HARRY POTTER AND THE PHILOSOPHER'S STONE, 2001). Die Erzählzeit ist also erheblich kürzer als die erzählte Zeit: Nur das Wesentliche (für Darstellung, Handlung, Inhalt) wird für die Augen der Zuschauer*innen sichtbar. Solche Kürzungsmaßnahmen nennt man auch Ellipsen (Zeitsprünge). Außerdem hat der Film über die variable Aufnahmegeschwindigkeit der Kamera die Möglichkeit, mit Zeit zu spielen, also erzählte Zeit direkt zu verkürzen (Zeitraffer; *fast motion*) oder zu verlängern (Zeitlupe; *slow motion*).

Verlängerung oder Dehnung von Zeit kommt mit oder ohne Zeitlupe recht selten in Filmen vor. Im Grunde ist **zeitdehnende Darstellung** zu auffällig für ein Identifikationskino (d. h., sie bringt die Zuschauer*innen auf die Ebene der Gestaltungsanalyse), auch widerspricht sie dem Realismusversprechen des Mediums, weshalb zumeist nur in besonderen psychischen Belastungssituationen der Figuren oder bei organisatorischen Frequenzfragen mit Dehnungen gearbeitet wird. Eine gegenüber der erzählten Zeit verlängerte Erzählzeit liegt z. B. bei den oben beschriebenen Wiederholungen ein und desselben Ablaufes vor. In Fällen der zeitdehnenden Figurenwahrnehmung oder -innenschau kann mit oder ohne Zeitlupe eine Art Bewusstseinsstrom visualisiert werden. So sieht z. B. Manni in LOLA RENNT (1998) die möglichen Reiseziele des Gelddiebes und seinen ihn erwartenden Peiniger in einer Art der Stream-of-Consciousness-Montagetechnik und reagiert Howard Hughes in THE AVIATOR (2004) auf extrem verlangsamte Blitzlichter der Fotografen verängstigt. Außerdem ermöglicht manche Zeitlupeneinstellungen die genaue Beobachtung mimischer Figurenreaktionen, die in Normalzeit möglicherweise verloren gingen. Immer aber sind Zeitlupenaufnahmen ein Eingriff in die Realität mit ganz eigener Ästhetikproduktion, was nicht nur, aber auch für Action-Momente genutzt werden kann. Das sog. *Bullet-Time-Verfahren aus den MATRIX-Filmen (1999 ff.) stellt dies eindrücklich aus in einer Form der bewegungsintensiven Zeitlupe bis hin zur Pause.

Mit dieser Pause (Genette) ist eine Form des **zeitlosen Erzählens** benannt, bei der die erzählte Zeit quasi stillsteht, während die Erzählzeit weiterläuft. Visuell ist das im Film eine sehr seltene Ausnahme und kann mit sog. **freeze frames* am deutlichsten zum Ausdruck gebracht werden. Ob diese eingefrorenen Bilder eher der genauen Beobachtung dienen, symbolisch als Stillstand gelesen oder als komischer Effekt wirken sollen, ist dabei dem narrativen Zusammenhang zu entnehmen. Gleichwohl können auch visuelle Kommentare oder Metaphern – wie z. B. Eisensteins Löwen (Abb. 31–33) – mitunter auch ausführliche (fotografische) Beschreibungen oder Erzähleransprachen im Bild als Aufhebung der erzählten Zeit entlarvt werden.

Narration

GET OUT *(2017) ist ein Genremix aus Thriller und Horrorfilm mit einer Tendenz zur satirischen Überzeichnung. Da die genutzten Erzählmuster zu den psychologischen Genres zählen, ist hier mit auswirkungsstarker Gestaltung zu rechnen. Inhaltlicher Schwerpunkt des Films ist eine neue Art der körperlichen Versklavung junger schwarzer Amerikaner für die Interessen der weißen Oberschicht:*

Chris, ein Schwarzer, macht den Antrittsbesuch bei den Eltern seiner neuen Freundin Rose, einer Weißen. Verständlicherweise ist er dort, umgeben von weißen Großbürgern und schwarzen Bediensteten, etwas nervös. Aber alle sind nett zu ihm, vielleicht ein bisschen zu nett. Als Chris in der Nacht nicht schlafen kann, gelangt er über Umwege ins Arbeitszimmer der Mutter seiner Freundin, die Psychiaterin ist und ihm im Vorfeld eine hypnotische Heilung seiner Nikotinsucht angeboten hatte. Sie verwickelt ihn in ein Gespräch rund um seinen Schuldkomplex am Tod der eigenen Mutter, rührt dabei fortwährend in einer Teetasse, bis sich Chris nicht mehr bewegen kann und mental in einen schwarzen Raum fällt, der durch ein Sichtfenster mit der Realität verbunden ist. Roses Mutter, die diesen Hypnosezustand den „versunkenen Bereich" nennt, schließt daraufhin dem noch immer im Stuhl sitzenden und paralysierten Chris die Augen (Abb. 53–60).

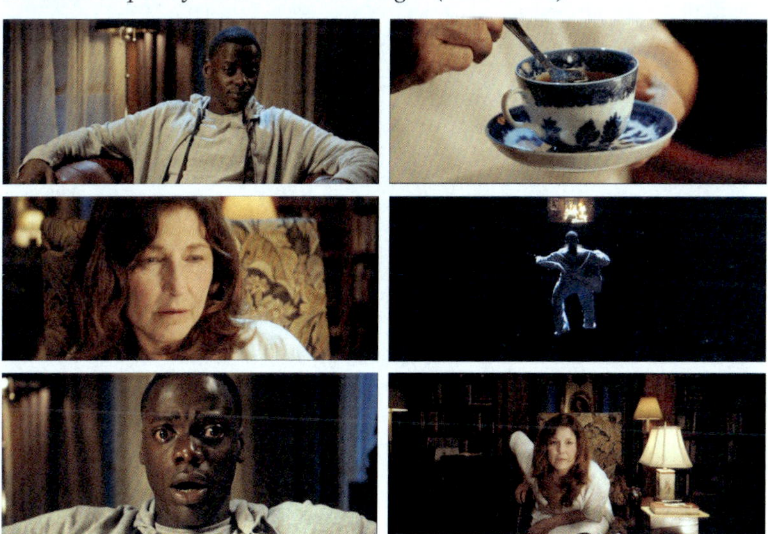

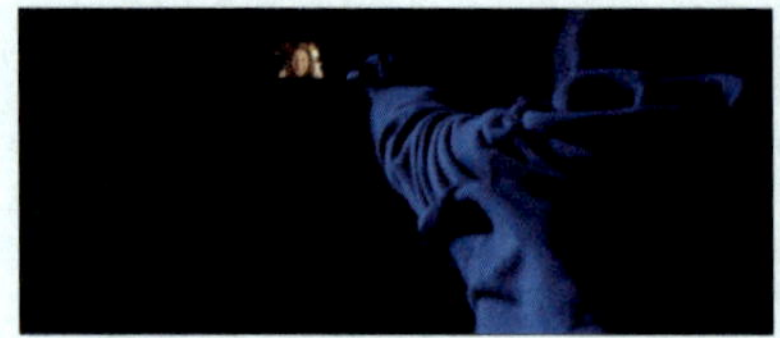
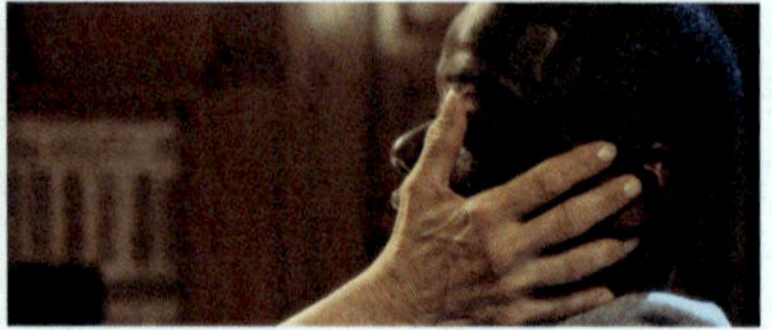

Abb. 53–60: GET OUT

Dieser erste ***Plot Point** verändert die bisherige Stimmung des Films entscheidend und führt über in den* **2. Akt.** *Der Missbrauch durch die Mutter öffnet ein Konfliktfeld und macht eine weitere Konfrontation zwischen der Familie und Chris wahrscheinlich. Somit hat sich die Ausgangssituation des freundlichen Antrittsbesuchs gewandelt, auch wenn man noch nicht weiß, welchen Zweck das Ganze erfüllt. Durch Sprache und Handlungen werden die Figuren charakterisiert (***Selbstcharakterisierung***). Die trickreiche Psychiaterin (flach, statisch) überwältigt den schwer traumatisierten Chris (rund, dynamisch) und verliert dabei trotz zarter Stimme und ruhiger Professionalität natürlich ihre positive Bedeutung. Chris' *Backstory Wound (Tod der Mutter), die verschiedene seiner Verhaltensweisen im Verlauf des Films erklärt, wird in diesem therapeutischen Missbrauch offenbart und führt die Zuschauer*innen näher an die Figur heran. Interessant ist hierbei nun der Umgang mit Perspektive und Zeit. Die* **personale**, *auch* **subjektive Perspektive** *(Abb. 58) von Chris trägt bei wenigen Ausnahmen den gesamten Film. Von ihm aus wird das rätselhafte Geschehen betrachtet (***Mystery***), die Informationen von Figur und Zuschauer sind annähernd gleich. Durch eine Introspektion oder spezielle Art von* ***Mind-Screen** wird sogar der Hypnosezustand des Protagonisten visualisiert (Abb. 56, 59), so dass ein Mitfühlen für das Publikum möglich wird. Allerdings ist der Detailschuss auf die Teetasse (Abb. 54) eine auktoriale Ausnahme, die auf die Bedeutung des in Trance versetzenden Geräusches (das auch tontechnisch immer mehr in den Vordergrund gelangt) verweist. Diesen audiovisuellen Hinweis erfahren nur die Zuschauer*innen (Suspense), die so konditioniert zu ahnen beginnen, was hier vorgeht. Schließlich erreicht die weitgehend* **zeitdeckend inszenierte Szene** *mit der Darstellung des „versunkenen Bereichs" eine andere Zeit- und Raumebene. Der unterbewusste Gefühlsraum wird zur Unterstreichung der Erfahrungsdifferenz zeitlich gedehnt und in* **Zeitlupe** *erzählt, so dass die innere Qual und eingeschränkte Selbstbestimmung des Missbrauchten nachvollziehbar gespiegelt wird.*

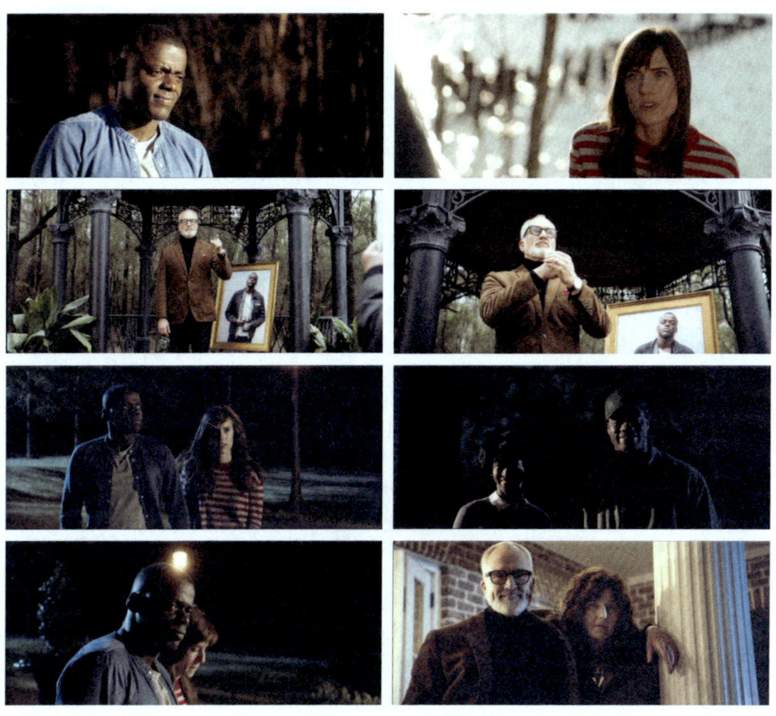

Abb. 61–68: GET OUT

Minuten später kommt es zu einer ersten Verdeutlichung der Idee hinter alldem, wenn in einer Parallelmontage die als Bingo-Spiel maskierte Versteigerung von Chris (Abb. 63–64) mit einem Dialog zwischen Chris und Rose (Abb. 61–62) verknüpft wird. Während Chris sein Unwohlsein, an diesem Ort zu bleiben, Rose gegenüber verbalisiert, wird er in einer stillen Auktion durch Roses Vater an den Meistbietenden versteigert. Das bleibt zunächst rätselhaft, bis in einer Kamerafahrt rückwärts (Abb. 63) ein Bild von Chris hinter dem Auktionator sichtbar wird. Noch ist zwar nicht eindeutig geklärt, was da genau ersteigert wird, gleichwohl erwartet man nichts Gutes. Auch dann nicht, als der ohne sein Wissen Verkaufte zum Haus zurückkehrt und von allen noch Anwesenden übertrieben angelächelt wird (Abb. 65–68).

Diese erste Auflösung ist der **zentrale Wendepunkt** *im zweiten Akt (vgl. Field 2000, Abb. 51), in dem sich das bisherige ungute Gefühl der Zuschauer*innen in Wissen wandelt. Es ist auch die erste wirkliche Entfernung von der personalen und Hinwendung zu einer* **auktorialen Erzählinstanz**, *die dem Publikum ein Mehrwissen (***Suspense***) gegenüber dem Protagonisten vermittelt.*

Zunächst zeitlich synchronisiert und szenisch erzählt, wird durch den Schnitt zur Rückkehr der beiden ein Zeitsprung (Ellipse) markiert. Auch mit der Zeitdauer wird nun anders umgegangen, da die folgenden Beobachtungen von Chris **zeitdehnend** *(Zeitlupe) inszeniert sind und die* **subjektive Perspektivierung** *(Abb. 66, 68) ihn (und die Zuschauer*innen) zum misstrauischen Beobachter des perfiden Spiels macht. Nur aber die Zuschauer*innen ahnen, was den Helden erwartet. Ihre Mehrinformation sorgt dafür, dass sie den Filmtitel nun besser verstehen und ihn vielleicht sogar dem blinden Protagonisten auf der Leinwand entgegenschreien.*

2.2.4 Didaktisches Fazit

1) Wenn Film als Text, Literatur, sogar ‚Sprache' betrachtet wird und so eine Thematisierung im Deutschunterricht gesetzt ist, dann sollte man dort die ästhetischen Formentscheidungen dieser Textart kennen und in der Auseinandersetzung mit Filmen anzuwenden lernen. Eine **audiovisuelle Schulung der grundlegendsten filmsprachlichen Möglichkeiten** ist sicherlich das notwendige Fundament eines zur Filmkompetenz hinführenden Unterrichts. Will man im Staiger'schen Sinne „begreifen, was uns ergreift" (Staiger 1977, S. 8), dann kann dies gerade bei der „Emotionsschleuder" Film (Kern 2006) besondere Aha-Erlebnisse ermöglichen. Und dieses Begreifen setzt abstrahierende Distanz und formalästhetische Kenntnisse voraus. Wer über Filmwirkung reden will, muss wissen, wie das jenseits einer reinen Inhaltswiedergabe geht, und also auch die filmsprachlichen Entscheidungskategorien begreifen.

2) Die gerne von Didaktikern anvisierte Kompetenz der „**Filmlesefähigkeit**" (z. B. bei Hildebrand 2006, S. 47; Jost/Kammerer 2012, S. 120; Frederking u. a. 2018, S. 223 f.) braucht bei beabsichtigter kultureller Handlungsfähigkeit im filmischen Feld das Wissen um audiovisuelle Kodierungsmittel. Eine „Schule des Sehens" nennt das der Literaturwissenschaftler Ralf Schnell bereits 2000 (S. 1) und plädiert dringlich für deren didaktische Umsetzung. Erste Aufgabe solcher Beschulung, so Schnell, sei die analytische Durchdringung der Filmästhetik, denn nur so komme es zur „Alphabetisierung des Auges" (ebd., S. 10) und also zur Fähigkeit, filmische Sprache nicht nur ergriffen wahrzunehmen, sondern selbst zu begreifen. Mag man nun über die eine oder andere Metapher hier streiten, der Tenor ist richtig und evident. Wer die filmsprachlichen Mittel nicht kennt, kann Filmerfahrungen weder systematisch erfassen noch adäquat versprachlichen. Der Deutschunterricht trägt (mit) die Verantwortung, solche Sprachlosigkeit zu verhindern.

3) In fachdidaktischen Texten zum Thema ist die Vermittlung visueller und auditiver Gestaltungsmittel des Films eine gesetzte Größe – narrative Überlegungen werden zwar nicht übersehen, aber doch zumeist untergeordnet (z. B. bei Kamp/Rüsel 1998; Hildebrand 2006; Bienk 2006; Jost/Kammerer 2012). Einen anderen

Weg gehen Leubner und Saupe (2012), die den Spielfilm „als Teil einer umfassenden Narrationsdidaktik“ (ebd., S. 204) betrachten und filmsprachliche Entscheidungen den narrationsspezifischen zu- bzw. beiordnen. Hierzu entwickeln sie einen umfangreichen „strategieorientierten Fragenkatalog“ (ebd., S. 253–256), „der im Laufe der Sekundarstufe I entwickelt“ werden sollte (ebd., S. 253). Das ist sowohl in Bezug auf den literaturdidaktischen Schwerpunkt der Autoren als auch die Interdependenz der Gestaltungsbereiche – eine z. B. visuelle Entscheidung im epischen Film wirkt sich immer narrativ aus – nachvollziehbar, aber vielleicht doch eher die unübliche Ausnahme. Unabhängig davon sind wir aber mit Anders/Staiger u. a. (2019, S. 53) der Meinung, dass „filmanalytische Kategorien [...] nicht als Checkliste“ missverstanden werden sollten, die es immer und vollständig abzuhaken gilt. Gleichwohl ist eine **schrittweise Vermittlung der relevanten Bereiche** im Lauf der Schulzeit anzustreben.

4) In unserem Kompetenzmodell (Kap. 1.4.3) sind die Analysekategorien insbesondere dem Kompetenzfeld „Film als Symbolsystem“ zugewiesen und werden in den weiteren Feldern vorausgesetzt. Eine Filmdidaktik, die sowohl das Symbol- als auch Handlungssystem Film erfassen und letztlich die kulturelle Praxis des Films in deutschdidaktischen Zusammenhängen abbilden möchte, benötigt als Fundament eine grundlegende Analysekompetenz. Christoph Kern (2004, S. 220) hatte bereits 2002 in seinem Schlüsseltext für alle Filmdidaktiker festgestellt, dass „[k]ritisches Wissen über die Machart [der Filme] [...] die Gefahr des bloßen Konsums oder der latenten Manipulation [verhindert].“ Hier schließt sich dann der Kreis zu den ersten didaktischen Texten der 1970er Jahre. Analytische Aufklärung ist noch immer ein wichtiges **Detail für die genussvolle Rezeption von Film**, u. a. auch deshalb, weil sie die Emanzipation von ihm kenntnisreich ermöglicht.

Zusammenfassung

Filme sind Texte, eine Art (oder Subgattung der) Literatur mit eigener Sprachlichkeit und vorbildlichen kanonischen Werken. Ihre Zeichen sind auf einer zweifach sinnlichen (audiovisuellen) Ebene komponiert und ihre fiktionale Gattung, der Spielfilm, ist eine episch-dramatische Mischform, die mit literaturwissenschaftlichen Begriffen der Narratologie untersucht werden kann. Filmanalyse bezeichnet die ‚Filmsprache‘ in den Bereichen Visuelles (Kamera, Bildkomposition, Montage), Auditives (Geräusche, Sprache, Musik, Ton-Bild-Korrespondenz) und Narratives (*Story und Plot, Handlung, Perspektivierung, Zeitverhältnisse) und führt letztlich alle Einzelergebnisse zu einem Ganzen zusammen.

Eine filmische Sehschule oder grundlegende Analysekompetenz sollte im Unterricht an die Schüler*innen vermittelt werden, damit diese als mündige, d. h. sich aus emotionaler Überwältigung selbst befreiende Filmseher*innen die Schule verlassen können. Dabei soll keine allgemeingültige Checkliste von Kategorien pro Film abgearbeitet, sondern eine im Filmbeispiel vorliegende Besonderheit erkannt, bezeichnet und vertieft betrachtet werden.

Weiterführende Literatur: Jost, Roland/Kammerer, Ingo (2012): Filmanalyse im Deutschunterricht: Spielfilmklassiker. München (= Oldenbourg Interpretationen 113). **Keutzer, Oliver u.a. (2014):** Filmanalyse. Wiesbaden (= Film, Fernsehen, Neue Medien). **Kuhn, Markus (2011):** Filmnarratologie. Ein erzähltheoretisches Analysemodell. Berlin u. New York (= Narratologia 26).

2.3 Textexternes

Filme entstehen nicht im luftleeren Raum. Sie sind Produkte kultureller Praxis und damit auch im Zeitraum ihrer Herstellung zu betrachten. Wichtige Hinweise zur Beurteilung kann man dem gesellschaftspolitischen und ökonomischen Umfeld der Filmproduktion, der technischen und ästhetischen Mediengeschichte selbst wie auch bestimmten Großformen medienrelevanter Darbietungs- oder Erzählmuster entnehmen (vgl. Mikos 2003, S. 249). Zu erkennen, wie z.B. ein Zitat die Bedeutung des vorliegenden Textes erweitert, warum die Wirkung eines Films mit den Jahren verblasst, die eines anderen aber frisch bleibt, wieso manche Werke ihrer Zeit weit voraus sind, andere sogar als vorbildliche (thematische, Genre-, etc.) Lösungen gelten, setzt Wissen über textexterne Zusammenhänge voraus. Solche Bezüge sind für die Kommunikation mit dem Film von Bedeutung – die Erwartung (und Toleranz) der Zuschauer*innen wird nicht unerheblich durch dieses Kontextwissen geprägt.

Nun mag man einwenden, dass sowohl filmgeschichtliche als auch filmtheoretische Fragen für Filmwissenschaftler*innen zwar wesentlich, aber für Schüler*innen doch von marginalem Interesse sind. Dem ist auch im Hinblick auf zeitliche Ressourcen in der Schule kaum zu widersprechen. Gleichwohl sind einige externe Bezüge des filmischen Kommunikationsprozesses von Verständigungs- und Verständniswert für (lehrende und lernende) Rezipient*innen, so dass zumindest kleinere Einblicke ermöglicht werden sollen.

2.3.1 Gattungen und Genres

Wie bei jeder kommunikativen Situation gibt es auch für die Auseinandersetzung mit Filmen eine grundlegende Organisation der Hauptintentionen und damit eine Vorab-Orientierung der Zuschauer*innen auf die Textbegegnung. Im deutschsprachigen Raum hat sich hier die Differenzierung nach Gattung und Genre durchgesetzt.

2.3.1.1 Ordnung und Orientierung

Als „Modi des Erzählens und Darstellens" bezeichnet Hickethier (2001, S. 191) die **Gattungen** und unterscheidet hauptsächlich nach fiktionalen und dokumentarischen Texten. Das ist zwar nicht unproblematisch, da auch dokumentarische Filme fiktionale Anteile besitzen können, jedoch als Grundbedingung vorerst brauchbar. Mikos (2003, S. 252) setzt dem Fiktionalen das „[N]on-[F]iktional[e]" entgegen, der Erfindung die soziale Realität und differenziert verschiedene Gattungen nach den „Verwendungs- und Darstellungsformen". Als Großformen bezeichnet er „**Spielfilm**, **Dokumentarfilm**, **Animationsfilm**, **Experimentalfilm**, **Lehrfilm**, **Werbefilm** und **Industriefilm**" (ebd.; Herv. IK/KM). Borstnar u.a. (2002, S. 48) wiederum umgehen durch die Bezeichnung „Textsorten der Fiktion und Nicht-Fiktion" den Gattungsbegriff und sprechen nicht ohne Bedenken von einer „idealisierten Typenbildung" (ebd.) bei ihrer Zuordnung verschiedener Formen zu den Gestaltungsgrundsätzen.

„Die Einteilung in Gattungen entspringt dem Wunsch, Filme und TV-Formate nach grundlegenden Gemeinsamkeiten zu systematisieren", bemerken Keutzer u.a. (2014, S. 281) und erkennen zugleich die „Notwendigkeit eines dynamischen Gattungsbegriffs" (ebd., S. 282), wenn „das *Fiktionale* (Spielfilm), das *Dokumentarische* (Dokumentarfilm) und die *Animation* (Zeichentrickfilm usw.)" (ebd.; Herv. i. Orig.) unterschieden werden. Gattungszuordnungen sind nicht problemlos zu haben (vgl. die Kritik in Kammerer/Kepser 2014, S. 24f.), allerdings ist die dort vollzogene Leitdifferenz zwischen **fiktionaler** und non-fiktionaler oder **faktualer** Darbietung eine wichtige Orientierung für die anstehende Filmrezeption. Nehmen wir nur die beiden Großformen – Spiel- und dokumentarische Filme –, dann ist die jeweils avisierte Behandlung von Realität freilich rezeptionslenkend: Ein Spielfilm oder eine fiktionale TV-Serie bietet Wirklichkeitsillusionen, während ein dokumentarischer Film eine authentische Realitätsdarstellung behauptet. Daraus resultiert eine ‚Lektürehaltung', die Roger Odin (vgl. 2012 S. 259–263) als fiktivisierend (i.S.v. versunken, eskapistisch) bzw. dokumentarisierend (i.S.v. distanziert, analytisch) bezeichnet hat. Angeleitet werden solche Haltungen auch durch bestimmte formale Mittel. So kann man z.B. eine unruhige Handkameraarbeit, unscharfe Bilder, Grafiken und Schaubilder, die Interviewtechnik, Akteurblicke in die Kamera, Originaltöne etc. (vgl. Hißnauer 2011, S. 133f.; Kammerer/Kepser 2014, S. 33) der dokumentarischen Gattung zuschreiben und als Faktualitätssignale werten (vgl. ebd.). Da aber wirkungsvolle Formalia gerade im effektheischenden Filmgeschäft nicht unbemerkt bleiben, arbeitet längst auch der Spielfilm mit solchen Authentizitätsbehauptungen. Demnach ist eine klare Gattungstrennung durch formale Entscheidungen kaum möglich. Allerdings versetzt das Erkennen des im Spielfilm platzierten ‚faktualen Fake' die Zuschauer*innen in die Lage, Auswirkungen der Textgestalt auf die Rezeption stimmiger zu umschreiben.

Ist das Wissen um die Gattung eher grob orientierend, so wird bei Kenntnis des **Genres** der kommende Rezeptionsprozess sehr viel deutlicher vorgezeichnet. „Filmgenres sind […] Ordnungs- und Orientierungsprogramme im Austausch zwischen der Produktions- und Rezeptionsseite" (Kammerer 2009, S. 105). Geordnet wird das Erzähl- bzw. Darstellungsmaterial des Films nach bestimmten inhaltlichen und formalen Kriterien, so dass die Vorstellung der Zuschauer*innen durch die Kenntnis anderer Texte des Genres grob orientiert wird und sie sich auf das anstehende Texterlebnis einstellen können. Ein Genrekenner „weiß, was [er/sie] zu erwarten hat, und ist dennoch gespannt, das ‚Bekannte' neu zu erleben" (Kammerer 2016, S. 196). Es wird also eine Art „kommunikativer Vertrag" zwischen den Filmemacher*innen und Zuschauer*innen geschlossen (vgl. Cassetti 2001, Mikos 2001, S. 209–215):

> Das heißt, die Produzenten können sich darauf verlassen, dass die von ihnen produzierten Texte im Rahmen von Genrekonventionen auch verstanden werden, und die Zuschauer können sich darauf verlassen, dass ihre Erwartungen und Bedürfnisse, die mit bestimmten Genres verbunden sind, von den Filmen und Fernsehsendungen auch erfüllt und befriedigt werden. (Mikos 2003, S. 253)

Genres versprechen somit einen bestimmten **Erlebnis- oder Gebrauchswert** der Textkommunikation, sind Texte des routinierten Wiedererkennens oder „Wozudinge" (Hartmann 1999, S. 113), denn ihre Bezeichnungen geben dem wissenden Betrachter Informationen über den anstehenden Film und die zu erwartende Wirkung. Ein Thriller setzt andere Wirkungsabsichten formal und inhaltlich in Szene als beispielsweise eine Komödie – das wissen die Eingeweihten und entscheiden sich nach ihren Interessen und Vorlieben. Man kann somit diese Korrespondenz mit Kammerer (2016, S. 195) als „goldene Spielregeln der Filmverständigung" bezeichnen und im kommunikativen Kontext als gegenseitigen Austausch von Erwartung und Positionierung darstellen (Abb. 69).

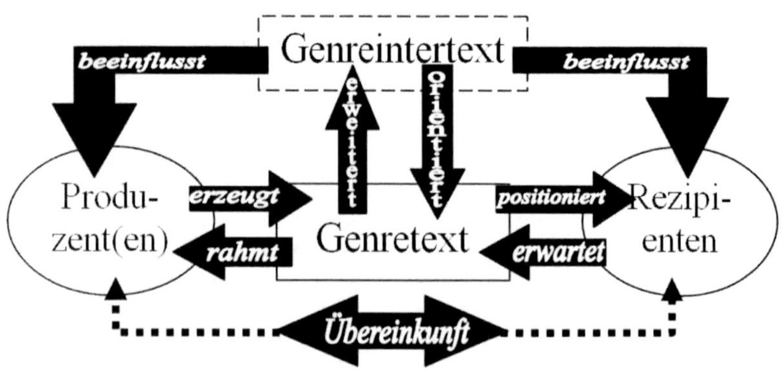

Abb. 69: Genrekommunikation (Kammerer 2009, S. 106)

Z. B. gibt die **Genrebezeichnung Western** durch den Intertext (alle Filme des Genres) bestimmte Inhalte und Formen vor, die vom Rezipienten erwartet werden und vom Produzenten (auch deshalb) kaum zu ignorieren sind. Das betrifft z. B. die Figuren (Cowboys, Sheriff, Indianer, Revolverheld etc.), Zeit und Raum (1865–1890, vom Mississippi bis zum Rio Grande), Kostüme, Requisiten, Kulissen, spezielle Transportmittel ebenso wie narrative Standardsituationen (Saloonschlägerei, Überfälle, Showdown etc.) und bestimmte Formbesonderheiten (z. B. die Ganz-Groß-Einstellungsgröße im Italo-Western oder Raum betonende Panorama-Shots), die in den Filmen wiederholt inszeniert werden (vgl. Grob/Kiefer, 2003; Brunow 2013; vgl. auch Kap. 2.3.3). Diese „Übereinkunft" zwischen der Produktions- und Rezeptionsseite kann aber auch von Seiten der Filmemacher*innen erweitert werden, indem sie Neuerungen integrieren, die in der Folge den Intertext ergänzen und so eventuell selbst zu einem Standard des Genres werden. Genres sind immer in Bewegung, passen sich von einer breiten Basis aus den jeweiligen Zeitläuften an und bilden sich fortwährend neu. Eine „ständige Evolution" (Schweinitz 2002, S. 79) findet bei relativ stabilen inhaltlich-formalen Grundlagen statt.

Wenn Sigrid Lange (2007, S. 87) behauptet, dass sich Kino als Genrekino entwickelt habe, eigentlich Genrekino sei, dann heißt das auch, dass diese Geschichtensysteme alle Filme, auch sog. Autorenfilme (die ja ein ganz eigenes ‚Genre' sind), beeinflussen. Mindestens ein Zitat ist zu finden – die reduzierten Formen des Erzählens und ihre schnell erzielten Publikumsauswirkungen sind Angebote vereinfachter Verständigung, denen man sich kaum entziehen kann. Genrekommunikation ist demzufolge eine Grundbedingung des Filmverstehens, schon allein deshalb, da mit diesen Textsorten im Hinterkopf die Vorauswahl der Filme getroffen wird. Ob man einen Thriller, Horrorfilm oder eine Komödie sehen oder nicht sehen möchte, ist von intertextuellen Erfahrungen geprägt und entsprechend ein Ausdruck zwar persönlicher, immer aber kenntnisreicher Vorlieben und Abneigungen. Neben den Stars (Regisseur*innen, Schauspieler*innen) ist das Genre eine wesentlicher Bereich der Filmorientierung.

Nun ist aber die Organisation der Genrebezeichnungen alles andere als klar strukturiert. Ein *Animationsfilm* kann ein *Melodram*, *Thriller* und/oder *Musical* sein – ein *Roadmovie* gar ein *Western*, **Biopic* und/oder eine *Komödie*. Genrenamen fokussieren dramaturgisch-psychologische, historische, geografische, fantastische, literarische oder technische Kontexte (vgl. Kammerer 2009, S. 105), sind somit „diffuse Kategorien" (Bordwell 1991, S. 148) und können auch ganz eigenwillige oder individuelle Bezeichnungen annehmen (vgl. zu den Konzepten und Dimensionen des Genres: Kuhn u. a. 2013, S. 13–32). Eine Ausschlusssicherheit kann es hier naturgemäß nicht geben, weshalb sich die Frage nach einer Thematisierung im Deutschunterricht stellt. Frederking u. a. (2018, S. 223 f.) sehen das Gattungs- und Genrewissen als relevant für die anzustrebende Filmlesefähigkeit an, bleiben bei der Vermittlung solcher Wissensbausteine aber dann doch recht vage. Abraham (vgl. 2016a, S. 59) bezeichnet sogar „Grundgenres", die man kennen sollte; wie man diese aber kennenlernt, wird nicht erläutert. Das ist demnach häufig offen und, wenn genauer bezeichnet, zu viel des gut Gemeinten. „Die entsprechenden ‚Wunschlisten' [sind] bislang noch [zu] umfangreich" (Leubner/Saupe 2012, S. 238) und – wie man ergänzen muss – ein wenig zu frei ausgebaut, wenn auch noch die Literaturverfilmung als eigenes Genre behandelt werden soll (wie bei Abraham 2016a, S. 59; vgl. hierzu auch Kap. 2.3.2).

Wir schlagen darum kleinere Exkurse zu dramaturgisch-psychologischen, auswirkungsstarken Genres vor, die auch Relevanz in den anderen Genrefeldern beanspruchen. Gemeint sind die Genres **Melodram** (vgl. Koebner/Felix 2007; Weber 2013), **Thriller** (vgl. Koebner/Wulff 2013; Kammerer 2009, S. 139–160) und **Komödie** (vgl. Heller/Steinle 2005; Gotto 2013). Streng *aristotelisch wirksam wird in diesen (tatsächlichen) Grund- oder Metagenres das Bewegende der *moving pictures* in den Wirkungsdimensionen Leid/Pathos, Spannung/Thrill und Humor/Komik am deutlichsten verhandelt. Ingo Kammerer (2009) hat dies am Beispiel des **Thrillers** erarbeitet. Im Rahmen einer didaktischen Werkstatt fokussiert er die Textkategorien *Filmsprache* (Bild, Ton, Montage), *Dramaturgie* (Aufbau, Konflikt, Plot Points, Figuren), *Narration* (Erzählerperspektivierung, Zeitgestaltung, Montage, Aufbau von Wissen) und *Darstellung* (Rollengestaltung, Darstellungsstil) (vgl. ebd., S. 207–240) und fördert „ästhetisches Textverstehen und Medienbildung durch produktives Handeln" im Genrekontext (ebd., S. 242). Grundlage ist eine Szene (oder Sequenz), an der möglichst viele Genrespezifika erarbeitet werden können und die bei Kammerer dem Hitchcock-Film NORTH BY NORTHWEST (dt. DER UNSICHTBARE DRITTE, 1959) entnommen ist. Solch exemplarisches Arbeiten zur Einsicht in größere Zusammenhänge ist zum einen ein didaktischer Grundsatz und also auch bei Filmen anzustreben. Zum anderen aber kann, wenn man die Wiederkehr der Szene in späteren Filmen (Zitat) und die historische Bedingtheit der Genreerzählung an sich (Filmgeschichte) betonen will, gewinnbringend mit einem Klassiker des Genres gearbeitet werden. In diesen langlebigen Geschichtensystemen ist die ständige Wiederholung des Ähnlichen systemerhaltend und also gesetzt, so dass sich die Spielregeln der Filmverständigung gerade dort gut verdeutlichen lassen.

Genre

„Die **Filmkomödie** *gehört [...] zu den populärsten Genres des Kinos." (Marschall 2011, S. 363; Herv. IK/KM) Orientiert an älteren Unterhaltungsformen des Theaters (Zirkus, Vaudeville, Varieté) produzierten die Filmemacher schon früh filmische Lustspiele und ermöglichten dem Publikum durch Charakter-, Situations- und Verwechslungskomik Distanzierungs- und Einfühlungsfreude, die sich in der Reaktion des Lachens am deutlichsten zeigt. Kern der Komik sei, so Henri Bergson, das Durchbrechen der Routine (zitiert in Gotto 2013, S. 70), also ein überraschendes Neusehen oder ein Erwartungsbruch, was in den Handlungsbögen durch Normabweichungen, Wider-*

sprüche, Klischeebrüche, groteske Überschreitungen, Verwechslungen, Verstellungen usw. erzielt wird (vgl. Heller/Steinle 2005; Marschall 2011; Gotto 2013). Das reich mit Subgenres ausgestattete Komödiengenre ist wohl am besten auf die beiden Schwerpunkte Körper- (Slapstick) *und Sprachkomik* (Screwball) *zurückzuführen. Um diese Hauptmotivationen haben sich wirkungsvolle Muster durchgesetzt, die an den jeweiligen Filmen erarbeitet werden können (vgl. ebd. und Faulstich 2002, S. 47–49):*

- *filmsprachlich: z. B. der vorangekündigte Störfaktor in einer Detaileinstellung, Soundeffekte*
- *dramaturgisch und narrativ: z. B. stereotype Figuren, der „running gag", rasante Wendungen im Szenenverlauf*
- *darstellerisch: z. B. Körperkomik, lebendige Objekte, Übertreibungen.*

*„Kein anderes Filmgenre [zumindest kein pädagogisch nutzbares, IK/KM] verträgt die direkte Ansprache des Zuschauers so unbeschadet wie die Komödie", meint Susanne Marschall (2011, S. 369) und macht damit auf die besondere Abmachung zwischen Komödientext und Rezipient*in aufmerksam. Viele Komödien verbergen ihre Gemachtheit nicht, sie spielen regelrecht mit dem Wissen um das Theatrale, Bühnenhafte. Die ansonsten in den Genres entscheidende Realitätsillusion wird hier oft nicht anvisiert, da das Publikum um die surrealen Optionen des Genres weiß und sich aus sicherer Distanz auf die Ausweitung der Realitätsnähe freut. Nicht zu leugnen ist das Spielerische der Filme, auch nicht das *intermediale Prinzip der Gestaltung: die pointierte Nutzung des Bühnenraums, das szenisch Theaterhafte (vgl. Hartmann 2003, S. 22; Marschall 2011, S. 369). Somit muss die Produktion nicht unbedingt verborgen bleiben.*

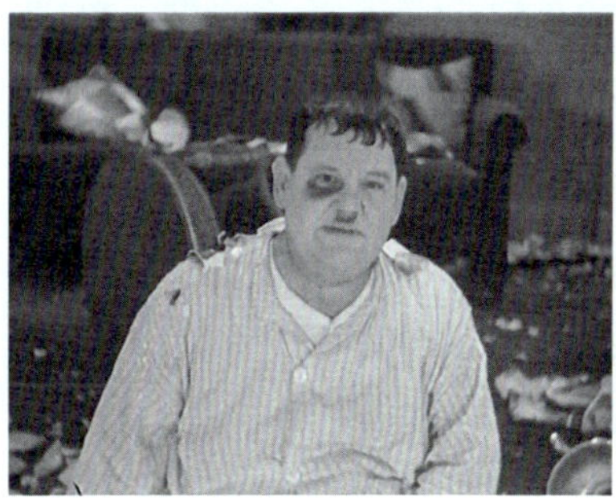

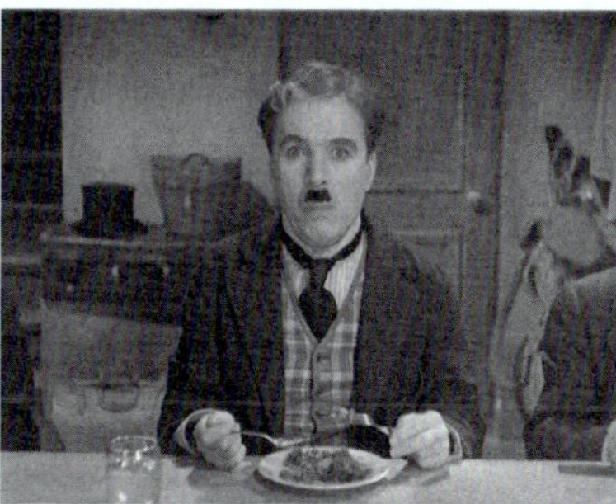

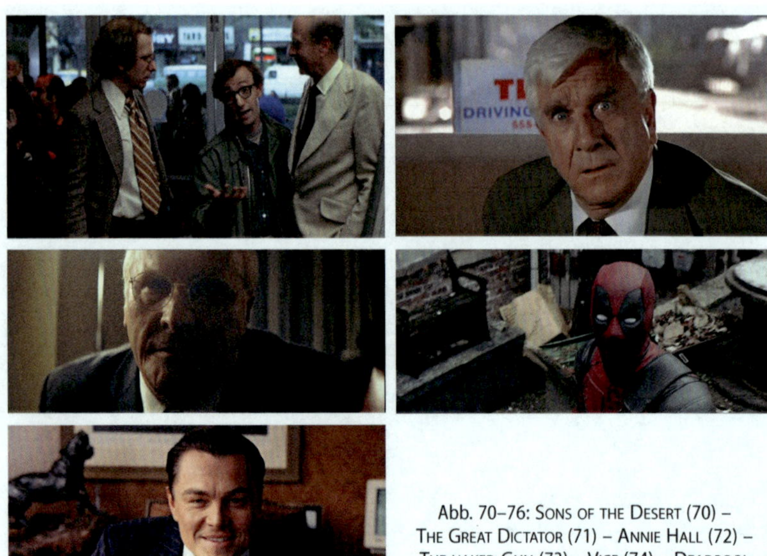

Abb. 70–76: Sons of the Desert (70) – The Great Dictator (71) – Annie Hall (72) – The naked Gun (73) – Vice (74) – Deadpool (75) – The Wolf of Wall Street (76)

Eine klassische Form solcher Störung ist die Kontaktaufnahme zwischen Figur und Zuschauer durch **Blickadressierungen**. *Was in anderen Genres eine Schwierigkeit darstellt – soll doch das Publikum träumen und deshalb nicht auf die Textgestaltung hingewiesen werden –, ist hier leicht möglich und wurde von einigen Komikergrößen bereits früh in ihr Darbietungsrepertoire integriert. Z. B. nimmt Oliver Hardy (Abb. 70 –* Sons of the Desert, *1933) immer wieder resignierend Kontakt mit dem Publikum auf, gerade dann, wenn er seinem Partner, Stan Laurel, eine unerfreuliche Erfahrung verdankt. Auch Charlie Chaplin (Abb. 71 –* The Great Dictator, *1940) durchbricht nicht selten die *vierte Wand, um seinem Publikum einen versteckten Hinweis zu geben. Diese Form des Zwiegesprächs (vgl. auch Leslie Nielsen in* The naked Gun, *1988; Abb. 73) ist eine komische Brechung, die die Abmachung des Komödienvertrags direkt verdeutlicht und zumeist mit Gelächter begrüßt wird. Die in anderen Genres unangenehme Erfahrung des Entdecktseins stellt sich hier nicht ein, da die Distanz zwischen Zuschauer und Akteuren groß ist und die Welt des Films dem Publikum als fiktive, gemachte in jedem Augenblick gegenwärtig ist (kommunikativer Vertrag).*

Wenn also Woody Allen in Annie Hall *(1977; Abb. 72) – nachdem er Marshall McLuhan hinter einer Werbetafel hervorgezaubert hat, damit der einem Angeber sagen kann, dass er von McLuhan keine Ahnung habe – zum Publikum sagt: „Wenn's doch einmal so im Leben wäre", ist das freilich im doppelten Sinne komisch und kaum realistisch. Dass diese Wirkung in* VICE *(2018; Abb. 74) nicht erzielt wird, hat mit der beißenden Komödienvariante* **Satire** *zu tun und auch mit dem Genre *Biopic, das immer einen dokumentarischen Ansatz bedient. Gerade in* **Dokumentarfilmen** *ist die Durchbrechung der *vierten Wand ja nicht außergewöhnlich – trotzdem warten die Produzenten von* VICE *bis zum letzten Moment, um Dick Cheney-Darsteller Christian Bale in aggressiver Selbstverteidigung zum Publikum sprechen zu lassen. Nachdem man ihm zwei Stunden lang bei Fragwürdigem zugesehen hat, wirkt das wenig überzeugend, ist es selbstentlarvend und eben: nicht ernst zu nehmen.*

Auch in anderen fiktionalen Genres (Abb. 45, 46) kommen Direktansprachen des Publikums vor. Das kann unterschiedliche Gründe haben, will aber immer auch als Brechung fungieren und oft genug komisch wirken. Wenn demnach Deadpool-Darsteller Ryan Reynolds in DEADPOOL *(2016; Abb. 75) und Jordan Belfort-Akteur Leonardo DiCaprio in* THE WOLF OF WALL STREET *(2013; Abb 76) das Publikum ansehen, gar mit ihm sprechen, wird immer auch die Distanz des Zuschauers zum Film vergrößert und auf einen (bei beiden Beispielen auch inhaltlich festzustellenden) großen Spaß verwiesen.*

Gattungen und Genres ermöglichen Einblicke in den mitzubestimmenden Prozess der Filmrezeption. Didaktische Zugriffe in diesen Bereichen sind also sowohl in ästhetischer als auch rezeptionsspezifischer Hinsicht erhellend, da hier die Verständigung zwischen Text, Autor*in und Zuschauer*in auf ihre zweckmäßige Funktionalität hin untersucht werden kann. „Wozudinge" (Hartmann 1999, S. 113), formale, inhaltliche Entscheidungen gelangen wirkungsspezifisch unter die Lupe, wodurch ein „beispielhaftes Laboratorium von [filmischen, IK/KM] Kommunikationsprozessen" (Casetti 2001, S. 171) sichtbar wird, das eine „Schule der Kommunikation, in der die Risiken des Scheiterns absehbar bleiben", möglich macht (ebd.). Dass Deutschdidaktiker*innen trotzdem nicht freudiger auf Filmgenres zurückgreifen, hat wohl mit manchem Vorbehalt gegenüber textsortenspezifischen Zugängen zu tun oder kann auch mit den literarischen und pädagogischen Schwerpunkten des Deutschunterrichts erklärt werden. Deshalb erfreuen sich Literaturverfilmungen (vgl. Staiger 2010a; Maiwald 2013b, 2015b; Kammerer 2006, 2008, 2014; Albrecht 2014) noch immer einer besonderen Berücksichtigung und ist jüngst auch der Kinder- und Jugendfilm (vgl. Josting/Maiwald 2010; Kurwinkel/Schmerheim 2013; Maiwald u. a. 2016) in den didaktischen Fokus gerückt. Selbst das wilde Genre *Biopic wurde in PRAXIS DEUTSCH (268) mit einem Themenheft geehrt, was bei dem dabei möglichen Rückgriff auf Biografien und andere geschriebene Texte nicht verwundert. Gleichwohl wird in den genannten Beispielen natürlich mit melodramatischen, thrilleresken und komischen Versatzstücken gearbeitet, weshalb eine didaktische Konzentration auf diese

Genres nicht fehlgehen kann. Im jüngsten Text zu filmdidaktischen Fragen (Anders/Staiger u.a. 2019) werden bereits bei starker Genre-Konzentration Filme für den Unterricht aufbereitet. Filmbildung über die Musterformen des Mediums zu vermitteln, scheint ein Erfolg versprechender Weg zu sein. Hierbei die besonders emotionalisierenden Gestaltungen zu beleuchten, ist dann nur eine Zuspitzung auf die im Medium selbst schlummernde Wirkungsmacht.

Ebenfalls im Genrefokus kann auch der **Dokumentarfilm** betrachtet werden. Dieser „faktual-fiktionale Zwitter" (Kammerer/Kepser 2014, S. 30), der außerhalb des deutschsprachigen Raumes ohnehin als eigenes Genre betrachtet wird, funktioniert als Sonder- und Übergangsform der Gattung „dokumentarischer Film" ganz im Sinne der Genrekommunikation (vgl. Abb. 69). Ein (durchaus kreativer) Autor formuliert eine Wirklichkeitsaussage und nutzt dafür bestimmte Strategien der formalen Athentizitätsbehauptung (s.o.), die Zuschauer*innen als Realitätsaussage aufnehmen und (medien-)kritisch überprüfen (vgl. Kammerer 2013b und 2015; Kammerer/Kepser 2014; vgl. Praxiskap. 4.2.2.3). Gerade Letzteres ist eine nahe liegende Option der Betrachtung jener häufig argumentativ verfassten, tendenziösen Filmtexte und ermöglicht ein „Füllhorn an [deutschdidaktischen] Handlungsoptionen" (Kammerer 2013, S. 213) für die verschiedenen Lernbereiche des Deutschunterrichts. Im Zuge der ersten Sammelschrift zum Thema (Kammerer/Kepser 2014) und einem PRAXIS DEUTSCH-Themenheft (253) gibt es inzwischen bereits einige didaktisch aufbereitete Sichtungen von z.B. Tierdokumentationen (Maiwald 2014a, 2015a; Frederking u.a. 2018, S. 199–202), Wissenschaftsfilmen (Pinkas/Seidler 2014) und zu thematischen Schwerpunkten wie Schule (Anders 2014; Droll 2015), Asyl (Kuzminykh 2015), Blind Dates (Abraham 2016a, S. 183–187), um nur diese zu nennen. Auch im Hinblick auf die Nutzung der dokumentarischen Formsprache in fiktionalen Filmen wie dem *Mockumentary – z .B. KUBRICK, NIXON UND DER MANN IM MOND (F 2002), BORAT (USA 2006), STROMBERG (D 2004–2012) – oder in Spielfilmen selbst kann eine Auseinandersetzung mit diesem Genre nicht unerheblich zur medienkritischen Mündigkeit der Schüler*innen beitragen, denn

> [j]ene Wirklichkeitsfragmente oder Lebensschöpfungen [gemeint sind Dokumentarfilme, IK/KM] sind im Grunde all das, was das Aufzeichnungsmedium Film zu bieten imstande: Fakt und Fiktion, Wirklichkeit und Kunst, Bericht und Dramaturgie, Abbild und Allegorie, sachliche Information und emotionale Überwältigung. (Kammerer 2013b, S. 213)

2.3.1.2 Didaktisches Fazit

1) Gattungen und Genres sind gewissermaßen **Kommunikationshinweise**. Sie verdeutlichen grob die Ziele der Textkommunikation und orientieren die Rezipient*innen auf den Informations- und Wirkungsgehalt der anstehenden Textbegegnung. Insbesondere mit den Genres wird der Zuschauer umworben, werden ihm Musterformen des Wiedererkennens ins Gedächtnis gerufen, so dass das zu erwartende Erlebnis grob vorgezeichnet werden kann. Neben der kommunikati-

ven Orientierung ist es also auch das lebensweltlich Vertraute, die persönliche Nutzung in Gesprächen, die diese Textmuster inhaltlich-formaler „Wozudinge" (Hartmann) zu einem Thema des Deutschunterrichts werden lässt. Auch ist im literarischen Fokus eine Orientierung an Textsorten und Gattungen noch immer gern gewählte deutschdidaktische Bezugsgröße. Eine Thematisierung betritt demnach bekanntes Terrain.

2) Genres sind zwar konventionelle Musterformen, müssen in ihrer Organisation aber als eine nicht immer trennscharf operierende Systematik bezeichnet werden, weshalb eine klare Abgrenzung mitunter schwerfällt. Wir empfehlen darum, eine begrenzte Auswahl zu untersuchen, und orientieren uns mit der Entscheidung für das Melodram, den Thriller und die Komödie an den beiden Wirkungspolen des Tragischen und Komischen. Hier gilt es, **(Mit-)Leid, Spannung und Komik** exemplarisch auf ihre **inhaltlich-formale Verfasstheit (Sprache, Erzähldramaturgie, Darstellung)** hin zu untersuchen. Da diese Überwältigungsmuster quasi in allen Texten genutzt werden, wirkt die ästhetische Grundlagenschulung über das jeweilige Genre hinaus.

3) In unserem Kompetenzmodell (Kap. 1.4.3) ist die Genrekompetenz dem Übergangsbereich vom Symbol- zum Handlungssystem zugeordnet. Natürlich können Genres bereits im Kontext der Symbolsystematik thematisiert werden, stellen sie doch Story und Ästhetik des jeweiligen Filmes/Filmausschnitts unter einen größeren Wirkungszusammenhang. Der Ansatz von Anders/Staiger u. a. (2019), über verschiedene Genres eine allgemeine Filmkompetenz zu vermitteln, ist daher begrüßenswert. Nach unserer Einschätzung sind dabei insbesondere in der Sekundarstufe die erwähnten **Effekt-Genres und der Dokumentarfilm** von Interesse, da sie in ihrer beispielhaften Klärung (oder Verschleierung) von Wirkung und Wahrheit hilfreiche Erkenntnisse ermöglichen.

4) Genres sind auch ein einträgliches Untersuchungsfeld, wenn filmgeschichtliche Einblicke gewährt werden sollen (vgl. Kap. 2.3.3). Da die Genregeschichte selbst ein durch die Epochen wandelndes Erfolgsmuster der Kinokommunikation ist, sind **filmgeschichtliche Querschnitte** hier leicht möglich. Ob über kanonische Werke im Ganzen oder kleinere Motivbetrachtungen, immer kann auf Tradition und Wandel in ästhetischer, kultur- und zeitgeschichtlicher Hinsicht verwiesen werden: „Die klare intertextuelle Einbettung des Films in den Genre-Verständigungsrahmen ermöglicht eine Betrachtung der *Filmgeschichte* als Grundbedingung der Genreverständigung" (Kammerer 2016, S. 201; Herv. im Orig.). Filmgeschichte ist auch Genregeschichte, denn „Kino ist Genrekino" (Lange 2007, S. 87) – heute mehr denn je. Dieses Vertraute einmal in seiner Entwicklung zu betrachten, könnte mehr Erkenntnisse über den Film vermitteln als jede noch so detailfreudige Einzelfilmbeschäftigung.

Zusammenfassung

Filme bieten einen orientierenden Verständigungsrahmen zwischen Autor und Publikum durch die Einteilung in bestimmte Gattungen und Genres. Bezeichnen die Gattungen noch relativ grob die Hauptabsicht der Information, so sind die Genres hier sehr viel detaillierter. Sie verdeutlichen konventionelle Musterformen der Darbietung und werden vom Publikum erwartet und wiedererkannt. Bei Genres gilt es, formale und inhaltliche Entscheidungen wirkungsspezifisch zu untersuchen, zu fragen, wie Betracher*innen bereits vorab in ein bestimmtes Rezeptionsverhalten versetzt werden. Die dafür angewandten ästhetischen Entscheidungen sind oft musterhaft und „goldene Spielregeln der Filmverständigung" (Kammerer 2016), die man kennen und erwarten sollte.

Im Deutschunterricht ist es nicht möglich, eine umfassende Genregeschichte zu erarbeiten, allerdings können kleinere Exkurse zu den Grundgenres Melodram, Thriller und Komödie im Sinne eines filmsprachlichen Wirkungsfundaments angegangen werden.

Weiterführende Literatur: Kammerer, Ingo (2009): Film – Genre – Werkstatt. Textsortensystematisch fundierte Filmdidaktik im Fach Deutsch. Baltmannsweiler. **Kammerer, Ingo/Kepser, Matthis (Hrsg.) (2014)**: Dokumentarfilm im Deutschunterricht. Baltmannsweiler (= Film Bildung Schule 1). **Kuhn, Markus u. a. (Hrsg.) (2013)**: Filmwissenschaftliche Genreanalyse. Eine Einführung. Berlin u. Boston (= De Gruyter Studium).

2.3.2 Literaturverfilmung

Literaturverfilmungen sind eigentlich ein Glücksfall für die Deutschdidaktik. Die Ursprungsquelle ist vertrautes Terrain der Deutschlehrer*innen, die Übertragung in audiovisuelle Zeichen ist textbegründet, so dass man über vergleichende Bezüge Sicherheit im filmischen Feld gewinnen kann. Außerdem hat die Literatur den Film nachweislich narrativ geprägt („literarischer Film" – vgl. Paech 1997, insb. S. 85–103; Schnell 2000, S. 145–170) und der Film wiederum die Literaturproduktion seit dem 20. Jahrhundert stark beeinflusst („filmische Schreibweise" – vgl. Paech 1997, S. 122–150; Schnell 2000, S. 150–156), was im Literaturunterricht nicht übersehen werden sollte. Schließlich ist die Auswahl an Literaturverfilmungen recht groß. Ungefähr 50 % der jährlich produzierten Filme basieren auf literarischen Texten (vgl. Ruckriegl/Koebner 2011, S. 413), wenn auch die meisten davon nicht als Verfilmungen wahrgenommen werden. Denn die Bezeichnung „Literaturverfilmung" ist ein Qualitätssignum für die Bedeutsamkeit des Ursprungstextes: Namensgebend sind demnach Klassiker, kanonische Texte, literarische Glanzpunkte. Genrebücher, Kolportageromane und bei der Erstauswertung kaum beachtete Texte werden im Fall der Verfilmung nicht mit diesem Signum beworben. Es wundert also nicht, dass für den Deutschunterricht verstärkt Literaturverfilmungen didaktisch aufbereitet wurden und in Sachen Filmbildung oft die einzigen Zugangsmöglichkeiten für Schüler*innen darstellten (vgl. z. B. Wolff 1983; Gast 1993; Deiker/Gast 1993a und b). Gleichwohl kamen aber auch Verfilmungen über eine Nebenrolle im Deutschunterricht nicht hinaus. So blieb das *Praxis Deutsch*-Heft 57 von 1983 zu „Verfilmte Literatur – literarischer Film" auf 10 Jahre die einzige filmische Auseinandersetzung jener Fachzeitschrift; eigentlich wurde das Thema sogar erst 13 Jahre später mit „Filmanalyse" (140/1996) erneut aufgegriffen.

2.3.2.1 Literatur als Film

Das hat Gründe, die wir bereits in Kapitel 1 angesprochen haben. Bewahrpädagogische Vorbehalte, die Tendenz zur Abwertung bildlicher gegenüber schriftlicher Information und eine damit zusammenhängende diffuse Vorstellung von Kunstwert qua Medium finden gerade im Zugriff auf den doppelten Text der Literaturverfilmung einen fruchtbaren Nährboden. Exemplarisch soll hier die frühe Beschäftigung von Alfred Estermann mit dem Thema (1965) genannt sein, der zwar schreibt, dass das ästhetische Feld des Films „gleichberechtigt neben Literatur, Malerei und Musik" stehe (ebd., S. 2), dann aber gewichtet und (ab-) urteilt: Film übernehme aus der Trias „Stoff, Form und Gehalt" nur den Stoff (ebd., S. 408) und greife so den Gehalt des literarischen Wertes erheblich an (vgl. ebd., S. 399), vermindere ihn bis hin zu einer „Depravierung der literarischen Vorlage" (ebd., S. 421 f.). „Betäubung des Denkens" (ebd., S. 353) sei ein Ziel des Films, „Vermassung [...,] Versimplung [...,] Verzerrung" der literarischen Vorlage die direkte Folge daraus (ebd., S. 359), bis hin zum Triumph von „Klischee und Topos" auf der Leinwand (ebd., S. 345). Obwohl Estermann eigentlich den Film schätzt, gelingt es ihm nicht, die Vorbehalte seiner Zeit hinter sich und dem Film semiotische Gerechtigkeit zukommen zu lassen. Und solche Abwertung existiert bis heute. „Das Buch war besser", ist die häufige Reaktion auf eine Literaturverfilmung, die neben anderem auch zeigt, dass der Sprechende seine eigene schöpferische Tätigkeit absolut setzt und Einsprüche gegen die Lesart des Regisseurs geltend macht. Solche Einschätzung wäre ja durchaus didaktisch zu nutzen, wird aber zumeist generalisierend gesetzt und als mediales Prinzip verinnerlicht. Kepser (2012, S. 105) sieht eine Ursache dafür in der sogenannten „Bonbondidaktik", wonach Lehrer*innen den Film als reine Motivation für eine intensive Buchlektüre platzieren und nachlässig (wenn überhaupt) behandeln. Kuriose Generalisierungen wie fehlende Werktreue, passiver Filmkonsum und illustrierende Filmoberfläche folgen beinahe zwingend und sind auch 50 Jahre nach Estermanns Versuch noch präsent. Dagegen stellen wir grundsätzlich fest: Film schafft mit seinen besonderen Möglichkeiten ein **eigenes Werk für eine aktive Rezeption,** die dort vieles entdecken kann, wenn denn Kenntnisse vorhanden sind, die Entdeckungen ermöglichen.

Nur kurz erwähnt werden sollen darum auch die Bemühungen von Didaktiker*innen zur Verdeutlichung des Kunst- und Eigenwertes von Verfilmungen (z. B. Blumensath/Lohr 1983, S. 10), zur Beschuldigung der Silbe „Ver-" in „Verfilmung" als abwertendes Vorzeichen des zweitrangigen Nachfolgemediums (z. B. Staiger 2010a, S. 11) und zur Frage, ob man im Unterricht mit dem Buch oder dem Film beginnen sollte (z. B. Maiwald 2015b). Es ist evident, dass der Film als siebte Kunst gilt (vgl. Canudo 1995), eine filmische Analysekompetenz keine generelle Abwertung des Films zulässt und eine audiovisuelle Prägung bei Erstrezeption des Films gegen das nachfolgende Buchangebot nicht stattfinden muss, wenn die didaktische Nutzung dies zu verhindern weiß (vgl. Meyer 2017, S. 226–232). Dem auch in diesem Kontext zu verstehenden Versuch Matthis Kepsers (mit C. Surkamp 2016), durch Aufwertung der Literaturverfilmung zum **eigenen Genre** das Themenfeld neu zu beleben, stimmen wir allerdings nicht zu. Filme nach literarischen Vorlagen sind kein Genre im klassisch kommunikativen Sinn. Ihr intertextuelles Zusammenspiel beschränkt sich auf die jeweils eigene, besondere Partnerschaft zwischen Printtext und Film – eine andere Literaturverfilmung hat sowohl formal als auch inhaltlich keine notwendige Beziehung zu dieser Kombination, die wiederzuentdecken wäre oder den Produzenten zur Berücksichtigung verpflichtet.

Entscheidend ist also das Zusammenspiel der beiden Medien oder: das **Adaptionskonzept**. Dabei ist sicherlich streitbar, ob der Begriff „Anpassung" hier nicht auch einige Falltüren birgt und vielleicht besser durch Transformation ersetzt werden sollte (vgl. Meyer 2017, S. 27 f.). Gleichwohl existieren einige Adaptionstheorien, die lange Zeit den Diskurs bestimmt haben. Die bekannteste ist aus dem Jahr 1981 und stammt von Helmut Kreuzer. In „Arten der Literaturadaption" (Kreuzer 1999) bestimmt er vier Möglichkeiten: **Aneignung von literarischem Rohstoff, Illustration, Dokumentation** und **interpretierende Transformation.** Werden bei der *Aneignung* nur bestimmte Stoffe und/oder Motive der Literatur übernommen, bleibt die *Illustration* sehr nahe am Text und beruht „auf einer Vorstellung von Werktreue", die Kreuzer als „künstlerischen Irrtum" bezeichnet (ebd., S. 27). Die *Dokumentation* sei eine Form des „verfilmte[n] Theater[s]" (ebd., S. 30); das Eigentliche aber ist die *interpretierende Transformation.* Hier werde „die Form-Inhaltsbeziehung der Vorlage [...] [so] erfasst [...] [und übertragen, dass] ein neues, aber möglichst analoges Werk entsteht" (ebd., S. 28). Dabei könne man mit der Vorlage spielen, die eigene historische Position sowie Sinn und Zweck der filmischen Nutzung verdeutlichen. Der Regisseur setze sich eventuell im Film kritisch mit der Vorlage auseinander (vgl. ebd., S. 28–30), er scheitere aber nicht darum, weil er dies filmisch tut, sondern „weil er ein ‚schlechter' Leser oder Interpret der Vorlage oder weil er ein ‚schlechter' Autor in der neuen Kunstart ist" (ebd., S. 30). Kreuzers interpretierende Transformation ist bis heute die Form der filmischen Anpassung geblieben, die sowohl die Freiheit des Mediums als auch die individuelle Neuauslegung durch den filmischen Autor am stimmigsten verdeutlicht. Literatur zu verfilmen, ist immer ein **Übersetzungsprozess**, der wie jede Übersetzung mal besser, mal schlechter, mal näher am Original, mal freier mit der Vorlage umgehend gelingen kann. Anders/Staiger u. a. (vgl.

2019, S. 82 f.) formulieren in Anlehnung an Robert Stam (2000) einige Analysekategorien, die die Übersetzungsleistung präzisieren helfen: Selektion und Extrapolation, Konkretisierung und Verstärkung, Kontextualisierung und Aktualisierung, Perspektivierung und Audiovisualisierung, Genrewechsel und Genremix, Intertextualität und *Intermedialität. Diese Orientierungslinien können zur Betrachtung von Wandlung und Nähe beim Medienwechsel genutzt werden. Aber auch dann müssen die Schüler*innen, um die Übersetzungsarbeit überhaupt zu erkennen, beide Sprachen lesen, analysieren und abstrahieren können.

Literaturverfilmung

In Thomas Manns Novelle Der Tod in Venedig (1912) *heißt es: „Es war eine Gruppe halb und kaum Erwachsener, unter der Obhut einer Erzieherin oder Gesellschafterin um ein Rohrtischchen versammelt: drei junge Mädchen, fünfzehn- bis siebzehnjährig, wie es schien, und ein langhaariger Knabe von vielleicht vierzehn Jahren. Mit Erstaunen bemerkte Aschenbach, daß der Knabe vollkommen schön war" (Mann 1995, S. 461). Die grobe Beschreibung, aus der Perspektive Aschenbachs präsentiert, geht über in eine Schilderung seiner Reaktion beim Anblick des schönen Tadzio. Erschütterung und Schönheit – das *leitmotivische Geflecht der Novelle. Luchino Visconti präsentiert das in* MORTE A VENEZIA *(1971) mit einem subjektiven Schwenk Aschenbachs bei Großeinstellung über die kleine Familie bis hin zu Tadzio (Abb. 77–81). Nach Rückschnitt in die Naheinstellung des Schauenden selbst kann man eine leichte Veränderung in seiner Mimik wahrnehmen (Abb. 81). Dass diese mit der Schönheit des Jungen zusammenhängt und einer Erschütterung gleichkommt, ist nur bedingt den Bildern zu entnehmen und also in jedem Fall eine Zuschauerreaktion (vgl. Kasten: Montage IV). Im Übrigen ist das „Rohrtischchen" nicht zu sehen.*

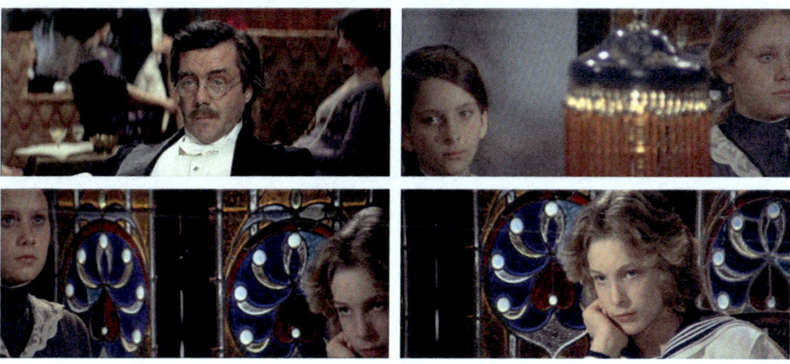

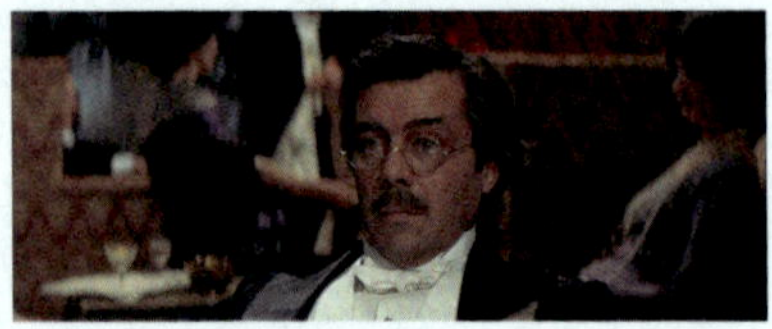

Abb. 77–81: MORTE A VENEZIA

In Friedrich Dürrenmatts Roman Das Versprechen (1958) *soll die emotionslos-rationale Hauptfigur, Kommissär Matthäi, nach Jordanien fliegen, um die dortige Polizei auf europäisches Niveau zu bringen. Im 17. Kapitel schildert der zwischenzeitliche Erzähler Dr. H. (vgl. Dürrenmatt 1985, S. 67), wie Matthäi am Flughafen jubelnde Kinder wahrnimmt, an sein gegebenes Versprechen, einen Kindermörder zu fassen, erinnert wird, unbekannte Gefühle zeigt, umkehrt und zur tragikomischen Figur wird, die zielstrebig ihrem Untergang entgegengeht. Dürrenmatts wichtiger Wendepunkt wird in Sean Penns Adaption* THE PLEDGE *(2001) anders präsentiert. Polizist Jerry Black, seit kurzem Pensionär, will in den Urlaub und wird am Flughafen über die Fernsehnachrichten (subjektive Montage; Abb. 82, 84) mit seinem letzten, ungelösten Fall konfrontiert. Sekundenschnell bricht seine Fassade, wirkt er in (Ganz-)Großaufnahme (Abb. 83, 85) nervös und verunsichert, werden Detaileinstellungen einer laut tickenden Uhr (subjektiver Ton; Abb. 87, 89) und von herangezoomten Glücksspielautomaten (Abb. 86) eingeblendet. Schließlich läuft seine Zeit ab, kein Ticken ist mehr zu hören: Black schließt die Augen (Abb. 90) und verpasst den Flug (Abb. 91).*

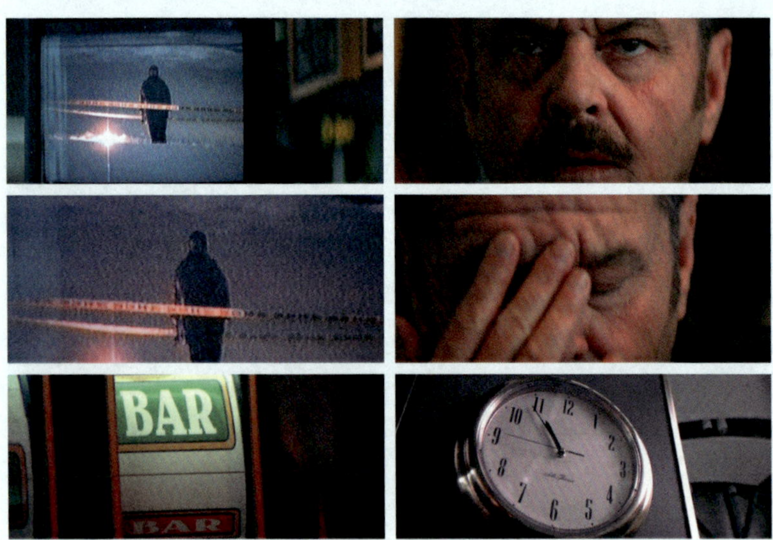

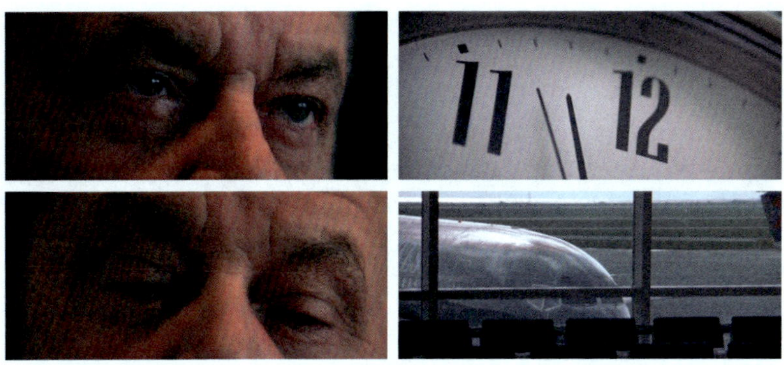

Abb. 82–91: The Pledge

Jerry Black hat also ganz im Gegenteil zu Matthäi nicht den Höhepunkt seiner Karriere erreicht, sondern fürchtet sein Pensionärsdasein und den damit einhergehenden Verfall. Das Glücksspiel der Polizeiarbeit (man setzt momentan auf den falschen Mann) und seine ablaufende Zeit sorgen für die Umkehr - nicht das gegebene Versprechen und auch keine Kinder. Der eigentlich warmherzige und emotionale Black wird ab sofort kurios-rational. Penn stellt die Figur auf den Kopf, gibt ihr ein neues Motiv und überspringt die Erzählerdistanz des Originaltextes, indem er uns sehr nah (identifikatorische Nähe) an Black heranführt - viel Varianz im Ähnlichen, eine Einfühlung in die Hauptfigur ist anders als bei Dürrenmatt kaum zu vermeiden.

Eine der beiden Hauptfiguren von Andreas Steinhöfels Rico, Oskar und die Tieferschatten (2008) *ist ein lernbehinderter Junge. Die Denkprobleme Ricos werden im Roman insbesondere durch das sprachliche Bild und die Illustration durcheinanderrollender Bingokugeln veranschaulicht. Dies aufgreifend, präsentiert auch der Film (2014; vgl. Praxiskap. 4.3) in der Eingangssequenz eine rotierende Bingotrommel und eine entsprechende *Voice-Over-Erläuterung Ricos (Abb. 92). Seine Auffassungs- und Orientierungsprobleme sind innere Phänomene, für die ein Film äußere Äquivalente finden muss. Wirkungsvoll tut er das in einer Szenenfolge, in der der Junge den Weg zum Einkaufen nehmen muss: Ricos Bewegungen erscheinen im Zeitraffer, in Untersicht, in einem gekrümmten Fischaugenraum, in Überblendungen und Mehrfachbelichtungen; das Straßenschild multipliziert die „Dieffenbachstraße", ebenso surreal erscheinen plötzlich die Nachbarzwillinge im Fenster (Abb. 93–94). Zu den visuellen treten auditive Elemente: Fetzen eines inneren Monologs, darüber gelegt eine synkopisch treibende Musik. Natürlich könnte Rico in einem *Voice-Over Sätze sagen wie „Plötzlich waren da viele Straßenschilder" oder „In meinem Kopf hörte ich dauernd ‚links, rechts'". Doch wäre dies schwerfällig und unfilmisch.*

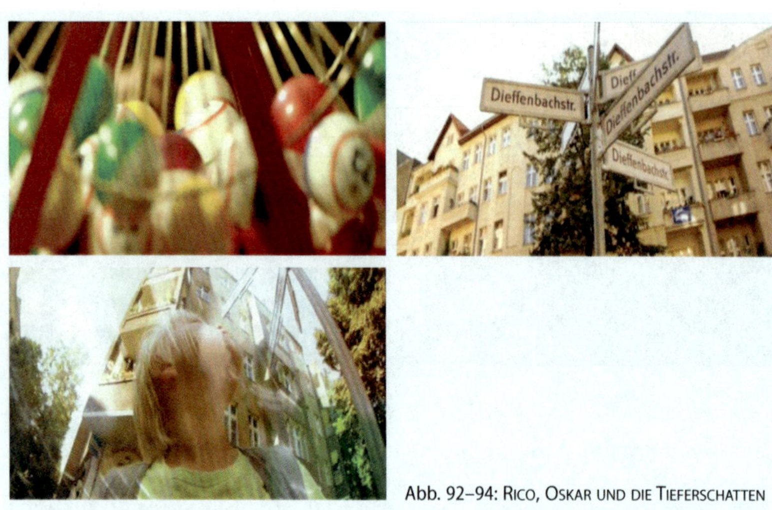

Abb. 92–94: Rico, Oskar und die Tieferschatten

Literaturverfilmungen sind Filme. Sie nutzen den literarischen Stoff für die eigene Ästhetik, lassen offen, erweitern und übertragen in andere Zusammenhänge. In diesem Sinne sind sie, ohne dass das negativ zu verstehen wäre, Sekundärtexte, in denen eine Lesart zur Diskussion gestellt wird, die nicht als werktreu oder -untreu zu besprechen ist, sondern als eine Darstellung mit eigenen Mitteln und vielen Freiheiten. Aschenbachs Reaktion ist eine offene für den Zuschauer, Blacks Unsicherheit eine der Lebensangst, nicht des gegebenen Versprechens, und Ricos Orientierungsnot eine visuell-akustisch abzubildende Behinderung. Stoffe wandern durch Medien und Zeiträume, werden dabei neu ausgestattet, angereichert und so lebendig gehalten.

Wenn es um diesen Medienübergang geht, ist Stefan Volks (vgl. 2004, S. 44) pointierter Hinweis, dass man doch Äpfel und Birnen durchaus miteinander vergleichen könne, ein guter Ausgangspunkt. Denn natürlich sind die **Zeichen- und Sprachbedingungen** der beiden Medien nicht deckungsgleich, sie lassen sich aber anhand bestimmter Kriterien prototypisch differenzieren (Abb. 95).

Während Literatur mit symbolischer Schrift operiert und demnach ein Angebot macht, das die Leser*innen in (ganz unterschiedliche) Bilder überführen können, muss der Film alles konkretisieren und präsentieren. Das überwiegend ikonische Zeichenfeld des Films legt also ein Ab- und Hörbild (von vielen möglichen) vor, und das kann kaum mit den Bildern aller Leser*innen übereinstimmen. Demzufolge ist das filmische Angebot als eine fremde Lesart mit der eigenen in Beziehung zu setzen. Oder, um bei Volk zu bleiben, die Birne schmeckt nicht wie der Apfel, aber sie schmeckt unter Berücksichtigung ihrer Besonderheiten durchaus.

Kriterium	Schriftliteratur	Film
Zeichentyp/Zeichenträger	Sprachlich:	Visuell-auditiv:
	Symbolisch-abstrakt-linear	Ikonisch-konkret-synthetisch
Vermittlung	Fiktive Erzählerfigur	Vermittelnde Apparatur
	Metakommunikatives Erzählen	Zeigen
Erzählte Welten	Originalität	Nachahmung
	Inneres, Reflexion	Äußeres, Handlung
	Diskursivität	Emotionalität

Abb. 95: Prototypische Differenzen zwischen Schriftliteratur und Film (Maiwald 2015b, S. 20)

Denn schließlich geht es wie bei jeder vergleichenden Maßnahme „darum, ob die filmischen Bilder den literarischen Texten gewachsen sind, ihnen standhalten oder sie gar überbieten können" (Schnell 2000, S. 159), was zwingend einen wertenden Anschlussdiskurs (möglicherweise nur mit sich selbst) fordert. Dafür muss der Film filmisch betrachtet oder filmanalytisch untersucht werden nach den Bedingungen, die wir in Kap. 2.2 vorgestellt haben. Klar ist allerdings, dass eine ausführliche Untersuchung von Text und Verfilmung, wie z. B. Kammerers (2006, S. 163–173) feingliedrige Analyse der Eingangssequenz aus der Thomas Mann-Verfilmung TONIO KRÖGER (1964), wohl eher eine Aufgabe fürs germanistische Seminar und in der Schule schwerlich so tiefgehend zu schaffen ist. Dennoch kann gerade hier, am Beispiel eines sperrigen Textes (des handlungsarmen Thomas Mann), gut verdeutlicht werden, welche Lektüre erleichternde und zugleich klärende Rolle ein Einstieg mit einer Filmsequenz erfullen kann. Man lernt etwas über Film und nutzt dies eventuell zum besseren Verstehen der nachfolgenden literarischen Lektüre. Eine „**wechselseitige Erhellung der Künste**" (Walzel 1917) findet statt: Der „Medienverbund" wird wörtlich genommen.

Solche **Verbünde** sind ja immer die Folge von Wanderbewegungen eines Stoffes (vgl. Rajewsky 2002, S. 11–19; 2019, S. 54 f.) und damit durch den Medienwechsel ein ***intermediales Phänomen** (vgl. Maiwald 2019, S. 11 f.). Verbindend wirkt hier also eine Story, Geschichte, deren Personal, bestimmte (Erzähl-)Formen oder mindestens manche Textidee, worauf die Maschinerie der Adaption, Transformation, schließlich: Distribution zu laufen beginnt. Große Verbundgruppen – man denke z. B. an den medialen und materiellen Auswurf rund um die literarische Figur „Harry Potter" – mögen dabei entstehen und das vom Rezipienten erstellte mentale Modell des Ersttextes präzisieren und erweitern. Im Fall der namenstragenden Synthese „Literaturverfilmung" ist das *Intermediale gesetzte Größe und zielt, da ausgiebig mit der Doppelung geworben wird, zunächst einmal auf die mit dem Ursprungstext vertrauten Leser*innen. Sicherlich kann man eine Verfilmung auch ohne Kenntnis der Vorlage verstehen und genießen, aber die Bedeutung des Werks in der Literaturgeschichte, die filmische Interpretation dessen und (notwendige) Wirkungsvarianzen beim Medienwechsel versprechen bei vergleichendem Rückgriff auf die Literatur manchen Erkenntnisgewinn. Nicht zuletzt in Bezug auf das Gelingen oder Nicht-Gelingen der Übersetzungstätigkeit: „Stoffe, Motive, Figurentypen und -konstellationen, Handlungsmuster, Narrationskategorien, Gattungs-, Genremerkmale etc. interessieren hier in Bezug auf **Analogie und Variation der Gestaltung**; Auswirkungen dieser Gestaltung auf die Rezeption werden zum Schwerpunkt der Untersuchung" (Kammerer 2014, S. 247 f.; Herv. IK/KM). Nicht die Frage: Was lässt der Film weg?, verspricht also Ertrag, sondern: Warum dies und nicht anderes? Nicht die Schwierigkeit des Films, das Innenleben der Figuren audiovisuell so zu zeichnen, wie es der Literatur durch Schrift gelingt, ist von Wert, sondern die Beantwortung der Frage, wie und mit welcher Wirkung der Film z. B. die erlebte Rede der Buchvorlage in seine ‚Sprache' überträgt. Nicht die Einsicht, dass Film literarische Leerstellen füllt bzw. konkretisieren muss, ist von Bedeutung, sondern, wie er das tut, ob stimmig oder unbegründet, textnah oder -fern, effizient oder nicht.

Verfilmt werden in der Regel **epische und dramatische Vorlagen**. Das verwundert nicht, da Film und Fernsehen eben „erzählen, indem sie zeigen, und sie erzählen durch Sprechen über etwas, was sie nicht zeigen" (Hickethier 2001, S. 113). Hickethier verweist hier auf David Bordwells (1985, S. 3–26) Untersuchungen zur filmischen Narration, die dabei vollzogene Differenz von *showing* und *telling* und folgert eine sowohl mimetische (Figuren, Handlung) als auch diegetische (Erzähler) Erzählweise im Film (vgl. Hickethier 2001, S. 112 f.; vgl. Kap. 2.2.3). Die vorliegende unmittelbare Darbietung bei zeitlich variabler Perspektivierung „[kombiniert] wichtige Elemente dramatischer und narrativer Texte" (Bohnenkamp 2005, S. 28) und ermöglicht dem Medium eine spezielle Erzähldramaturgie, was die Adaption von Dramatik- und Epiktexten nahelegt bzw. leicht möglich macht. Eine Untersuchung zu Literaturverfilmungen im Zeitraum zwischen 1945 und 2000 (Schmidt/Schmidt 2001, S. Xf.) weist dann auch weit über 2000 Verfilmungen sowohl von dramatischen als auch epischen Texten vor. Die dritte Gattung, die Lyrik, kommt dagegen in 56 Jahren nur 13 mal auf die Leinwand bzw. (wohl eher) auf den Fernsehschirm. **Lyrik als Vorlage** für eine Verfilmung ist also keine Unmöglichkeit, aber ungleich schwerer zu realisieren. Das hat mit der Kürze von Gedichten, dem grundsätzlich erzählenden Film bei selten erzählender Lyrik, der Gattungsbesonderheit des Verses und mit einem wahrscheinlichen geringen Zuschauerzuspruch bei teuren Filmproduktionskosten zu tun (vgl. Krommer 2006, S. 85 ff.; Kammerer 2008, S. 61–64). Gedichtsammlungen sind keine Verkaufsschlager, Filme um Lyrik demnach im Kino nicht zu erwarten.

Es gibt eine Ausnahme, die zwar diese Regel bestätigt, aber doch so erstaunlich ist, dass sie hier erwähnt werden soll. Ralf Schmerbergs POEM – ICH SETZTE DEN

FUSS IN DIE LUFT UND SIE TRUG (2003) präsentiert 19 Gedichtverfilmungen, in denen der Text, im On oder Off gesprochen, mit Bildern wie auch Musik angereichert und auf diese Weise interpretiert wird. Kammerer (2008, S. 68) spricht deshalb von „Nach- oder Sekundärtexten", da der Bezug zum unveränderten Originaltext unmittelbar gegeben ist und bildlich-musikalische Auslegungen der Produzenten hervorbringt. Dies im notwendigen literarischen Rückgriff zu beurteilen ist eine interessante didaktische Aufgabe, weshalb die Auseinandersetzung der Deutschdidaktik mit POEM recht umfangreich war (vgl. Krommer 2006; Hesse u. a. 2006; Kammerer 2008; Albrecht 2014). Lyrikverfilmungen sind aber auch außerhalb des Kinos und in **digitalen Zeiten** besonders beliebt, wie eine Recherche auf Netzportalen wie YouTube schnell verdeutlichen kann. Dort veröffentlichen literarische Leser*innen Filme zu vorgetragenen Gedichten, nutzen also Filmisches zur textreaktiven Lyrikinterpretation und expressiv-individuellen Selbstäußerung. Mag man auch darüber streiten, ob die (Sekundär-)Autor*innen dabei Großes oder Gelungenes zur Ausstellung bringen – an der lebensweltlichen Nutzung von Lyrikverfilmungen kann kein Zweifel bestehen.

2.3.2.2 Didaktisches Fazit

Literaturverfilmungen sind zunächst Filme und können auch ohne Rückbezug zur literarischen Vorlage im Deutschunterricht thematisiert werden. Bei naheliegendem Rückgriff auf die externe Grundlage sind folgende Überlegungen didaktisch relevant:

1) Eine Verfilmung ist eine audiovisuell konkretisierte Lektüre der Vorlage, demnach eine Interpretation, die die eigenen Lektüreerfahrungen nicht widerspiegeln muss. Ein **Vergleich der beiden Medien** berücksichtigt dies. Dem Vergleichenden sind die unterschiedlichen Zeichenfelder und Wirkungsoptionen bekannt, so dass sowohl eine Textanalyse der Literatur wie auch des Films durchgeführt und die zweifache Frage „Wie erzählen Schrifttexte und wie erzählen Filmtexte?" (Staiger 2010a, S. 97) beantwortet werden kann. Ein Rückgriff auf ähnliche Analysekategorien der beiden Medien (vgl. Kap. 2.2.3) ist möglich, allerdings sind die andersartigen filmsprachlichen Möglichkeiten im Vergleich zu schriftsprachlicher Kommunikation zu berücksichtigen. Wie bei jeder Textbeschäftigung wird das Was (Story – Inhalt) mit dem Wie der Darstellung (Plot – Gestaltung) in Beziehung gesetzt und schließlich in der speziellen (poetischen) Funktionalität beurteilt. Auf diese Weise ist keine per se abwertende Betrachtung des Films möglich, da der Fokus eher auf den Wirkungsunterschieden der Medien liegt und diese eben medienspezifisch begründet werden müssen.

2) Das „erhellende" Arbeiten mit dem doppelten Text lässt die Schüler*innen nicht nur Ähnlichkeiten entdecken, sondern macht auch Wirkungsdifferenzen der beiden Medien anschaulich. **Analogien und Varianten im *intermedialen Blick** auf unterschiedliche stoffverarbeitende Medien zu erkennen und zu beurteilen sind wesentliche Ziele eines medienreflexiven Unterrichts, der Mündigkeit und

zugleich Genussfähigkeit des Lernenden fördert. Poetische Stoffe werden heute von vielen Medien geprägt und „Funktions- und Wirkungsweisen der unterschiedlichen Medien [wirken] auf den literarischen Text zurück" (Bönninghausen 2010, S. 511), so dass gerade bei Verfilmungen besondere Erkenntnisse möglich werden. Übergreifende Untersuchungskategorien wie Darstellungen von Motiven, Figuren, Handlungssituationen, das Erzählen selbst mit speziellen Gattungs- bzw. Genreorientierungen sind bei epischer oder dramatischer Grundlage relevant und können auch bei der Verfilmung von Lyrik Interessantes zu Tage befördern.

3) Literaturverfilmungen sind Filmtexte und daher in jedem Kompetenzfeld unseres Modells (Kap. 1.4.3) zu untersuchen. Ob man mit dem Film oder der Literatur beginnt, eventuell beides abwechselnd und unterstützend aufeinander bezieht, liegt im didaktischen Ermessen der Lehrkraft. Dabei sind, wie bei literarischer Analyse auch, Schwerpunkte zu setzen, soll reduziert an besonders fruchtbaren Beispielen gearbeitet und kann im Anschluss daran auch produktiv gehandelt werden (vgl. Staiger 2010a, S. 99). Besondere Verfahren benötigt die Verfilmung nicht, ein vergleichender Rückbezug auf die anleitende literarische Vorlage und die in der Adaption vollzogene Übersetzungsarbeit ist aber sinnvoll.

4) Eine interessante didaktische Möglichkeit ist die **Betrachtung von Mehrfachverfilmungen** (z. B. zu *Effi Briest, Buddenbrooks, Emil und die Detektive, Das Versprechen*). Hierbei wird nicht nur Filmgeschichte gestreift, sondern durch die Bezugnahme auf unterschiedliche Zeiten und Räume der Verfilmung auch die jeweilige Lektürevarianz und Auslegungsbreite des Ausgangstextes veranschaulicht. Besonders deutlich wird so, was Dichtung im eigentlichen Sinn auszeichnet: die Polyvalenz oder Deutungsoffenheit. Erkennbar wird auch das Prinzip der Bezeichnung „Klassiker": die Nutzbarkeit des Textes (i. S. v. Möglichkeit zur aktualisierten Neuauslegung) im historischen und gesellschaftlichen Wandel der potentiellen Leserschaft. „Bestimmt wird ein Text [...] von den soziokulturellen Codes, also Diskursen, Normen, Werten, Ideologien" (Maiwald 2015b, S. 24 f.), weshalb eine filmische Neuschreibung von mitunter weit zurückreichender Originalquelle oft die einzige Möglichkeit ist, neue Leserschichten für den Ursprungstext zu gewinnen. Effi, Toni Buddenbrook, Pony Hütchen und Kommissär Matthäi durch die Zeiten zu folgen, hält einige Überraschungen bereit und verdeutlicht allen ‚Werktreue-Fanatikern' zum Trotz die ästhetische Freiheit und kulturelle Gebundenheit der lesenden Filmemacher*innen.

Zusammenfassung

Als Literaturverfilmungen werden filmische Auseinandersetzungen mit einer qualitativ hoch gewerteten literarischen Vorlage bezeichnet. Der schriftliche Text wird ins audiovisuelle Medium übertragen, weshalb man von einer Übersetzung mit eigenen, medienspezifischen Mitteln ausgehen muss. Diese Übersetzungsleistung kann als „interpretierende Transformation" (Kreuzer 1999) bezeichnet werden. Es gilt also immer die Interpretationsfreiheit der Filmemacher*innen – eine „Werktreue" im Sinne einer textgenauen Übertragung ist von der Sache her gar nicht möglich. Der Film setzt eigene Schwerpunkte, da die persönliche Literaturlektüre der Regisseur*innen, die sich nicht mit der eigenen decken muss, audiovisuell zur Diskussion gestellt wird.

Im Deutschunterricht kann man kleinere Vergleichseinheiten angehen, in denen filmanalytische Erkenntnisse mit literaturanalytischen in Beziehung gesetzt werden. Der so erreichte didaktische Verbund ermöglicht einen potenzierten Ertrag der Rezeption und prägt mehrmedial das mentale Modell des Stoffes, das sich der/die Leser*in erstellt.

Weiterführende Literatur: Maiwald, Klaus (2015): Vom Film zur Literatur. Moderne Klassiker der Literaturverfilmung im Medienvergleich. Stuttgart (= Reclams UB 17686). **Paech, Joachim (1997):** Literatur und Film. 2., überarb. Aufl. Stuttgart u. Weimar (= Sammlung Metzler 235). **Staiger, Michael (2010):** Literaturverfilmung im Deutschunterricht. München (= Oldenbourg Interpretationen 112).

2.3.3 Filmgeschichte

In einer Folge der gleichnamigen Comedy-Serie aus den 1990ern schaut „Mr Bean" mit seiner Freundin „Im Kino" einen Horror-Film (NQ). Von diesem ist lediglich der Soundtrack zu hören; zu sehen sind die davon ausgelösten, absurd überzogenen und daher extrem komischen Angstreaktionen des Darstellers Rowan Atkinson. Ein wesentliches Element der musikalischen Gefühlsmanipulation ist das Zitat der schneidenden sog. Streicherdolche, die in Alfred Hitchcocks PSYCHO (1960) die legendäre Duschszene grundieren und die offenkundig als akustisches Signal für Horrendes auf der Leinwand eingängig geworden sind. Hier lohnt also ein Blick in (bzw. Ohr für) Filmgeschichte!

Da kein kulturelles Produkt für sich im luftleeren Raum existiert, bezieht der schulische Umgang mit literarischen Texten, mit Musik und mit der bildenden Kunst selbstverständlich auch deren Entstehungskontexte mit ein: Goethes „Der Zauberlehrling" (1797) ist eine Ballade der Klassik, Franz Schubert ist ein Komponist der Romantik; Claude Monets „Impression, Sonnenaufgang" (1872) ist ein Hauptwerk des Impressionismus. Zwar sind Epochen(bezeichnungen) meist nachträgliche und nicht immer trennscharfe Konstrukte. Gleichwohl haben sich für die Literatur und andere Künste teils identische Strömungs- und Epochenbegriffe etabliert.

Anders für das Medium Film. Werner Faulstich konstatiert einerseits das Fehlen einer „umfassende[n] Filmgeschichte als Mediengeschichte" (2005, S. 7), andererseits die Selektivität existierender Filmgeschichten, die sich z.B. auf den Kunstfilm (Sadoul 1982) oder auf den deutschen Film (Jacobsen u.a. 2004) beschränken oder auf Internationales aus einer nationalen Perspektive blicken (z.B. Thompson/Bordwell 2004, S. 9–13). Die Selektivität filmgeschichtlicher Systematisierungen ist allerdings zwangsläufig: Zum einen ist das filmische Produktspektrum extrem vielgestaltig: Es umfasst wie gesehen (Kap. 2.3.1) fiktionale und dokumentarische Filme, Künstlerisches und Populäres, Realfilme und Animationsfilme, Videoclips und Werbespots. Zweitens ist das Medium in der Produktion ungleich vielschichtiger und daher schwerer fassbar als etwa die Literatur. Wie jeder Abspann bereits sinnfällig macht, wird ein Film von zahlreichen Personen(gruppen) und unter Verwendung vielfältigster Technik hergestellt. Drittens hat sich der Film in seiner vergleichsweise kurzen Geschichte bereits früh zu einem internationalen Phänomen entwickelt. Das heutige Transnational Cinema operiert jenseits nationaler Grenzen (z.B. *„Bollywood") mit globalisierten Stoffen und Schauplätzen, wie z.B. LOST IN TRANSLATION (2003). Zugleich haben sich zwischen einem YouTube-Clip auf einem Smartphone-Display und einem 3D-Film im Multiplex-Kino vielfältige Rezeptionspraktiken ausdifferenziert.

Wie Faulstich (vgl. 2005, S. 8) richtig bemerkt, hätte eine Filmgeschichte daher eine umfassende Mediengeschichte zu sein: also nicht (nur) eine Autoren-, Werk- und Kunstgeschichte, sondern auch eine Technikgeschichte, eine Personengeschichte, eine Wahrnehmungsgeschichte oder eine Wirtschafts-, Organisations- und Sozialgeschichte. Weil dies kaum möglich ist, fordert Peter Drexler (im Anschluss an Thomas Elsaesser) einen Verzicht „auf autor- und werkzentrierte, lineare und an nationalen Parametern orientierte" Filmgeschichte (2016, S. 249) und plädiert stattdessen für eine an Spezialthemen orientierte „Wende von der Makrogeschichte zur Mikrogeschichte" (ebd., S.250). Dergestalt mikrogeschichtlich von Interesse wären z.B. Migration und Globalisierung in Episodenfilmen (z.B. NIGHT ON EARTH, 1991) (vgl. ebd., S. 255f.) oder „Der Chronotop [d.h. Zusammenhang von Zeit und Ort; IK/KM] ‚Swinging London' in Spielfilmen der 1960er und 1970er Jahre" (z.B. BLOW UP, 1966) (ebd., S. 260).

Filmgeschichte und Genre

*Filmgeschichte lässt sich auch anhand von Genres bzw. Genrewandel aufzeigen. Das Westerngenre entspringt dem US-amerikanischen Mythos der Eroberung des nordamerikanischen Kontinents bzw. der Ausdehnung der Siedlungsgrenze (*frontier*). Typische Schauplätze sind Prärie, Fort, Indianerlager, Stadt, Saloon; im Zentrum der Handlung stehen Konflikte mit*

Indianern, mit Gesetzlosen oder zwischen Siedlern (vgl. Kap. 2.3.1). Der erste Western, The Great Train Robbery *(1903), machte in der Stummfilmzeit Filmgeschichte (vgl. Faulstich 2005, S. 36): Er schneidet erstmals zwei Parallelhandlungen flüssig gegeneinander, führt mit dem Wettlauf gegen die Zeit und mit der Verfolgungsjagd zwei Hauptmotive filmischen Erzählens ein (vgl. Monaco 2002, S. 236) und wurde als „first feature picture with a plot" (Abb. 96) angepriesen . In der goldenen Ära Hollywoods erlebte auch der Western seine Blütezeit. In Filmen wie* Stagecoach *(1939) und dem Inbegriff des Genres,* High Noon *(1952), zeigte sich der Western auch filmtechnisch weiterentwickelt, mit Ton und beweglicher Kamera. Western-Helden wie Gary Cooper (Abb. 97), James Stewart und John Wayne wurden zu Superstars des Kinos (vgl. z.B. Prinzler 2005, S. 57–64).*

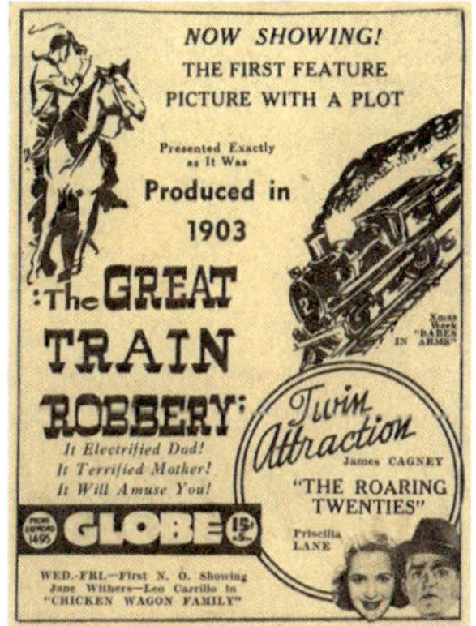

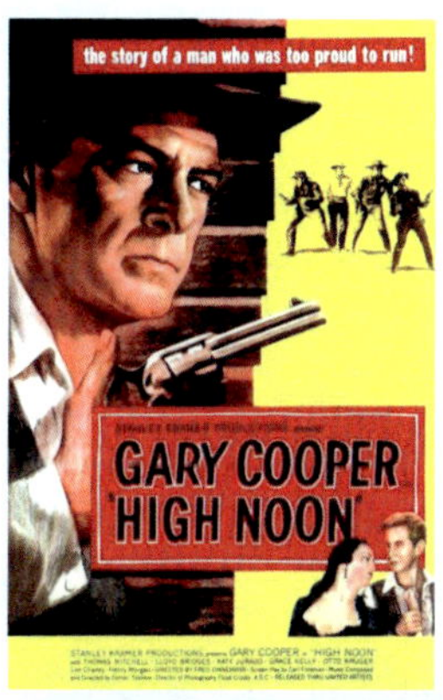

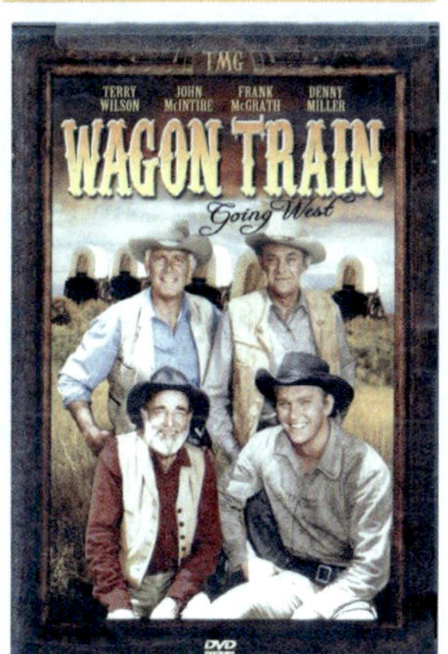

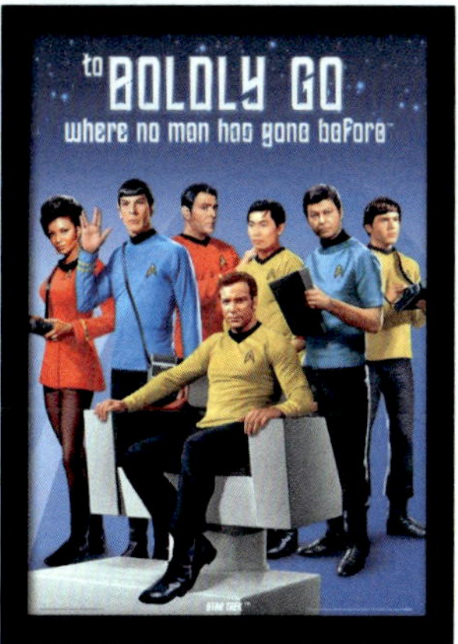

Abb. 96–99: The Great Train Robbery, High Noon, Wagon Train, Star Trek (NQ)

In der Konkurrenz mit und im Fernsehen erstarrte das Genre in US-Serien wie GUNSMOKE *(1955–75) oder* WAGON TRAIN *(1957–65) (Abb. 98). Der mit Beginn der 1960er Jahre aufkommende Italo-Western belebte als neue, zynische Variante das ausgereizte Genre. Er spielte dabei z. B. in* C'ERA UNA VOLTA IL WEST *(dt.* SPIEL MIR DAS LIED VOM TOD, *1968) mit vielen Elementen und Szenen der Western-Klassiker, kehrte sich aber vor allem vom Klischee des guten Helden ab. Mit der 1966 einsetzenden Sci-Fi Serie* STAR TREK *wurde die* frontier *des Westens in den Weltraum verlagert, die Grundstruktur des Westerns aber erhalten: „Boldly go where no man has gone before" (Abb. 99) ist nun keine Unternehmung weißer Siedler in Planwagen mehr, sondern eine Mission der multi-ethnischen Besatzung eines Raumschiffes. 1990 landete das Genre mit* DANCES WITH WOLVES *noch einmal einen überwältigenden Kino-Erfolg. Von der Schwarz-Weiß-Malerei und insbesondere der Negativzeichnung der Indianer, die den frühen Western geprägt hatte, nahm dieser Film zum Ende des 20. Jahrhunderts weiten Abstand. Für eine nachhaltige Belebung des Genres war die zugrundliegende historische Erfahrung des Go West! indes zu verblasst. Sporadisch tauchen Westernmotive weiter auf, kehren sich aber von den klassischen Genremustern eher ab, so in Ang Lees* BROKEBACK MOUNTAIN *(2005), Quentin Tarantinos* DJANGO UNCHAINED *(2012) oder in Thomas Arslans* GOLD *(2013): Der Goldsucher-Treck in Arslans Film endet in einem tödlichen Fiasko, der am Ende weiterziehende* lonesome rider *ist eine Frau.*

Am Western, dem lange Zeit „bedeutendsten Genre des Kinos" (Buscombe, zit. nach Brunow 2013, S. 39) lässt sich das geschichtliche Prinzip der Genrekommunikation gut ersehen: „Entstehung – Stabilisierung – Erschöpfung – Neubildung" (Hickethier 2002, S. 71; vgl. auch Kap. 2.3.1).

Das Fehlen bzw. die Problematik einer umfassenden Medien- und Makrogeschichte des Films ist auch didaktisch von Belang. Nicht nur wegen des begrenzten Raumes in Lehr- und Bildungsplänen, sondern auch aus der Sache selbst heraus ist der Anspruch auf Vermittlung einer umfassenden Filmgeschichte problematisch. Dies schließt jedoch exemplarisches filmgeschichtliches Lernen keineswegs aus, wofür Lehrer*innen wiederum einen **systematischen filmgeschichtlichen Kenntnisrahmen** benötigen. Einen solchen Rahmen zu ziehen und zu füllen ist das Anliegen der folgenden Darstellung. Diese stützt sich wesentlich auf das Studienbuch *Filmgeschichte* (2005) von Werner Faulstich und auf Kapitel „4. Filmgeschichte: Ein Überblick" aus dem Standardwerk *Film verstehen* (2002) von James Monaco. Beide Autoren geben eine chronologische Epochengliederung an, in die vor allem Monaco noch systematische Differenzen einschreibt (z. B. „Realismus gegen Expressionismus", vgl. ebd., S. 293). Betrachten wir diese Gliederungen im Vergleich (Tab. 5) – und geben für den deutschen Film noch die nach Jacobsen u. a. (2004) bei:[27]

Monaco: ***Film verstehen***	**Faulstich:** ***Filmgeschichte***	**Jacobsen/Kaes/Prinzler:** ***Geschichte des deutschen Films***
Das Entstehen einer Kunst: Lumière gegen Méliès	Vor- und Frühgeschichte. Die Anfänge bis zur Jahrhundertwende (1895–1900)	Frühgeschichte des deutschen Films
Der Stummfilm: Realismus und Expressionismus	Nationale Besonderheiten in der Ausbildung von Genres bis zur etablierten Filmindustrie (1900–1914), [z.B. der Western in den USA und das Melodram in Deutschland]	
Hollywood und Europa: Genre gegen Autor	Vom Stummfilm zum Tonfilm – ökonomische und ästhetische Schwerpunkte zur Zeit der Weimarer Republik (1914–1933)	Film in der Weimarer Republik
		Exilfilm 1933–1945
	Filmkultur unterm [!] Hakenkreuz [enthält auch ein zweites Teilkapitel zu „Hollywood und die gesellschaftliche Wirklichkeit" mit Unterkapiteln zu den Regisseuren John Ford, Orson Welles, William Wyler sowie zu „Stars der 30er und 40er Jahre"]	Film im Nationalsozialismus
Neorealismus und die Folgen: Hollywood gegen die Welt	Der Weltfilm der Nachkriegszeit (1945–1960)	Westdeutscher Nachkriegsfilm
Die *Nouvelle Vague* und das neue Kino: Kommunikation vor Unterhaltung	Konkurrenz zum Fernsehen und Erneuerung (1960–1975)	Film der sechziger Jahre

27 Ausgeklammert bleiben die Beiträge des Bandes, die sich nach dem chronologischen Durchgang übergreifenden Fragen widmen: dem Film in der DDR, dem *New Look* (d.h. einer veränderten, eher mikrogeschichtlichen Filmgeschichtsschreibung, auf die sich auch Drexler 2016 beruft), dem Dokumentarfilm und dem Experimentalfilm, Filmkritik und Filmtheorie, dem feministischen Blick, Filmzensur und Selbstkontrolle, Film und Fernsehen. Eine „Chronik" der Filme, Ereignisse und Personen 1895–2004 schließt den Band ab.

Monaco: ***Film verstehen***	**Faulstich:** ***Filmgeschichte***	**Jacobsen/Kaes/Prinzler:** ***Geschichte des deutschen Films***
Die achtziger und danach: Demokratie und Technologie – das Ende des Films	Genrewandel – Diversifikation, Revival, Mix (1975–1990)	Film der siebziger Jahre
		Film der achtziger Jahre
	Ausblicke: Digitalisierung und Globalisierung (1990–heute)	Film der neunziger Jahre

Tab. 5: Filmgeschichte in einschlägigen Standardwerken

Das Nebeneinander dieser Phasengliederungen ist in mehrfacher Hinsicht aufschlussreich. Es zeigt, dass ...

1. sich in einer „nationalen" (hier auf Deutschland bezogenen) Perspektive eigene, andere Phasen ergeben (Weimarer Republik oder Film im Nationalsozialismus) als in einer übernationalen;
2. vielfach auf zunächst rein formale, inhaltsarme und latent beliebige Zeit(spannen)angaben zurückgegriffen wird (z. B. „achtziger Jahre");
3. gänzlich heterogene Bestimmungskriterien nebeneinander (und untereinander) stehen: Genre(wandel), Technik (z. B. Stumm- vs. Tonfilm), zeitgeschichtliche Zäsuren (1914/1933/1945); Funktionen (Kunst, Kommunikation, Unterhaltung) und übergreifende Trends (Ende, Erneuerung, Diversifikation, Digitalisierung);
4. es offenbar keine fest etablierten Epochenbezeichnungen gibt und eher die bloße zeitliche Abfolge das Organisationsmuster ist.

Hier offenbaren sich anschaulich die Probleme bei dem Unterfangen, Filmgeschichte zu (be-)schreiben. Andererseits zeigt die Tabelle auch, dass es (Haupt-) Phasen gibt, über die vielleicht nicht in den Bezeichnungen, aber in ihrer Gegebenheit Einigkeit herrscht:

- Offenkundig lassen sich **Vorläufer und Anfänge** des Films ausmachen.
- Im Gefolge etabliert sich der **Stummfilm** als eigenständige Kunstform und Wirtschaftsbranche.
- Die **Einführung des Tonfilms** (nach 1927) stellt eine tiefgreifende Zäsur dar, es beginnt die bis in die 1940er Jahre reichende **goldene Ära Hollywoods**.
- Besonders nach dem Zweiten Weltkrieg wird der **Film international** und das Kino gerät in eine existenzgefährdende **Konkurrenz zum neuen Massenmedium Fernsehen**.

- Auch in Reaktion auf jene Medienkonkurrenz entstehen ästhetische **Neuerungsbewegungen** wie die *Nouvelle Vague* in Frankreich und der Neue deutsche Film.
- In der jüngeren Vergangenheit bis in die Gegenwart zeigen sich **Entwicklungen, die die Filmproduktion, den Film selbst und die Filmrezeption nachhaltig verändern**: Neben Kino und Fernsehen treten mächtige Verbreitungskanäle im Internet; das narrative Leitmedium Spielfilm gerät in Konkurrenz zu Serien und Computerspielen; die Digitalisierung ermöglicht immer eindringlichere Wirklichkeitsillusionen (3D, Virtual Reality) und löst die Filmrezeption von festen Zeiten und Orten.

Die folgende Darstellung wichtiger Etappen der Filmgeschichte fokussiert den fiktionalen Langfilm. Eine Geschichte des Dokumentarfilms wäre ein gesondertes Projekt; ebenso ausgespart bleiben Kurzfilme, Werbefilme und die durch das Musikfernsehen (MTV) in den 1980er Jahren popularisierten, aber nur noch bedingt relevanten Musikvideoclips. (Zum Dokumentarfilm vgl. grundlegend Kammerer/Kepser 2014; ebenso zum Dokumentarfilm und zum Werbefilm Frederking u. a. 2018, S. 187–202; zum Kurzfilm Behrendt 2011 und Abraham 2013; zum Musikvideo Frederking u. a. 2012, S. 166–169).

2.3.3.1 Vorläufer und Anfänge

Als **Geburtsstunde** des Films gilt der 22. März 1895. An diesem Tag führten die französischen Brüder Auguste und Louis Lumière in Paris einem Fachpublikum der fotografischen Industrie einen Streifen vor, der in einer einzigen Einstellung zeigt, wie Arbeiter*innen die Lumière-Werke verlassen: LA SORTIE DE L'USINE LUMIÈRE À LYON (vgl. Faulstich 2005, S. 19 f.). Am 28. Dezember 1895 fand in einem Pariser Café die erste öffentliche Filmvorführung statt, bei der allerdings nur angeblich Zuschauer*innen panisch vor einem auf der Leinwand auf sie zufahrenden Zug flohen: L' ARRIVÉE D' UN TRAIN EN GARE DE LA CIOTAT (vgl. Pfeiffer/Staiger 2010, S. 24 f.).

Der Film kam nicht aus dem Nichts. Mit der Fotografie gab es bereits ein Medium, das Abbilder der Wirklichkeit lieferte, Augenblicke bannte, die in der Realität flohen, und fassbar machte, was mit bloßem Auge nicht zu fassen war – z. B. die Galopp-Bewegungen eines Pferdes in den Serienbildern des britischen Fotografen Eadweard Muybridge (vgl. Frederking u. a. 2018, S. 45f, 157 f.; Hörisch 2004, S. 232 f.). Zu den **technischen Vorläufern** der bewegten Filmbilder zählten nach dem Prinzip des „Daumenkinos" funktionierende Lebensräder und sog. Panoramen: 360-Grad-Rundgemälde, die gerne Schlachten darstellten und dabei einen kontinuierlichen Bildfluss suggerierten (vgl. Paech 1997, S. 75 ff.; Hörisch 2004, S. 299 f.). Zeitgleich mit den Lumières arbeiteten andere an der Darstellung bewegter Bilder: der Amerikaner Thomas A. Edison baute ein sog. Kinetoskop (vgl. Thiel/Würmli 1995, S. 5), die deutschen Brüder Max und Emil Skladanowsky präsentierten mit ihrem „Bioskop" am 1. November 1895 in einem Berliner Großvarieté Filme, die sogar bereits mit Musik eines Phonographen untermalt wurden (vgl. Frederking u. a. 2018, S. 46). Am Ende setzte sich die französische Konkurrenz jedoch durch.

Die ersten, allein aus technischen Gründen noch sehr kurzen Filme zeigten herausströmende Arbeiter*innen, einen einfahrenden Zug, Karten spielende Herren, den Abbruch einer Mauer (vgl. „The Lumière Brothers' First Films", NQ). Zu solchen Alltagsszenen gesellte sich alsbald zwar schon Heiter-Skurriles wie L'ARROSEUR ARROSÉ (1895) oder von den Skladanowskys DAS BOXENDE KÄNGURUH (1895). Dennoch hatte der Film zunächst einen **dokumentarischen Charakter** als „Verdoppelung von Wirklichkeit – die Brüder Lumière sahen in ihrem Kinematographen stets nur eine Verbesserung der Fotografie" (Faulstich 2005, S. 19). Über das Dokumentarische hinaus gelangte der Film mit George Méliès. Dessen ca. 13-minütiger Film LE VOYAGE DANS LA LUNE (1902) etablierte den **phantastischen Gegenpol zum dokumentarischen Realismus** der Lumières. „Der Illusionist Méliès kann deshalb mit Recht als der erste Regisseur der Filmgeschichte bezeichnet werden. [...] Mit Méliès entstand der narrative Spielfilm" (Faulstich 2005, S. 20 f.).

Zwei Phänomene aus den Anfängen wirken bis heute nach:

a) Der Film begann seine Karriere als Jahrmarkt- und Varieté-Attraktion. (Daher spricht Tom Gunning von einem frühen *„Kino der Attraktionen".) Das erste Berliner Kino von 1899 „trug den bezeichnenden Namen *Abnormitäten- und Biograph-Theater*" (Pfeiffer/Staiger 2010, S. 5). Das Medium als solches, die bewegten Bilder, waren die Sensation, nicht so sehr die Inhalte. Aus dieser Zeit rührt die bis heute gängige Abwertung des Films als billiges Vergnügen für die breite Masse.

b) Mit den Personen Lumière und Méliès ist bereits früh das breite Ausdrucks- und Aufgabenspektrum des Films markiert: zwischen Dokumentation und Fiktion, zwischen Realismus und Phantastik, zwischen naturalistischer Wiedergabe und künstlerischer Gestaltung, zwischen Information und Unterhaltung.

2.3.3.2 Der (stumme) Film als Kunstform und Wirtschaftsbranche

Zwei Bewegungen prägen die Phase nach den Anfängen: Zum einen werden die Filme länger, beginnen Geschichten zu erzählen und entwickeln künstlerische Ausdrucksformen und Ansprüche. Marksteine dieser Entwicklung sind neben LE VOYAGE DANS LA LUNE der 1903 entstandene Kurz-Western THE GREAT TRAIN ROBBERY und David W. Griffiths monumentales, allerdings auch offen rassistisches Epos BIRTH OF A NATION (1915). Der Film etablierte sich in Europa und in den USA als künstlerisches Erzählmedium. Dass die Filme noch ohne gesprochene Sprache (und damit ohne Sprachbarrieren) waren und nur Texttafeln einblendeten, vereinfachte die Produktion und begünstigte die Verbreitung. Gänzlich stumm war der Film jedoch keineswegs. In den Vorführungen wurden die Leinwandbilder durch Klaviermusik oder durch sog. Kinoerzähler ergänzt (vgl. Monaco 2002, S. 53ff.). Charles Chaplins THE GOLD RUSH (1925) oder Fritz Langs METROPOLIS (1927) wurden zu Klassikern. Die Slapstick-Komödie erlebte ihre Blüte in der Stummfilmzeit (Buster Keaton, Harold Lloyd, Charlie Chaplin, Laurel & Hardy).

In der noch jungen Sowjetunion entwickelte sich eine avantgardistische, politisch engagierte Filmkunst: Sergej Eisenstein konstruierte in seinem Revolutionsfilm PANZERKREUZER POTEMKIN (1925) eine wirkungsintensive Ästhetik, bei der gegensätzliche Bilder suggestiv und hart gegeneinander geschnitten wurden. Aus diesem Film stammt das wohl eindringlichste Beispiel für diese Art der Kollisionsmontage und bis heute eine der berühmtesten Szenen der Filmgeschichte: das Massaker auf der Treppe von Odessa (vgl. Kap. 2.2; Monaco 2002, S. 428–434; Pfeiffer/Staiger 2010, S. 41; ebenso Abb. 31–33). In Deutschland entstand in der Weimarer Republik der expressionistische Film mit seinen grotesk verzerrten Kulissen, surrealen Szenerien und unheimlichen Licht-Schatten-Kontrasten (*Chiaroscuro*). Stilbildend wirkten hier Friedrich W. Murnaus NOSFERATU (1922) und Robert Wienes DAS CABINET DES DR. CALIGARI (1920) (Abb. 100–101).

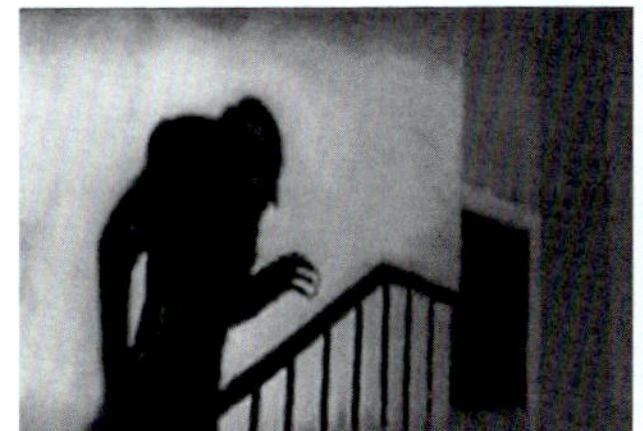
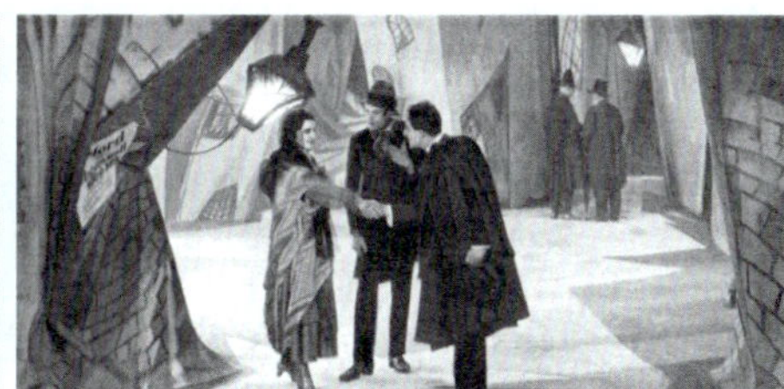

Abb. 100–101: Schattenstil in NOSFERATU (1922) und Architektur in DAS CABINET DES DR. CALIGARI (1920) (NQ)

Der außerordentliche Erfolg des neuen Mediums zeigt sich nicht nur in den Filmen selbst, sondern auch in der rapiden **Expansion des Films als Wirtschaftsbranche**, im Zuge derer die Herstellung und die Verbreitung von Filmen industrialisiert und kommerzialisiert wurden. So verdankte sich die üppige französische Filmproduktion um 1910 in erheblichem Maße dem Pathé-Konzern, der von Filmkameras und Vorführapparaten bis hin zu Filmvertrieb und eigenen Kinos eine monopolähnliche Marktbeherrschung ausübte (vgl. Faulstich 2005, S. 32f.). Firmen für die Herstellung von Filmtechnik wie z.B. Kodak von George Eastman florierten, Gesellschaften für die Produktion von Filmen wurden gegründet (z.B. die UfA in Deutschland) (vgl. Hörisch 2004, S. 305). Ab ca. 1910 begann sich der bislang obskure Ort Hollywood zum Inbegriff der Filmwelt zu entwickeln. Süd-Kalifornien bot wichtige Ressourcen für die Filmproduktion reichlich an: Arbeitskräfte, Sonne und Licht, trockenes Wetter.

Im Zuge des sogenannten **Studiosystems** gelangten in den USA schon in den 1920er Jahren Produktion, Verleih, Vertrieb sowie die Vorführung von Filmen unter die Kontrolle weniger großer Gesellschaften wie Paramount, 20th Century Fox, Metro-Goldwyn-Mayer (MGM), Warner Bros. und RKO Pictures. Bereits für das Jahr 1914 konstatiert Faulstich (2005, S. 32) „weltweit 60.000 feste Kinos, Hunderte von Millionen von Zuschauern, eine kaum noch überschaubare Zahl von Filmproduktionsgesellschaften [...], ein Netz von Verleihbüros rund um die ganze Welt, ein globaler Markt mit unzähligen Rekorden". Erwähnenswert ist auch, dass bereits die Stummfilmzeit die ersten internationalen (und international vermarkteten) Filmstars wie Charles Chaplin, Mary Pickford, Asta Nielsen, Conrad Veidt und Buster Keaton hervorbrachte.

Mit dieser Verbreitung des Films veränderten sich auch die Orte der Filmrezeption. Sie verlagerten sich von Jahrmarktplätzen und Varietés in feste Kinos und teils prachtvolle Filmpaläste. Um 1915 gab es in Deutschland rund 3.700 Lichtspielhäuser, 1932 eröffnete die Radio City Music Hall in New York, mit knapp 6.000 Plätzen das weltgrößte Filmtheater, „die absolute Kino-Kathedrale" (Monaco 2002, S. 245).

2.3.3.3 Der Tonfilm und Hollywoods goldene Ära

Mit THE JAZZ SINGER begann 1927 die Ära des Tonfilms, der binnen weniger Jahre den Stummfilm verdrängte – und mancher Filmkarriere in Hollywood ein Ende setzte, besonders der von nicht Englisch sprechenden Stars wie Emil Jannings oder Pola Negri. Maßgeblich für den Siegeszug des Tonfilms wurde eine Technik, mit der die Bild- und die Tonspur auf demselben Vorführgerät abspielbar waren, das Lichttonverfahren. Nach dem Ton zog in den 1930er Jahren die Farbe ein. Mit dem Technicolor-Verfahren erübrigten sich primitive und aufwändige Notbehelfe wie das manuelle Nachkolorieren der einzelnen Bilder: Die Verfilmung von Margret Mitchells Südstaaten-Epos GONE WITH THE WIND (1939) wurde eine der ersten großen Hollywood-Produktionen in Farbe.

Klassiker des frühen deutschen Tonfilms wurden Gerhard Lamprechts Verfilmung von EMIL UND DIE DETEKTIVE (1930) und Fritz Langs M – EINE STADT SUCHT EINEN MÖRDER (1931) (vgl. Reich 2005; Seeßlen 2005a; Pfeiffer/Staiger 2010, S. 42–49). Nach der nationalsozialistischen Machtübernahme 1933 geriet die Filmkultur unter die Aufsicht des „Reichsministeriums für Propaganda und Volksaufklärung". Der Film erfuhr als Mittel der Indoktrinierung und als Quell der Zerstreuung eine massive staatliche Förderung. In der „Filmkultur unterm Hakenkreuz" (Faulstich 2005, Kap. 4) wurden ca. 1.200 Filme produziert, auch im „totalen Krieg" und während des Massenmords in den Vernichtungslagern. Die UfA unternahm zum 25-jährigen Jubiläum im Jahr 1943 mit dem Abenteuerfilm MÜNCHHAUSEN ein aufwändiges Prestigeprojekt. In der Hauptsache bestand die nationalsozialistische Filmproduktion aus Unterhaltungs- und Operettenfilmen (z. B. WIENER BLUT, 1942), aus faschistischer Propaganda (z. B. HITLERJUNGE

QUEX, 1933) oder den monumental-manipulativen Dokumentarfilmen von Leni Riefenstahl, TRIUMPH DES WILLENS (1935) und OLYMPIA (1938). Speziell für die Schule entstanden indoktrinierende Lehrfilme wie ARBEITSMAIDEN HELFEN (1938). Filme wie JUD SÜSS von Veit Harlan (1940) verbreiteten antisemitische Hetze. Mehr als 1.500 Filmschaffende – meist Juden oder politisch Verfolgte – flohen aus Deutschland und vor dem Krieg. (Vgl. zum „Film im NS-Staat" auch BpB 2013.)

In **Hollywoods goldener Ära** zwischen 1932 und 1946 arbeiteten die großen Filmstudios „wie straff geführte Fabriken" (Monaco 2002, S. 246): Auf seinem Höhepunkt produzierte MGM 42 Spielfilme in einem Jahr, in 22 Tonateliers und auf 40 Hektar Freigelände mit festen Kulissenbauten. Die goldene Ära lebte einmal von den filmschaffenden Personen. Dazu zählten produktive Regisseure wie John Ford oder William Wyler sowie charismatische Schauspielerstars wie Clark Gable und Katharine Hepburn (vgl. Faulstich 2005, S. 109 f.). Zudem erforderte und beförderte die Massenproduktion von Filmen die Verfestigung von Genres, in denen sich die immer gleichen formalen und inhaltlichen filmischen Strickmuster bündelten (vgl. zum Genrebegriff ausführlich Kammerer 2009 und Kap. 2.3.1). Ein zentrales Genre war die *Screwball*-Komödie, die die Eigenheiten und Marotten skurriler Figuren vor allem über die Sprachkomik zum Thema machte (vgl. Monaco 2002, S. 313), z. B. BRINGING UP BABY (1938), THE PHILADELPHIA STORY (1940) und TO BE OR NOT TO BE (1942).

Weitere gängige Genres zu jener Zeit waren der Western, der Musik- und Tanzfilm und der Gangsterfilm der sog. Schwarzen Serie. Thema des *Film noir* sind menschliche Gier (Sex, Geld) und düstere gesellschaftliche Realitäten (Kapitalverbrechen, Korruption); typische Charaktere sind der hartgesottene (*hard-boiled*) und desillusionierte Detektiv und die ruchlose, verführerische **femme fatale*. In den Noir-Filmen wie z. B. THE MALTESE FALCON (1941) oder DOUBLE INDEMNITY (1944) dominieren starke Hell-Dunkel-Kontraste und großstädtische Settings. Themen und Motive des *Film noir* haben eine andauernde Nachwirkung, z. B. in CHINATOWN (1974), L.A. CONFIDENTIAL (1997) oder MULHOLLAND DRIVE (2001). (In dem Kurzfilm GÄNSEHAUT von 1993 wird die weibliche Hauptfigur im Stil einer **femme fatale* inszeniert; vgl. Praxiskap. 4.5.)

Auch jenseits der genreorientierten Standardisierung brachte die goldene Ära **herausragende Filmwerke** hervor wie z. B. CASABLANCA (1942). Besondere Beachtung verdienen zwei Regisseure: Orson Welles gelang mit der (fiktionalisierten, aber klar erkennbaren) Biographie des Medienmoguls William Randolph Hearst in CITIZEN KANE (1941) „der wahrscheinlich wichtigste amerikanische Film aller Zeiten" (Monaco 2002, S. 313; vgl. auch Seeßlen 2005b; Pfeiffer/Staiger 2010, S. 70–75); **Alfred Hitchcock** schuf auch „innerhalb des Genre- und Fabriksystems außerordentliche Filme" (ebd., S. 330) – und das bereits schon in den 1940ern, wie z. B. REBECCA (1940) oder SPELLBOUND (dt. ICH KÄMPFE UM DICH, 1945).

Der Fokus auf Deutschland und auf Hollywood soll nicht ausblenden, dass auch andere Länder eine bedeutende Filmproduktion und -kultur hatten. Von der tonangebenden Rolle Frankreichs in der Frühzeit und vom sowjetischen Montagefilm der 1920er war bereits die Rede. Auch in Japan gab es schon vor dem Zweiten Weltkrieg „eine der produktivsten und ästhetisch interessantesten Filmindustrien" und wurde „das Kino zum beliebtesten Unterhaltungsmedium" (Japanischer Film, NQ). Gleichwohl: Die Musik spielte in Hollywood, das auch während (und vielleicht gerade wegen) des Zweiten Weltkrieges florierte. 1946 erzielte die Traumfabrik Kino-Einnahmen in der für die damalige Zeit ungeheuren Höhe von 1,7 Milliarden Dollar (vgl. Monaco 2002, S. 248). Es sollte ihr kommerziell bestes Jahr sein. Es war so etwas wie die prächtige Schlusssalve eines Feuerwerks, nach deren Verglühen sich die Nacht senkt.

2.3.3.4 Internationalisierung des Films und Konkurrenzmedium Fernsehen

Nach dem Zusammenbruch des Faschismus und dem Ende des Zweiten Weltkriegs wurde das Kino internationaler. Für den entstehenden „Weltfilm" spricht Faulstich

> erstens von einer beeindruckend großen Bandbreite an Themen, Handlungsmotiven, Formen und Messages in einer differenzierten Skala vom Serien- und Schemafilm bis zum hochkomplexen, anspruchsvollen Kunstwerk, zweitens von einer enormen Vielzahl an Meisterwerken, die nationalspezifisch entstanden und international Verbreitung und Anerkennung fanden. (Faulstich 2005, S. 119)

Für den Weltfilm lassen sich – in Anlehnung an Faulstich (ebd.; vgl. auch Monaco 2002, S. 314 ff.) – verschiedene Phänomene und Strömungen angeben:

In **Japan** erzielte nach einigen nur national beachteten Filmen der junge Regisseur Akira Kurosawa mit RASHOMON – DAS LUSTWÄLDCHEN (1950) seinen internationalen Durchbruch (vgl. Bühler 2005). Im Kielwasser dieses Erfolgs gelangten weitere japanische Filme in den Westen (vgl. Monaco 2002, S. 320). In Italien entstanden nach dem Krieg Filme, die harte Alltagswirklichkeiten und den Lebenskampf in verarmten und kleinkriminellen Milieus offenlegten. Ein einflussreiches Werk dieses **italienischen Neorealismus** ist LADRI DI BICICLETTE (dt. FAHRRADDIEBE, 1948) von Vittorio de Sica.

Auch der **deutsche Nachkriegsfilm** begann mit harten Realitäten. In Wolfgang Staudtes DIE MÖRDER SIND UNTER UNS (1946) kehrt eine KZ-Überlebende nach dem Krieg in das zerbombte Berlin zurück und trifft dort auf einen Kriegsverbrecher, der unbehelligt als angesehener Bürger und erfolgreicher Geschäftsmann lebt. Weitere sog. Trümmerfilme waren Gerhard Lamprechts IRGENDWO IN BERLIN (1946) und Helmuth Käutners Episodenfilm IN JENEN TAGEN (1947). In der Folge trennten sich die ost- und die westdeutschen Wege: In der DDR sollte der Film den Aufbau der sozialistischen Gesellschaft befördern. Trotz dieser Vorgabe und manchen Verbots (z. B. DIE SPUR DER STEINE, 1966) produzierte die neu gegründete Deutsche Film AG (DEFA) viel qualitativ Nachhaltiges, insbesondere Verfilmungen kanonischer Literatur wie DER UNTERTAN (1951) und Märchenfilme wie DER KLEINE MUCK (1953). Konrad Wolfs STERNE (1959) ist eine konsequente filmische Auseinandersetzung mit dem Hitlerfaschismus (vgl. Faulstich 2005, S. 160). (Zur DEFA und zum Film in der DDR vgl. z.B. Gersch 2004.)

Von einer solchen Auseinandersetzung war in der Bundesrepublik generell und auch im Film kaum etwas zu sehen. Wolfgang Staudtes ROSEN FÜR DEN STAATSANWALT (1959) kritisierte zwar das nahtlose Weiterwirken von NS-Juristen, generell wandte sich die Filmproduktion aber der seichten Unterhaltung zu. In der Betriebsamkeit des Wirtschaftswunders wurde der Nationalsozialismus verdrängt und Zerstreuung gesucht. Diesem Zweck dienten heiter-sorglose Heimat- und Schlager- oder Revuefilme wie SCHWARZWALDMÄDEL (1950), sentimentale Unterhaltungsfilme mit Heinz Rühmann (z.B. WENN DER VATER MIT DEM SOHNE, 1955) oder die 1957 startenden Komödien mit Heinz Erhardt (WITWER MIT FÜNF TÖCHTERN). Auch Kriegsfilme wie DER ARZT VON STALINGRAD (1958) oder DIE BRÜCKE (1959) sparten die Naziverbrechen zugunsten des allgemein Menschlichen aus (vgl. Schöffel 2005, S. 123). In der Verdrängungskultur der 1950er Jahre störte man sich auch nicht daran, dass Filmschaffende wie Marika Rökk oder Heinz Rühmann ihre im Nationalsozialismus florierenden Karrieren bruchlos fortsetzten.

In den **USA** formierte sich in diversen Genres ein ‚Kino der Neurosen', welches gesellschaftliche und politische Ängste zum Ausdruck brachte:

Der ***Film noir*** setzte düstere Menschen- und Gesellschaftsbilder fort. THE BIG SLEEP (1946) zeigte Humphrey Bogart als *hard-boiled detective* und Lauren Bacall als **femme fatale*. Gleich zweimal wurde James M. Cains Roman *The Postman Always Rings Twice* (1934) verfilmt: 1946 von Tay Garnett und schon 1943 in Italien unter dem Titel OSSESSIONE von Luchino Visconti. In **Science-Fiction-Filmen** spiegelten sich paranoide Ängste vor kommunistischer Unterwanderung und Invasion im nuklear hochgerüsteten Kalten Krieg mit der Sowjetunion. Wegweisend für das Genre war THE THING FROM ANOTHER WORLD (1951), in dem ein Team von Wissenschaftler*innen ein mörderisch-gefühlloses Wesen aus dem Weltall zur Strecke bringen muss (Abb. 102). In INVASION OF THE BODY SNATCHERS (1956) ersetzen außerirdische Invasoren die Bewohner*innen einer kalifornischen Stadt durch gefühl- und seelenlose Doppelgänger.

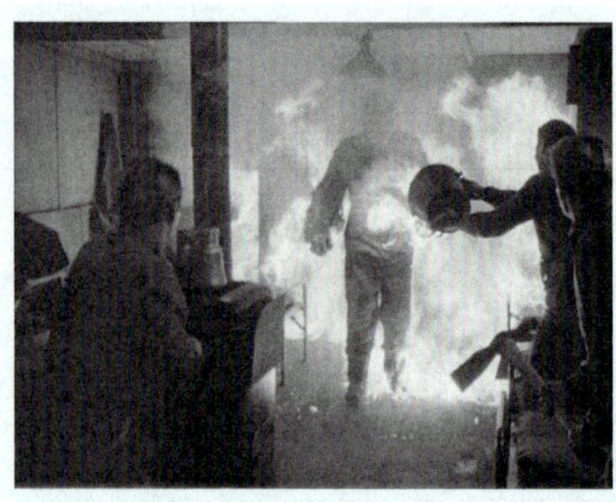
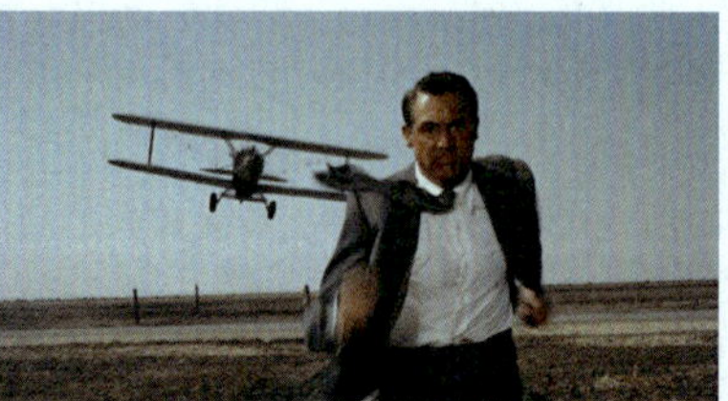

Abb. 102–103: Bedrohungsphantasien in THE THING FROM ANOTHER WORLD (1951) und NORTH BY NORTHWEST (1959)

Angstfantasien der anderen Art sind die **Thriller von Alfred Hitchcock**, die insbesondere in den 1950er Jahren Furore machten. Die Angstquellen sind hier keine außerirdischen Monster, sondern „[u]nser Alltägliches, Normales, Vertrautes wird plötzlich doppelbödig und bedrohlich [...]" (Faulstich 2005, S. 145 f.). Wie sieht das bei Hitchcock aus? Ein durch Höhenangst behinderter Privatdetektiv kann den Selbstmord der Frau, die er beschattet und liebt, nicht verhindern. Als er später scheinbar einer Doppelgängerin begegnet, formt er diese zum Ebenbild der Toten um (VERTIGO, 1958). Aufgrund einer Verwechslung gerät ein unbescholtener Bürger in die Fänge einer schönen Frau und einer internationalen Spionageaffäre – und rennt fortan um sein Leben (NORTH BY NORTHWEST; dt. DER UNSICHTBARE DRITTE, 1959). Das Individuum kämpft mit übermächtigen, ungreifbaren und unberechenbaren Gegnern: mit eigenen Ängsten, Trieben, Psychosen und mit gesichtslos-bedrohlichen Apparaten – in DER UNSICHTBARE DRITTE von einem Flugzeug bis zur Staatsmacht.

Großer Beliebtheit erfreuen sich im US-amerikanischen Kino weiterhin der Western und das Melodram. Als Meisterwerk des **Westerns** gilt Fred Zinnemanns HIGH NOON (1952), in dem sich ein Sheriff mutig einer Gangsterbande entgegenstellt. In George Stevens' GIANT (1956) mischen sich dem Western Elemente des Sozial- und des Melodramas bei. Als Meister des sentimentalen **Melodrams** trat der 1937 aus Deutschland geflohene Hans Detlef Sierck unter dem Namen Douglas Sirk hervor: Wie in GIANT agierte auch in etlichen Sirk-Filmen Rock Hudson: in dem Familiendrama WRITTEN ON THE WIND (1956) ist er ein reifer und verantwortungsbewusster Freund; in ALL THAT HEAVEN ALLOWS (1955) geht er als junger Naturbursche mit einer reiferen Witwe eine Beziehung ein, die in deren ‚besseren Kreisen' sozial geächtet wird und daran (zunächst) zerbricht.

In einer anrührenden Szene von ALL THAT HEAVEN ALLOWS lassen die bereits erwachsenen Kinder ihrer Mutter gegen die Einsamkeit zu Weihnachten ein Fernsehgerät liefern. Der Verkäufer verheißt ihr „all the company you want:

drama, comedy – life's parade at your fingertips" (01:12:08). Die sich in der leeren Mattscheibe spiegelnde Jane Wyman ist ein trauriger Moment für die Hauptfigur – und ein böses Omen für den Film. Denn Hollywood kämpfte nach dem Zweiten Weltkrieg nicht nur „gegen die Welt" (Monaco 2002, S. 314), sondern auch gegen ein potenziell ruinöses **Konkurrenzmedium: das Fernsehen**.

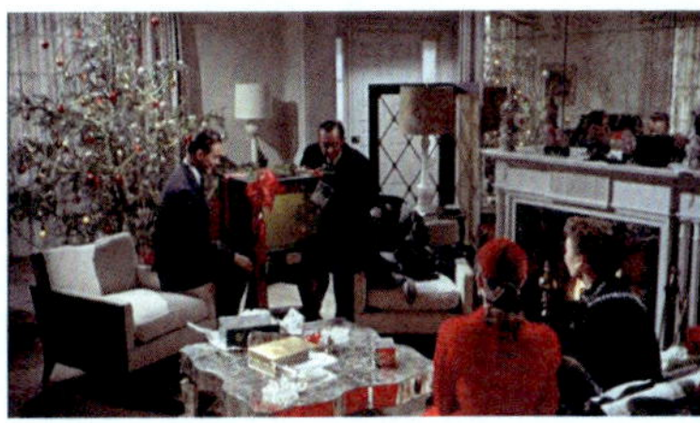

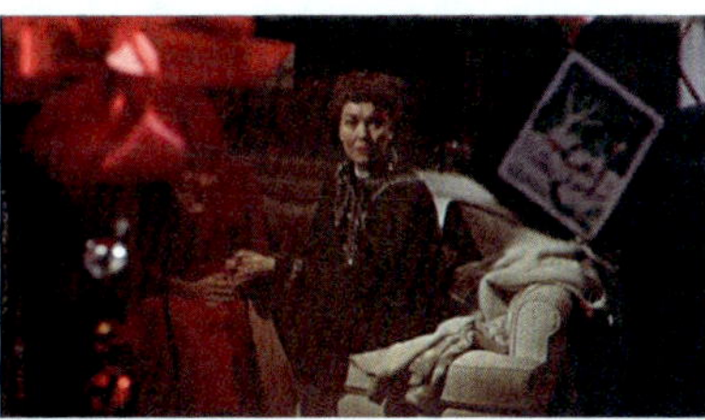

Abb. 104–105: ALL THAT HEAVEN ALLOWS (1955) – der Fernseher hält Einzug.

Das Fernsehen basiert im Gegensatz zum Film auf der Idee einer direkten Übertragung auditiver und visueller Daten:

> Die ersten versuchsreifen Fernsehübertragungen fielen in die 1920er-Jahre, 1931 ließ sich Manfred von Ardenne das erste vollelektronische Fernsehsystem mit Braunscher Röhre als Abtast- und Wiedergabeapparatur patentieren. Am 22. März 1935 wurde in Deutschland ein regelmäßiger Sendebetrieb in 28 öffentlichen Fernsehstuben aufgenommen, wenig später begann das Fernsehen in England bzw. den USA. Weil die kleinen und flimmernden Fernsehbilder als Propagandainstrument nur wenig taugten und weil der Zweite Weltkrieg alle technologischen Ressourcen absorbierte, kam das neue Medium vor allem in Deutschland über spärliche Anfänge jedoch kaum hinaus. Die Blütezeit des Fernsehens beginnt in den 1950er-Jahren. In Deutschland startete 1952 ein tägliches Programm von 20 bis 22 Uhr für noch nicht einmal 10 000 Seher. Als eine erste Sternstunde des neuen Mediums gilt die Live-Übertragung der Krönung von Elisabeth II. zur englischen Königin im Jahr 1953 […] Die 1958 entwickelte Magnetaufzeichnung (MAZ) erweiterte die Angebotsmöglichkeiten enorm, weil nun auch ‚Konserven' gesendet werden konnten. (Frederking u. a. 2018, S. 202 f.)

Anstatt ins Kino gehen zu müssen, konnte man sich nun auf Knopfdruck „die Welt" jederzeit bequem ins eigene Wohnzimmer holen. „Das Fernsehen trat eindeutig die Nachfolge des Kinos in seiner Funktion als Massenunterhaltung an" (Monaco 2002, S. 258), und seine Verbreitung „wirkte sich verheerend aus" (ebd., S. 248): Das westdeutsche Kino verlor bis zu 75 % seines Publikums ans Fernsehen (vgl. Faulstich 2005, S. 171). Kino-Blockbuster wie Stephen Spielbergs JAWS (dt. DER WEISSE HAI, 1975) oder STAR WARS (R. George Lucas, USA 1977) trafen nun auf mächtige Konkurrenz von Fernsehserien und -mehrteilern wie STAR TREK (1966 ff.), dem Sklaven-Epos ROOTS (1977) oder der Familien-Saga HOLOCAUST (1978). In Deutschland populär waren in den 1970ern z. B. EIN HERZ UND EINE SEELE, ACHT STUNDEN SIND KEIN TAG oder TADELLÖSER & WOLFF. Die beliebte Detektiv-Serie COLUMBO (1968 ff.) nutzte das Hollywood-Milieu gerne als Stoffgeber, fand aber im Fernsehen statt. Allerorts reagierte das Kino auf die Seriengewohnheiten des Publikums und auf die reduzierten finanziellen Möglichkeiten mit Filmserien wie Edgar-Wallace-Verfilmungen (1959 ff.) und JAMES BOND-Abenteuern (1962 ff.). Aber auch Softsex-„REPORT"-Serien über Schulmädchen oder Hausfrauen konnten den allgemeinen Zusammenbruch des Kinomarktes nicht aufhalten.

2.3.3.5 Erneuerungsbewegungen

Gegen das in Routine erstarrte und angstvoll auf das Fernsehen blickende (Hollywood-)Kino richteten sich seit den späten 1950er Jahren diverse Erneuerungs- und Alternativbewegungen, die dem Film **politische und ästhetische Ansprüche zurückgewinnen** und auch das Kino wiederbeleben konnten.

Als singuläre Erscheinung zu würdigen ist der schwedische Regisseur **Ingmar Bergman** (vgl. Faulstich 2005, S. 158), der in seinen Psychodramen existenzielle Themen wie den Tod, die Suche nach Gott, die Einsamkeit des Menschen und zwischenmenschliche Beziehungen auslotete, exemplarisch in dem Skandalfilm TYSTNADEN (dt. DAS SCHWEIGEN, 1963). Mit einem langsam-lakonischen Erzählstil, Kargheit in der äußeren Handlung und einer mitunter direkten Darstellung von Sexualität hob sich Bergman deutlich vom Mainstream ab.

Als Erneuerungsbewegung zu nennen ist die ***Nouvelle Vague*** in Frankreich mit ihren prominentesten Vertretern François Truffaut (z. B. LES QUATRE CENTS COUPS, dt. SIE KÜSSTEN UND SIE SCHLUGEN IHN, 1959) und Jean-Luc Godard (z. B. À BOUT DE SOUFFLE, dt. AUSSER ATEM, 1960). Im Gegensatz zu einem bloßen Regisseur (*réalisateur*) einer vorgeschriebenen Geschichte verstanden sie sich als *auteurs*, „die mit einem persönlichen, einem subjektiven Stil neue Akzente in der Filmkunst setzen wollten" (Faulstich 2005, S. 152). Anders als das konventionelle Erzählkino arbeitete die *Nouvelle Vague* oft ohne künstliches Licht, außerhalb der Filmstudios mit Handkamera und brach in der Handlungsdarstellung mit linearer Kausalität und Logik.

In Deutschland wandten sich jüngere Filmschaffende 1962 im „Oberhausener Manifest" mit der Idee eines künstlerisch anspruchsvollen und politisch engagierten Autoren-Kinos gegen standardisierte Genre-Unterhaltung (vgl. Faulstich 2005, S. 176 ff.). Neben Wim Wenders, Alexander Kluge und Werner Herzog sind als Vertreter des **Neuen Deutschen Films** Volker Schlöndorff und Rainer Werner Fassbinder zu nennen. Schlöndorff trat u. a. mit Literaturverfilmungen hervor (DIE BLECHTROMMEL, 1979), Fassbinder mit sozialrealistischen (Melo-)Dramen (ANGST ESSEN SEELE AUF, 1974), die mitunter auch Sittengemälde der bundesrepublikanischen Gesellschaft waren wie z. B. DIE EHE DER MARIA BRAUN (1979) (vgl. Fischer 2005).

Erneuerung gab es auch im italienischen Film z. B. durch Pier Paolo Pasolini und Bernardo Bertolucci. Stanley Kubrick schuf in England (bzw. in England spielende) große Filme wie A CLOCKWORK ORANGE (1971) und BARRY LYNDON (1975). Musikfilme wie A HARD DAY'S NIGHT (1965) und TOMMY (1975) setzten Rock und Pop-Art wirkungsvoll in Szene. Als Besonderheit ist Michelangelo Antonionis Film BLOW UP (1966) zu nennen, der formal experimentell die gewohnte filmische Wahrnehmung dekonstruierte (vgl. Rother 2005).

In den USA fand eine Erneuerung unter dem Signum **New Hollywood** statt. Auch das neue Hollywood war kommerziell und genreorientiert. Neu waren jedoch eine gesellschaftskritische Grundhaltung, ambivalente Außenseiter als Protagonisten und der zunehmende Verzicht auf das *happy ending*. Die Themen begünstigten männliche Hauptfiguren und Darsteller wie Gene Hackman, Jack Nicholson, Robert De Niro, Al Pacino und Dustin Hoffman. THE GODFATHER (1972) zeichnet ein hartes Mafia-Epos. CHINATOWN (1974) reaktiviert das Genre des *Film noir*. In ONE FLEW OVER THE CUCKOO'S NEST (1975) zersprengt Jack Nicholson die repressive Ordnung einer psychiatrischen Anstalt. In den Filmkanon der Bundeszentrale für politische Bildung übernommen wurde Martin Scorseses TAXI DRIVER aus dem Jahr 1976, der den schlaflosen Robert De Niro Nacht für Nacht durch New York, „eine Stadt voller Schmutz und Abschaum" streifen lässt (Holighaus 2005b, S. 188). Ein Höhepunkt des New Hollywood war Francis Ford Coppolas **Vietnamfilm** APOCALYPSE NOW (1979). Neben dem Vietnamfilm (z. B. PLATOON, 1986) bildeten sich **weitere Genres** aus: Im **Roadmovie** geht es um Unterwegssein als existenzielle Daseinsform von Menschen, die in äußerer (und meist auch innerer) Bewegung auf der Suche nach Freiheit und Identität sind. Straßen und Fortbewegungsmittel werden zu zentralen Bildern, exemplarisch in EASY RIDER (1969). Der **Katastrophenfilm** nahm weiter an (Höllen-)Fahrt auf: THE POSEIDON ADVENTURE war 1973 der erfolgreichste Film an den Kinokassen und löste zahlreiche Genre-Nachfolger aus.

Die 1960er und 70er Jahre erlebten auch die „Ausweitung filmischer Kultur über den Kreis der USA, Europas und Japans hinaus auf die Länder der [sog., IK/KM] Dritten Welt" (Monaco 2002, S. 352), was hier aber nicht weiter ausgeführt werden kann.

2.3.3.6 Neuere und neueste Entwicklungen

Die Entwicklung seit den 1980er Jahren zeigt neben bemerkenswerten Filmen tiefgreifende technische und kommerzielle Veränderungen in deren Produktion, Distribution und Rezeption. Dies verdeutlichen Schlagworte aus der obigen Phasengliederung wie „Genrewandel – Diversifikation, Revival, Mix (1975–1990)", „Digitalisierung und Globalisierung (1990-heute)" (Faulstich 2005) oder „Demokratie und Technologie – das Ende des Films" (Monaco 2002). Eine kohärente Epoche ist hier am allerwenigsten gegeben, weshalb wir in der folgenden Darstellung selektiv und exemplarisch vorgehen müssen.

James Monaco (2002, S. 380) konstatiert für die 1980er und 90er, dass „keine neue Generation angetreten ist, dem Kino der Siebziger etwas Neues entgegenzusetzen"; bei den Filmen habe sich „seit Anfang der Achtziger nicht viel getan". Das Kino sei weitgehend in Fortsetzungen (wie JAMES BOND), in Remakes und Actionfilmen wie ROCKY (ab 1976) oder RAMBO (ab 1982) erstarrt. Hingegen plädierte zum 100. Geburtstag des Films eine Gruppe um den dänischen Regisseur Lars von Trier (z. B. IDIOTEN, 1998) mit dem Manifest **Dogma 95** für mehr Realismus im Film: „Vor allem keine Genrefilme. Beabsichtigt war Purismus, Authentizität, unverstellte Wahrheit" (Faulstich 2005, S. 305). Dogma 95 stieß eine Filmkultur „von unten" an, für die z. B. der scheinbare Handkamera-Dokumentarfilm (*Mockumentary) BLAIR WITCH PROJECT (1999) steht.

Dessen ungeachtet gab und gibt es weiter großes (US-amerikanisches) **Blockbuster-Kino**: Im Jahr 1993 bringt Stephen Spielberg gleich zwei, sehr gegensätzliche Kassenschlager heraus, das Dinosaurier-Abenteuer JURASSIC PARK und das Holocaust-Epos SCHINDLER'S LIST. Die fortschreitende Computertechnik ermöglicht immer mehr Bilderspiel und Bildgewalt, wie z. B. in FORREST GUMP (1994), INDEPENDENCE DAY (1996) und TITANIC (1997). Mit über 1,8 Mrd. US-Dollar weltweitem Einspielergebnis wird TITANIC der erfolgreichste Film aller Zeiten, bis er 2009 durch AVATAR – AUFBRUCH NACH PANDORA und 2019 durch AVENGERS: ENDGAME abgelöst wird. Jenseits des Mainstreams gibt es **Independent-Produktionen** von Regisseuren wie Jim Jarmusch (z. B. MYSTERY TRAIN, 1989), Quentin Tarantino (z. B. PULP FICTION, 1994), den Brüdern Joel David und Ethan Jesse Coen (z. B. FARGO, 1996). Woody Allen produziert seit den 1970er Jahren (z. B. ANNIE HALL, 1977) fast jedes Jahr einen neuen Film nach eigenem Gusto, darunter Herausragendes wie MATCHPOINT (2005) und MIDNIGHT IN PARIS (2011).

Auch die **deutsche Filmwelt** bietet nach wie vor Bemerkenswertes. Nationale wie internationale Erfolge wurden 1981 Wolfgang Petersens Kriegsdrama DAS BOOT und 1986 der deutsch-französisch-italienische Spielfilm DER NAME DER ROSE (nach dem Roman von Umberto Eco). Im Jahr 1999 setzt Tom Tykwer mit LOLA RENNT **einen Meilenstein der Filmgeschichte**. In höchster Rasanz und atemloser Dynamik eines Hybrids aus Realfilm und Animation erzählt der Film drei Variationen eines Wettlaufs gegen die Zeit. LOLA RENNT führt somit nicht nur eine neue Ästhetik, sondern auch eine Reflexion über die Zufälligkeit des menschlichen Lebens vor (vgl. Kammerer 2019a; Praxiskap. 4.4). Unter Tykwers Regie entstand 2006 die Verfilmung von Patrick Süskinds Roman (1985) DAS PARFUM und 2017 als TV-Event die mit Preisen überhäufte Krimiserie BABYLON BERLIN. Ein weiterer bemerkenswerter Regisseur des deutschsprachigen Films ist Michael Haneke (DIE KLAVIERSPIELERIN, 2001; DAS WEISSE BAND, 2009). Ein bemerkenswertes Œuvre still-tiefgängiger Filme – oft mit der beeindruckenden Nina Hoss als zerbrechlicher Hauptfigur – hat Christian Petzold geschaffen (z. B. YELLA, 2007; BARBARA, 2012). Petzold gehört wie Thomas Arslan und Angela Schanelec seit Beginn der 1990er zu einer informellen Gruppe von Filmemachern, die als Berliner Schule bezeichnet wird.

Der **Zusammenbruch der DDR 1989 und die Wiedervereinigung 1990** geben dem deutschen Film neue Themen und Töne (vgl. Wrobel 2008): Petzolds BARBARA zeigt den Gewissenskonflikt einer Ärztin, die von der Stasi drangsaliert wird und das Land verlassen will. Oft suchen die Filme das Genre der Komödie: Leander Haußmann karikiert das Leben in der verfallenden DDR (SONNENALLEE, 2001; NVA, 2005). In GOOD BYE, LENIN! (2003) inszeniert Wolfgang Becker die Wiedervereinigung als Tragikomödie einer linientreuen Lehrerin, deren Kinder ihr nach dem Erwachen aus einem Koma weiterhin DDR-Alltag vorspielen. Auch in Filmen von Andreas Dresen werden Wende-Erfahrungen thematisiert, humoristisch wie in STILLES LAND (1992), aber auch schonungslos wie in ALS WIR TRÄUMTEN (2015).

Das Magnum Opus des Wende-Genres ist jedoch Florian Henckel von Donnersmarcks DAS LEBEN DER ANDEREN (2006). Der Film erzählt in einer Mischung aus Thriller und Melodram, wie ein Stasi-Offizier bei einer Abhör-Operation das Falsche seines Tuns erkennt und beginnt, das observierte Künstlerpaar zu schützen. Dies bezahlt er mit Degradierung, nach der Wende stürzt er ins soziale Nichts. Ob der Film die Stasi authentisch zeichnet und ob es „einen solchen Stasi-Offizier, der unter Lebensgefahr einen Dissidenten rettet“, geben konnte, wurde angezweifelt (vgl. Schulz 2007). Der Film zeigt jedoch eindringlich, wie totalitäre Überwachung und Macht in der DDR Menschen zugrunde richten konnten. Neben zahlreichen anderen Preisen gewann DAS LEBEN DER ANDEREN 2007 einen Oscar für den besten ausländischen Film und wurde ein weltweiter Besuchererfolg.

Digitalität erweitert wie erwähnt die Darstellungsmöglichkeiten, sie wird aber auch zum Thema des Films. Als Reaktion auf die **virtuellen Realitäten** des Computers und des Internets lässt sich das *mindgame movie* (Drexler 2016, S. 262) sehen. Charakteristisch für dieses in den 1990ern aufkommende Genre ist die Brüchigkeit der linear-kausalen Erfahrung bzw. die Aufspaltung der Realität in verschiedene Wirklichkeiten. THE TRUMAN SHOW (1998) und MATRIX (1999) führen die Spaltung der Realität in eine tatsächliche und eine künstlich erzeugte lediglich auf der Ebene des Inhalts vor. Typischerweise jedoch wird der Status der Realität durch die filmische Form so verunklart, dass auch der Zuschauer selbst hinters Licht geführt wird und (lange) im Dunkeln tappt: Gerne entpuppen sich Teile der Handlung als Halluzinationen oder Träume von Figuren, z. B. in LOST HIGHWAY (1996), in ABRE LOS OJOS (1997 – US-amerikanisches Remake als VANILLA SKY, 2001), in MULHOLLAND DRIVE (2001) oder in SHUTTER ISLAND (2010) und INCEPTION (2010). Das *mindgame movie* knüpft an etablierte Genres wie (Psycho-)Thriller, Horror, Sci-Fi oder *Film noir* an, kehrt sich aber mit seinem unzuverlässigen Erzählen bzw. seiner massiven Dekonstruktion der Realität vom Hollywood-Mainstream ab.

Die Kehrseite der Realitätsauflösung im *mindgame movie* sind immer mächtigere **digitale Realitätsillusionen.** (Vgl. besonders zur technischen Seite des „Digitalen Films" Beil u.a. 2016, Kap. 12 bzw. S. 327 ff.) Diese betreffen einmal den immer natürlicher wirkenden Animationsfilm wie z.B. TOY STORY (1995) oder die auch wegen ihres Witzes und Anspielungsreichtums gelobte Märchenparodie SHREK (2001) (vgl. Maiwald/Wamser 2010; Vossen 2003). Das Remake des Zeichentrickfilms THE LION KING (1994) aus dem Jahr 2019 entstand komplett im Computer – und ist von einem Realfilm darstellerisch nicht mehr unterscheidbar. Die Digitalisierung ermöglicht überwältigende Illusionen: In MATRIX (1999) sehen wir Projektile in Superzeitlupe fliegen (vgl. zu diesem *Bullet-Time-Verfahren Beil u.a. 2016, S. 336) und Menschen gegen jede Schwerkraft über Wände und Decken gehen. In dem Klimakatastrophenthriller THE DAY AFTER TOMORROW (2004) wird Manhattan von einer gigantischen Flutwelle überspült (Abb. 106–107).

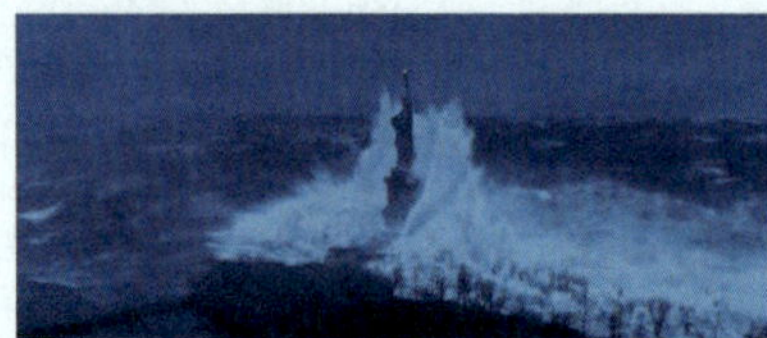
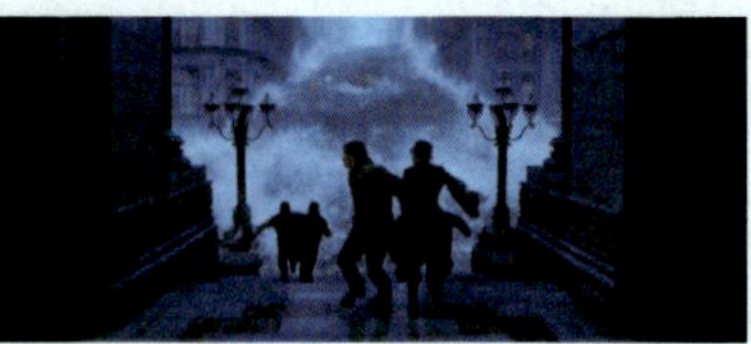

Abb. 106–107: THE DAY AFTER TOMORROW (2004) – digital produziertes Überwältigungskino

Auch Verfilmungen altbekannter Action-Comics wie die von SPIDER-MAN (2002 ff.) oder SUPERMAN RETURNS (2006) erreichen durch digitale Technik ungekannte Effekte. Der Sci-Fi-Film AVATAR (2009) integriert nicht mehr unterscheidbar real gedrehte und computeranimierte Szenen.

AVATAR steht auch für ein Revival der stereoskopischen **3D-Technik** im Kino. Räumliches Filmsehen in drei Dimensionen entsteht im Wesentlichen dadurch, dass jedem Auge für sich aus leicht unterschiedlichen Perspektiven aufgenommene Bilder präsentiert werden. Bereits in den 1950er Jahren versuchte man damit, das Kino gegenüber dem Fernsehen wieder attraktiver zu machen; und auch heute soll 3D einen visuellen Mehrwert gegenüber auf Computer-, Tablet- und Smartphone-Monitoren gesehenen Filmen erzeugen. Digitale Möglichkeiten sind hierfür insofern entscheidend, als sie 3D nicht schon aufwändig beim Dreh erfordern, sondern günstiger erst in der Nachbearbeitung ermöglichen. Seit 2006 werden vermehrt 3D-Filme produziert, vor allem in den USA, aber auch in Deutschland, wie z.B. PINA von Wim Wenders (2011). **Virtual Reality bzw. Expanded Reality** könnten bald schon die Filmproduktion und -rezeption, wie wir sie kennen, obsolet machen. In Steven Spielbergs READY PLAYER ONE (2018) wird dies bereits vorausgedacht, wenn die jugendlichen Protagonisten sozusagen leibhaftig in Stanley Kubricks Horrorfilm THE SHINING (1980) hineingeraten. Darin ließe sich ein „neues großes digitales Versprechen" sehen: „Durch die Klassiker wandeln, als wär's das Wohnzimmer nebenan" (Steinitz 2018, S. 9).

„Die rasante Evolution der digitalen *special effects* wird häufig als Rückkehr zu einem ***cinema of attractions*** [im Sinn von Tom Gunning, IK/KM] beschrieben" (Beil u. a. 2016, S. 332). Ob tatsächlich eine nachhaltige Wendung von einem Kino des Erzählens zurück zu einem bloßen *Attraktionskino der spektakulären Schauwerte stattfindet, ist noch nicht abzusehen. Gleichwohl zeigt das (Hollywood-)Kino trotz der (computer-)technologischen Hochrüstung und trotz Multiplex-Kinos mit Großleinwänden und Surround-Ton **Auraverluste und Ermüdungserscheinungen**:

Bereits vor ca. 20 Jahren sprach Monaco von einer „Multimedia-Revolution" (2002, S. 260) mit „neuen, aggressiv vermarkteten Technologien von Videokassette und Bildplatte, Kabel- und Satellitenfernsehen" (ebd., S. 406). Die seinerzeit neuen Möglichkeiten wirken jedoch fast beschaulich gegen das Internet und digitale Endgeräte wie Tablet und Smartphone. Das Machen und Veröffentlichen von Filmen ist heute jedem Smartphonebesitzer, der auf YouTube registriert ist, ohne großen Aufwand und materielles Wagnis möglich. (Dies meint Monaco mit Demokratisierung.) Filme finden digital enorme Verbreitung, sie sind massenhaft verfügbar. Von dem im Dezember 2009 in den Kinos gestarteten Avatar wurden bis Ende April 2010 noch einmal über 6,7 Millionen DVDs und Blu-ray-Discs verkauft (vgl. Verkaufszahlen Avatar, NQ). Die Zahl der Abonnent*innen des Streaming-Dienstes Netflix stieg von gut 20 Mio. Ende 2011 auf über 150 Mio. im zweiten Quartal 2019 (vgl. Netflix-Abonent*innen, NQ).

Zwischen **Streaming-Plattformen** wie Netflix oder Amazon Prime und dem Kino schälen sich neue Verhältnisse insbesondere im filmischen **Handlungssystem** heraus. Streamingdienste werden „in der Kinobranche, die seit Jahren mit sinkenden Besucherzahlen kämpft, als weiterer Sargnagel betrachtet" (Steinitz 2019, S. 1). Nicht nur präsentieren oder produzieren sie fortwährend Serien-Erfolge wie The Big Bang Theory (2007 ff.) oder Stranger Things (2016 ff.), sie beschäftigen auch arrivierte Schauspieler*innen und Regisseure wie Steven Soderbergh (The Laundromat, 2019), Martin Scorsese (The Irishman, 2019) und Woody Allen (A Rainy Day in New York, 2017). Weil jedoch z. B. das renommierte Filmfestival in Cannes („Goldene Palme") und die Academy of Motion Picture Arts and Sciences („Oscars") verlangen, dass ein Film eine Zeitlang in Kinos gelaufen sein muss, wollen die Streamingdienste ihre Prestige-Produktionen kurzzeitig und eher pro forma ins Kino bringen – was wiederum auf den Widerstand der Kinobetreiber stößt. Der mit dem Fernsehen begonnene, durch Streaming-Angebote erheblich angetriebene und immer breitere Rückzug des Films von der Kinoleinwand wirkt sich jedoch auf das **filmische Symbolsystem**, die Filmästhetik, aus. Für kleine Monitore sind etwa totale und halbtotale Einstellungen von Figuren tendenziell ungünstig, nahe und große Einstellungen eher günstig. Ebenso braucht z. B. eine Split-Screen ein hinreichend großes Bild – was heutige Flat-Screen-Fernseher wiederum bieten.

Der Erzählfilm des Mainstreams bietet zwar immer gewaltigere, oft aber selbstzweckhafte Spezialeffekte auf, schafft dabei indes wenig formale Innovation und inhaltliche Originalität. Dies belegt auch die seit längerem bereits wogende Welle aus Remakes und Fortsetzungen, die etwa 2017 sämtliche Top Ten der erfolgreichsten Kinofilme des Jahres umfasste: Platz 1 nahm die Märchenneuauflage THE BEAUTY AND THE BEAST, Platz 2 die Action-Fortsetzung FAST & FURIOUS 8 ein. Hingegen bestechen Serien im Fernsehen und im Internet schon seit längerem durch eine Qualität, die nichts mehr mit den anspruchslosen Strickmustern früherer Fernsehware (z.B. BONANZA, DALLAS) zu tun hat. Aus der großen Zahl von **Qualitätsserien** seien beispielhaft genannt: THE SOPRANOS (1999 ff.), BREAKING BAD (2008 ff.), HOUSE OF CARDS (2013 ff.), GAME OF THRONES (2011 ff.), STRANGER THINGS (2016 ff.) (vgl. zu Serialität und Serien, auch unter didaktischen Aspekten: Holly 2004, S. 63 ff.; Hickethier 2007, S. 196 ff.; Anders/Staiger 2016; Frederking u.a. 2018, S. 176–179; zu THE SOPRANOS Diederichsen 2012; zu HOUSE OF CARDS Kammerer 2017 u. Praxiskap. 4.6).

Ziehen wir ein Fazit: Das „Ende des Films“ sah Monaco (2002, S. 233) bereits in den 1980er Jahren insofern gekommen, als Film und Kino Teil eines Angebots zahlreicher „Unterhaltungs- und Kommunikationsmedien“ wurden. Das meinte damals noch das flächendeckende Fernsehen, die Videokassette und die (gerade erst aufkommende) DVD, ist aber heute noch viel weiter greifend. Ebenso ist die Annahme, wonach „das Kino noch immer als Prestige-Modell für diese anderen Medien“ (ebd.) diene, mittlerweile stark anzuzweifeln. Der Spielfilm hat seine Dominanz als fiktionale Mediengattung an Serien (und an narrative Computerspiele) abgetreten. Manche geben sich lieber mit Adventure-Videospielen bzw. interaktiven Angeboten wie LIFE IS STRANGE (2015 ff.) einem „Storytelling in virtuellen Welten“ hin (Emmersberger 2019b), als noch den Weg ins Kino zu nehmen. Aktuell ist das Kino ein (ver-)schwindender Ort kollektiver audiovisueller Erfahrung. „Nach einem langen romantischen, bewegten und erfüllten Leben von hundert Jahren, in denen es unsere Weltschau dominiert hat, ist ‚cinéma‘ von uns gegangen“, schreibt Monaco bereits 2002 (S. 409). So überrascht es nicht, dass die deutschen Filmtheaterbetriebe 2018 einen Markteinbruch hatten und darauf hoffen müssen, dass gegen „[g]lobal agierende Streamingplattformen“ und die „Serien der Internetgiganten“ das Kino und insbesondere das **„Filmkunsttheater“ als „Kulturort und Diskursraum“** Förderung erfährt und erhalten bleibt (AG Kino, NQ). Schon bald kann man womöglich algorithmisch bestimmen, welche Schauspieler*innen, welche Plots und welche Darstellungsweisen Filme garantiert kommerziell erfolgreich werden lassen. Dann könnten die Sorgen um das Individuelle und das Originelle, um den Nischenfilm und das Filmtheater, um die Vielfalt des ‚cinéma‘ noch größer werden.

2.3.3.7 Didaktisches Fazit

„Mindestens ein grober Überblick über wichtige Etappen sollte doch vermittelt werden“, fordert Ulf Abraham (2016, S. 22) und definiert derer zehn, vom Frühen

Kino (1893–1903) bis zum Neuen deutschen Film (1966–1982). Dazwischen situiert er Stationen wie das klassische Hollywood und die sowjetische Filmmontage, aber ohne weitere Begründung auch didaktisch Peripheres wie den französischen Impressionismus, den Surrealismus oder das japanische Kino der 1930er Jahre. (Monaco 2002, S. 320 f. hebt hingegen das japanische Kino der 1950er Jahre hervor.) Woher diese Etappen kommen, warum es (genau) diese sind, in welcher Progression und an welchen Gegenständen sie zu erarbeiten wären, wird nicht erläutert. Bei einer induktiven Erarbeitung würde jede Epoche wenigstens zwei Anschauungsbeispiele erfordern; und wenn auch die Filmgeschichte sich mit der Geschichte anderer Künste überschneidet, wäre zu klären, wie ein derartig breites Epochenwissen so erarbeitet werden kann, dass es nicht deklarativ-träge bleibt, und was eine Kompetenz wie „Epochen der Filmgeschichte kennen" (ebd., S. 21) zur schulischen Filmbildung beitragen kann.

Statt auf Filmgeschichte sollte u. E. der schulische Umgang daher eher auf die Geschichtlichkeit von Filmen als potenziellen Faktor eines angemessenen Filmverstehens zielen. Wichtig hierfür ist anschauungsreiches und induktives **exemplarisches Lernen** an aufschlussreichen Einzelphänomenen. Hierfür – neben den von Drexler (2016, S. 255 ff.) vorgeschlagenen Spezialthemen bzw. Mikro-Geschichten – drei Beispiele:

Filmgeschichte lässt sich nach Michael Staiger (2010) anhand der **Entwicklung von Montagetechniken** illustrieren. Diese reicht von den ersten, ungeschnittenen Kürzestfilmen der Brüder Lumière bis hin zu bewussten Regelverstößen etwa in der *Nouvelle Vague* (z. B. À BOUT DE SOUFFLE, 1960) (vgl. Holighaus 2005a) und zu Diskontinuitätsmontagen seit dem Ende des 20. Jahrhunderts. Staiger (ebd., S. 175 f.) nennt für Letzteres exemplarisch THE BOURNE ULTIMATUM (2007); zu denken wäre auch an MATRIX (1999) oder MEMENTO (2000).

Eine andere Art der didaktischen Reduktion für den „filmhistorischen Unterricht" führt Martin Leubner (2010, S. 154) ins Feld. Filmgeschichte soll im Sinn eines „Innovationskonzeptes" als „Geschichte von Veränderungen" (ebd.) erfahren werden (vgl. hierzu auch Kap. 2.3.4). Generell ergiebig für das Innovationskonzept seien **frühe Filme und Filmklassiker** wie PANZERKREUZER POTEMKIN (1925), DER BLAUE ENGEL (1931) oder CITIZEN KANE (1941), da sie noch besondere Möglichkeiten zur Innovation hatten. Solche Filme sollten im historischen Kontext und weitergehend im Kontext von Filmgeschichte betrachtet werden (vgl. ebd., S. 157).

Anhand von **drei *Emil und die Detektive*-Verfilmungen** zeigt Klaus Maiwald (2010) formale und inhaltliche Fortentwicklungen des Mediums auf. Explizite filmgeschichtliche Einordnungen finden dabei nicht statt; es wird aber deutlich, wie sich der Film von 1931 über 1954 bis zum Jahr 2001 bspw. in der Kamerabewegung dynamisiert und in der Schnittfrequenz steigert; wie sich Filmmusik und ihr Gebrauch ändern; wie Filme ihre jeweilige Entstehungszeit widerspiegeln, etwa in der Inszenierung der Großstadt Berlin und in der Neudefinition von Geschlechterrollen.

Was zeigen diese filmhistorischen Unterrichtsansätze, was zeigt der obige filmgeschichtliche Durchgang für die schulische Filmbildung?

1) Es kann, wie gesagt, nicht darum gehen, die vorgestellten Etappen im Unterricht abbilddidaktisch als systematische Filmgeschichte zu vermitteln. Sehr wohl aber ist **ein Film sachanalytisch stets auf Zusammenhänge mit seiner Entstehungszeit zu befragen.** Dieser Zusammenhang kann inhaltlicher Art sein, insofern sich gesellschaftliche Diskurse und Themen, Werte und (Moral-)Vorstellungen niederschlagen. So erklärt sich z. B. in den 1990ern im (damals noch neuen) Kontext von Internet und Virtual Reality das neue Genre des *mindgame movie*. Die Entstehungszeit kann aber auch in formaler Hinsicht wirken. Filme werden durch technische Möglichkeiten geprägt wie z. B. Ton, Farbe, Kameratechnik, Spezialeffekte. Derlei ist bei der Rezeption eines Filmes mitzudenken: Z. B. ist die Titelfigur in KING KONG 1933 zwangsläufig noch ein ruckelndes *Stop-Motion-Monster, 2005 hat sie dagegen (digital) fließende Bewegungen und ein sensibles Mienenspiel. Einen Film in Schwarzweiß zu zeigen ist spätestens seit den 1950er Jahren keine technische oder ökonomische Beschränkung mehr, sondern eine bewusste ästhetische Entscheidung – z. B. in dem Kurzfilm GÄNSEHAUT (1993; vgl. Praxiskap. 4.5).

2) Durch die Filmgeschichte zieht sich ein systematischer Gegensatz: zwischen Film als Kunst und Ware, zwischen Autoren- und Genrekino, zwischen Independent- und Studiosystem-Produktion, zwischen Hollywood- und „Essay-Film" (Monaco 2002, S. 284), zwischen dem kleinen Lichtspieltheater und dem großen Filmpalast oder Multiplex-Kino. **Der schulische Umgang mit dem Film hat beide Pole zu berücksichtigen.** Einerseits ist es gerade eine Aufgabe von Schule, kulturelle Produkte und Praktiken zu stärken, die nicht von alleine im Vordergrund populären Interesses stehen. Andererseits lässt sich auch am Mainstream-, ja sogar am „schlechten Film" (Holzmann 2003) eine Menge lernen: nicht nur über Filmsprache und Genres, sondern auch über das, was Gesellschaften bewegt (hat). Wenn das Kino hilft „zu definieren, was kulturell erlaubt ist" (Monaco 2002, S. 266), so wird dies im Mainstream gewiss deutlicher als in der cineastischen Nische.

3) Filmgeschichte ist nicht nur Werkgeschichte; sie muss vielmehr neben ästhetischen auch unter technologischen, ökonomischen und soziologischen wie auch politischen Aspekten erzählt werden (vgl. Thomas Christen, zit. nach Pfeiffer/Staiger 2010, S. 17; Monaco 2002, S. 261 ff.). Denn der Film ist nicht nur ein semiotisches Symbolsystem, also ein Medium mit bestimmten Darstellungsmitteln; der Film ist auch ein kulturelles Handlungssystem, also ein Bereich, in dem Menschen und Organisationen agieren wie z. B. Filmschaffende, Filmgesellschaften und -firmen, Filmkritiker*innen und Preisjurys, Kinobetreiber*innen und -besucher, Streamingdienste und deren Abonnent*innen. Eine Filmdidaktik hat dieses Handlungssystem doppelt zu berücksichtigen: einmal als mitzudenkende Gegebenheit des Gegenstands, zum anderen in einer Zielstellung, die nicht nur Film-

lesefähigkeit, sondern auch kulturelle Handlungsfähigkeit (vgl. Frederking u. a. 2018, S. 223 f.) anstrebt: Sich über Filme informieren, Filmangebote bedürfnisgerecht nutzen, sich mit anderen über Filme austauschen zu können – all dies wäre Teil einer **kulturellen Praxis, die den Film umgibt**.

Zusammenfassung

Filme sind in film-, kultur- und zeitgeschichtlichen Bezügen zu verstehen. Filmgeschichte ist nicht nur eine Geschichte der filmischen Werke, sondern auch eine Technikgeschichte, eine Wirtschaftsgeschichte und eine Sozialgeschichte. Eine dergestalt umfassende Geschichte des Mediums liegt bislang nicht vor, ebenso fehlen im Gegensatz zur Literaturgeschichte fest eingespielte Epochenbegriffe. Dennoch lassen sich sechs Etappen beschreiben: 1) Vorläufer und Anfänge, 2) die Stummfilmzeit, 3) die mit dem Tonfilm nach 1927 einsetzende und bis in die 1940er reichende goldene Ära Hollywoods, 4) der internationale Film nach dem Zweiten Weltkrieg und die vom Fernsehen ausgelöste Krise Hollywoods, 5) Erneuerungsbewegungen wie die *Nouvelle Vague* und der Neue deutsche Film und 6) neuere und neueste Entwicklungen, die stark im Zeichen der Digitalisierung stehen und das Ende des hergebrachten *cinéma* bedeuten könnten.

Im Unterricht geht es nicht darum, systematische Filmgeschichte zu vermitteln, sondern Filme in ihrer Geschichtlichkeit zu begreifen. Dabei sollten das Spektrum zwischen Kunst und Kommerz und der Film als kulturelle Praxis erfasst werden.

Weiterführende Literatur: Faulstich, Werner (2005): Filmgeschichte. Paderborn (= UTB basics 2638). **Monaco, James (2002)**. Film verstehen. Kunst, Technik, Sprache, Geschichte und Theorie des Films und der neuen Medien. Reinbek. **Pfeiffer, Joachim/Staiger, Michael (2010)**: Grundkurs Film 2. Filmkanon, Filmklassiker, Filmgeschichte. Braunschweig.

2.3.4 Filmtheorie

Als neben Filmanalyse und -geschichte dritter Bereich der Filmwissenschaft ist die Filmtheorie ein wichtiger Zugang zu Form und Funktion, Gestaltung und Aufnahme dieser Kunstform. Filmtheoretiker*innen (ver-)suchen, eine Art **Poetik des Films** zu formulieren, stellen Fragen nach den Wirkungsregeln technisch-gestalterischer Handlungen, betrachten den Rezeptionsprozess und tun dies unter Einbezug unterschiedlicher Disziplinen.

Idealtypisch gesehen will Filmtheorie das Wesen der durch die Kamera und Montage erzeugten Bildfolgen, des apparativ aufgezeichneten Tons und der Gesamtwirkung

> des durch Projektion dem Zuschauer im Kino sinnlich wahrnehmbar gemachten Filmwerkes erforschen. (Kiefer 2011, S. 248)

Das filmtheoretische Interesse zielt also auf das Ganze, muss demnach breit angelegt sein, weshalb verschiedene Forschungsfragen und Blickfokussierungen zu erwarten sind. So weisen z. B. Borstnar u. a. (2002, S. 208–212) mit **Medientheorie, semiotischer Analyse, Theorie der filmischen Verfahrensweisen, Dramaturgie, Text-, Gattungs-, Genretheorie, soziologisch und psychologisch orientierter Filmtheorie** unterschiedliche „Bereiche der Filmtheorie“ aus (ebd., S. 208), deren Besonderheiten und Überschneidungen bei einer Beschäftigung berücksichtigt werden müssen. Die auslösende Frage dahinter ist in ihrer stärksten Reduktion wohl jene, die bereits André Bazin seiner Sammlung von Theorietexten voranstellte: „Qu'est-ce que le cinéma?“ Was ist Film/Kino? Wenn Bazin aber im Vorwort erwähnt, er könne auf die Frage keine „erschöpfende Geologie und Geographie des Kinos liefern“ (Bazin 1958, S. 29), dann ist das nicht nur aufrichtig, sondern die Grundbedingung theoretischer Verständigung. Andere Zeiten und Räume führen neue Fragen ein, andere Fragen wiederum zeitigen neue Antworten, Blickwinkel, Bezugslinien: Filmtheorie bleibt in Bewegung.

Man kann dies mit Thomas Elsaesser (vgl. 2009, S. 11 f.) als Reaktionen oder **Reflex der Filmtheorie auf Krisenzeiten** begreifen. Wendepunkte im und um das Kino herum forderten neue theoretische Zugriffe oder zumindest ihre Berücksichtigung: Die Wendung vom frühen *Attraktionskino hin zur klassischen Narration, die Einführung des Tonfilms, „das Trauma der Medienmanipulation im Faschismus [...], der Niedergang der europäischen Filmindustrie [...] [mit] verschiedenen Neuen Wellen [...], die Krise der Geisteswissenschaften im Zeichen von Strukturalismus und Dekonstruktion [...], die Krise des Patriarchats aufgrund der feministischen Kritik [...], die Krise des Bewegungsbildes“ (ebd., S. 12).

> Das Muster ist so konstant, dass man jede Filmtheorie erst einmal als Grablegung einer Praxis betrachten sollte, während gleichzeitig eine neue Technologie [Stumm-, Tonfilm, Fernsehen, Video, Digitalisierung] sich unter mehr oder weniger konvulsiven Geburtswehen manifestiert, wobei ‚Technologie‘ immer auch den Störfaktor benennt, der das System zur Reaktion zwingt. (Ebd.)

Solche historische Entwicklung der Filmtheorie ist auch den Darstellungen in Gesamtschauen zum Film eingeschrieben, wie sie z. B. Sigrid Lange (2007) und James Monaco (2005) vorgelegt haben. Ergänzt (in der Tabelle kursiv) um *Moderne Film Theorie* von Jürgen Felix (2002) lässt sich folgende Entwicklungsgeschichte abbilden (Tab. 6):[28]

---

28 Einen interessanten Zugang eröffnen Thomas Elsaesser und Malte Hagener in *Filmtheorie zur Einführung* (2011): „Wie verhält sich der Film zum (Zuschauer-)Körper?“ (ebd., S. 13) ist ihre Leitfrage, die in Kapiteln zu Fenster und Rahmen, Tür und Leinwand, Spiegel und Gesicht, Auge und Blick, Haut und Kontakt, Ohr und Ton, Geist und Gehirn anhand bestehender Theorien erläutert wird. Historisch übergreifende Korrespondenzen der einzelnen Theorien können so aufgezeigt und zugleich Wirkungs-

Sigrid Lange: Einführung in die Filmwissenschaft. Darmstadt 2007, S.21–46.	**James Monaco:** Film verstehen. Reinbek 2005, S. 412–454. ***Jürgen Felix*** *(Hrsg.): Moderne Film Theorie. Mainz 2002.*
1) Frühe Filmtheorien – **Produktionsästhetiken** Hugo Münsterberg (1916) Dziga Vertov (ab 1922) Sergej Eisenstein (ab 1923) u. a.	1) Der Dichter und der Philosoph: Lindsay und Münsterberg 3) Montage: Pudovkin, Eisenstein, Balázs und der Formalismus
2) Die Ontologie des Films und das Realismuspostulat – Wahrnehmung, **Kunst**, Programmatik Bela Balázs (ab 1923) Rudolf Arnheim (ab 1932)	2) Expressionismus und Realismus: Arnheim und Kracauer 3) Montage: Pudovkin, Eisenstein, Balázs und der Formalismus
3) Filmtheorie als Philosophie: Siegfried Kracauer (ab 1947) – Das Wesen(-tliche) der **Wirklichkeit**	
4) Kunstform der Wirklichkeit: André Bazin (ab 1951) – Tiefenschärfe und Rezeption	4) Mise en Scène: Neorealismus, Bazin und Godard *a) Autorenkino* *b) Genretheorie und Genreanalyse*
5) Film als **Sprache**; Filmsemiotik – Kommunikation, Rezeptionsästhetik Jan-Marie Peters (1962) Christian Metz (ab 1968) u. a.	5) Der Film spricht und handelt: Metz und die zeitgenössische Theorie *c) Filmsemiotik* *d) Kino und Psychoanalyse* *e) Feministische Filmtheorie* *f) Neoformalismus, Kognitivismus, Historische Poetik des Kinos* *g) Körper-Erfahrung und Film-Phänomenologie* *i) *Intermedialität des Films*
6) **Psychoanalytische** Filmtheorien – Freud und Lacan, Spiegel und Ich Jean Louis Baudry (ab 1970) Christian Metz (ab 1975)	
7) **Feministische** Filmtheorien – Blicke und Dekonstruktion Laura Mulvey (1973) u. a.	
8) **Philosopie** des Kinos: Gilles Deleuze (ab 1983) – Bewegung und Zeit	*h) Film-Philosophie*

Tab. 6: Filmtheorie in einschlägigen Standardwerken

---

bereiche der Wahrnehmung organisiert werden. Unsere Darstellung dagegen konzentriert sich auf die Entwicklung der Theoriegeschichte.

Es versteht sich von selbst, dass damit nicht alle Verästelungen filmtheoretischer Bestrebungen abgebildet sind. Indes ist bereits in jener Gegenüberstellung auffällig: die Vielfalt der wissenschaftlichen Zugriffe wie auch die Fokussierung auf bestimmte Hauptinteressen der Betrachtung. Natürlich ist Filmtheorie im Rahmen unseres filmdidaktischen Schwerpunkts allenfalls ein Nischenbereich zur besseren Verständigung über Sein und Werden des Medienfeldes. Allerdings ist gerade in dieser Nische der sinnstiftende Zusammenhang analytischer und geschichtlicher Filmbetrachtung auszumachen: Ohne ein Mindestmaß an theoretisch-historischem Wissen ist das Verstehen (und der Genuss) bestimmter Filme kaum zu erreichen. Bezogen auf die von Elsaesser (s. o.) eingebrachten Krisenmomente kann man folgende historische Tendenzen bezeichnen:

*2.3.4.1 Krise des *Attraktionskinos*

Als Übergangstext gilt hier gemeinhin D.W. Griffiths BIRTH OF A NATION (1915; vgl. z. B. Lange 2007, S. 21), der über drei Stunden lang in klassischer Erzähltradition und mit rassistischer Tendenz eine Liebesgeschichte im historischen Rahmen des Sezessionskriegs präsentiert. An diesem breit erzählten Vorbild orientierten sich in der Folge viele Regisseure weltweit, weshalb der Film seine Jahrmarktstradition endgültig abschütteln konnte und (zumindest in Bezug auf solche Langfilme) als ernstzunehmende Kunst betrachtet wurde. Erste normative Theorieentwürfe zur besonderen **Produktionsästhetik und Kunst** des Mediums entstanden und neben einer deutschen Tradition (Balázs 2001a und b; Arnheim 2002) ist hier insbesondere der sog. **Russische Formalismus** von Bedeutung. In der jungen Sowjetunion wurden Filmemacher zu Theoretikern (bzw. vice versa), z. B. Schüler des Montage-Experimenteurs Lew Kuleshow, die in die Praxis gingen und diese theoretisch erläuterten (Pudowkin 1928 ff.; Eisenstein 1923 ff.). Dabei kam u. a. mit Dziga Vertovs (1922 ff.) emphatischen Texten eine weltanschauliche Tendenz in den Unterhaltungsfilm. „Wir erziehen neue Menschen", ist Vertov (1922, S. 65) überzeugt, und auch Eisenstein (vgl. 1923, 1924; vgl. auch Kap. 2.2.1 – Montage) hat dies mit seinen Kollisionsmontagen im Sinn. Jener ideologische (oder ‚aufklärerische') Ansatz nutzte die manipulativen Möglichkeiten des Films und fand gerade in der Montage den Stein des Lernanstoßes.

2.3.4.2 Krise der Medienmanipulation

Faschismus und Zweiter Weltkrieg führten die propagandistische Nutzung des Films in problematische Höhen, weshalb verschiedene Theoretiker einen eigentlich alten Schwerpunkt der Medienbetrachtung neu beleuchteten: die Nähe der filmischen Aufnahme und Wahrnehmung zur **Realität. Siegfried Kracauer**, der in *Theorie des Films* (1960) Darstellungsmittel und Gattungen des Films vorstellt, betrachtet dabei den Film in scharfer Abgrenzung zu vorherigen Theoretikern als Anti-Kunst, indem er ihm im Untertitel sogar die „Errettung der äußeren Wirklichkeit" zuschreibt. Ein ‚Filmkünstler' lese im Buch der Natur (vgl. 1985, S. 392), an dessen „Oberfläche der Dinge" sich der Film klammere (ebd., S. 13). So sehe der Zuschauer im „filmischen Film" oft das zum ersten Mal, was er im Alltag zu übersehen und zu abstrahieren gewohnt sei (ebd., S. 389), z. B. „das Zittern der vom Wind erregten Blätter" (ebd., S. 11). Der „künstlerische" oder „theatralische Film"[29] dagegen sei reaktionär und stütze durch Formgebung die herrschende Abstraktheit (ebd., S. 391). Obwohl Kracauer nur kurz auf den Dokumentarfilm eingeht, argumentiert er natürlich dokumentarisch und wird indirekt durch eine **Entwicklung des Dokumentarfilms** um 1960 bestätigt. Durch technische Neuerungen (leichte 16-mm-Kameras, lichtempfindliches Filmmaterial, tragbares Tonbandgerät NAGRA) konnten Dokumentarfilmer*innen beweglich in die Wirklichkeit eintauchen und so ‚authentisch' das einfangen, was da war (vgl. Kammerer/Kepser 2014, S. 36 ff.). Der daraus entwickelte Filmstil des *Direct Cinema (vgl. ebd., S. 38; Lipp 2012, S. 86–100) kommt der Kracauer'schen Forderung an den „filmischen Film" recht nahe, wenn auch dieser beobachtende Modus natürlich einen Standpunkt verdeutlicht und somit geformt oder eine subjektive (Kunst-) Darbietung ist. Kracauers normative Realismustheorie ist aufgrund ihrer Anti-Kunst-Haltung immer wieder kritisiert worden – Monaco spricht nicht ohne Häme von einer „Offenbarung" (Monaco 2005, S. 423) –, sie ist aber auch zu würdigen, in ihrer dem Betrachter angebotenen „Brücke zur Realität" (S. 427), ihrer kenntnisreichen Gesamtschau des Mediums und philosophischen Qualität.

Anders als Kracauer versucht der Franzose **André Bazin** erst gar keine allumfassende Theorie zu entwerfen, sondern schildert vielmehr in einer Reihe von Aufsätzen seine Gedanken zu wahrgenommenen Entwicklungen. In *Die Entwicklung der Filmsprache* (1955) entdeckt er in der Nutzung von Schärfentiefe und Plansequenz eine Möglichkeit, „den Zuschauer in eine Beziehung zum Bild [zu versetzen], die derjenigen, die er zur Realität hat, viel näher ist" (ebd., S. 103). Während die Montage einer Szene den Sinn eindeutig vorgebe, schenke die Schärfentiefe dem Bild wieder seine Mehrdeutigkeit zurück und lasse auch dem Zuschauer gewisse Freiheiten in der persönlichen (Blick-)Auswahl (vgl. ebd., S. 103 f.). Bazins Texte und die von ihm gegründete Zeitschrift *Cahiers du Cinéma* waren schließlich Auslöser für eine Entwicklung im französischen Kino, die als *Nouvelle Vague* Filmgeschichte schrieb. Journalisten und Ziehsöhne Bazins, z. B. Truffaut und Godard, wurden Regisseure dieser Welle und nicht selten relevante Filmtheoretiker. Dabei rückten auch vermehrt **Autoren**- und **Genrekonzepte** in den Mittelpunkt, was streng genommen den älteren Kunstdiskurs zurückholte, ihn allerdings neu und weniger normativ diskutierte.

29 Kracauer (1985) meint hier die Unterdrückung der Wirklichkeit durch die Form oder allzu freie (dramaturgische, effekteheischende) Gestaltung der Realität (vgl. ebd., S. 67 ff.), er spricht z. B. von „ungebildeten Effekten eines Hitchcock-Thrillers" (ebd., S. 12). „Anders gesagt: die gestalterischen Impulse sind so stark, daß sie die filmische Einstellung mit ihrem Bemühen um Kamera-Realität verleugnen" (ebd., S. 68).

2.3.4.3 Krise der Geisteswissenschaft

Im Gefolge des *linguistic* oder *semiotic turn* innerhalb der Geisteswissenschaften wurde auch der Film in seiner Zeichenstruktur betrachtet und die Filmsemiotik für über ein Jahrzehnt zum theoretischen Zugriff der Filmbetrachtung. Die Suche nach der „Sprache" des Films war das Ziel und sie kam nicht überraschend, denn schon klassische Theoretiker wie Eisenstein (1934) und Bazin (1955, S. 90) widerstanden nicht vollständig dieser Verführung. Nun galt es allerdings über die Metapher hinauszugehen, was bekanntlich nicht vollständig gelingen kann. Film sei eben eine „reiche Nachricht mit armem Kode", meint **Christian Metz** (1972, S. 101), und „als reicher Text mit armem System [...] in erster Linie Rede", also Behauptung durch „Neologismen" (ebd.). Das ikonische Bild lässt sich nicht dem symbolischen Wort gleichstellen, was allerdings kein Nachteil sein muss. Denn, so Metz (ebd., S. 73), „[n]icht weil das Kino eine Sprache ist, kann es uns schöne Geschichten erzählen, sondern weil es sie uns erzählt hat, ist es zu einer Sprache geworden." Metz' Hinwendung zur Erzählung ist semiotisch interessant, da im narrativen Gebrauch audiovisueller Zeichen durchaus Konventionen auszumachen und zu systematisieren sind. Er erarbeitete dann auch am Beispiel der Montage die Typenlehre der **„großen Syntagmen des Films"** (vgl. ebd., S. 165–198; Abb. 108), die sich weiterhin großer Aufmerksamkeit erfreut. Zwar ist Metz' Theorie nur eine unter vielen Versuchen (z. B. Passolini 1971; Eco 1994), sicherlich aber „die abstrakteste wie auch die konkreteste der Filmtheorien" (Monaco 2005, S. 446). Gleichwohl waren ab einem Zeitpunkt alle Chancen und Grenzen des Sprache-Vergleichs benannt und zudem das „Schlüsselproblem" erkannt, dass „im Film keine Strukturen aufgefunden werden können, die dem sprachlichen Formenbau analog sind" (Wulff 1999, S. 291), weshalb theoretische Neuversuche andere Betrachtungsschwerpunkte wählten. Dennoch ist die „oft totgesagte Filmsemiotik weiterhin überaus lebendig" (Kessler 2002, S. 122).

Filmsemiotik

Christian Metz legt in Semiologie des Films *(1972) eine bereits zuvor veröffentlichte Systematik der Montagemöglichkeiten vor, die hier kurz verdeutlicht werden soll. Er nennt dies „Die großen Syntagmen des Films" (vgl. ebd., S. 165–198) und beschließt seine Erläuterungen mit der folgenden Tabelle (Abb. 108). Metz unterteilt Film in acht autonome Segmente, also selbständige Filmteile, für die sich der Filmemacher bei der Planung der Handlungseinheit entscheiden müsse (vgl. ebd., S. 170). Die Anordnung verläuft in Gabelungen („Dichotomien"), deren Auswahlentscheidung zumeist neue Entscheidungen nach sich zieht.*

Auf der ersten Ebene ist die Frage zu klären, ob eine **autonome Einstellung** *gewünscht ist – das ist eine einzige Einstellung, z. B. eine Plansequenz (längere Einstellung mit bewegter Kamera) und verschiedene Möglichkeiten kürzerer Einfügung/Inserts – oder ein Syntagma (Verknüpfung mehrerer*

Einstellungen). Syntagmen sind nach achronologischen und chronologischen Möglichkeiten unterteilt. Die achronologischen Syntagmen besitzen kein klar definiertes zeitliches Verhältnis: Z.B. ist das **parallele Syntagma** *eine auch wiederholte Verknüpfung von Motiven, deren zeitlich-räumlicher Bezug offen bleibt. Metz nennt als Beispiele „Bilder der Ruhe, Bilder der Unruhe, Szenen aus dem Leben der Reichen, Szenen aus dem Leben der Armen" (ebd., S. 173) und erwähnt den symbolischen Wert solcher Montage. Eine weitere achronologische Entscheidung ist das* **Syntagma der zusammenfassenden Klammerung**. *Hier ist keine Wiederholung relevant, setzt vielmehr die Rahmung den entscheidenden Bezug. So stehen z.B. die Löwen aus* PANZERKREUZER POTEMKIN *(Abb. 31–33) in einem solchen Klammerbezug.*

Entscheidet sich der Filmemacher aber für eine chronologische Verknüpfung, sind vier weitere Auswahlebenen zu berücksichtigen. Chronologisch meint ein klares Zeitverhältnis der Abbildungen, wobei sowohl ein Nacheinander als auch Gleichzeitigkeit der Bildinformationen möglich ist. Das **deskriptive Syntagma** *dient der Beschreibung durch Bildinformationen und ist gewissermaßen zeitlos oder eben gleichzeitig. Metz verdeutlicht dies mit der Beschreibung einer Landschaft: „zuerst ein Baum, dann ein Ausschnitt dieses Baums, dann ein kleiner Bach" (ebd., S. 175) etc. Alle anderen Syntagmen sind narrativ und zeigen ein zeitliches Folgeverhältnis. So ist das* **alternierende Syntagma** *die übliche Parallelmontage – z.B. Wechselschnitte bei Verfolgungsjagden: der Jäger, der Gejagte ... (vgl. ebd., S. 177) –, in der zwar beim Schnitt Gleichzeitigkeit behauptet, aber im Ganzen doch ein zusammengehöriges, wenngleich räumlich auseinanderliegendes Nacheinander gezeigt wird. Die noch folgenden linearen narrativen Syntagmen arbeiten mit einer Zeitfolge (ungekürzt, gekürzt) in einem Handlungssegment. Die* **Szene** *ist ungekürzt und trotz Schnitten der theaterhaften Einheit von Raum, Zeit und Handlung verpflichtet. Gekürzt wird die Zeitfolge in der Sequenz. Bei der (unorganisierten)* **gewöhnlichen Sequenz** *werden unwichtige Inhalte der Handlung entfernt, bei der (organisierten)* **Sequenz durch Episoden** *werden Szenen, die Ähnliches abbilden, aber zeitlich auseinanderliegen, zusammengestellt. Für Letzteres führt Metz (vgl. ebd., S. 179f.) das Beispiel der Frühstücksszene aus* CITIZEN KANE *(1941) an, in der die wachsende Entfremdung zwischen Kane und seiner Frau im Lauf der Zeit am Beispiel des immer gleichen Frühstücksrahmens verdeutlicht wird.*

Metz' Große Syntagmen *hat mancherlei Kritik auf sich gezogen (vgl. z.B. Lohmeier 1996, S. 145–148; Kuchenbuch 2005, S. 63). Insbesondere der vernachlässigte Tonschnitt wurde immer wieder bemängelt. Indes kann die zwar in die Jahre gekommene, aber bis heute letzte Generalübersicht zu Montagehandlungen im Film durch ihre „eigentümliche Eleganz" (Monaco, 2005, S. 223) noch immer faszinieren. Kohärente Filmteile sind eine Einstellung oder mehrere. Mehrere Einstellungen sind chronologisch oder nicht, deskriptiv oder narrativ, alternierend oder linear, eine Szene oder eine Sequenz: Dass Montage (auch)* **Umgang mit Zeit** *ist, kann man noch immer bei Metz am besten studieren.*

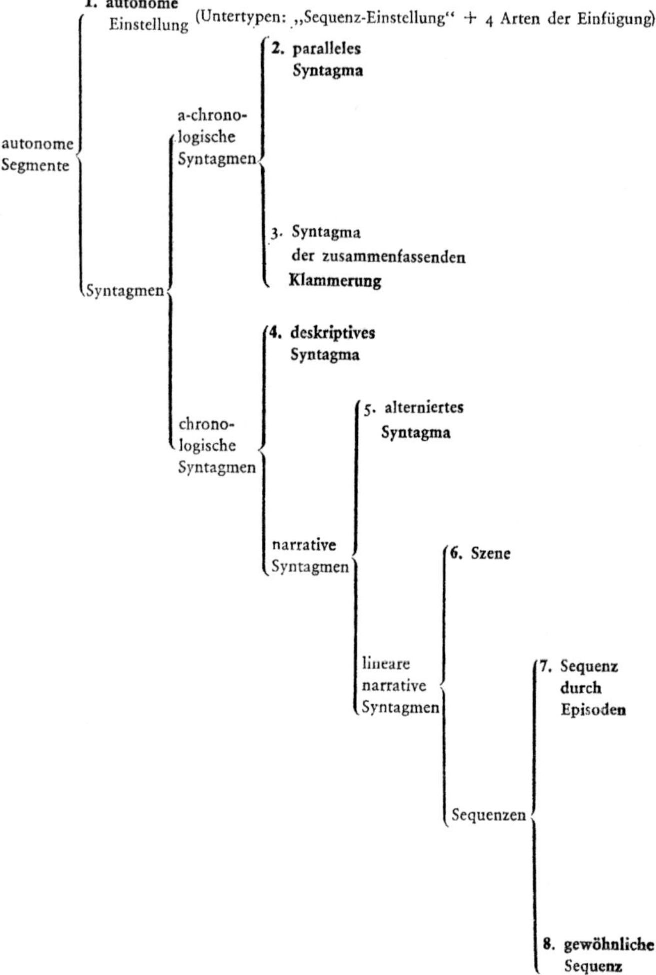

Abb. 108: Tabelle der großen Syntagmen des Films (Metz 1972, S. 198)

2.3.4.4 Krise der Moderne

Im späten 20. Jahrhundert wird die Epoche und Geisteshaltung der Moderne von Nachfolgekonstrukten wie „Postmoderne“, „Gegenmoderne“, „Zweite Moderne“ etc. abgelöst. Jene streitbaren und auch kurzlebigen Erklärmuster sind symptomatisch für die seit Mitte der 1970er Jahre stattfindende Suche nach Einheit in einer sich immer schneller wandelnden Zeit, was auch an der Filmtheorie abzulesen ist. Eine einheitliche Theorie, wie sie noch die Semiotik anbieten konnte, ist nun nicht mehr gefragt. Die Vielfalt der Zugriffe und Bezugstheorien ersetzt das eine Ideal. Zwar ist das semiotische Programm noch immer entscheidend und wird in seinen pragmatischen Möglichkeiten auch weiterentwickelt (z. B. Cassetti, Odin), auffällig ist aber, dass die Bezüge aus anderen Bereichen den namentlichen Unterschied ausmachen. So blickt die **feministische** Filmtheorie nicht nur, aber auch auf den vom Film vorgegebenen „männlichen Blick“ der Rezeption (vgl. Klippel 2002), sucht die **psychoanalytische** Filmtheorie u. a. rund um Freud und Lacan Interaktionen zwischen Zuschauer*innen und Filmvorgabe zu entlarven (vgl. Kappelhoff 2002; Lange 2007, S. 36–39), betrachtet die **phänomenologische** Filmtheorie körperliche Erfahrungen – quasi ‚Berührungen‘ – des Betrachters während der Filmrezeption (vgl. Robnik 2002), gibt es eine **Filmphilosophie** von Gilles Deleuze (1997a und b) mit den Entwicklungsformen des *Bewegungs-* und *Zeitbilds* (vgl. Engell/Fahle 2002), klärt die **neoformalistische** Filmtheorie (z. B. Bordwell, Thompson) in einer Verbindung von Filmtheorie, -analyse und -geschichte Fragen der (historischen) Filmstilistik und die „Rolle des Zuschauers“ im Textverarbeitungsprozess (vgl. Hartmann/Wulff 1995; Thompson 1998). Andere Richtungen sowie viele Einzeluntersuchungen zu bestimmten Phänomenen existieren: Die nächste Krise kann kommen.

„Analyse ohne Theorie“, schreibt Hans J. Wulff (1999, S. 11), „ist […] sinnlos“ und freilich sind (interne) Analysekategorien wie die oben (vgl. Kap. 2.2) präsentierten theoretisch fundiert. Muss man aber die dahinter stehenden Orte und Konzepte der Theoriehistorie kennen? Wir meinen: Ja! Filme sind historische Kulturäußerungen und demzufolge auch in den Theoriediskursen ihrer Zeit zu verorten. Ein Film wie OKTOBER – ZEHN TAGE, DIE DIE WELT ERSCHÜTTERTEN (1928) ist heute kaum mehr zu verstehen, ohne Wissen über Eisensteins Montagetheorie; eine filmhistorische Strömung wie der Neorealismus (vgl. Kap. 2.3.3) ist als richtungsweisender Theorieentwurf aus der Praxis und als Reaktion auf die vorhergehenden filmischen Propagandaexzesse zu würdigen; ein Kuriosum wie der Oscar-prämierte Stummfilm THE ARTIST (2011) profitiert ohne Zweifel von einer Parallellektüre der ersten Stummfilmtheoretiker wie z. B. Balázs (2001a) und Arnheim (2002); schließlich fordert Filmverstehen bei Jean-Luc Godard nicht unerheblich Genre- und Semiotikwissen.

Gilt also generell für die Lehrkraft, dass sie filmtheoretisches Grundwissen besitzen sollte, so ist die Frage zu stellen, inwiefern dies auch für Schüler*innen notwendig ist. Blickt man so motiviert durch die bestehenden didaktischen Angebote, zeigt sich durchaus Überraschendes. Gar nicht selten wird Filmtheorie thematisiert, wenn auch oft unter einer historischen Sichtweise und ohne konkrete Textbezüge. So kommen die großen Montage-Klassiker wie Kuleshow (z. B. Kamp/Rüsel 1998, S. 63 f.; Kötter/Schmolke 2004, S. 8–10) und Eisenstein (z. B. Kamp/Rüsel 1998, S. 64–71; Munaretto 2009, S. 34 f.) vor, werden semiotische Bezüge (z. B. Bienk 2006) grob gestreift und wird auch gerne auf die Genrekommunikation (z. B. Munaretto, 2009, S. 85–97; Rüsel 2019, S. 116–121) verwiesen. Theoretisch deutlicher werden Michael Klant und Raphael Spielmann (2008), Peter Drexler (2016) und Michael Staiger (2010b und 2016b). Klants und Spielmanns Schul-Lesebuch zu *Film – Fernsehen – Videokunst* lässt manchen wichtigen Filmtheoretiker zu Wort kommen, fokussiert auch gelegentlich ganze Theorierichtungen. Allerdings reduziert der Lesebuchcharakter Unterrichtsanregungen auf ein Minimum an Fragen und Handlungsofferten. Drexlers breit angelegte *internationale Filmgeschichte* (2016) ist in ihrem Unterrichtsertrag ebenfalls auf Fragenkataloge beschränkt und auch in Staigers Betrachtung *verschiedener „Wellen“* der 1960er und 70er Jahre (2016b) werden didaktische Potentiale allenfalls grob umschrieben. Das ist zwar im Kontext der dort gegebenen Erstorientierung verständlich, bleibt aber in Bezug auf konkrete Unterrichtsabläufe recht vage. In diesem Zusammenhang kann auch Staigers (2010b) *Geschichte und Didaktik der Filmmontage* durch das präsentierte theoretische Wissen überzeugen, weit weniger allerdings mit dem Ungefähr des didaktischen Appendix. Ganz anders, detailfreudig und konkret, nutzt dagegen Björn Maurer (2010a und b) klassische Theorieentwürfe für seine Konzeption *subjektorientierter Filmbildung in der Hauptschule* (vgl. Kap. 1.4.2.2). Im Stil einer originalen Begegnung lässt Maurer frühe Filmtheoretiker (Balázs, Arnheim, Kuleshow, Eisenstein) zu Wort kommen und schließlich die Schüler*innen das Gelesene in eigenen Versuchen umsetzen (vgl. 2010a, S. 166–186). Nach einer Folgephase, in der die historische Entwicklung der Filmästhetik mit latenten Theoriebezügen im Fokus steht (vgl. ebd., S. 186–201), erarbeiten die Schüler*innen Filmgenres (am Beispiel Horrorfilm; ebd., S. 201–255) als dramaturgische „Kern-Ästhetiken“ (ebd., S. 168) rezeptiv und handlungsorientiert. Maurers Vorgehen ist sicherlich eine extreme Herausforderung für den zeitlich limitierten Deutschunterricht. Es zeigt aber beeindruckend, wie Filmtheorieschulung mit praktischer Erprobung Hand in Hand gehen kann.

2.3.4.5 Didaktisches Fazit

1) „[E]rst wenn Lernende für filmästhetische Aspekte sensibilisiert sind, können sie deren rezeptionslenkendes Potential […] beurteilen“, schreibt Carola Surkamp (2010, S. 89) und gerade hier, im „bedeutungstragende[n] Potential visueller und akustischer Zeichen“ (ebd.), findet filmtheoretische Schulung statt. Überlegungen zu Analysekategorien gelangten erst über die Filmtheoretiker zu den nicht eingeweihten Rezipient*innen, Phasen der Filmgeschichte wurden durch spezielle Theorien flankiert und so in besonderem Maße bedeutsam – es scheint also nahe liegend, beim notwendigen **historischen Analyseblick** auf das Medium den

jeweils **gültigen Theoriediskurs** zu berücksichtigen. Wie weit ein solcher Blick gehen muss, ist sicherlich abhängig vom Verstehen des zugrunde liegenden Filmtextes selbst und der zu schulenden Altersgruppe. Gleichwohl ist es nach unserer Vorstellung notwendig, einige Überlegungen der Filmtheorie Schüler*innen vorzustellen.

2) Neben dem bereits dargestellten Genrefokus (Kap. 2.3.1) sind das vorwiegend Klassiker der frühen **Kunstästhetiken**, die in ihren Bedeutungszuschreibungen viele Möglichkeiten zu Diskussion und (Neu-)Urteil ermöglichen. Dies kann rezeptiv über ausgewählte Texte (Print, Film) und auch produzierend geschehen. Gerade bei einem Unterrichtsschwerpunkt auf der **Montage** können Eigenversuche (möglicherweise nach theoretischer Anleitung der jeweiligen Autoren) besonders verständnisfördernd sein. *Parallel-, Kontrast-, Kontinuitätsmontage* machen Wirkungsmöglichkeiten, narrative Zeitverhältnisse und Manipulationsoptionen des Films deutlich und verweisen zugleich auf das Phänomen der Realitätsillusion, das den Film umweht und insbesondere frühe Theoretiker beschäftigt hat. Weitere Theorien kann man schließlich bei Schüler*innen der Oberstufe thematisieren – ein Blick auf manche **semiotische Überlegung zum Film** ist dabei auch sprachreflexiv interessant.

3) Zwar ist die vielschichtige Filmtheorie für alle Kompetenzfelder unseres Modells (Kap. 1.4.3) von Bedeutung, durch ihre poetologische Suche nach Form-Inhalts-Wirkungs-Beziehungen muss man sie aber im Bereich des Symbolsystems verorten. Filmtheorie begleitet dabei verständnisfördernd die filmanalytische Kompetenzförderung. Eine Thematisierung im Unterricht als eigene Unterrichtseinheit zur Theoriegeschichte ist in den meisten Fällen nicht sinnvoll. Grundsätzlich ist bei einem schulischen Einsatz die Frage entscheidend, **ob ein Verständnisproblem unter theoretischer Perspektive gelöst** oder ein ästhetisches Phänomen durch Hinzuziehung von Theorietexten besonders eindrücklich geklärt werden kann. Theorie soll „die äußere Wirklichkeit" der Schüler*innen „erretten" (Kracauer), nicht die eigene feiern.

Zusammenfassung

Filmtheorie versucht mit wissenschaftlicher Argumentation Form-, Inhalts- und Wirkungsprinzipien des Films zu erfassen. Sie reagiert damit zumeist auf Entwicklungen der Filmgeschichte und stellt Werkzeuge zur gezielten Filmsichtung zur Verfügung. Filmtheoretiker*innen argumentieren direkt aus ihrem kulturellen Umfeld, weshalb die Theoriehistorie unterschiedliche Schwerpunkte der Filmbetrachtung hervorgebracht hat – Kunst/Montage, Realismus, Zeichenstruktur, postmoderner Pluralismus – und Theoriebildung heute wissenschaftliche Spezialist*innen einfordert.

Im Deutschunterricht können diese Spezialist*innen weder vorausgesetzt noch ausgebildet werden, auch ist es kaum möglich und sinnvoll, eine umfassende Theoriegeschichte an die Schüler*innen zu vermitteln. Didaktisch gearbeitet wird deshalb vorwiegend mit Textauszügen, die zumeist der (leichter fasslichen) klassischen Filmtheorie entstammen. Ihr Einsatz ist davon abhängig, ob durch die Rezeption bzw. Produktionsanleitung des theoretischen Textes ein besseres Filmverstehen erzielt werden kann.

Weiterführende Literatur: Albersmeier, Franz-Josef (Hrsg.) (1998): Texte zur Theorie des Films. 3., durchges. u. erw. Aufl. Stuttgart (= Reclams UB 9943). **Elsaesser, Thomas/Hagener, Malte (2011):** Filmtheorie zur Einführung. 3., erg. Aufl. Hamburg. **Schnell, Ralf (2000):** Medienästhetik. Zur Geschichte und Theorie audiovisueller Wahrnehmungsformen. Stuttgart u. Weimar.

3 Verfahren des Umgangs mit filmischen Texten

Verfahren organisieren den konkreten Ablauf von Lehr-/Lernprozessen. Der Umgang mit Film beinhaltet viele Verfahren für Schrifttexte, er erfordert aber auch gegenstandseigene methodische Ansätze. Im Folgenden werden die methodischen Großtypen eines analytischen und eines handlungs- und produktionsorientierten Umgangs mit dem Film dargestellt und in eine an sprachlichen Grundtätigkeiten des Lesens, Sprechens und Schreibens orientierte Systematisierung weitergeführt. Dabei soll die denkbare Methodenbandbreite des Filmunterrichts entfaltet und strukturiert, aber auch gewichtet und problematisiert werden.

3.1 Allgemeines

Verfahren sind Mittel und Abläufe, mit denen Ziele erreicht werden sollen. Für ein und dasselbe Ziel können unterschiedliche Verfahren zur Verfügung stehen: Wenn man reich werden will, kann man ein Start-Up gründen, Lotto spielen oder eine Bank überfallen; wenn man abnehmen will, kann man sich anders ernähren und/oder mehr Sport treiben. Wenn Schüler*innen die Qualität eines Films bewerten sollen, können sie dies in einem Gespräch, in einer Rezension oder durch Ankreuzen von Items auf einem Arbeitsblatt tun.

Fasst man Filme als Texte auf, so überrascht nicht, dass die Verfahren sich mit denen des Umgangs mit schriftlichen Texten überlappen: Man kann auch zu einem Film ein Gespräch führen, analytische Leitfragen stellen, eine Figurenkonstellation skizzieren, einen offenen Schluss zu Ende schreiben, eine Kritik bzw. Rezension verfassen. Jedoch wirft die besondere Verfasstheit eines audiovisuellen Textes mit bewegten Bildern auch **spezifische methodische Fragen** auf. Eine solche ist die nach der sog. Textbegegnung, die zwischen den Extremen einer einmaligen kollektiven Rezeption und einer individuell steuerbaren Mehrfachrezeption pendeln kann. Generell ist die methodische Frage zu lösen, wie der flüchtige filmische Text für eine genauere Analyse und Interpretation verfügbar gemacht werden kann, also z. B. über Anhalten, Verlangsamen, Wiederholen, über ausgekoppelte *Motion Stills oder über individuelle Rezeption und Bearbeitung im PC (s. u.). Des Weiteren erfordert der **Film als *multicodaler Text** spezielle methodische Ansätze: Ein Filmprotokoll, in dem Einstellung für Einstellung inhaltlich und formal festgehalten wird, gibt es in ähnlicher Art für herkömmliche Romane nicht; ebenso lässt sich nur beim Film z. B. mit alternativen Musikunterlegungen arbeiten, um den Effekt von Filmmusik zu erfassen, oder aber ein Bild auf Schwarzweiß stellen, um dessen Wirkung oder die von Farbe(n) zu erkennen.

Beim Lehren und Lernen sollen durch Verfahren an Gegenständen vorher definierte Ziele und Kompetenzen erreicht werden. Das heißt, methodische Entscheidungen werden erst nach und **abhängig von didaktischen Zielsetzungen** gewonnen – sie sind kein Selbstzweck. Für die Bewertung eines Films ist es z.B. nicht zielführend, eine Collage aus *Motion Stills zusammenzustellen oder einer Filmfigur eine Gedankenblase zu hinterlegen. Die Wahl einer Methode begründet sich auch nicht daraus, dass diese lange nicht zum Einsatz kam oder den Schüler*innen Spaß macht; ebenso ist Methodenwechsel kein Gut an sich. Die Ziele und der Gegenstand bestimmen die Methoden.

3.2 Systematisierungen

Anders/Staiger u.a. (2019, vgl. S. 41–43) unterscheiden Verfahren danach, ob sie **vor, während oder nach der Filmrezeption** anzusetzen sind, bleiben in ihrer Auflistung von rund 30 Verfahren jedoch additiv und wenig systematisch. Verfahren überschneiden sich (z.B. Assoziationen sammeln/zu Screenshots assoziieren) und sie erscheinen wiederholt (z.B. Texte zu einem Film schreiben). Mitunter sind sie weniger Methoden als Ziele, für die Methoden wiederum zu präzisieren wären (z.B. mit DVD-Bonusmaterial arbeiten) oder für die unterschiedliche Methoden einsetzbar wären (z.B. eine Figur charakterisieren). Was die Auflistung jedoch sinnvollerweise verdeutlicht, ist, dass der Umgang mit einem Film bereits vor der eigentlichen Rezeption beginnen kann, wenn man etwa (bei einem unbekannten Film) zum Titel, zu einem Filmplakat oder Trailer oder zu *Motion Stills Inhalts- und Genreerwartungen aktiviert. Auch illustriert die Auflistung die **große mögliche Vielfalt des Umgangs mit Filmen**, der noch weniger als der Umgang mit schriftlichen Texten auf die Methode des leitfragengelenkten Unterrichtsgesprächs beschränkt bleiben muss.

3.2.1 Zwei grundsätzliche Verfahrenstypen: analytisch und handlungs-/produktionsorieniert

Wichtig ist die von Anders/Staiger u.a. (2019, vgl. S. 41) weiter vorgenommene Unterscheidung zwischen **rezeptionsorientierten und produktionsorientierten Verfahren**. Damit sind zwei grundsätzliche Verfahrenstypen markiert, die in der Literatur- und in der Filmdidaktik (z.B. Maurer 2010, S. 381ff.; Möbius 2013, S. 223ff.) mit diversen Begriffsoppositionen charakterisiert werden. Demnach kann man folgende Verfahren unterscheiden (Tab. 7).[30]

---

30 Die folgende Terminologie ist durchaus hinterfragbar: Auch Affekte (Gefühle und Empfindungen) gehören zum kognitiven Geschehen eines Menschen; semantisch-logische Gegenbegriffe zu *analytisch* und *diskursiv* wären eigentlich *synthetisch* bzw. *intuitiv*; auch handlungs- und produktionsorientierte Verfahren können (und sollten) reflektiert werden und zu analytischen Erkenntnissen führen; vor allem aber sind auch analytisch-rezeptive Denkoperationen Handlungen. Die Gegenüberstellung kann grob als gegenstands- und subjektorientiert differenziert werden.

analytisch diskursiv reflexiv kognitiv	gestalterisch imaginativ handlungsorientiert affektorientiert

Tab. 7: Verfahrenstypen des Umgangs mit Film

Ein Beispiel: In Stephen Spielbergs Film SCHINDLER'S LIST (1993) gibt es eine Szene, in der ein jüdischer KZ-Häftling die Uhren und Schmuckstücke soeben zur Ermordung abgeführter Mithäftlinge taxieren muss. Die äußeren, inneren und kontextuellen Merkmale dieser Filmfigur in ein Arbeitsblatt einzutragen (vgl. Anders/Staiger u.a., S. 59f.), wäre ein analytisch-rezeptives, ihre Gedanken und Empfindungen auszuformulieren wäre ein imaginativ-produktives Verfahren (vgl. Köppert 1999, S. 57).

Handlungs- und produktionsorientierte Verfahren lassen sich **unterschiedlich begründen** (vgl. Haas/Menzel/Spinner 1994). Man kann das Eingreifen in und das Herstellen von Texte/n sehen als

- praktische Umsetzung rezeptionsorientierter Literaturtheorien (Rezeptionsästhetik, Dekonstruktion, Konstruktivismus);
- selbsttätige und daher besonders nachhaltige Form des Lernens (*learning by doing*), insbesondere als geeignete Zugänge für kognitiv-analytisch leistungsschwächere Lernende;
- als Überwindung konsumhaften Rezipierens durch selbsttätiges kulturelles Handeln;
- als Entfaltung imaginativer Kräfte und personaler Bildungsprozesse.

Einerseits sind handlungs- und produktionsorientierte Verfahren *alternative Wege* zu didaktischen Zielen, wenn z.B. eine Filmfigur nicht mittels eines systematischen Arbeitsblatts oder einer „Literarischen Charakteristik" analysiert wird, sondern indem man ihre Gedanken imaginiert. Handlungs- und produktionsorientierte Verfahren können aber auch als Wege zu *alternativen Zielen* begriffen werden. Niesyto (2006, S. 8f.) benennt zwei filmdidaktische Grundrichtungen: einmal eine stärker am Gegenstand ausgerichtete Filmbildung, zum anderen eine eher auf das Subjekt zielende Identitätsbildung (vgl. Kap. 1). Ähnlich werden in der Literaturdidaktik stärker **gegenstandsorientierte und subjektorientierte Zielrichtungen** unterschieden, z.B. Textverstehen und -erschließung einerseits, Individuation und Fremdverstehen andererseits (vgl. Maiwald 2014b, S. 173; Wrobel 2016, S. 5).

Somit lassen sich die beiden Verfahrenstypen auch nach ihrer Affinität zu diesen grundlegenden Zielbereichen unterscheiden: Sie können den Text in eine analytische Distanz rücken und zum Objekt einer systematischen Untersuchung machen; oder sie können die Lernenden imaginativ in den Text verstricken und subjektive Vorstellungsbildungen auslösen. In dem Kurzfilm GÄNSEHAUT (1993) (vgl. Praxiskap. 4.5) wird in einer Szene langsam das Gesicht der männlichen Hauptfigur herangezoomt und mehrere Sekunden in Großaufnahme gezeigt. Man kann hier analytisch-gegenstandsorientiert zunächst die Veränderung der Einstellungsgröße(n) feststellen, oder man kann imaginativ-subjektorientiert zunächst die mutmaßlichen Gedanken der Figur zum Ausdruck bringen.

Man sollte **keine schematischen Trennungen und einseitigen Wertungen** dieser Verfahrenstypen vornehmen (vgl. treffend Kepser 2010, S. 187 f.). Zum einen kann auch die Erstellung eines Einstellungsprotokolls oder die mündliche Präsentation eines Analyseergebnisses eine Handlung im Sinne eines eigenständigen, selbstverantworteten Tuns sein – das keineswegs nur rezeptiv im Sinne von passiv ist. Vor allem aber müssen die Ergebnisse handelnder Eingriffe und produktiver Weiterführungen von Texten stets reflektiert werden und können spätestens dann auch zu analytischen Erkenntnissen führen (vgl. Spinner 1987). Zudem lässt sich der produktive Umgang mit Literatur als eine eigene Form der Hermeneutik ansehen, die das Verstehen und Deuten von Texten zum Ziel hat, dies aber auf produktiven Wegen verfolgt (vgl. Waldmann 2016). Das heißt: Auch im handelnden und produktiven Umgang lassen sich gegenstandsorientierte Ziele verfolgen. Handlungs- und produktionsorientierte Verfahren haben tendenziell den Vorzug, Lernende auch auf der imaginativ-affektiven Ebene anzusprechen und sie zur Selbsttätigkeit zu aktivieren. Darin liegt aber stets auch die Gefahr, in einer rein äußeren Betriebsamkeit des Machens bereits einen Zweck und ein Ziel zu sehen. Wenn Schüler*innen z. B. einen Filmfortgang oder ein Filmende antizipieren, wenn sie ein Storyboard zeichnen oder ein Rollencasting spielen, dann muss vorab fachlich begründet werden, weshalb und wozu dies geschieht. Allgemeine Verweise auf Selbsttätigkeit, Kreativität oder ganzheitliches Lernen reichen dafür nicht.

3.2.2 Tätigkeitsbezogene Systematisierungen

Verfahren des Umgangs mit Filmen lassen sich sinnvoll nach den **bei den Lernenden aktivierten Tätigkeiten** systematisieren. Im Ansatz verfolgt dies Abraham (2016, vgl. S. 91 ff.) mit einer Auflistung von Sprechen (bzw. „Filmgespräche führen"), „Schreiben zu Filmen" und „Szenischen Verfahren". Im weiteren Verlauf bricht diese Systematik allerdings, insofern eine „Arbeit mit" diversen filmischen Textteilen und Begleittexten vorgesehen wird. Eine „Arbeit mit ausgewählten Sequenzen" (Verfahren 6) kann freilich im Gespräch, schreibend oder szenisch, zudem auch gestaltend erfolgen. Die Ebenen sind hier vermengt. Konsequenter differenziert Matthis Kepser (2010) handlungs- und produktionsorientiertes Arbeiten mit Filmen in sechs tätigkeitsbezogene Kategorien (Tab. 8):

Schreiben	**Zeichnen/bildlich Gestalten**
Exposé, Treatment, Drehbuch; Schreibanregungen aus der Drehbuchliteratur wie Figurenbiographie; Filmkritik, TV-Programmankündigung, DVD-Klappentexte, FSK-Stellungnahme	Storyboard, Production-/Kostümdesign, Plakate, Manipulation filmischer Standbilder
Spielen/Performen	**Filmen**
casting, deleted scenes, Simulation eines Drehs	Standardsituationen, Handyfilm, Trickfilm, Werbe-Clip, Musik-Clip, Poetry-Clip
Sprechen	**Montieren/Schneiden**
anders synchronisieren, Stummfilm zum Tonfilm machen, *Voice-Over einfügen, Audiofassung für Sehgeschädigte, Audiokommentar einfügen, Hörspielfassung erstellen	z. B. Vorspann-Sequenz, Trailer, Filmmusik, Geräusche und Atmo/Geräuschkulissen, Untertitel für Hörgeschädigte

Tab. 8: Handlungs- und produktionsorientiertes Arbeiten mit Filmen (nach Kepser 2010)

Eine Systematik dieser Art ist nicht nur für handlungs- und produktionsorientierte Verfahren, sondern für jedweden Umgang mit dem Film sinnvoll. Denn auch analytische Verfahren implizieren stets die **Umsetzung von Denkprozessen in sichtbare Handlungen**. Einstellungsgrößen in einem Filmausschnitt etwa werden mit *Motion Stills visualisiert, mündlich oder schriftlich beschrieben und interpretiert; Charakteristika einer Filmfigur werden auf einem Arbeitsblatt notiert und präsentiert; eine Figurenkonstellation wird grafisch dargestellt; das Erzählschema der *Heldenreise (nach Krützen 2004, S. 270) wird zunächst gelesen und dann an einem Filmbeispiel in Stichworten konkretisiert (vgl. Anders/Staiger u. a. 2019, S. 57 f.).

3.2.3 Systematisierung nach sprachlichen Grundtätigkeiten als Lernfeldern des Deutschunterrichts

Für diese Filmdidaktik Deutsch werden die Verfahren daher nach sprachlichen Grundtätigkeiten als Lernfeldern des Deutschunterrichts systematisiert (Tab. 9; vgl. im Ansatz auch Abraham 2016a, S. 71 f.) „An/mit Filmen" vollziehen sich demnach Aktivitäten, die näher am oder direkt im filmischen Text ansetzen; „über Filme" wird hingegen in größerer Distanz gehandelt.

Lesen

an/mit Filmen	über Filme
Begleittexte nutzen: Drehbuch, DVD-Cover, Filmplakat, Filmkritiken und -rezensionen	Weitergehende Informationstexte nutzen: zu Filmsprache, Genres, Filmgeschichte und -theorie, Film in der Medienkultur

Sprechen und Zuhören/Präsentieren/szenisch Spielen

an/mit Filmen	über Filme
• zu *Motion Stills oder nachgestelltem Standbild in der Rolle der gezeigten Figur sprechen (Gedanken, Empfindungen) • (*Voice-Over-)Kommentar oder Audiodeskription einsprechen • Rollencasting durchführen • Filmjury inszenieren • Filmquiz durchführen • Filmszene spielen/in einem Film mitspielen	• Filmgespräch/Sehgespräch führen • Diskussionen führen • Arbeitsergebnisse oder -produkte präsentieren und kommentieren • Referat/Präsentation zu einem filmbezogenen Gegenstand oder Thema gestalten (z. B. Lieblingsfilm und/oder filmisches Genre) • Interviews von Filmschaffenden (z. B. im DVD-Bonusmaterial) rezipieren und besprechen

Schreiben

an/mit Filmen	über Filme
• zu *Motion Stills in der Rolle einer Figur schreiben (Gedanken, Empfindungen) • eine Filmhandlung weiterschreiben • Untertitel (für Hörgeschädigte) verfassen • Covertext/Programmankündigung erstellen • Exposé und/oder Treatment z. B. zu einem vorgegebenen Filmtitel verfassen • Drehbuch(auszug) verfassen • Film(szene) in einen schriftlichen Erzähltext umschreiben	• Planungstexte/Hilfstexte verfassen: Stichwortzettel, Spiegelpunktlisten, Beobachtungsbögen, Arbeitsblätter, *mind maps* • Filmprotokoll/Einstellungsprotokoll erstellen • Rezension und Filmkritik schreiben • Schulische Prüfungsformate bearbeiten: Inhaltswiedergabe, Analyse, Erörterung, Interpretation, Beschreibung, Kommentar

Tab. 9: Verfahren des Umgangs mit Film nach Lernfeldern des Deutschunterrichts

Sprache untersuchen als vierter Lernbereich des Deutschunterrichts ist keine eigene sprachliche Grundtätigkeit wie Lesen, Sprechen und Schreiben, lässt sich aber natürlich auch auf den Film anwenden: So kann z. B. bei der Fernsehserie TANNBACH – SCHICKSAL EINES DORFES (2015 ff.) der Dialektgebrauch der Figuren in den Fokus rücken. Zurecht wurde an dieser Produktion kritisiert, dass Menschen aus einem historisch in Oberfranken liegenden Dorf (Mödlareuth) im Film „eine Art oberbayerische[n] ‚Seppl-Dialekt'" sprechen (*Die Welt* vom 10.01.2018 zu TANNBACH, NQ). Interessant wäre auch die Frage, wie weit Filme mit der Wiedergabe von Umgangs- und Fäkalsprache gehen, z. B. bei der Verfilmung eines Romans wie *Tschick* (von Wolfgang Herrndorf 2010; Film von Fatih Akin, 2016). Übersetzungsprobleme bei Synchronisationen können ebenfalls ein Thema der Sprachreflexion sein: Im US-Amerikanischen wird der Satz *I love you* sehr häufig auch zwischen Verwandten oder Freunden gebraucht; die Übersetzung *Ich liebe dich* wäre dann jedoch unangemessen, synchronisiert werden sollte hier *Ich hab dich gern/lieb*. Und grundsätzlich kann im Vergleich mit dem Film die Verbalsprache als eigenes Zeichen- und Kommunikationssystem erfasst werden.

Über die Lernbereiche des Deutschunterrichts hinaus lassen sich integrative/gestalterische Aktivitäten benennen, wie z. B.

- Storyboard zeichnen
- Filmplakat erstellen
- Filmszene/Film eine (andere) Tonspur unterlegen
- Einfache filmische Darstellungsmittel/Filmtricks (re-)produzieren (z. B. Stop-Trick, *Stop-Motion)
- Film(szene) drehen

3.2.4 Zur Arbeit mit Begleittexten des Films

Häufig (und auch in der obigen Darstellung) wird die Arbeit mit diversen Begleittexten des Films angeführt. Der französische Literaturwissenschaftler Gérard Genette (1989) bestimmte sog. ***Paratexte** als das „Beiwerk" eines Buches, welches den eigentlichen Text erst zum medialen Gegenstand in der Öffentlichkeit werden lässt. Ein Roman(text) kann lediglich ein handschriftliches, maschinengetipptes oder digitales Schriftstück sein. Im veröffentlichten Buch treten etliche *Paratexte hinzu: Diese gehören einmal als sog. *Peritexte* zum Buch selbst, wie z. B. Titelcover, Titelei, Inhaltsverzeichnis, Vorwort. *Epitexte* beziehen sich auf den eigentlichen Text, sind aber von ihm losgelöst. Im Falle eines Romans sind das etwa Werbeplakate, Interviews mit dem Autor, Kritiken oder Videos von Booktuber*innen. Filme weisen neben Peritexten wie Vorspann und Abspann, Untertiteln und Hörspuren für Sehgeschädigte vor allem spezifische Epitexte auf, wie die DVD-Hülle, das Filmplakat oder den Filmtrailer. Bereits die Planung und Entstehung eines Films ist von einschlägigen Texten begleitet wie Exposé, Treatment, Storyboard, Drehbuch. Da diese in der Regel nicht mit veröffentlicht werden, handelt es sich jedoch nicht um *Paratexte im strengen Sinne:

Ein **Exposé** ist ein Text von wenigen Seiten Länge, der die Grundidee eines Filmes z. B. einem Produzenten oder einer Regisseurin schmackhaft machen soll. Es liefert keine vollständige Inhaltsangabe, keine Dialoge, keine filmischen Umsetzungsdetails, sondern gibt in kurzen Sätzen und im Präsens Aufschluss über folgende Fragen (vgl. Movie-College München: Exposé, NQ; ähnlich Kepser 2010, S. 190 f.): Wann und wo spielt die Handlung? Wer sind die wichtigsten Charaktere? Welches ist die Erzählposition (Perspektive, Point of View)? Worin besteht der Konflikt zwischen den Charakteren? Welche Entwicklung nimmt die Geschichte? Worin besteht der Höhepunkt und wie endet der Film?

Ein **Treatment** (vgl. Hant 2000, S. 166 f.; Klant/Spielmann 2008, S. 58 f.) ist gegenüber einem Exposé deutlich, auf 10 bis 30 Seiten ausgebaut: „Im Treatment wird die Geschichte mit Haupt- und Nebenhandlungen so erzählt, wie sie auch in einem fertigen Film ablaufen würde. Meistens geschieht das in Szenenblöcken, weshalb [...] bisweilen auch von einem ‚Szenario' gesprochen wird. Jeder Block wird mit einer Überschrift kurz inhaltlich umrissen" (Kepser 2010, S. 191). (Ein komplettes Treatment des US-amerikanischen Regisseurs und Drehbuchschreibers Paul Schrader findet sich unter DrehbuchWerkstatt München: Treatment, NQ.)

Das **Drehbuch** (vgl. Hant 2000; Field 2000; Klant/Spielmann 2008, S. 60–63) ist die maßgebliche schrifttextliche Grundlage eines Films. Es stellt den Inhalt in durchnummerierten Szenen und Akten dar und enthält v. a. in seiner praktikablen Form des *shooting script* neben den Figurenreden und -handlungen auch Informationen zum Setting (Raum, Tageszeit, Ort, Requisiten, Licht, Geräusche). Drehbücher gibt es auch für narrative Computerspiele sowie für Dokumentarfilme. Während ältere Drehbücher noch Anweisungen für die filmische Darstellung enthielten (Kamera, Schnitt), gilt dies heute als Vorrecht des Regisseurs. Drehbuchauszüge finden sich z. B. bei Kepser (2010, S. 193–195) oder unter Movie-College München: Drehbuch (NQ).

Die Zeichnungen in einem **Storyboard** (vgl. Begleiter 2003; Klein 2011) vermitteln im Stile eines Comic-Strips zwischen dem Drehbuch und den Dreharbeiten. Sie geben erste visuelle Vorstellungen der Bildinhalte und ihrer filmischen Darstellung. „Das erleichtert das Drehen, da man ein Bild vor Augen hat, und so Ausstattung, Kameraposition, Tricks, aber auch Probleme wie Anschlüsse oder Achsensprünge im Vorfeld abklären kann" (Lexikon der Filmbegriffe Uni Kiel: Storyboard, NQ). Storyboard-Beispiele finden sich bei Kepser (2010, S. 208).

Generell stellt sich die Frage, ob die Arbeit mit filmbegleitenden Texten noch unter die Verfahren des Umgangs mit einem Film fällt (wie bei Abraham 2016a) oder schon eher eine (durchaus angezeigte) Erweiterung des Blicks auf den filmischen Gegenstand ist. Ein Filmplakat zu erstellen oder einen Filmtrailer zu analysieren erweitert das filmische Gegenstandsspektrum – und erfordert wiederum erst Verfahren. So gesehen wäre die Entscheidung, ein Plakat oder einen Trailer mit heranzuziehen, eine didaktische und keine methodische.

In jedem Fall ist zu prüfen, warum Schüler*innen *Paratexte und weitere Begleittexte des Films rezipieren oder gar produzieren sollen. Dafür spricht manches: Der filmische Text kann auf diese Weise als etwas Gemachtes bzw. der Film im weiten Handlungsfeld seiner Produktion, Distribution und Rezeption erfahrbar werden. Zu einem vorgegebenen Filmtitel ein Exposé oder Treatment zu verfassen (oder umgekehrt) regt die Phantasie an und kann Genrekonventionen bewusst machen.

In ähnlicher Weise lassen sich auch Filmplakate und Filmtrailer heranziehen, die aufgrund ihrer Marketingfunktion oftmals irreführende Eindrücke geben und Erwartungen nähren (vgl. Kepser 2010, S. 228 f.; Abraham 2016a, S. 102). Das Plakat zur (nur mäßig gelungenen) Verfilmung von Otfried Preußlers Roman *Krabat* (1971) (2008) suggeriert mit finster-entschlossen dreinblickenden jungen Männern, einem etwas verträumt mit ihrem Haar spielenden und auf die Männer blickenden Mädchen im Hintergrund, mit ominösen Vögeln und dem monumentalen Satz „Alles auf der Welt hat seinen Preis" eine Action- und Love-Story, die der Roman nicht ist (vgl. Maiwald 2015b, S. 58 ff.) (Abb. 109).

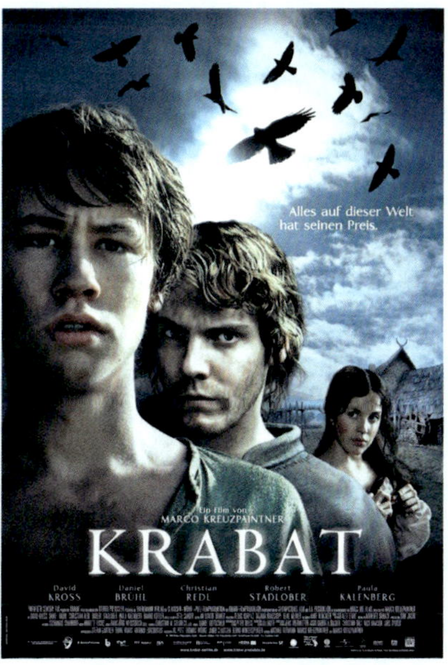

Abb. 109: Filmplakat KRABAT (2008) (NQ)

Zu bedenken ist ungeachtet solcher Erkenntnispotenziale, dass insbesondere die *Produktion* von Begleittexten wie Treatment, Drehbuch, Storyboard, Plakaten und Trailern neben einem hohen zeitlichen Aufwand ein großes Maß an technischer Ausstattung und gestalterischer Expertise erfordert. Das **Verhältnis zwischen Aufwand und Ertrag** ist v. a. mit Blick darauf zu bedenken, dass der schulische Unterricht gerade im Fach Deutsch keine Filmschaffenden, sondern Filmverstehende qualifizieren möchte.

3.2.5 Computergestütztes Arbeiten mit dem Film

Der Computer ist aus der schulischen Arbeit mit Filmen nicht wegzudenken. Massenhaft zu findende Filme und Filmauszüge, -plakate, -trailer, -kritiken, -lexika, -plattformen machen das Internet zu einer Fundgrube filmischer und filmbezogener Daten und Informationen. Bei der Präsentation von DVDs und Videodateien kommen digitale Endgeräte wie Laptop, Tablet oder Smartphone zum Einsatz. Tools wie der VLC-Mediaplayer oder der Windows Movie Maker ermöglichen das Erstellen von *Motion Stills bzw. die Bearbeitung von Filmclips; Apps wie Explain Everything oder Stop Motion Studio die Produktion von einfachen Animationsfilmen (vgl. Anders/Staiger u. a. 2019, S. 258 f.).

Für die Erschließung filmischer Texte haben Frederking/Schneider (2010; vgl. auch Albrecht/Frederking 2015) **didaktische Optionen des Computers** aufgezeigt. Der Computer kann „alle medialen Einzelformen [...] zusammenführen" (Frederking/Schneider 2010, S. 291), er individualisiert und flexibilisiert die üblicherweise kollektiv rezipierte, feste Ablaufstruktur des filmischen Textes (vgl. ebd., S. 292) und er ermöglicht eine unmittelbare Bearbeitung, indem Schüler*innen z. B. „neben den Film einen Kommentar schreiben [...] oder den inneren Monolog einer Haupt- oder Nebengestalt verfassen" (Albrecht/Frederking 2015, S. 32). Die computergestützte Rezeption und Bearbeitung ist eine „handlungsorientierte Alternative zu lehrerzentrierten Filmvorführungen und -besprechungen" (Frederking/Schneider 2010, S. 298).

Die **individualisierte Filmrezeption** statt der kollektiven Filmvorführung sowie der direkte Eingriff in den filmischen Text auf ein und derselben Lern-, Arbeits- und Kommunikationsplattform stellen ohne Zweifel einen erheblichen didaktisch-methodischen Gewinn dar. Nur begrenzt lässt sich dieser mit gängigen digitalen Möglichkeiten erzielen wie dem VLC-Mediaplayer, dem Movie Maker oder dem Snipping Tool. Mit PowerPoint steht ein gutes Instrument zur Verfügung, welches jedoch in der Tat eher für die Präsentation als für die Erarbeitung funktional ist (vgl. ebd., S. 293; vgl. auch die Ausarbeitungen in Kammerer 2009). Computerbasierte Optionen wurden in diversen Filmbearbeitungstools der Akademie für Medienpädagogik, Medienforschung und Multimedia (AMMMa AG) weiterentwickelt (vgl. das Erklärvideo Lichtblick, NQ).

Sicherzustellen wäre, dass das „Machen" am PC als Methode nicht zum Selbstzweck gerät, sondern stets klar bleibt, welche Erkenntnisse konkret gewonnen, welche didaktischen Ziele genau erreicht werden sollen. Ebenso ist zu klären, ob, wie und wozu mit den Ergebnissen der Schüler*innen (weiter-)gearbeitet werden soll. Unter diesen Voraussetzungen sind entsprechende digitale Tools eine sowohl dem filmischen Gegenstand als auch einem individualisierten und selbsttätigen Lernen gut entsprechende methodische Optionen (vgl. Kammerer 2009, S.96 f.).

3.2.6 Phasenmodelle für den Filmunterricht?

Für den Umgang mit literarischen Texten hat die Didaktik verschiedene Phasenmodelle entwickelt (vgl. das Referat bei Kepser/Abraham 2016, S. 230 ff.). Grob unterschieden werden dabei Phasen

- der ersten, noch subjektiven Verhakung und Aneignung
- der textbezogenen Objektivierung
- des reflektierten Bezugs und der Anwendung (vgl. ebd., S. 238).

Hieraus entwickeln Kepser/Abraham (ebd., S. 219–221) ein **Raster zur möglichen Strukturierung des Filmunterrichts**, das sich in neun Phasen gliedert:

0. Hinführung, Antizipation, Reflexion der Erwartungshaltung
1. Vollständige Erstrezeption, noch ohne Lenkung
2. Sammlung von Ersteindrücken
3. Sensibilisierung für die Makrostruktur (z. B. Handlung, Figurenkonstellation)
4. Sensibilisierung für die Mikrostruktur (einzelne Einstellungen und Sequenzen)
5. Auseinandersetzung mit intertextuellen Bezügen
6. Beschäftigung mit dem Produktionskontext
7. Beschäftigung mit dem Rezeptionskontext
8. Nachbearbeitung (z. B. Eigenproduktion eines anderen Schlusses, Verfassen eines Exposés für einen zweiten Teil)

Es ist jedoch weder sinnvoll noch möglich, dieses Strukturmodell immer vollständig abzuarbeiten. (Auch wären die nachlaufenden Eigenproduktionen didaktisch im Einzelnen zu begründen.) Unterricht sollte nicht in ermüdendem Schematismus erstarren. Das Modell impliziert aber zwei sinnvolle Verlaufsrichtungen: Da ist einmal von den Lernenden her gesehen der Gang von ersten, subjektiven Vorstellungen hin zu erweiterten und objektivierten Erkenntnissen; und da ist zweitens vom Gegenstand her gesehen der Gang von textimmanenten zu textübergreifenden bzw. kontextuellen Fragen, also vom Symbolsystem zum Handlungssystem des Films (vgl. Kap. 1.4.3).

3.3 Fazit und Folgerungen

Für den Umgang mit dem Film steht ein breites Verfahrensspektrum zur Verfügung. Zum Teil ist dieses identisch mit Methoden des Umgangs mit (schrift-)literarischen Texten wie z. B. Gespräch, schriftliche Inhaltswiedergabe, Visualisierung einer Figurenkonstellation, Standbild. Zum Teil erfordert aber der flüchtige audiovisuelle Gegenstand auch eigene Bereiche und Verfahren der Rezeption und

Bearbeitung wie z. B. die Arbeit mit *Motion Stills, das Experimentieren mit Ton und Musik, das Schreiben eines Filmprotokolls. Um schließlich den Film als *multicodalen Text mit fester Ablaufstruktur in Lernsituationen (be-)greifbar zu machen, eignen sich digitale Tools in besonderem Maße.

In der Lese- und Literaturdidaktik werden weithin **zwei grundlegende methodische Verfahrenstypen** unterschieden, nämlich handlungsorientiert-produktive und analytisch-rezeptive. Keineswegs jedoch sind diese streng zu trennen, und keineswegs sind sie pauschal zu bewerten. Ein handelnder und produktiver Umgang mit Filmen lässt sich mit guten Gründen fordern, er muss für die Arbeit an einem bestimmten Film aber fachlich konkretisiert werden. (Allgemeine Schlagwörter wie Kreativitätsförderung, Schülerorientierung oder Ganzheitlichkeit reichen dafür nicht.)

Zum Film gehören **Begleittexte** wie Storyboard und Drehbuch und ***Paratexte** wie Plakat und Trailer. Insbesondere Eigenproduktionen derartiger Texte – wie auch von Filmteilen oder kompletten Filmen – sind freilich voraussetzungsreiche und anspruchsvolle Großprojekte, die neben viel Zeit auch technischer Ausstattung und Expertise sowie der fachlichen Kompetenz anderer Fächer bedürfen. Der Alltagsfall des Filmunterrichts besteht u. E. darin, dass Schüler*innen an gegebenen Texten und im Rahmen des Regelunterrichts Film als Symbolsystem und als Handlungssystem erfassen und gebrauchen lernen.

Für einen Filmunterricht im Rahmen des Deutschunterrichts scheint es sinnvoll, Verfahren nach den sprachlichen Grundtätigkeiten bzw. nach den **Lernfeldern des Faches** zu systematisieren. Der Umgang mit dem Film wird damit nicht nur auf der Gegenstandsebene (Film als Text), sondern auch auf der Verfahrensebene (Lesen, Sprechen, Schreiben) zu einem integrativen Teil, und nicht zu einer angehängten Zusatzaufgabe des Deutschunterrichts. Zudem steht eine solch tätigkeitsbezogene Systematik auch über den methodischen Großformen rezeptiv vs. produktiv.

Wie der Umgang mit einem Film im konkreten Fall aussehen kann, illustrieren die Praxisanregungen in Kapitel 4. Situative Gegebenheiten des Unterrichts wie z. B. die Stärke der Lerngruppe sowie die Größe und Ausstattung des Klassenraumes beeinflussen methodische Entscheidungen maßgeblich mit. Dennoch würden wir drei grundlegende Prinzipien vorschlagen:

1. **Methoden sind kein Selbstzweck**, daher sind auch Methodenwechsel und Methodenvielfalt kein Gut an sich – sondern im schlimmsten Fall beliebiger Aktionismus. Das vorgestellte sehr breite Methodenspektrum ist daher weder als eine Art Wühltisch noch als abzuarbeitendes Programm zu verstehen. (Nach dem Motto: Es fehlt noch ein Rollencasting!). Methoden sind vielmehr selektiv und adaptiv für die Erreichung didaktischer Ziele zu wählen.

2. Der Gang von ersten subjektiven Eindrücken zu objektivierten Befunden oder der vom Text zum Kontext ist grundsätzlich sinnvoll. In der Gestaltung des

Unterrichts sollten aber **keine methodischen Monokulturen und immer gleiche Abläufe** entstehen.

3. Generell sollte im Kielwasser des (für die Schule vergleichsweise) neuen Gegenstands Film **kein einseitig gegenstandsorientierter Analyse- und Interpretationsunterricht** treiben, der Schüler*innen oft schon den Umgang mit literarischen (Schrift-)Texten verleidet (hat). So etwas wie die Analyse von Drehbüchern und das Schreiben längerer Sequenzprotokolle gehört vielleicht eher an die (Film-) Hochschule als in die Schule. Statt eines leitfragengelenkten, lehrerzentrierten (Schein-)Gesprächs bietet sich ein an das Literarische Gespräch angelehntes „Sehgespräch" (Möbius 2008) an, in dem sich Schüler*innen frei äußern und dabei ihre eigenen Beobachtungen und Deutungsfragen vorbringen und aushandeln können. (Das Gespräch sollte allerdings nicht nur Gesehenes, sondern auch Gehörtes aufgreifen.) (Vgl. kritisch zum lehrergelenkten Klassengespräch Steinig/ Huneke 2015, S. 71–74; zum Literarischen Gespräch Steinbrenner/Wiprächtiger-Geppert 2006; zum „Sehgespräch" Möbius 2008 und 2013, S. 27).

Zusammenfassung

Verfahren organisieren den äußeren Ablauf von Lehr-/Lernprozessen. Der Umgang mit dem Film beinhaltet viele Verfahren für (Schrift-)Texte, er erfordert aber auch methodische Ansätze, die insbesondere der Flüchtigkeit des *multicodalen Gegenstands Rechnung tragen (z.B. die Erstellung und Analyse von *Motion Stills). Die methodischen Großtypen eines analytischen und eines handlungs- und produktionsorientierten Umgangs werden für die Filmdidaktik Deutsch in eine an sprachlichen Grundtätigkeiten des Lesens, Sprechens und Schreibens orientierte Systematisierung überführt. Auf diese Weise wird der Umgang mit dem Film zu einem integralen Bestandteil und bleibt kein bloßer Zusatz des Deutschunterrichts. Eine gesonderte Berücksichtigung erfahren die Arbeit mit Begleittexten des Films (z.B. Treatment, Trailer) sowie der Einsatz des Computers bzw. digitaler Bearbeitungstools. Drei allgemeine Prinzipien der methodischen Gestaltung des Filmunterrichts lassen sich festhalten: Methoden ergeben sich selektiv und adaptiv aus didaktischen Zielsetzungen; zweitens sollten keine didaktisch-methodischen Monokulturen angelegt werden; drittens sollte kein einseitig gegenstandsorientierter Analyse- und Interpretationsunterricht entstehen.

Weiterführende Literatur: Abraham, Ulf (2016a): Filme im Deutschunterricht. 3., aktual. u. erw. Aufl. Seelze. **Anders, Petra/Staiger, Michael u.a. (2019)**: Einführung in die Filmdidaktik. Kino. Video. Fernsehen. Internet. Stuttgart. **Kepser, Matthis (2010)**: Handlungs- und produktionsorientiertes Arbeiten mit Spielfilmen. In: Ders. (Hrsg.): Fächer der schulischen Filmbildung. München. S. 187–240.

4 Praxismodelle

Dieses Kapitel enthält sechs Praxismodelle für den Umgang mit Film im Deutschunterricht. Die Modelle bilden ein breites filmisches Gegenstandsspektrum ab, welches z.B. auch den Animationsfilm, den Dokumentarfilm, die Fernsehserie oder den Kurzfilm enthält. In einem kompetenzorientierten Unterricht rücken die Gegenstände zwar in den Hintergrund, die Gegenstandsauswahl wird dadurch aber nicht beliebig. Denn in der Schule werden nicht nur Kompetenzen als allgemeine Problemlösefähigkeiten erworben; es werden auch kulturelle Gegenstände als wichtig anerkannt (sanktioniert) und an nachwachsende Generationen weitergegeben (tradiert). Daher wurden hier Filme ausgewählt, die wir didaktisch für besonders **exemplarisch, reichhaltig und wirkmächtig** und in diesem Sinne für wertvoll halten. Die Modelle umfassen eine schulische Filmarbeit von der **Primarstufe bis zur Sekundarstufe II**, ohne dass wir damit eine systematische curriculare Progression definieren. Sie verstehen sich nicht als 1:1 umzusetzende Unterrichtsentwürfe, sondern als modulare Angebote, die für die konkrete Umsetzung stets adaptiert werden müssen. Die Praxismodelle stehen beispielhaft für den Umgang mit Filmen im Deutschunterricht. Sie verdeutlichen, wie ein **Kompetenzaufbau im Symbolsystem und im Handlungssystem Film** (entsprechend unserem Modell in Kap. 1.4.3) konkretisiert und methodisch realisiert werden kann.

Die Modelle folgen jeweils dem gleichen Muster: Sie nehmen nach einem steckbriefartigen Überblick stets eine ausführliche Sachanalyse des jeweiligen filmischen Gegenstands vor. Der anschließende didaktisch-methodische Teil präzisiert zunächst die jeweils angesteuerten Kompetenzen und entwickelt mögliche Unterrichtsbausteine und methodische Umsetzungen.

4.1 Einen Märchenfilm erschließen/Animation, Serialität, Medienverbund erkennen: SimsalaGrimm (1999/2000)

Didaktisches Anliegen
Einen Märchenfilm erschließen/Animation, Serialität, *Medienverbund erkennen

Gegenstand
SimsalaGrimm – Episode „Schneewittchen" (R. Chris Doyle, D 2000)

Zielgruppe
Jahrgangstufen 2 bis 4

Sequenzumfang
4 Einheiten mit je 2 Unterrichtsstunden

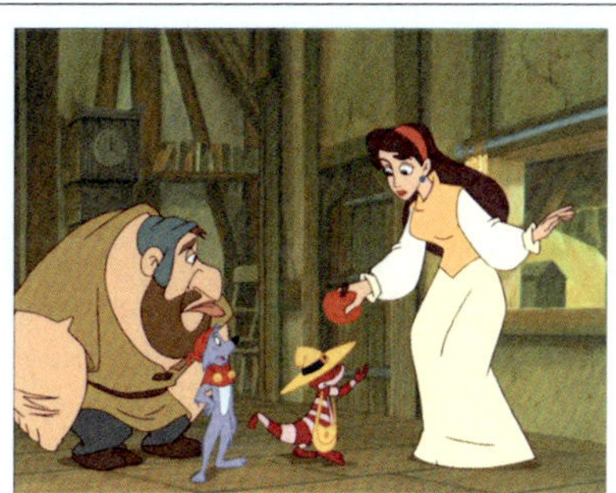

Abb. 110: SimsalaGrimm – „Schneewittchen"

4.1.1 Überblick

Märchen gehörten von Beginn an zum Stoff-Vorrat des Films, z. B. Cendrillon/Aschenputtel von Georges Méliès (F 1899), Der Verlorene Schuh von Ludwig Berger (D 1923) oder Die Abenteuer des Prinzen Achmed von Lotte Reiniger (D 1926). Rasch und einseitig wurde der Märchenfilm allerdings zu einem vor allem an Kinder gerichteten Genre – und folgte damit der Zurichtung, die die Brüder Grimm in ihren „Kinder- und Hausmärchen" (KHM) zu Beginn des 19. Jahrhunderts vollzogen hatten. Die Gleichung Märchenfilm = Kinderfilm lässt sich aber mit guten Gründen anzweifeln (vgl. grundlegend Liptay 2004): Märchen gab es schon lange, bevor man im 16. und 17. Jahrhundert die Kindheit als spezielle Lebensphase zu betrachten begann; und sie waren keineswegs immer jugendfrei. Zudem zeigen insbesondere jüngere Märchenfilmproduktionen, dass das Märchen keineswegs auf eine kindliche Rezeption verengt sein muss: etwa die Serie Once Upon a Time (2000 ff.) (vgl. Geilert/Voorgang 2017), der Film Snow White and the Huntsman (2012) (vgl. Maiwald 2017a) oder *All-age*-Hits wie Frozen (2013) (vgl. Anders/Staiger u. a. 2019, S. 71–79).

Vor allem an Kinder gerichtet ist freilich die ab 1999 produzierte Märchenfilm-Animationsserie SimsalaGrimm. Es lassen sich daran Darstellungsweisen des (Animations-)Films, Merkmale von Serialität und das Phänomen des *Medienverbunds bestimmen. Zudem zeigt sich exemplarisch, wie sich die kulturelle Weitergabe des Volksmärchens in einer „Vielfalt medialer Aktualisierungen" vollzieht (Maiwald 2008). Wie schon bei den Brüdern Grimm, kommt es dabei auch hier zu **medien- und zielgruppenorientierten Ausformungen** der Märchenstoffe.

4.1.2 Sachanalyse

4.1.2.1 Die Serie SimsalaGrimm

SimsalaGrimm wurde nach einem Konzept von André Sikojev, Claus Clausen und Stefan Beiten von der eigens gegründeten Firma Greenlight Media produziert, mit dem NDR als Koproduzent. Die Animation entstand in Asien (Shanghai, Taipeh, Saigon), Regie führten Gerhard Hahn und Chris Doyle. Die erste Staffel lief im November 1999 im Kinderkanal (KiKa). Eine zweite Staffel, ebenfalls mit Grimm'schen Märchen, folgte im Juli 2000, im Jahr 2010 dann noch eine dritte Staffel mit 26 Märchen u. a. von Hans Christian Andersen und Wilhelm Hauff. Mit Kosten von 22 Mio. Mark erforderte das Projekt eine breite, internationale Vermarktung, die auch gelang (vgl. Drascek 2001, S. 79–81). Parallel zu den Filmen erschienen Bücher, Hörspiele, interaktive CD-ROMs und Merchandising-Artikel. Laut Mitteilung der Produktionsfirma von 2019 wurde die Serie in 140 Länder verkauft, „making it one of the most successful German TV programs on the international market" (Greenlight Media, NQ). Die **Präsenz des *Medienverbunds SimsalaGrimm** hält bis heute an: Die Filme werden auf KiKa regelmäßig wiederholt (letzte Ausstrahlung von „Schneewittchen" z. B. am 19.2.2020); nach wie vor sind DVDs sowie CDs erhältlich, ebenso Kleidungsstücke und Accessoires (vgl. Merchandising SimsalaGrimm, NQ). Zum 20-jährigen Jubiläum erschien *Mein großes Märchenbuch* mit acht filmgetreu nacherzählten und bebilderten SimsalaGrimm-Märchen (Fiedler-Tresp 2019; vgl. Vorleseprobe SimsalaGrimm-Buch, NQ).

Im Gegensatz zum populären und kommerziellen Erfolg stand eine teils scharfe **Kritik aus der Märchenforschung und -pädagogik**. Es herrsche der Drang zur „schnellen Mark" statt der „Liebe zum Märchen und zum Kinde" (Giera 2000, S. 118), die Serie sei „ein durchdesigntes Produkt, ein unterhaltsames Abenteuer im Medienverbund der Marke SimsalaGraus" (Fischer 2000, S. 115). Hier herrsche Verflachung und Trivialisierung, eine „Mogelpackung" (Wardetzky 2000). Die „von den Brüdern Grimm vorgegebene und uns allen seit Kindesbeinen vertraute Sprache" sei verändert und die hinzuerfundene Figur des Doc Croc mache „die Wissenschaft vom Märchen" lächerlich (Röhrich 2000, S. 102, 105). SimsalaGrimm betreibe nicht weniger als „die willkürliche Zerstörung eines Stückchens Identität von Menschen und Völkern" (Zitzlsperger 2000, S. 15).

Hinter derlei Kritik steckt das generelle Vorurteil gegen die Literaturverfilmung (vgl. Kap. 2.3.2), hier in der Version, „dass Medien Märchen [unweigerlich, IK/KM] sprengen, dass die Vorlagen zerzählt, zerspielt oder zerbildert werden" (Schmitt 2003, S. 144). Übersehen wird dabei, dass bereits das hochgeschätzte Grimm'sche Märchen eben kein „Urgestein" (Röhrich 2000, S. 107) ist, sondern eine einschneidende mediale Transformation war: Die Grimms machten aus dem oftmals derben, mündlich überlieferten Volksmärchen ein wohlanständiges Buchmärchen für bürgerliche Lesekreise (vgl. Uther 2008, S. XIV): Sie „eliminierten sexuelle Anspielungen, sie milderten soziale Konflikte, propagierten bürgerliche Moralvorstellungen" (Heidtmann 2000, S. 83). Vergisst man dies und setzt das Grimm'sche Lesemärchen absolut, müssen Abweichungen als „Entgleisungen" (Röhrich 2003, S. 19) oder gar als Vergewaltigungen (vgl. Knoch 2000, S. 60) erscheinen. In der Tat kann dann „der Gedanke einer kreativen Aneignung erst gar nicht aufkommen" (Schmitt 2003, S. 144). Eine Serie wie SIMSALAGRIMM greift die Märchenstoffe auf, führt die Überlieferung fort und hält so das Märchen kulturell präsent. Die dabei vorgenommenen **Anpassungen sind funktional**, wenn nicht kreativ zu nennen:

a) Die Märchenhandlung wird stets von einem **Erzählrahmen** eingefasst (Abb. 111–112). Der Vorspann führt in einen Dachboden vor ein Bücherregal. (Darin sitzen auch internationale Zeichentrick-Figuren wie Pinocchio und Bugs Bunny.) Zu dem Titel „SimsalaGrimm – Die Märchen der Brüder Grimm" ist ein *Voice-Over zu hören: „Vor langer, langer Zeit, als Wunder noch Wirklichkeit waren, gab es eine Zauberformel, die die Tore in das Märchenland von Simsala öffnete [...] Abracadabra: SimsalaGrimm!" Ein aufschlagendes Buch gerät in Bewegung und die Männerkonterfeis auf den Buchdeckeln – wohl niemand anderer als die Brüder Grimm – stoßen je einen herzhaften Lacher aus. (Das sich öffnende Märchenbuch ist seit Disneys SNOW WHITE von 1937 ein Standardelement des Märchenanimationsfilms.) Das Buch erweckt zwei sternchenumflorte Puppen in dem Regal zum Leben (Abb. 111). Diese sind, was eine forsch einsetzende Musik unterstreicht, „bereit für ein neues Abenteuer" und stürzen Hals über Kopf in das Buch, das sie hinaus in die Nacht und in die Märchenhandlung trägt. Am Ende erfolgt der Rückflug ins Regal, das *Voice-Over verkündet die typische Märchenschlussformel, in dem aufgeschlagenen Buch laufen rechts die Credits, links Szenen aus anderen Märchen, und ein Kinderchor singt dazu ein Lied über das „Märchenland, wo Liebe und die Freundschaft zählt – und keinem was fehlt".

b) Mit dem Erzählrahmen werden **zwei Figuren hinzuerfunden**. Der draufgängerische Yoyo und der etwas umständliche Doc Croc sorgen schon mit ihren prekären Flugeinlagen für Slapstick und erzeugen in ihrer Gegensätzlichkeit Komik. Vor allem aber fungieren sie als Kommentatoren und Erklärer des Geschehens, als Adressaten für Gefühlsäußerungen und als Helferfiguren für die bedrängten Helden. Sie unterstützen z. B. aktiv den Kampf gegen die böse Fee in „Dornröschen"; in „Schneewittchen" untersucht Doktor Croc den gereichten Apfel (Abb.110).

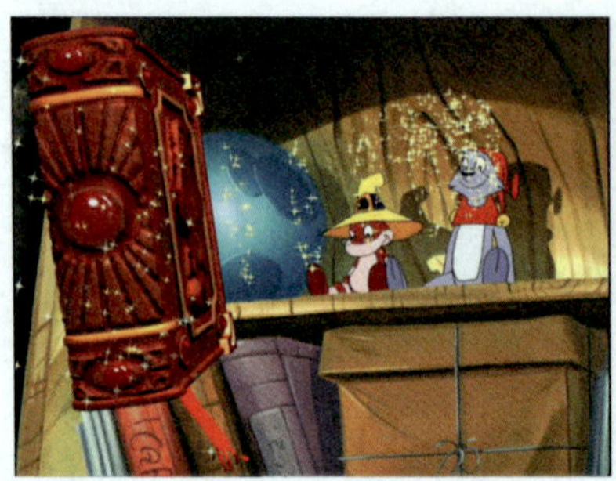

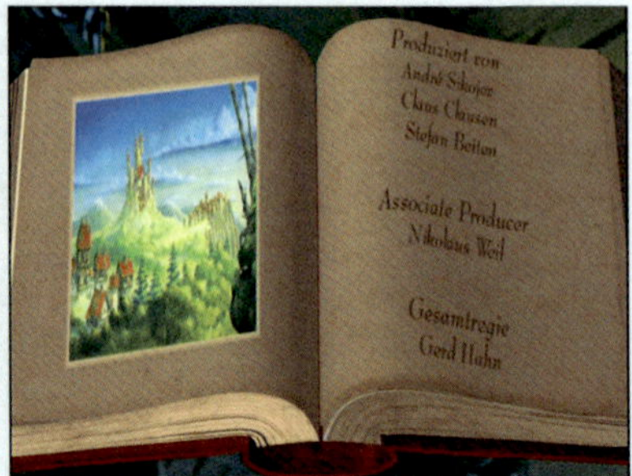

Abb. 111–112: Erzählrahmen in SimsalaGrimm – „Schneewittchen"

c) **Grausamkeiten werden abgemildert oder ausgespart.** Natürlich werden keine Füße blutig für einen Schuh passend gemacht, und bösen Stiefschwestern werden keine Augen ausgepickt (vgl. KHM „Aschenputtel", S. 144). Es sterben keine Königssöhne „eines jämmerlichen Todes" in den Dornen (KHM „Dornröschen", S. 259). Es werden keine vermeintlichen Innereien einer Stieftochter gegessen, und niemand muss sich in glühenden Schuhen zu Tode tanzen (KHM „Schneewittchen", S. 270, 278).

d) Immer wieder zeigen sich **Abweichungen von der Erzählstruktur der Grimm'schen Versionen.** Typisch sind *in-medias-res*-Einstiege, bei denen z. B. Yoyo und Doc Croc in dem Dornröschenschloss landen, als dieses bereits im schlafenden und überwucherten Zustand ist. Vorgeschichten werden oft als Berichte bzw. Rückblenden nachgeholt, in „Dornröschen" etwa in Liedform von einem Vogelchor. Mitunter werden Episoden ergänzt, um z. B. Liebesgeschichten hervorzuheben. So begegnet das Aschenputtel bereits in der ersten Szene seinem Prinzen, und in „Tischleindeckdich" sitzt eine hübsche Bürgermeistertochter mit in der Kutsche.

e) **Action und Komik:** Bereits mit dem Sturz ins Märchenbuch und mit den halsbrecherischen Flugmanövern erhalten die SimsalaGrimm-Märchen eine aktionsbetonte und komische Note, die vor allem von den Figuren Yoyo und Doc Croc getragen wird. Immer wieder entkommen sie Bredouillen, z. B. als sie auf einer Flucht vor einer wütenden Ziege mit knapper Not noch ihr fliegendes Buch erwischen („Tischleindeckdich"). Die beiden kabbeln auch immer wieder milde miteinander oder geben süffisante Kommentare ab: „Eine Prinzessin?! Mal was ganz Neues" („Schneewittchen", 04:07).

Mit alledem geht SimsalaGrimm andere Wege als das Grimm'sche Märchen. Anstatt dies jedoch als Abweichung abzuwerten oder gar als „Vergewaltigung" zu diffamieren, wäre es als funktionale **Anpassung an den Medienwechsel und den Seriencharakter** sowie an eine erweiterte Gratifikationserwartung einzuordnen:

In einem Kinderfilm können keine Füße in blutigen oder glühenden Schuhen stecken. Erzählstrukturen werden so geändert, dass auf Vorgeschichten verzichtet und stattdessen schnell für Spannung und für detektivischen Aufklärungsbedarf gesorgt wird; Liebesgeschichten werden ausgeschmückt, Szenen hinzuerfunden. Der immer gleiche Erzählrahmen schafft Orientierung, Yoyo und Doc Croc sind wirkungsvolle Vermittler, die für Erklärungen, aber auch für Action und Komik sorgen. Zudem macht erst die Einführung dieser Figuren die SIMSALAGRIMM-Märchen zu einer Serie. Im Typus der sog. Episodenserie sind die einzelnen Folgen zwar abgeschlossen, es wird über Figuren und Schauplätze aber ein übergreifender Handlungszusammenhang konstruiert (vgl. Frederking u.a. 2018, S. 177; auch Praxiskap. 4.6).

Erhalten bleiben dabei **grundlegende Gattungsmerkmale und das Sinnmodell des Volksmärchens** (vgl. Lüthi 2005, S. 8ff.): Die Figuren sind flächenhaft und typisiert (schöne Prinzessinnen, böse Stiefmütter, Helfer), sie haben kein Vorleben (z.B. frühere Paarbeziehungen) und keine sozialen Beziehungsgeflechte (z.B. Freundeskreise). Die gezeigte Welt ist eindimensional, die Handlungsverläufe sind schematisiert (z.B. Verlassen des Elternhauses, Bestehen von Bewährungsproben). Es herrscht auch hier die „Selbstverständlichkeit des Wunders" (Liptay 2004, S. 48) und als Sinnmodell die „naive Moral" (Jolles 1956, S. 204). Das heißt, wir können darauf vertrauen, dass die Geschehnisse im Märchen sich zum Guten und Gerechten wenden: Man erhält einen Schatz, man heiratet einen Prinzen (vgl. ebd., S. 205). Daher lässt sich SIMSALAGRIMM auch als Weiterschreibung und Stärkung des Volksmärchens gutheißen. (So sah dies wohl auch die *Brüder Grimm Gesellschaft e.V.*, die das Projekt unterstützt und literarisch beraten hat.)

4.1.2.2 Die Folge „Schneewittchen"

Der Schneewittchen-Stoff mit der neidischen Stiefmutter, dem Mordauftrag an den Jäger, der Flucht zu den Zwergen, dem dreimaligen Anschlag, dem Sarg und dem Prinzen muss hier nicht weiter ausgeführt werden. Es gibt zum KHM 53 der Grimms diverse Vorläufertexte und -motive mit der „unschuldig verfolgten Frau" oder mit der „Schilderung eines arbeitsamen, frommen, tugendhaften Kindes" (Uther 2008, S. 129). In der Bearbeitung der Grimms wurde aus der Titelheldin das „Idealbild des bürgerlichen Mädchens im 19. Jahrhundert: naiv-unschuldig, schön, fromm, arbeitsam" (Röhrich 2003, S. 14). Auch hier wurde also die Story auf eine spezielle Weise „zurechtgelegt und kinderfreundlich gehalten" (ebd., S. 16).

Die SIMSALAGRIMM-Version nimmt eine Reihe von **Anpassungen auf der narrativen Ebene** vor: Der Film beginnt mit einem turbulenten Spannungsmoment: Yoyo und Doc Croc schlagen neben dem Jäger auf, der mit erhobenem Messer hinter dem arglosen Schneewittchen steht, und verhindern so die Mordtat (Abb. 113). Auf der Flucht berichtet Schneewittchen den Helfern knapp die Vorgeschichte. Der Prinz taucht nicht erst nach Schneewittchens Tod und aus dem

Nichts auf. Bereits in der ersten Einstellung zupft Schneewittchen Blätter, um die Liebe ihres „Märchenprinzen" zu ermitteln. (Eine humorige Selbstreferenz des Märchenfilms für nicht-kindliche Zuschauer*innen.) Und bereits früh spricht der Prinz bei der Stiefmutter wegen Schneewittchen vor und macht sich mit dem Jäger auf die Suche. Damit werden auch hier ein Liebesplot und ein detektivisches Geschehen lanciert. Die Arbeit der Zwerge im Bergwerk gibt Anlass zu Slapstick und Gesang – und trägt dazu bei, die SIMSALAGRIMM-üblichen 25 Minuten zu füllen. Vom ersten Anschlag ist nur das Ergebnis des eingeschnürten Schneewittchens zu besichtigen, bei Kamm und Apfel sehen wir die Stiefmutter in Aktion. Der Prinz will das im offenen Sarg liegende Schneewittchen bei sich am Schloss begraben (und es nicht unter dem Frischhalteglas weiter ansehen können). Wie in der Grimm-Version gibt es Liebe auf den ersten Blick, die Hochzeit wird jedoch nicht mehr gezeigt, ergo auch kein Tanz in glühenden Schuhen: Hier zerschlägt die Stiefmutter unbedacht den Zauberspiegel, mutiert zu einer hässlichen Alten und verpufft.

Der Film montiert drei Handlungsstränge parallel (vgl. zur **Parallelmontage** Kap. 2.2.1.3): Schneewittchen bei den Zwergen, die Stiefmutter im Schloss, der Prinz auf der Suche. Für Orientierung sorgen Totaleinstellungen des Schlosses (4:14, 5:13, 12:21, 15:56); ebenso das in SIMSALAGRIMM durchgängig verwendete Darstellungsmittel, Erinnertes oder wie in „Schneewittchen" parallel Ablaufendes in einen rotierenden Wolkenkranz einzufassen (vgl. 7:25, 12:26; „Tischleindeckdich", 16:58; „Aschenputtel, 13:00).

Damit sind wir bei der **visuellen Darstellung**: Die Cel-Animation (s. u.) arbeitet effizient mit festen Hintergründen und mit standardisierten Figurenzeichnungen, inklusive animationstypischer Überzeichnungen (Abb. 113–116): Insbesondere haben die Heldinnen allesamt dick wallendes Haar (gerne mit Pony), übergroße Augen, hohe Wangenknochen, eine zierliche Nase, einen extrem schlanken Hals, eine ausgeprägte und wohlgeformte Büste und eine sehr schmale Taille. Keinesfalls ist dieses Schneewittchen also erst sieben Jahre alt wie bei den Grimms, muss dafür aber auch nicht mehr „lange, lange Zeit in dem Sarg" (KHM „Schneewittchen", S. 276) auf den Prinzen warten. Die männlichen Helden zeigen u. a. markante Kinnpartien und Oberkörper. Wer sozial niedriger steht und/oder böse ist, hat gerne Übergewicht oder körperliche Disproportionen (z. B. dicker oder fehlender Hals, unförmige Nase), weist spitze Formen auf und zieht die Augenbrauen herunter. Auch werden **Farben symbolträchtig** eingesetzt. Schneewittchen trägt unschuldiges Weiß, ihre Stiefmutter, bei den Grimms „gelb und grün vor Neid" (KHM „Schneewittchen", S. 270), einen gelben Kopfschmuck in einem dunkelgrünen Raum mit einem gelben Feuer (Abb. 114).

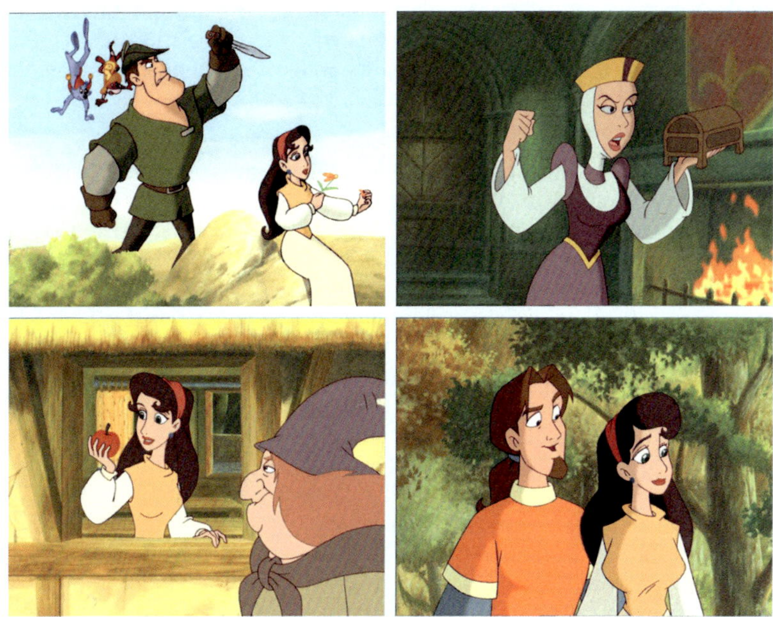

Abb. 113–116: Figurenzeichnungen und -überzeichnungen in SIMSALAGRIMM – „Schneewittchen"

Betrachten wir neben dem jungen Paar aus „Schneewittchen" (Abb. 116) noch das aus „Aschenputtel" und aus „Rumpelstilzchen" (Abb. 117–118):

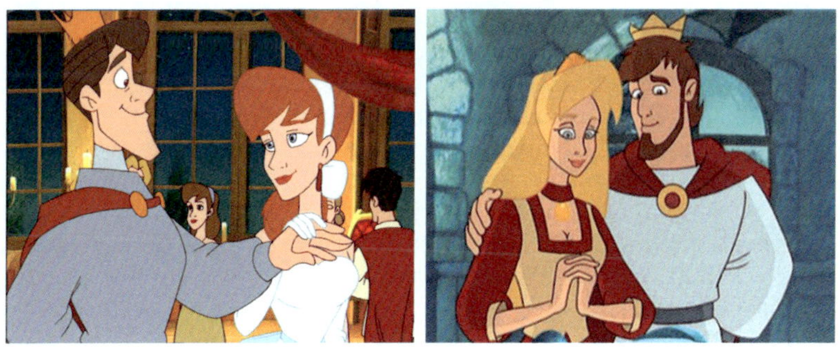

Abb. 117–118: Standardisierung der Figurenzeichnung in SIMSALAGRIMM („Aschenputtel"; „Rumpelstilzchen", Ausschnitt)

Lutz Röhrich (2000, S. 104) kritisierte, die „Gesichter werden alle mit derselben Schablone gemalt, sind also keine Individuen". Die Bildbeispiele stützen den Befund, und gewiss ließen sich insbesondere weibliche Schönheitsideale hinterfragen, die sehr normiert sind und außerhalb einer animierten Welt ohne operative Eingriffe kaum zu haben wären.[31]

Die Klage über die mangelnde Individualität der Figuren verkennt jedoch ein wesentliches Merkmal des Volksmärchens, nämlich die **typisierten, flächenhaften Figuren**. Auch im Grimm'schen Märchen sind die Figuren schematisierte Handlungsträger und keine Individuen mit einem reichen Innenleben, mit persönlichen Wünschen und Träumen, mit einem individuellen Äußeren. Schneewittchen ist vor allem „schön" bzw. schöner als die Stiefmutter (vgl. KHM „Schneewittchen", S. 269, 270, 272), die boshafte Stiefmutter beklagt den „Ausbund von Schönheit" (ebd., S. 274), der Königssohn erblickt „das schöne Sneewittchen [sic]" (ebd., S. 277). Die Stiefmutter hingegen ist ein „boshaftes" bzw. ein „böses Weib" (ebd., S. 270, 274, 278), „gottlos" (ebd., S. 274, 277) und von Neid erfüllt (ebd., S. 270, 273, 276). Von dem Königssohn (ebd., S. 277) erfahren wir nichts außer einer schlagartigen Betörung durch das eingesargte Mädchen und seiner Freude über dessen Erwachen. Das heißt: Mit der schablonenhaften Figurenzeichnung *entspricht* SIMSALAGRIMM gerade einem wesentlichen Merkmal der Gattung Volksmärchen. (Und dass z. B. für einen Sohn und eine Wirtin in „Tischleindeckdich" der Prinz und die Köchin aus „Dornröschen" recycelt werden, kann man auch als legitime Ökonomie einer Serienproduktion sehen.)

Betrachten wir nach der visuellen noch Merkmale der auditiven Gestaltung. Tonquellen des Films sind Geräusche, gesprochene Sprache und Musik; je nachdem, ob sie zur Erzählwelt gehören, lassen sich **On-Ton und Off-Ton** unterscheiden (vgl. Kap. 2.2.2). Die salbungsvolle Erzählerstimme (*Voice-Over), die markige Ruf-ins-Abenteuer-Musik und das abschließende „Märchenland"-Lied sind tragende Off-Elemente des Erzählrahmens. Ebenso aus dem Off werden die Märchenhandlungen dezent, aber großflächig von einer renaissance- bis klassikartigen Musik begleitet. Hierbei dominieren einfache Weisen und kleine Besetzungen mit (digital erzeugten) Holzblasinstrumenten, Streichern, Harfe, Xylophon. Teil des On-Tons sind neben den Figurenreden und einschlägigen Geräuschen (z. B. Donner und Eulenrufe im Wald) auch Liedeinlagen von Figuren: Der rätselnde Prinz gibt einen Pop-Song auf das entwischte Aschenputtel; Rumpelstilzchen besingt siegesgewiss den eigenen Namen; ein Vogelchor informiert über die Dornröschen-Vorgeschichte. In „Schneewittchen" trällern die Zwerge auf dem Nachhauseweg ein fröhliches Marschliedchen (10:00 ff.). Anders als die altertümliche Hinter-

31 Schneewittchen hat nicht nur festen Schönheitsidealen, sondern auch Rollenbildern zu entsprechen: Die Zwerge bedingen sich hier zwar nicht aus, dass Schneewittchen ihren Haushalt versieht (vgl. KHM „Schneewittchen", S. 272), sondern helfen ihm aus Nächstenliebe; aus freien Stücken fängt es am nächsten Tag dennoch an, sich mit Hausarbeit „nützlich zu machen" (13:05).

grundmusik kommen diese Liedeinlagen teils ‚modern' daher. (Musik aus der Serie wurde auch auf CD ausgekoppelt; vgl. Lieder/Musikstücke SimsalaGrimm, NQ).

Siegfrid Kracauer (vgl. 1985, S. 158–173) unterscheidet zwei grundsätzliche semantische Bezüge des Tones: Parallelismus und Kontrapunktik (vgl. Kap. 2.2.2.2). In SIMSALAGRIMM herrscht eine **parallele Korrespondenz** vor, bei der Bild- und Toninformationen übereinstimmen und so das Verstehen erleichtern. Die Figuren sprechen im Einklang mit ihren Rollen und Funktionen: der gelehrte Croc bedächtig, der Held Yoyo forsch, Schneewittchen mädchenhaft-unbedarft, der Jäger männlich-markant, die Zwerge auf verschiedene Weisen skurril, die Stiefmutter abwechselnd höhnisch, heuchlerisch und hysterisch. Die Hintergrundmusik umspielt idyllische Szenen mit wiegenden Dreierrhythmen, schreitet im Takt mit den Figuren voran und markiert Spannung mit Streicher-Pizzicati und -Tremoli. (Alles exemplarisch zu hören in der Eröffnungsszene von „Schneewittchen", 01:12–01:56.) Der Ton bestätigt und verstärkt das zu Sehende (und umgekehrt).

4.1.2.3 Gattungs-/Genrebezüge: Animationsfilm

Die SIMSALAGRIMM-Märchen wurden als Animationsfilme produziert. Unter Animation versteht man Verfahren, bei denen **durch Einzelbilder ein Bewegungsablauf suggeriert** wird. Das lat. Wort *anima* bedeutet Atem, Seele; bei einer Animation wird Bildern sozusagen Leben eingehaucht. So erwachen auch Yoyo und Doc Croc stets in einem kleinen Sternenschauer zum Leben. Animation ist ein „kulturgeschichtlich weit zurückreichendes Phänomen" (Giesen/Koebner 2011, S. 23), finden sich doch bereits in Höhlenzeichnungen und Pharaonengräbern einzelne Phasenbilder eines Bewegungsvorgangs. In den 1830ern verwendete der belgische Fotopionier Joseph Antoine Ferdinand Plateau zwei gegenläufig rotierende Scheiben mit Einzelbildern eines Bewegungsablaufs bzw. mit Sehschlitzen, um einen Bewegungseffekt zu erzeugen. Ein wichtiger Vorläufer des Films sind die Serienbilder, die der britische Fotograf Eadweard Muybridge 1878 von einem galoppierenden Pferd machte und später in einer Apparatur mit einer rotierenden Scheibe in Bewegung versetzte (vgl. What is Motion – Eadweard Muybridge, NQ). Das filmische Prinzip der rapiden Wiedergabe von Einzelbildern war damit etabliert. Was es für den Übergang von Muybridges sog. Chronophotographie zur Kinematographie noch bedurfte, waren zum einen Filmkameras, wie sie erstmalig von Louis Le Prince 1888, später von Max Skladanowsky, den Brüdern Lumière oder im Umfeld von Thomas A. Edison konstruiert wurden; zum anderen die Entwicklung des Zelluloid-Rollfilms.

Insofern Filme aus Einzelbildern bestehen, sind sie eigentlich immer eine Animation. In einem engeren Sinn entsteht ein Animationsfilm jedoch durch die **„einbildweise Filmaufnahme von Zeichnungen, Puppen, Modellen und Knetfiguren, Scherenschnitten und Flachfiguren"** (Giesen/Koebner 2011, S. 25). Entsprechend lassen sich je nach gefilmtem Objekt 2D- (z. B. Zeichnung, Scherenschnitt) oder 3D-Animation (z. B. Modelle, Knetfiguren) unterscheiden. Herausragende frühe Beispiele des Animationsfilms sind der Scherenschnitt-Silhouettenfilm DIE ABENTEUER DES PRINZEN ACHMED (1926) von Lotte Reiniger und der genrebegründende Märchenfilm SNOW WHITE (1937) von Walt Disney, die „Ultima Ratio der konventionellen Zeichenfilmproduktion" (ebd., S. 24). Auch für diese eigentliche Art des Animationsfilms gab es Vorläufer: In dem Film THE ENCHANTED DRAWING (1900) wird eine vor laufender Kamera angefertigte Zeichnung durch häufiges Stoppen der Kamera magisch in Bewegung versetzt; in seinem Film FANTASMAGORIE (1908) verband Émile Cohl rund 700 Zeichnung zu einem surrealen Ablauf.

Die bildweise Produktion macht Animationsfilme enorm aufwändig. Für DIE ABENTEUER DES PRINZEN ACHMED wurden rund 250.000 Einzelbilder aufgenommen (und am Ende rund 96.000 verwendet) (vgl. Kepser 2016, S. 33); an Disneys SNOW WHITE arbeiteten zu Spitzenzeiten rund 750 Künstler (vgl. Gerdes 2010, S. 36); für eine SIMSALAGRIMM-Folge wurden ca. 400.000 Einzelbilder von Hand gezeichnet (vgl. Drascek 2001, S. 83). Der enorme Aufwand der **frame-by-frame* Produktion konnte durch das Verfahren der sog. **Cel-Animation** erheblich gesenkt werden (vgl. Anders/Staiger u. a. 2019, S. 204 f.). Hierbei wurden insbesondere sich nicht bewegende Hintergründe und Objekte auf eine Folie (Celluloid) aufgetragen, anstatt sie in jedem Bild neu durchzupausen. Im Zuge der Cel-Animation wurden zudem Figuren in Einzelteile zerlegt, sodass nur sich bewegende Teile verändert werden müssen. In SIMSALAGRIMM ist die Cel-Animation immer wieder deutlich zu sehen: Die Hauptfiguren bewegen sich, der Hintergrund ist unbeweglich, Hintergrundfiguren bewegen nur die Augenlider. Bilder am **Computer** generieren und manipulieren zu können, hat schließlich die Möglichkeiten des Animationsfilms enorm erweitert. Als Meilensteine der *computer generated imagery* (cgi) im Animationsfilm gelten TOY STORY (1995) und SHREK (2001) (vgl. Giesen/Koebner 2011, S. 25).

Der Animationsfilm wird mitunter als Genre bezeichnet (vgl. ebd., S. 25). Als Genremerkmale des Animationsfilmes könnten das Nicht-Reale der gefilmten Objekte, die grenzenlos mögliche Illusionserzeugung (vgl. Anders/Staiger u. a. 2019, S. 204; auch Rathmann 2010), die häufigen Tierfiguren und die oftmals slapstickartigen und komischen Inhalte gelten. Exemplarisch hierfür stünden Figuren wie Felix the Cat (1919 ff.), Mickey Mouse (1928 ff.), Tom and Jerry (1940 ff.) bzw. Trickfilmserien wie SILLY SYMPHONIES (Walt Disney 1929 ff.) oder LOONEY TUNES (Warner Bros. 1930 ff.).

Auf der anderen Seite lässt sich der Animationsfilm aufgrund seiner **formalen und thematischen Vielfalt** schwer unter einem Genre-Begriff (vgl. Kap. 2.3.1) subsumieren. Zum Animationsfilm gehören Fernsehserien wie THE PORKY PIG SHOW (USA 1964 ff.; in Deutschland 1972/73), WICKIE UND DIE STARKEN MÄNNER (D/J 1972/73), THE SIMPSONS (USA 1989 bis heute) oder SOUTH PARK (USA 1997 bis heute), mit völlig unterschiedlichen Inhalten, Ansprüchen und Zielgruppen. Zum

Animationsfilm gehören seit Reinigers PRINZ ACHMED und Disneys SNOW WHITE auch Spielfilme mit gänzlich heterogenen Themen und Ästhetiken: Der renommierte japanische Anime-Regisseur Hayao Miyazaki thematisierte in PRINZESSIN MONONOKE (1997) die Ko-Existenz von Mensch und Natur; SHREK zeigte ein postmodernes Spiel mit dem Märchenschema und popkulturellen Versatzstücken (vgl. Frizzoni 2008; Maiwald/Wamser 2010); Ari Folmans WALTZ WITH BASHIR (2008) dokumentierte den Libanonkrieg von 1982 aus der traumatisierten Sicht israelischer Soldaten; mit FROZEN (2013) und dem Sequel FROZEN II (2019) landeten wiederum Disney-Märchenfilme gewaltige Blockbuster-Erfolge.

Zur Heterogenität des Animationsfilms kommen schließlich **Hybridphänomene zwischen Animations- und Realfilm**. Diese bestehen einmal in schon länger praktizierten Montagen animierter Figuren in einen Realfilm, wie z. B. in WHO FRAMED ROGER RABBIT (1988) oder in der deutschen Fernsehserie MEISTER EDER UND SEIN PUMUCKL (1982–89). Zweitens nehmen computeranimierte Darstellungen in Realfilmen immer größeren Raum ein, so in dem Sci-Fi-Film AVATAR (2009). Über ergänzende Effekte hinaus muten schließlich komplett computeranimierte Filme wie etwa das Remake von THE LION KING (2019) mittlerweile wie Realfilme an. Aufgrund der Heterogenität und der Hybridität lässt sich u. E. für den Animationsfilm nicht von einem Genre als filmischer „Großgruppe formal-inhaltlicher Organisation" (Kammerer 2016, S. 196) sprechen.

4.1.3 Didaktische und methodische Überlegungen

4.1.3.1 Überblick und Kompetenzen

Bereits vor 20 Jahren war eine „Mediatisierung von Kindheit" festzustellen und zu fragen, ob nicht „immer mehr Kinder zunächst visuellen künstlerischen Welten begegnen und erst dann dem Buch" (Richter 2000, S. 134, 137). Da dies heute in weitaus größerem Umfang der Fall ist, knüpft man mit SIMSALAGRIMM sinnvollerweise an mediale Vorerfahrungen von Kindern an. Davon ausgehend lässt sich dann eine Menge lernen: Einmal begegnen die Schüler*innen kulturell prominenten Märchenstoffen, mit „Schneewittchen" zudem dem „Lieblingsmärchen Nummer eins" (Uther 2008, S. 129). SIMSALAGRIMM zeigt weiter, dass „Märchen nur in medialen Adaptionen überleben können" bzw. sich stetig „neue Formen der ästhetischen Aneignung in den neuen Medien" entwickeln (Heidtmann 2000, S. 95 f.). Man kann SIMSALAGRIMM nutzen, „um zur originären Grimm'schen Märchenversion zurückzukehren" (Richter 2000, S. 142), sollte dann aber Folgendes berücksichtigen: Die Grimm'schen Versionen sind keineswegs originär, sondern ihrerseits eine tiefgreifende Medientransformation des mündlichen Märchens. Daher wäre beim Medienvergleich nicht in einen Abweichungs- und Abwertungsgestus zu verfallen, sondern wertfrei zu beschreiben, welche anderen Wege ein Animationsfilm in der heutigen Zeit gehen muss – und anzuerkennen, dass er dies medien- und zielgruppengerecht tut. Schließlich wäre die SIMSALAGRIMM-Aktualisierung nicht nur in ihrer Relation zu den Grimm-Märchen, sondern in ihrem Eigenwert zu würdigen. Dabei lässt sich einiges über (Animations-) Filmsprache, aber auch über Serialität lernen.

Im Verbund mit den filmgetreu nacherzählten und bebilderten Märchen (Fiedler-Tresp 2019) lässt sich SIMSALAGRIMM auch für die Leseförderung heranziehen. Ebenso kann man an den kurzen Märchengeschichten **elementare Strukturmuster literarischen Erzählens und Figurentypen** erkennen: die Vergegenwärtigung eines vergangenen Geschehens, die Ausgangssituation, die Komplikation, die Bearbeitung der Komplikation, die abschließende Wiederherstellung eines Gleichgewichts; Protagonist und Antagonist, Helfer- und Schädigerfiguren. Von Psychologisierung und Pädagogisierung wäre allerdings auch in der Grundschule abzusehen. Volksmärchen sind keine Problemliteratur. Die Figuren sind flächenhafte Typen ohne Innenleben; man sollte ihnen dann auch keines geben (*Schreibe einen Tagebucheintrag der Stiefmutter!*). Die Handlungen sind schematisiert, Gut und Böse streng geschieden, es herrscht die „naive Moral" (s. o.); man sollte daher keine ethisch-moralischen Zwischentöne suchen (*Schreibe ein Gespräch zwischen Schneewittchen und der Stiefmutter!*). Aus Märchen lassen sich insbesondere für Mädchen keine seriösen Orientierungen für das eigene Leben gewinnen. (Schön sein, brav sein, fleißig sein? Warten, bis der Prinz kommt? Darauf vertrauen, dass Wunder geschehen?) Zudem eröffnet mitunter gerade die falsche Tat den Weg ins Glück: von einem Fremden etwas annehmen, z. B. einen Apfel; etwas an die Wand werfen, z. B. einen Frosch.

Folgende filmbezogene **Kompetenzen** werden angezielt:

- ***Film als Symbolsystem***
- Handlung beschreiben/das Situationsmodell der erzählten Welt darstellen
- (Feste) Rahmenhandlung und (variable) Binnenhandlung unterscheiden
- Gegensätzliche Zeichnung von Protagonisten und Antagonisten beschreiben; Funktionen der Figuren Yoyo und Doc Croc benennen
- (Animations-)Filmische Konstruktion bzw. Gestaltungsmittel benennen und als sinntragend erkennen (z. B. *Voice-Over, Musik, Überzeichnungen; eventuell Cel-Animation)
- ***Übergangsbereich zwischen Symbolsystem und Handlungssystem***
- Rahmenhandlung und Binnenhandlung als Merkmal bei weiteren Serien erkennen (z. B. THE SIMPSONS oder SHAUN DAS SCHAF)
- Darstellungsklischees des Märchenfilms kennen (z. B. Schloss, aufschlagendes Märchenbuch, Gesangseinlagen) und auch kritisch beurteilen (Schönheitsideale)
- Darstellungsmittel des Films und des Schriftmärchens vergleichen (z. B. Gewaltdarstellungen; beschreibender Erzähler vs. zeigende Kamera)
- ***Film als Handlungssystem***
- SimsalaGrimm als *Medienverbund beschreiben

4.1.3.2 Unterrichtsbausteine

Wir schlagen eine Unterrichtssequenz mit vier Einheiten je 90 Minuten vor:

1. Baustein:

- Vorwissen und Vorstellungen aktivieren
- Nach einer vollständigen Rezeption der SIMSALAGRIMM-Episode „Schneewittchen" ein Filmgespräch führen
- Das Situationsmodell des Märchens rekonstruieren

Vorwissen und Vorstellungen zu aktivieren – und damit auch einen gemeinsamen Ausgangsstand zu schaffen – ist stets sinnvoll. Dies kann hier durch ein Bild des Schlosses Neuschwanstein (z. B. NQ) motiviert werden, welches gerne als „Märchenschloss" identifiziert wird. Der visuelle Impuls wird sodann mit dem Wort Schneewittchen erweitert. Die Schüler*innen vergegenwärtigen sich Figuren und Handlungselemente der Geschichte, Vorstellungsbilder und Rezeptionserfahrungen. In einem vorgestellten Rollen-Casting lassen sich solche Prä-Konzepte vertiefen: *Wie müssten das Schneewittchen, die böse (aber ja auch schöne!) Stiefmutter, ein Jäger und ein Prinz für einen Schneewittchen-Film aussehen? Was tragen sie für Kleidung? Wie sprechen sie? Warum muss das so sein?*

Danach erfolgt eine kollektive Rezeption der „Schneewittchen"-Folge. Ein nur 25 Minuten langer Film kann in Gänze und sollte gerade mit jungen Schüler*innen gemeinschaftlich und zunächst ohne Vorgaben angeschaut werden. Im Anschluss wird Raum für freie Äußerungen gegeben. Anstoßen lässt sich dies durch Fragen wie: *Was hat dir gut, was hat dir nicht so gut gefallen? Was ist dir besonders aufgefallen?* (Auch im Vergleich mit anderen Varianten, gegebenenfalls sogar der Grimm'schen.)

Für die weitere Arbeit sollte das Situationsmodell der filmischen Textwelt rekonstruiert werden. Dies kann geschehen, indem man (märchengerechte) 12 *Motion Stills in Partner- oder Gruppenarbeit in eine chronologische Folge bringt. Anbieten würde sich hierfür:

1. Das Märchenbuch erweckt und ruft Yoyo und Doc Croc (0:36, Abb. 111).
2. Der Anschlag des Jägers wird abgebrochen (01:55, Abb. 113).
3. Der Prinz spricht bei der Stiefmutter vor (6:08).
4. Schneewittchen ist bei den Zwergen (gesehen im Spiegel der Stiefmutter) (12:29).
5. Der Prinz und der Jäger sind auf der Suche (13:19).
6. Der Anschlag mit dem Kamm wird nachbesprochen (18:37).
7. Schneewittchen hat den Apfel angenommen (19:25; Abb. 115).
8. Schneewittchens Sarg wird abgefahren (21:23).
9. Die Stiefmutter hat den Spiegel zerschlagen und ist verpufft (22:21).

10. Schneewittchen ist erwacht (neben Prinz und Jäger) (22:43).
11. Yoyo und Croc fliegen auf dem Märchenbuch davon (23:52).
12. Der Abspann im Märchenbuch läuft (24:15, Abb. 112).

Die Aufgabe kann eventuell digital erledigt werden (Tablet, Smartboard; oder digitales Filmanalysetool; vgl. Kap. 3.2.5); es spricht aber auch nichts dagegen, hier mit farbigen Kopien zu arbeiten und die Lösungen per Fotografie verfügbar und im Plenum besprechbar zu machen. So wird nicht nur die Schneewittchen-Story rekonstruiert, es werden auch bereits die eigenen Wege der SIMSALA-GRIMM-Aktualisierung sichtbar: der Erzählrahmen, die zusätzlichen Figuren Yoyo und Croc, der spannungsvolle Einstieg, der frühzeitige Auftritt und die Suche des Prinzen, die gewaltfreie Entsorgung der Stiefmutter.

2. *Baustein: Narrative, visuelle und auditive Gestaltung der Anfangsszenen genauer untersuchen*

Viel von dem, was diese Schneewittchen-Version ausmacht, zeigt sich in den ersten fünf Minuten der Haupthandlung (1:15–6:30): Der Anflug von Yoyo und Croc unterbricht den Anschlag des Jägers. Dieser erklärt seine Notlage, der Alternativplan mit dem Eberherz wird gefasst. Schneewittchen läuft in den Wald, die Helfer hinterher. Von ihrem Kurzbericht der Vorgeschichte erfolgt ein Schnitt auf das Schloss und die Stiefmutter vor dem Spiegel. Der Jäger überbringt das falsche Herz und kreuzt den Weg des Prinzen. Schnitt zurück auf Schneewittchen im bedrohlichen Wald, dann wieder auf den Prinzen, der um Schneewittchens Hand anhalten will, von ihrem vermeintlichen Tod erfährt und die Königin sitzen lässt.

Nach der Erstrezeption wird mit einigen Leitfragen die Handlung rekonstruiert: *Was verhindert den Angriff auf Schneewittchen? Wo kommen Yoyo und Croc her? Warum musste der Jäger Schneewittchen töten? Wie soll die Königin getäuscht werden? Wohin läuft der Jäger? Wohin laufen Schneewittchen und die Freunde? Was geschieht im Wald? Was geschieht im Schloss?*

Die Rahmenhandlung und die Parallelmontage werden in einer Strukturskizze sinnfällig gemacht (Abb. 119). Darin sind nur die Einstellung mit Schneewittchen auf dem Felsen und die Pfeile platziert, die weiteren Schauplätze werden (digital oder auf Papier) angeordnet, und für jedes Fragezeichen ist eine (hier bereits eingetragene) Figur einzusetzen. Die Schüler*innen erläutern, was die Pfeile bedeuten: Der Jäger schleicht sich von links heran, die Helfer fliegen von oben ein, die Wege trennen sich. Die dünne Linie zwischen den oberen Bildern bedeutet: Yoyo und Croc fliegen in die Märchenwelt ein. (Und am Ende wieder zurück, 23:52). Ergänzend lässt sich mittig noch die Einstellung platzieren, die die Flüchtenden im Wald zeigt, dies aber im Spiegel im Schloss (7:25).

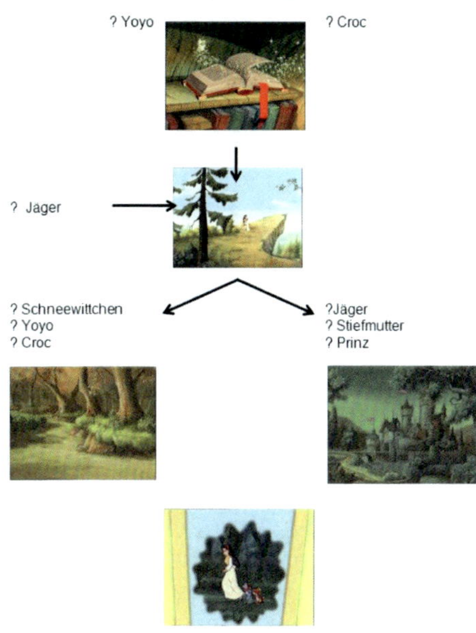

Abb. 119: Arbeitsblatt für die Erarbeitung des Beginns von „Schneewittchen" (SIMSALAGRIMM)

Der Prinz will um Schneewittchens Hand anhalten und verschmäht die sich anbietende „einsame, schöne Witwe" (6:20). Warum tut er das? Von dieser Frage aus lassen sich Schönheitsideale und Gut-Böse-Zeichnungen ansteuern. Zunächst werden die beiden Figuren in zwei jeweils halbnahen Einstellungen verglichen (Abb. 120–121). Festhalten ließe sich z.B.:

Schneewittchen	**Stiefmutter**
Kleine Nase	
Dünner Hals	
Schlanke Figur	
Riesige Augen	Große Augen
Offene, lange Haare	Haare verdeckt
Gesicht runder	Gesicht lang und spitz
Einfaches rotes Haarband	Diadem/Krone
Hellere Kleidung	Dunkles Kleid
Farbhintergrund hellblau	Farbhintergrund grün (Gift? Neid?)

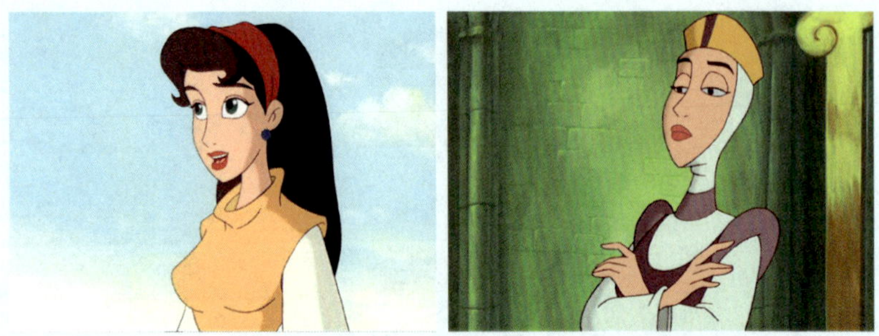

Abb. 120–121: Schönheitsideale und Gut-Böse-Zeichnungen in „Schneewittchen" (SIMSALAGRIMM)

Die Stiefmutter ist nicht hässlich – wie die doppelkinnige, halslose und dicknasige „Alte", als die sie später den Giftapfel an die Frau bringt und die man mit heranziehen kann (Abb. 115). Aber sie sieht unsympathisch aus. (Das Lila im Kleid, die Verhüllung von Hals und Haar sowie der royale Kopfschmuck wurden von der Stiefmutter in Disneys Schneewittchen-Film von 1937 übernommen.) Schaut man noch einmal ihre Begegnung mit dem Prinzen (5:20 ff.) an, kommen körpersprachliche und auditive Verstärker hinzu: exaltierte und scheinheilige Mimik, Gestik und Stimme.

Von da aus lässt sich fragen, was wir in einem Film außer den Stimmen der Figuren noch hören können: Das sind einmal Geräusche aus der erzählten Wirklichkeit (z. B. Blitz und Donner im Wald). Das ist aber auch Hintergrundmusik. *Welche Musik hören wir am Beginn zu Schneewittchen, welche zu dem Jäger? Wie ändert sich die Musik?* Man kann diese Stelle (1:13–1:56) ohne Bild anhören und die musikalische Gestaltung zu zwei *Motion Stills der Figuren untersuchen: Dem blätterzupfenden Schneewittchen wird eine sanfte Weise im Dreiertakt unterlegt; der Jäger hingegen schleicht im Takt mit einem unheilschwangeren Pizzicato an und hebt den Dolch zu einem Tremolo. Die Musik und ihre Veränderung unterstreichen das gezeigte Geschehen (parallele Korrespondenz).

3. Baustein: Aktualisierungsentscheidungen der SIMSALAGRIMM-Version identifizieren und bewerten

Was haben die SIMSALAGRIMM-Macher anders gemacht als im Grimm'schen „Schneewittchen"? (Die Frage lautet bewusst nicht: Wo sind sie abgewichen?) Um dies herauszufinden, ist eine zweite Ganzrezeption erforderlich, für die 17 Handlungsstationen hervorgehoben sind (Arbeitsblatt Tab. 10). Nach einer kurzen Information darüber, dass die Brüder Grimm die Märchen vor rund 200 Jahren gesammelt und aufgeschrieben haben, wird das Grimm'sche Märchen (von der Lehrkraft) vorgelesen, während die Schüler*innen in Partnerarbeit als Detektive begleitend notieren, ob die Stationen vorhanden sind, fehlen oder verändert auftauchen. (Letzteres lässt sich in dem Arbeitsblatt schon mit anlegen):

SimsalaGrimm	Brüder Grimm
1. Yoyo und Doc Croc fliegen ins Märchenland.	
2. Yoyo und Doc Croc verhindern den Anschlag.	
3. Schneewittchen läuft in den Wald.	
4. Der Jäger bringt der Stiefmutter ein falsches Herz.	Ja, und ...
5. Der Prinz will um Schneewittchens Hand anhalten. Er tut sich mit dem Jäger zusammen.	
6. Schneewittchen schläft im Haus der Zwerge.	
7. Die Zwerge sind im Bergwerk und singen auf dem Nachhauseweg ein Lied.	
8. Schneewittchen darf bei den Zwergen bleiben.	Ja, wenn ...
9. Die Stiefmutter erfährt aus dem Zauberspiegel, dass Schneewittchen noch lebt.	
10. Die Stiefmutter macht drei Versuche, Schneewittchen zu töten.	
11. Schneewittchen isst einen giftigen Apfel.	
12. Schneewittchen liegt in einem Sarg.	Ja, aber ...
13. Der Königssohn erscheint. Er nimmt den Sarg mit.	
14. Schneewittchen spuckt den Apfel aus und erwacht.	
15. Es gibt Liebe auf den ersten Blick.	
16. Die Stiefmutter zerschlägt den Spiegel und verpufft schlagartig.	Nein, stattdessen ...
17. Yoyo und Doc Croc fliegen auf dem Märchenbuch zurück in den Dachboden.	

Tab. 10: Arbeitsblatt ‚Schneewittchen' – Unterschiede zwischen SimsalaGrimm und Brüder Grimm

In einer vereinfachten Version würden die Schüler*innen aus einer Reihe von *Motion Stills diejenigen auswählen, die auch im Grimm'schen Märchen vorkommen bzw. nicht vorkommen. Darunter sollten sein: einer zu Vor- und Abspann, einer zum verhinderten Anschlag, einer zu den singenden Zwergen, einer zur verpuffenden Stiefmutter.

Die Auswertung ergibt, dass das Erzählmodell dieses Märchens im Wesentlichen beibehalten wird, dass der Animationsfilm aber auch eigene, durchaus ansprechende und sinnvolle Wege geht. Hierzu lassen sich folgende Fragen stellen (vgl. für die Antworten die obige Sachanalyse):

Warum gibt es bei SIMSALAGRIMM einen Rahmen?

Warum gibt es Yoyo und Doc Croc?

Warum beginnt SIMSALAGRIMM gleich mit dem Mordanschlag des Jägers?

Warum taucht der Prinz so früh auf?

Warum sehen wir die Zwerge bei der Arbeit, warum singen sie?

Warum verpufft die böse Stiefmutter einfach?

Die Schüler*innen können abschließend ihre Vorlieben für die Film- oder für die (vorgelesene) Buchversion äußern.

4. Baustein: Über die Einzelfolge und die SIMSALAGRIMM-Filme hinausschauen

In dieser Einheit erfassen die Schüler*innen episodenübergreifende Phänomene, erkennen ein Darstellungsklischee des Märchen(animations)films und nehmen den *Medienverbund ‚SimsalaGrimm' wahr.

In einer weiteren SIMSALAGRIMM-Folge, z. B. „Aschenputtel", läuft der identische Vorspann, und auch hier treten Yoyo und Croc sogleich als Ansprechpartner und Helfer für die Hauptfigur auf. Der immer gleiche, orientierende und einführende Vorspann ist ein Merkmal dieser Serie. (Zudem machen die Figuren Yoyo und Croc SIMSALAGRIMM über eine bloße Reihe hinaus erst zu einer Serie.) *Bei welchen anderen Serien gibt es so etwas?* Bei SHAUN DAS SCHAF und bei BIENE MAJA wird ein Lied gesungen, bei den SIMPSONS finden sich die Familienmitglieder vor dem Fernseher ein.

Im Märchen finden oft Liebespaare zusammen. Betrachtet man drei solcher Paare aus SIMSALAGRIMM (Abb. 116–118), erkennt man standardisierte Vorstellungen weiblicher Schönheit, die in der Animation zudem übersteigert werden: wallend dicke Haare, extrem schlanke Hälse und Taillen, riesengroße Augen, große und wohlgeformte Oberweiten. Die Herren sind allesamt markant breitschultrig. Auch sind die Figuren sämtlich kaukasisch. (Erst 2009 gibt es bei Disney in THE PRINCESS AND THE FROG eine schwarze Prinzessinnen-Figur und ein deutlich emanzipierteres Frauenbild.) *Warum sehen die „schönen" Heldinnen alle gleich und alle so aus?* Zum einen ist es in einem Animationsfilm kostengünstiger, immer denselben Typus zu zeichnen; zum anderen werden hier normierte Vorstellungen aktiviert – und weiter verfestigt. Dies wäre im Klassengespräch kritisch zu hinterfragen. Dabei kann man auch darauf verweisen, dass der Wunsch nach großen Augen gerade in asiatischen Ländern wie Japan oder Südkorea schon Mädchen zu Schönheits-OPs treibt (vgl. Schönheitswahn, NQ).

Eine frappierende Standardisierung hat auch das Märchenschloss erfahren. Stellen wir neben das Neuschwanstein-Bild aus Einheit 1 zwei SIMSALAGRIMM-Schlösser:

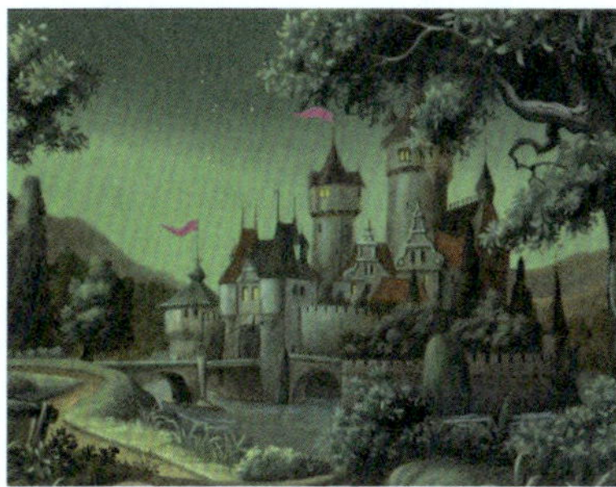
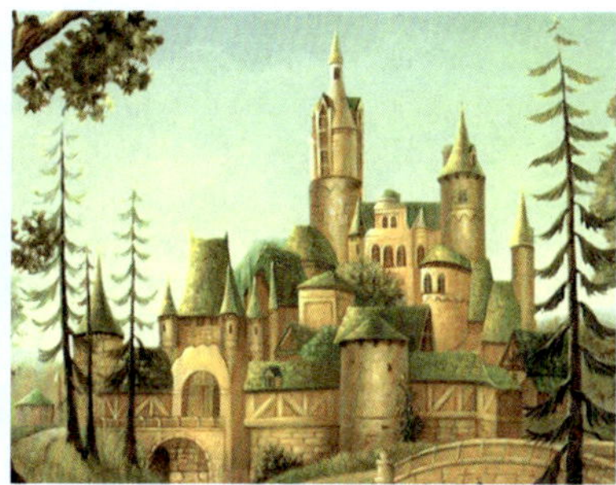

Abb. 122–123: SimsalaGrimm-Schlösser („Schneewittchen“, „Rumpelstilzchen“)

SimsalaGrimm zeigt generell einen „Mix aus romanischen Architekturelementen, mittelalterlichen Requisiten [...] und eine an Carl Spitzweg (1808–1885) orientierte biedermeierliche Ästhetik“ (Drascek 2001, S. 83). In den Grimm'schen Märchen werden die Schlösser nicht beschrieben (z. B. KHM „Schneewittchen“, S. 277). *Warum ähneln die Schlösser so sehr Neuschwanstein?* (vgl. Drascek, S. 83), einem architektonischen Kunstprodukt aus dem späten 19. Jahrhundert? Aufschluss ergeben die Disney-Märchenklassiker Snow White (1937) und Cinderella/Aschenputtel (1950) (vgl. Tomkowiak 2017, S. 124–128) sowie die Schlösser in Disney-Erlebnisparks (z. B. in Orlando/Florida oder Anaheim/California). Disney prägte das Bild des eng gebauten, mit hoch aufragenden Turmspitzen in allen möglichen Formen versehenen Märchenschlosses – wofür er vor allem durch Neuschwanstein inspiriert wurde (Disney/Neuschwanstein, NQ).

Die Schüler*innen erhalten eine Reihe von Schlösserbildern. Darin trennen sie zunächst die Schlösser in Märchen-Optik von anderweitig aussehenden. Für die Märchenschlösser wäre dann folgende Reihe zu erklären: Neuschwanstein → Disney → SimsalaGrimm. Wie bei den Schönheitsidealen zeigt sich der **Kreislauf medialer Vorstellungsprägung**: Wir denken bei Märchenschloss an etwas im Stil von Disney; die Macher von SimsalaGrimm rechnen damit, erfüllen und verstärken unsere Vorstellung.

Zum Abschluss erweitert sich der Blick auf den ***Medienverbund**. Was gibt es außer den Filmen noch zu ‚SimsalaGrimm‘? Eine Google-Bilder-Suche zu „SimsalaGrimm Artikel“ öffnet ein weites Wunderland aus Filmen, Hörspielen, Büchern verschiedenster Art, Kleidungsstücken, Taschen, Figuren etc. Um ein Bild des SimsalaGrimm-Logos lässt sich dies als Cluster visualisieren und mit dem Begriff *Medienverbund versehen. Auch hier ist eine aufklärerische Perspektive zu öffnen: *Warum gibt es so viele SimsalaGrimm-Artikel?* Man soll ein Fan werden – und Geld ausgeben. (Oder man ist schon Fan und kann dies ausleben.)

Wichtig wäre jedoch, gerade zum Abschluss nicht in wohlfeile Medien- und Konsumkritik zu verfallen, sondern lediglich das Phänomen aufzuzeigen. Es ging in der gesamten Sequenz weder um Verteufelung noch um Heiligsprechung, sondern um ein differenzierteres Wahrnehmen eines populären Medienangebotes. In diesem Sinne sollte „SimsalaGrimm als zeitspezifische Märchenadaption im Rahmen eines steten Modernisierungsprozesses der Erzählkultur verstanden werden" (Drascek 2001, S. 87). Nicht mehr, aber auch nicht weniger.

4.2 Einen Dokumentarfilm verstehen und reflektieren: WAS IST WAS-TV: WALE UND DELFINE (2006)

Didaktisches Anliegen
Einen Dokumentarfilm verstehen und reflektieren

Gegenstand
WAS IST WAS-TV: WALE UND DELFINE (2006)

Zielgruppe
Jahrgangstufen 4 bis 5

Sequenzumfang
3 Einheiten mit je 2 Unterrichtsstunden

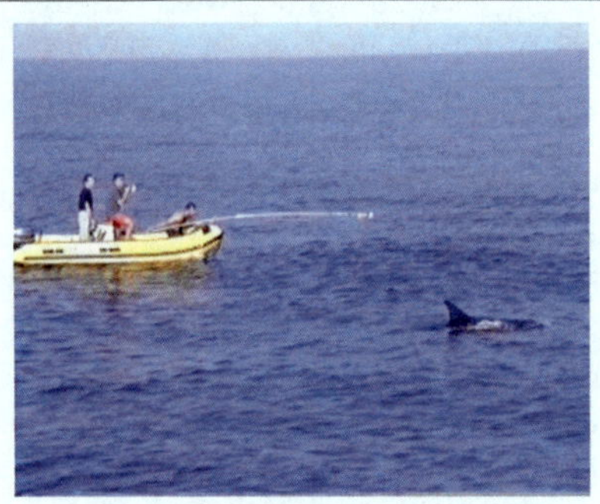

Abb. 124: Wale und Walforschung (WALE UND DELFINE)

4.2.1 Überblick

Wale sind urzeitliche Lebewesen. Sie säugen ihre Jungen, kommunizieren miteinander, leben in sozialen Verbänden. Zahlreich sind die Geschichten, in denen Wale vorkommen: Der alttestamentliche Prophet Jona wird von einem großen Fisch verschlungen und wieder ausgespien. Captain Ahab aus Herman Melvilles Roman *Moby Dick* (1851) jagt besessen einem weißen Wal nach. In den 1990er Jahren rührten uns Hollywoodfilme über einen gefangenen Orca (FREE WILLY, 1993). Zahlreich sind auch die Bilder, die wir von springenden, (ab-)tauchenden, gestrandeten, harpunierten Walen im Kopf haben. Eine Filmdokumentation über Wale ist daher doppelt von Interesse: als **Informationsangebot** über einen Naturgegenstand und als **audiovisuelles Medienangebot** mit einer besonderen Machart.

Die Filmgeschichte begann mit dokumentarischen Filmen. Die ersten kurzen Streifen nahmen alltägliche Szenen wie z. B. L' ARRIVÉE D' UN TRAIN EN GARE DE LA CIOTAT/DIE ANKUNFT EINES ZUGES AUF DEM BAHNHOF IN LA CIOTAT (1895) auf. Dokumentarische Filme beruhen auf der Annahme, dass sie etwas Existierendes und nicht etwas Erfundenes zeigen. Also ist eine Dokumentation über

Wale etwas grundlegend Anderes als Romane oder Spielfilme, in denen Wale vorkommen. Dennoch ist auch eine Dokumentation nie ein tatsächliches Abbild von Wirklichkeit, sondern stets eine filmische Konstruktion. **Merkmale und Mittel von Dokumentarfilmen** zu kennen und ihre **Wirklichkeitsbehauptungen** zu reflektieren, ist daher ein wichtiger Bestandteil der Filmbildung. Anhand eines WAS-IST-WAS-Films über Wale und Delfine lässt sich zeigen, dass damit bereits in der Primarstufe begonnen werden kann (vgl. zum Folgenden auch Maiwald 2015a).[32]

4.2.2 Sachanalyse

4.2.2.1 WAS IST WAS und die Reihe WAS IST WAS TV

WAS IST WAS geht auf die seit 1960 in den USA und in England publizierte **Kindersachbuchreihe** *How & Why* zurück. Der Tessloff Verlag erwarb die deutschen Rechte und brachte WAS IST WAS ab 1963 im noch heute gängigen Hardcover-Format heraus. Von den regulären Bänden sind mehr als 140 erschienen. Flankiert werden sie von den Reihen *Junior*, *Kindergarten* und *Erstes Lesen*. Zudem wird das printmediale Angebot von Rätselheften, Quizblöcken und Stickerheften ergänzt. In der Reihe *BOOKii* macht ein digitaler Hörstift aus den Büchern ein interaktives Quiz oder ein lebendiges Nachschlagewerk. Zahlreiche Hörspiele und Filme auf DVD komplettieren das multimediale Portfolio.

Bereits 1983/84 gab es eine Fernsehsendung zur Buchreihe. Die heute erhältlichen 52 Filmfolgen in der Reihe WAS IST WAS TV wurden hingegen zwischen 2001 und 2009 produziert. Sie liefen auf Super RTL und zuletzt 2014 auf dem Kindersender Junior (vgl. WAS IST WAS TV, NQ). Die Filme sind auf DVD erhältlich und werden auch bei Amazon Prime Video angeboten, neben den Einzelfolgen gibt es eine Edition mit 26 Themen auf vier DVDs. Die Folgen sind ca. 25 Minuten lang und über ein Kapitelmenü gegliedert. Sie präsentieren das jeweilige Sachgebiet in einer Mixtur aus Spiel- und Dokumentaraufnahmen, *Voice-Over-Kommentar, Grafiken und Animationen sowie Zwischenszenen mit drei Trickfiguren.

4.2.2.2 Die Folge Wale und Delfine aus WAS IST WAS TV

Der Film besteht aus **drei verflochtenen Strängen** (Tab. 11). In der Hauptsache sind dies von einem männlichen *Voice-Over-Kommentar erläuterte **dokumentarische Szenen** aus dem Leben von Walen und Delfinen, die etwa die Bewegungen, die Nahrungsaufnahme, das Jagen oder das Kommunikationsverhalten zeigen (Abb. 125). Zur Seite gestellt werden diesen Szenen immer wieder gezeichnete Bilder (z.B. von der früheren Waljagd, 22:30), Illustrationen (z.B. von der relati-

32 Unterrichtsanregungen zum Dokumentarfilm für die Sekundarstufen finden sich z.B. in dem Band von Kammerer/Kepser (2014), in einem Themenheft von *Praxis Deutsch* (vgl. Abraham/Anders 2015), sowie bei Kammerer 2015b oder Anders 2016.

ven Größe des Blauwals, 8:12) oder Trickanimationen (z. B. von der Rudeljagd der Killerwale, 13:30).

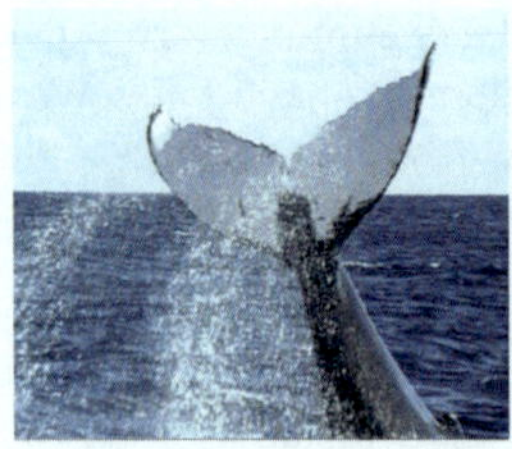

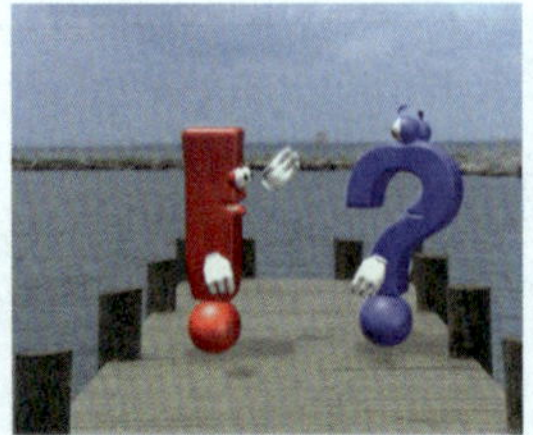

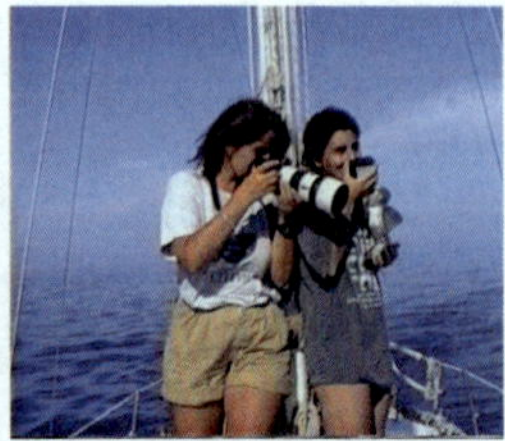

Abb. 125–127: Hauptstränge des Sachfilms WALE UND DELFINE

Der Hauptstrang ist in jeder Folge eingebettet in eine Art **Erzählrahmen**, den drei Trickfiguren ziehen: Theo, Tess und Quentin sind kindgerecht in den Primärfarben Blau, Rot und Gelb gehaltene, animierte Satzzeichen (Frage, Ausruf, Punkt), die sich in ihrer Wohnung für das jeweilige Thema rüsten, hier mit Taucherbrille und aufblasbarem Delfin. Im Verlauf des Films werden diese Figuren sechsmal zwischengeschnitten: Wir sehen sie am Strand, an einem Steg (Abb. 126), unter Wasser, in einem Ruderboot, auf einem Bootsbug und schließlich zurück in ihrer Wohnung. Vorwiegend dienen diese lustigen Einspieler der Auflockerung, wenn z. B. Walnüsse als Knabberei der Wale ausgegeben werden (6:20). Sie leisten jedoch auch eine alltagssprachliche Zusammenfassung und Pointierung des Gezeigten: Bartenwale, „das waren doch die mit dem Plattengedöns im Maul […] ganz schön faule Typen: Klappe auf, Wasser rein, Klappe zu, Wasser raus – und der Clou: Das Mittagessen bleibt im Maul an den Barten hängen" (10:14). Überdies gewinnt die Dokumentation durch die Abfolge von Aufbruch, verschiedenen Stationen und Rückkehr der lustigen Interpunktionszeichen etwas vom Charakter einer Erlebniserzählung. Textlinguistisch gesehen wird eine deskriptive und explikative Themenentfaltung durch eine narrative überformt (vgl. Brinker u. a. 2014, S. 60 ff.).

Den **dritten Strang bildet eine Walforscherin** bei der Arbeit mit ihrer Crew auf ihrem Schiff im Mittelmeer. Es wird gezeigt, wie die Forscher*innen Wale fotografieren (Abb. 127), Daten in Computer eingeben, einen Sender an einem Tier anbringen (Abb. 124), Mikrofone ins Wasser lassen, um Walgeräusche aufzeichnen. Zwar bleiben auch diese Sequenzen in der Darstellung expositorisch distanziert, also von außen beobachtend, und werden nicht etwa durch Interviews partizipatorisch. Dennoch personalisieren die Forscherszenen die faktischen Informationen und bieten den jungen Zuschauer*innen eine attraktive Identifikationsmöglichkeit. Zudem prägt sich auch hier – ähnlich wie bei den Trickfiguren – mit der Rückkehr in den Hafen „nach einer Woche auf See" (23:45) ein universelles Erzählmuster bzw. die besonders für Kinder eingängigere narrative Themenentfaltung aus.

Die folgende Tabelle zeigt ähnlich einem Sequenzprotokoll die Stränge und den Verlauf im Detail. Dabei wird eine Art „**Zopfdramaturgie**" erkennbar. Bei diesem Muster, das vor allem von Endlosserien (z.B. GUTE ZEITEN, SCHLECHTE ZEITEN) her bekannt ist, werden „mehrere Handlungsstränge miteinander verflochten, so dass ein sehr kleinteiliges, episodenartiges Erzählen entsteht" (Hickethier 2007, S. 197). Ein wichtiger Effekt des Springens zwischen mehreren Strängen ist auch in dieser Tierdokumentation der der Abwechslung und der Spannung: Das Informative der dokumentarischen Bilder und Szenen wird unterhaltsam flankiert von lustigen Trickfiguren und lässiger Walforschung:

		*Voice-Over-Kommentar		
	Trickfiguren Theo/Tess/ Quentin	**Dokumentarische Bilder und Szenen Ergänzende Illustrationen/Animationen**		**Walforscherin/ Forschungsschiff im Mittelmeer**
0:12	Einführung in der Wohnung: „Heute geht's um Wale und Delfine".			
0:30		Überblick: Wirkungsvolle Bilder; grundlegende Informationen		
1:20				Vorstellung Forscherin/ Schiff
2:30		Auftauchen und Atmen, Luftanhalten, „Blas"		
4:10		Abstammung von flachen Huftieren; Haut und „Blubber" statt Fell: „optimal angepasst"	*4:30/5:02 Illustration Skelettumbildungen Fluke, Flipper, Finne*	
6:20	Am Strand: Knabberei „Walnüsse"			
6:30				Fotografieren, identifizieren etc. Wie viele, wo sie leben, wann sie sterben etc.

<table>
<tr><td></td><td></td><td colspan="3">*Voice-Over-Kommentar</td></tr>
<tr><td></td><td>Trickfiguren Theo/Tess/ Quentin</td><td colspan="2">Dokumentarische Bilder und Szenen Ergänzende Illustrationen/Animationen</td><td>Walforscherin/ Forschungsschiff im Mittelmeer</td></tr>
<tr><td>8:00</td><td rowspan="3"></td><td>Größe und Gewicht der Wale</td><td>8:12 Illustration relative Größe Blauwal</td><td rowspan="3">8:55 Kurz-Einspieler: Beobachtung Nahrungsaufnahme</td></tr>
<tr><td>8:40</td><td colspan="2">Bartenwale: Nahrungsaufnahme</td></tr>
<tr><td>9:35</td><td colspan="2">Zahnwale: Narwal (Einhorn), Beluga (Kanarienvogel), Orca (Killerwal)</td></tr>
<tr><td>10:10</td><td>Am Steg: Zusammenfassung, Wiederholung</td><td colspan="2"></td><td></td></tr>
<tr><td>10:33</td><td rowspan="3"></td><td colspan="2">Delfine: schlanker und wendiger; lächelnd, mutmaßlich intelligent; Art zu jagen</td><td>11:35 Kurz-Einspieler: Beobachtung Jagd-Techniken</td></tr>
<tr><td>12:30</td><td>Jagende Orcas: Robben, Blauwale</td><td>13:13 Animation: Orcas jagen Blauwal
13:30 Animation: Pottwal und Krake</td><td></td></tr>
<tr><td>13:40</td><td colspan="2" rowspan="2"></td><td>Anbringen eines Senders</td></tr>
<tr><td>14:26</td><td>Unter Wasser</td><td></td></tr>
<tr><td>14:36</td><td></td><td>Tauchen und Orientierung des Pottwals</td><td>14:44 Animation: Funktionsweise „Melone“
15:28 Animation: Echo gesendeter Laute</td><td></td></tr>
<tr><td>16:03</td><td></td><td colspan="2">Seefahrer/Laute der Wale</td><td></td></tr>
<tr><td>16:36</td><td></td><td colspan="2"></td><td>Aufzeichnung der „Sprache“</td></tr>
</table>

		*Voice-Over-Kommentar	
	Trickfiguren Theo/Tess/ Quentin	**Dokumentarische Bilder und Szenen Ergänzende Illustrationen/Animationen**	**Walforscherin/ Forschungs-schiff im Mittelmeer**
17:50		Ausdrucksbewegungen der Wale	
18:10	Im Ruderboot		
18:20		Sozialverhalten: Gruppen/Schulen, Schutz, Paarung, Geburt, Nachwuchs	
21:30	Auf einem Bootsbug		
21:40		Freundlichkeit/Menschennähe der Tiere	
22:20		Feindliches Verhalten der Menschen/ blutige Waljagd	
23:15			Forscher/ Schutzzonen „Walfreunde“
23:15		*23:30 Karte Schutzzonen im Mittelmeer*	Kampf um Walschutzgebiete/Schutzzonen Rückkehr
24:34	Zurück in der Wohnung Abspann		

Tab. 11: Drei Stränge und Sequenzverlauf in WALE UND DELFINE

Die Kombination des informatorischen Kerns aus Bildern, Szenen und Illustrationen mit den Trickfiguren einerseits und mit einem personalisierenden Beispiel andererseits ist ein durchgängiges Strukturprinzip der WAS IST WAS-Filme. In der Folge HAIE sind es ebenfalls Forscher, bei AMPHIBIEN UND REPTILIEN ist es eine Tierpflegerin im Zoo, bei PFERDE ein Reiterhof. Ähnlich wie bei den Märchen von SIMSALAGRIMM (1999 ff.) mittels der hinzugefügten Figuren Yoyo und Doc Croc (vgl. Praxiskap. 4.1) wird durch die Trickfiguren hier aus einer Sachfilmreihe eine Art Serie, in der Theo, Tess und Quentin immer neue Dinge erkunden und erleben.

Ein dokumentarischer Film ist das filmische Vorzeigen z. B. eines Naturphänomens, dessen Behauptungen auf Fakten basieren und in dem auftretende Personen real und keine Schauspieler sind (vgl. Kammerer/Kepser 2014, S. 30). Dies geschieht auch bei Wale und Delfine; aber natürlich bildet auch dieser Film keine Wirklichkeit ab, sondern gestaltet mit **ästhetischen und rhetorischen Mitteln** (s)eine eigene filmische Realität:

a) Bereits in der Verschränkung der drei Stränge und in der erzählenden Themenentfaltung der Trickfiguren- und der Forscherteam-Handlung findet eine **auf Abwechslung und Eingängigkeit zielende Rhythmisierung der Informationen** statt.

b) Von Beginn an operiert der Film mit **wirkungsvollen, einschlägigen Bildmotiven** (vgl. 0:30 ff.): ein springender und mächtig aufklatschender Orca, ein (direkt in Richtung Kamera) emporschnellender Delfin, eine majestätisch aufragende Fluke (Abb. 125), Wale, die erhaben im tiefblauen Unterwasser gleiten oder im Rudel mit ihren Finnen kräftig die Wogen durchpflügen. (Zeitlupen unterstreichen mitunter den Effekt.)

c) Der **Kommentar** gibt mit dem ersten Satz die Rezeptionsrichtung vor – „Schon immer haben uns Wale und Delfine fasziniert" – und wertet den Gegenstand stark auf: Wale sind die größten und schwersten Tiere, sie sind wendige und elegante Schwimmer, so schnell, wie ein Radrennfahrer spurtet, sie können über 100 Jahre alt werden. Dazu erklingt aus dem Off eine pompöse Musik mit wagnerianisch anmutendem Hornmotiv (wiederholt 4:35).

d) Nicht nur in der Eingangssequenz ist die **Musik** ein wesentliches Gestaltungsmittel (vgl. Kap. 2.2.2). Die Arbeit der lässigen Walforscher*innen wird passend von einem lockeren Funk-Pop-Groove untermalt. Zu den Unterwasseraufnahmen erklingen meist sphärische Synthesizer (z. B. 3:30); im Kapitel „Delfine" dominiert Streicherschmelz (11:00), bei den Jagdszenen mit teils „erbitterten Kämpfen" (13:33) klingt die Musik aufwühlend (12:40 ff.). Nah am Kitsch liegen die schmachtenden Oboen-, Flöten- und Streicherklänge in der ausführlichen Sequenz über das Sozialverhalten der Tiere (18:20–21:30) und über deren Freundlichkeit gegenüber dem Menschen (21:40–22:20). Bedrohlich wirkt die Musik wiederum, wenn es im Kontrast dazu um die blutige Feindlichkeit des Walfangs geht. Die Musik steht somit in **paralleler Korrespondenz** zum Gezeigten (vgl. Kracauer 1985, S. 158–173). Einen harmonischen Schlussakkord von Musik und Wort findet die Dokumentation im leichten Funk-Pop und in der Botschaft der Forschungsarbeit, „warum es so wichtig ist, die Wale zu schützen" (24:00).

e) Ein wesentliches Argument für jene Schutzforderung sind die schon erwähnten eindrucksvollen und musikalisch wirkungsvoll unterlegten Bilder der sich erhaben bewegenden Tiere. Hinzu tritt die verbale Rhetorik der **Beschreibung in menschlichen Kategorien**, so z. B. in der Rede von der Schwanzflosse als „Fingerabdruck" (4:55), von den Geräuschen als „Sprache" und von den Bewegungen als Ausdruck, „wie es ihnen geht" (18:00). Die Vermenschlichung findet ihren Höhepunkt in der Beschreibung des menschenähnlichen und -freundlichen Sozialverhaltens (s. u.).

Der Film zeigt also keine Wirklichkeit, er behauptet sie (vgl. Kammerer/Kepser 2014, S. 30) und illustriert somit den Wesenskern des Dokumentarischen als filmischer Großgattung.

4.2.2.3 Gattungsbezüge: das Dokumentarische

„Die Geschichte des Films beginnt mit Dokumentarfilmen" (Pfeiffer/Staiger 2010, S. 64). Die ersten Produktionen der Brüder Lumière zeigten, wie Arbeiter eine Fabrik verlassen, wie ein Zug in einen Bahnhof einfährt, wie Eltern ein Kleinkind füttern, wie Verkehr durch Großstadtstraßen wimmelt (vgl. The Lumière Brothers' First Films, NQ). Im Gegensatz zum Fiktionalen findet beim Dokumentarischen eine **vergegenwärtigende Wiederholung eines angenommenen vor-filmischen, unabhängig existierenden Realen** statt (vgl. Hickethier 2007, S. 182).

Anders als der Spielfilm ist der dokumentarische Film faktual, also „eng auf eine außerfilmische (historisch verbürgte) Wirklichkeit bezogen" (Kammerer/Kepser 2014, S. 24): Weiße Wale gibt es in der Realität, *Moby Dick* hingegen nur im Roman von Herman Melville (1851) oder im Film von John Huston (1956). Somit lassen sich Dokumentation und Fiktion als **Gattungen bzw. grundlegende „Modi des Erzählens und Darstellens"** (Hickethier 2007, S. 181; Kap. 2.3.1) unterscheiden. Die Gattungen Dokumentation und Fiktion sind allgemeiner und umfassender als spezieller ausgeprägte Genres (z. B. Western) oder Formate (z. B. Nachrichtensendung). Ein fiktionaler Film spiegelt eine Wirklichkeitsillusion vor, während ein dokumentarischer Film eine authentische Realitätsdarstellung behauptet: Es gibt Wale und Delfine, es gibt Walforscher im Mittelmeer – aber Moby Dick wurde von ihnen nicht gesichtet.

Um das Gezeigte als etwas Tatsächliches erscheinen zu lassen, setzen dokumentarische Filme spezielle **Authentisierungsstrategien** ein (vgl. Hickethier 2007, S. 185 f.; Kammerer/Kepser 2014, S. 33 f.), die auch in WALE UND DELFINE vorhanden sind:

a) Bilder erzeugen einen unmittelbaren Eindruck authentischer Realität.
b) Sprecher erklären und bewerten das Gezeigte: Akteure aus der vorgestellten Wirklichkeit, Expert*innen, der Filmemacher selbst oder (und häufig) eine von außerhalb kommentierende sog. *Voice of God*.
c) Archivmaterialien, grafische Darstellungen und Animationen steigern als „rekonstruierende Inszenierung" (Hickethier 2007, S. 185) die Echtheitswirkung.
d) In metadiegetischen Inszenierungen erfolgt eine Selbstthematisierung des Filmens bzw. der filmischen Instanz gegenüber der gezeigten Wirklichkeit. Dies liegt beispielsweise vor, wenn Anweisungen des Kameramanns/der Kamerafrau von hinter der Kamera zu hören sind, wenn das Filmen gefilmt wird oder

wenn das Objektiv bei laufender Kamera saubergewischt wird. (Auf solche Inszenierungen wird in WALE UND DELFINE verzichtet.)

e) Der Film wird im Titel und/oder im Vorspann als Dokumentarfilm ersichtlich. (Der Reihentitel WAS IST WAS deutet in diese Richtung; ebenso der DVD-Titel „Tiere" und „6 spannende Themen").

Neben derlei innertextuellen gibt es **textexterne Authentizitätssignale**: So kann ein Film in Trailern und Plakaten, in Programmhinweisen, in Rezensionen und wissenschaftlichen Texten oder durch seine Platzierung auf bestimmten Programmplätzen oder Filmfestivals als Dokumentarfilm markiert werden.

Besonders in der Stilrichtung des *Direct Cinema um 1960 wurde im Dokumentarfilm mittels kleiner Handkameras und Tonaufnahmegeräten eine möglichst unverfälschte Abbildung der Realität angestrebt (vgl. Kammerer/Kepser 2014, S. 36 ff.; Kap. 2.3.4.2). Eine strikte Trennbarkeit des Faktualen und Fiktionalen anzunehmen wäre jedoch verfehlt: Zum einen ist „*jede* Filmaufnahme ein Dokument dessen, was die Kamera aufgenommen hat" (Kreimeier 2004, S. 431), und natürlich behauptet auch ein Spielfilm eine Wirklichkeit. Es sind innertextuelle und textexterne Mittel, die uns signalisieren, einen Film als fiktional oder faktual wahrzunehmen und dann eine entsprechende Rezeptionshaltung einzunehmen: Einem vermuteten Spielfilm begegnen wir eher versunken und eskapistisch, einem vermuteten Dokumentarfilm eher distanziert und analytisch (vgl. Kap. 2.3.1.1).

Erschwert wird diese Trennung einmal durch **Mischformen des Fiktionalen und Faktualen**. Werbung z. B. bezieht sich auf außerfilmisch existierende Produkte, bettet diese jedoch häufig in narrative Imaginationsangebote ein (Märchen, aufregendes Leben, Action) (vgl. Frederking u. a. 2018, S. 187–198). Umgekehrt geben sich in sog. *Mockumentarys fiktionale Filme als Dokumentationen aus, z. B. in BORAT (2006) oder in der Serie STROMBERG (2004–2012). Weitere Mischformen sind das Dokudrama (z. B. SPEER UND ER) oder die Doku-Soap (z. B. DIE GEISSENS) (vgl. Kammerer/Kepser 2014, S. 26).

Überdies findet auch im rein dokumentarischen Film niemals eine objektive Wiedergabe von Tatsachen, sondern stets eine „Inszenierung von Authentizität" (Anders 2016, S. 154) bzw. eine **filmische Wirklichkeitskonstruktion** statt. Von fragwürdiger Berühmtheit sind etwa die Filme, in denen Leni Riefenstahl den Nürnberger Reichsparteitag der NSDAP von 1934 oder die Olympischen Spiele von 1936 in Berlin in Szene setzte. TRIUMPH DES WILLENS (1935) und OLYMPIA (1938) beziehen sich auf vor-filmische Realitäten, sie stilisieren und ästhetisieren diese jedoch ideologisch und propagandistisch als faschistischen Volksgemeinschafts-, Führer- und Körperkult. Weniger bedenklich, aber auch mit einer stark subjektiven **Autorenperspektive** versehen sind die Dokumentarfilme von Michael Moore. In BOWLING FOR COLUMBINE (2002) legt der Filmemacher die US-amerikanische Waffenkultur als Urgrund eines Schulmassakers bloß; in FAHRENHEIT 9/11 (2004) kritisiert er den US-Präsidenten George W. Bush im Zusammenhang mit den Terroranschlägen vom 11. September 2001. Moore ist als Erzähler und Kommentator im Film präsent, er greift zu satirischer Verfremdung und Übertreibung und verfolgt unverhüllt aktivistische Anliegen (vgl. Kammerer 2015b, S. 51–53).

„Faktual-fiktionale Zwitter" (Kammerer 2013b, S. 187, 205) jener Art mögen eine Sonderform der Gattung sein. Aber auch ein der Objektivität und Sachlichkeit stärker verpflichteter Dokumentarfilm ist stets und unabänderlich ein Wirklichkeitskonstrukt. Dies kann bereits damit beginnen, dass das Filmen der Wirklichkeit in die Wirklichkeit eingreift und Menschen dann z. B. in die Kamera winken. Es setzt sich darin fort, dass möglicherweise „das zu Zeigende für die Aufnahme arrangiert und ausgerichtet wird" (Hickethier 2007, S. 183). Und es beinhaltet schließlich, dass das Material stets einer **eigenen filmischen Darbietung** unterliegt: durch Kameraperspektive und Einstellungsgröße, durch Schnitt und Montage, durch *Voice-Over und Musik, durch ein dramaturgisches Arrangement (Zopfdramaturgie, Spannung).

4.2.3 Didaktische und methodische Überlegungen

4.2.3.1 Überblick und Kompetenzen

Wale und Delfine sind ein medial breit präsenter und emotional positiv besetzter Naturgegenstand. Man kann dem vorliegenden Film interessante und anschaulich aufbereitete Informationen über diesen Gegenstand entnehmen und insofern Weltwissen erweitern. Im Deutschunterricht interessiert jedoch vor allem die Konstruktion von Wissen in Texten. Schon 1972 versah Bernward Wember ein didaktisches Modell mit dem fragenden Titel „Objektiver Dokumentarfilm?" Die Frage ist natürlich rhetorisch, denn ein Dokumentarfilm kann schon deshalb nicht objektiv sein, weil auch er ein Film ist. Auch der vorliegende WAS IST WAS-Film ist kein objektives Abbild einer authentischen Wirklichkeit, sondern zwangsläufig, aber auch intendiert eine filmische Wirklichkeitssetzung. Dabei wird der Gegenstand visuell und verbal aufgewertet; es entsteht eine wirkungsvolle rhetorisch-ästhetische Konstruktion zur Unterhaltung, Emotionalisierung und Meinungsbildung. Dies lässt sich erkennen, ohne es pauschal zu verurteilen. Eine wichtige Intention bliebe dennoch, dass die Schüler*innen ein Bewusstsein für die **Konstruiertheit auch der dokumentarfilmischen Realität** gewinnen.

Folgende filmbezogene **Kompetenzen** werden angesteuert:

- ***Film als Symbolsystem***
- Darstellungsmittel und Authentisierungsstrategien des Dokumentarfilms benennen (Bilder, Animationen, *Voice-Over)
- Musik als Gestaltungsmittel beschreiben
- Funktionen der Animationsfiguren benennen
- Mehrsträngige Struktur untersuchen
- Tendenz des Filmes reflektieren

- ***Übergangsbereich zwischen Symbolsystem und Handlungssystem***

– Mehrsträngigkeit bzw. Zopfdramaturgie als übergreifendes filmisches Muster erkennen (z. B. bei weiteren Folgen der Reihe)

– Serienbildende Funktion der Animationsfiguren erkennen (vgl. ähnlich auch die Figuren Yoyo und Doc Croc in SIMSALAGRIMM; Praxiskap. 4.1)

– Sachfilm und Sachbuch vergleichen

- ***Film als Handlungssystem***

– WAS IST WAS als *medienverbundartiges Produkt kennen

4.2.3.2 Unterrichtsbausteine

Wir schlagen eine Unterrichtssequenz mit drei Einheiten je 90 Minuten vor.

1. Baustein:

- Vorwissen und Vorstellungen zu Walen/Delfinen und zu WAS IST WAS aktivieren
- Nach einer Ganzrezeption des Films WALE UND DELFINE ein Filmgespräch führen
- Hauptstränge des Films identifizieren

Sinnvollerweise sollten zu Beginn Vorwissen und Vorstellungen aktiviert und somit ein annähernd gemeinsamer Horizont für die Rezeption des Films geschaffen werden. Dies kann hier durch *Motion Stills angeregt werden, die die Wale in Aktion zeigen (z. B. Abb. 125 oder eine Unterwasseraufnahme, z. B. 0:57). Vorwissen sollte aber nicht nur über Wale, sondern auch über das Medium aktiviert werden, angestoßen vielleicht durch das WAS IST WAS-Logo.

Danach erfolgt eine gemeinsame Rezeption, die bei nur 25 Minuten Filmlänge leicht möglich ist. Die Schüler*innen sollen dabei nicht untätig bleiben: Sie notieren, was sie Neues über Wale und Delfine erfahren haben und was ihnen an dem Film besonders aufgefallen ist und gut gefallen hat.

Abschließend soll der dreisträngige Aufbau des Films erarbeitet werden. Dies kann geschehen, indem man (in Dreier- oder Vierergruppen) eine Sammlung von *Motion Stills den drei verschiedenen Strängen zuordnet. Um das Gewicht der Stränge zu markieren, scheinen hierfür sinnvoll: zwei Bilder von Thess und Theo, je zwei Realbilder und zwei Grafiken oder animierte Darstellungen aus dem dokumentarischen Hauptstrang sowie drei Bilder von der Walforschung (z. B. Abb. 124, 127). Die Aufgabe kann digital erledigt werden (Tablet, Smartboard oder digitales Filmanalysetool; vgl. Kap. 3.2.5); genauso gut denkbar ist der Einsatz von Farbkopien. Die Lösungen können direkt digital, über ein Digitalfoto oder aber als analoge Collage an der Wand fixiert und verfügbar gemacht werden. Diskussionen über die jeweiligen Zuordnungen beschließen die erste Einheit.

2. Baustein: Einen Abschnitt genauer auf Gestaltungsmittel untersuchen (16:03–24:06)

Im letzten Drittel des Films lassen sich formale und strukturelle Gestaltungsmittel, aber auch die ästhetisch-rhetorische Tendenz des Films gut nachweisen. Anknüpfend an die Erarbeitung der drei Stränge, wird die Rezeption durch einen *advance organizer* orientiert, indem die Inhalte des Filmauszugs gruppiert werden (Tab. 12). Während der Rezeption werden die neun Inhalte in die Tabelle entlang der Zeitleiste eingetragen. (Auch hier ist ein digitales wie ein analoges Vorgehen mit Papier und Kleber möglich.) Zur Erleichterung können in jedem Strang Inhalte bereits vorab eingetragen werden.

Daran lassen sich verschiedene **analytische Fragen** anschließen (zu den Antworten vgl. die obige Sachanalyse):

Warum haben die Filmemacher die Trickfiguren mit eingebaut? Nicht nur in dieser, sondern in jeder Folge von WAS IST WAS TV?

*Das Ablaufmuster in der Tabelle nennen Wissenschaftler*innen „Zopfmuster". Warum heißt das so? Was ist gut an so einem „Zopfmuster"?*

Wem gehört die Stimme, die wir fast durchgehend hören? Welche Funktion hat sie? Warum ist sie wichtig?

		*Voice-Over-Kommentar	
	Trickfiguren	**Bilder und Szenen** **Ergänzende Illustrationen/Animationen**	**Walforscherin/ Forschungsschiff**
16:03		Seefahrer/Laute der Wale	Aufzeichnung der „Sprache"
16:36			
17:50		Ausdrucksbewegungen der Wale	
18:10	Im Ruderboot		
18:20		Sozialverhalten: Gruppen/Schulen, Schutz, Paarung, Geburt, Nachwuchs	
21:30	Auf einem Bootsbug		
21:40		Freundlichkeit/Menschennähe der Tiere	
22:20		Feindliches Verhalten der Menschen/ blutige Waljagd	

		*Voice-Over-Kommentar	
	Trickfiguren	**Bilder und Szenen Ergänzende Illustrationen/Animationen**	**Walforscherin/ Forschungs-schiff**
23:15			Forscher/ Schutzzonen „Walfreunde“

Tab. 12: Inhalte, Strukturen und Tendenzen im letzten Drittel von Wale und Delfine (16:03–24:06)

Anschließend wird die verbalsprachliche Aufwertung, die der Sprecher vornimmt, veranschaulicht. Die Schüler*innen vergleichen das *Voice-Over mit einem Auszug aus dem Wikipedia-Eintrag zum Grauwal, indem sie *Wörter markieren, mit denen das weibliche Elternteil und der Nachwuchs in den beiden Texten bezeichnet werden!* (Tab. 13):

Wale und Delfine	Wikpedia Grauwal (NQ)
Wie bei den an Land lebenden Säugetieren tragen Wal- und Delfinmütter ihre Babys im Bauch aus. Das dauert bis zu 16 Monate. Während sie schwimmen, bringen Walmütter ihre Kinder zur Welt. Im offenen Meer ist so eine Geburt noch nie beobachtet worden. Das Junge kann gleich nach der Geburt schwimmen und sucht sofort die Wasseroberfläche, um zum ersten Mal Luft zu holen. Mehrere Monate lebt das Junge – man nennt es auch Kalb – ganz nah bei seiner Mutter. Die Babys trinken Milch. [...] Würden Menschenbabys so schnell wachsen, wären sie in einem halben Jahr fünf Meter groß.	Die Tragzeit beträgt elf bis zwölf Monate. Nach der Rückkehr der Muttertiere in die südlichen Wintergebiete werden die Kälber geboren. Jede Walkuh kann dabei nur ein Kalb gebären. Dies geschieht meist in geschützten Lagunen. Die Kälber sind bei der Geburt etwa fünf Meter lang und wiegen eine halbe Tonne. Sie begleiten ihre Mütter während der verbleibenden Zeit im Winterrevier und bei der folgenden Wanderung in die sommerlichen Nahrungsgründe. Im Spätsommer werden die Kälber schließlich entwöhnt und sind von nun an selbstständig.

Tab. 13: „Babys trinken Milch" vs. „Kälber werden entwöhnt":
Verbalsprachliche Aufwertung des Gegenstands im Voice-Over von Wale und Delfine (20:28 ff.)

Die Auswertung zeigt, dass in Wikipedia vor allem von *Muttertieren*, *Walkuh* und *Kalb* die Rede ist, während der Filmsprecher bevorzugt die Wörter *Mütter*, *Junge* und *Babys* gebraucht. *Was ist der Grund dafür? Was zeigt sich in dieser*

Wortwahl? Der Sprecher nimmt eine **Vermenschlichung und Aufwertung der Tiere** vor.

Zum Abschluss geht es darum, wie diese Botschaft musikalisch unterstützt und die Feindschaft des waljagenden Menschen skandalisiert wird. Der Film wird noch einmal für knapp zwei Minuten geschaut (19:35–21:30). Die Schüler*innen sollen sich dabei neben den Bildern und dem Kommentar auch auf die Musik konzentrieren. (Eventuell teilt man dafür drei Expertenteams ein.) Zu den stimmungsvollen und rührenden Bildern von Walgruppen, Paaren und Müttern mit ihren Jungen ist die Rede von „kleinen, Nähe suchenden Walen" an „der Seite ihrer Mutter", von „richtig zärtlichen", einander „liebkosenden" Tieren mit „feinfühliger Haut". Unterstrichen wird dies von einer getragenen, streicherdominierten Musik, die das Gezeigte erheblich emotionalisiert. *Welche Bilder sehen wir? Welche Worte gebraucht der Sprecher? Welche Musik hören wir dazu?* Die Auswertung kann durch vorbereitete *Motion Stills und einige Formulierungen aus dem Kommentar erleichert werden. (Ein digitales Filmbearbeitungstool hätte hier einen deutlichen Mehrwert, da die Arbeit individualisiert und die Arbeitsergebnisse direkt eingetragen werden könnten; vgl. Kap. 3.2.5.)

Die Filmrezeption wird dann fortgesetzt, mit denselben Arbeitsaufträgen (Bilder, Wortwahl, Musik). Die „Menschenfreundlichkeit" der Wale und Delfine wird (ab 22:20) hart mit der „Feindlichkeit" des Menschen kontrastiert: mit teils blutigen Bildern von der Waljagd und mit einer aufgewühlten, bedrohlich wirkenden Musik (Abb. 128–129). Zur Erleichterung kehren wir nach einer knappen Minute zu den Walforschern bzw. „Walfreunden" (23:46) im Mittelmeer zurück (Abb. 130), die sich um Schutzzonen bemühen und anderen Menschen erklären, „Warum es so wichtig ist, die Wale zu schützen" (24:00).

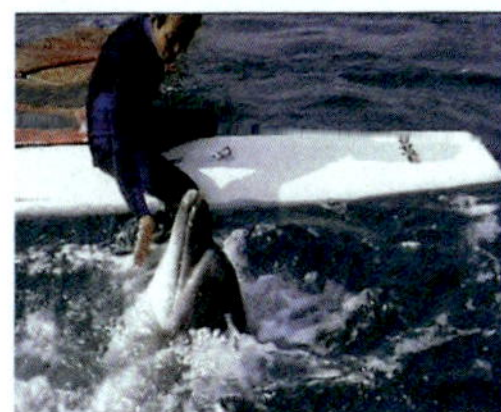
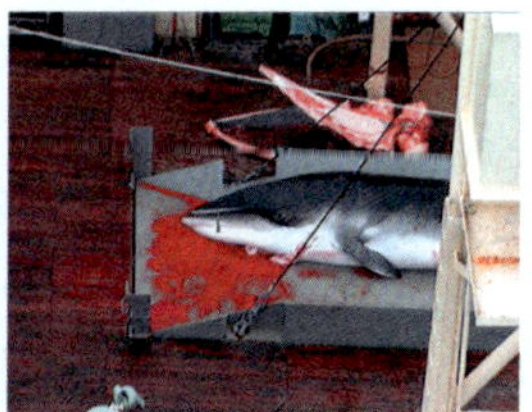
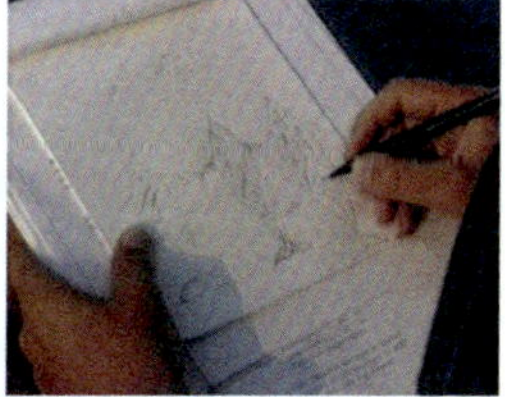

Abb. 128–130: Menschenfreundlichkeit der Tiere, Feindlichkeit des Menschen und „Walfreunde" im harten Kontrast in WALE UND DELFINE

Zusätzlich zur Auswertung des Zusammenspiels von Bild, Wort und Musik wäre nach der Platzierung der Walfang-Passage zu fragen. *Warum haben die Filmemacher den Walfang fast ans Ende gesetzt? Warum wird er eingerahmt von Bildern (wie in Abb. 128 und 130)*? Der feindliche Walfang steht im besonderen Kontrast zur Freundlichkeit und Menschlichkeit der Tiere. Und er zeigt, wie nötig die Arbeit von freundlichen Walforscher*innen ist. (Dass Orcas schon einmal nach einer Robbe greifen oder aus einem lebenden Blauwal Stücke reißen, dass Pottwale sich erbitterte Kämpfe mit Kraken liefern oder dass Delfine in Hundertschaften Fischschwärme zusammentreiben und in Panik versetzen, liegt im Film schon weit zurück; vgl. 11:45–13:35).

Optional könnte man nach der Passage 22:30–23:38 einen zusätzlichen Theo-Tess-Dialog verfassen, der das Thema Walfang nachfasst: Theo könnte dabei fragen: *Seit wann und warum haben Menschen Wale gejagt? Warum ist das heute nicht mehr notwendig?* (Elektrisches Licht machte Walöl, Kunststoffe machten Walknochen überflüssig, z. B. in Regenschirmen.)

3. Baustein:

- Weitere WAS IST WAS-Medien kennen und vergleichen
- Den Film reflektieren

In einer Recherche auf der WAS IST WAS-Seite des Tessloff-Verlags (NQ) oder – etwas einfacher – in einem Online-Prospekt zu WAS IST WAS (NQ) verschaffen sich die Schüler*innen einen Überblick über das *medienverbundartige Produktportfolio.[33] Sie tragen um den Oberbegriff WAS IST WAS herum und neben „Filme" weitere Medienprodukte ein (Tab. 14):

Filme (WAS IST WAS TV)	Bücher (auch Erstes Lesen und Junior)	Hörspiele
Editionen/Sammelboxen	**WAS IST WAS**	Stickerbücher
Digitaler Hörstift (Bookii) mit Aufnahmestickern	Quizblöcke	Rätselhefte

Tab. 14: Medienportfolio von WAS IST WAS

Man kann fragen, *warum es so viele unterschiedliche Produkte gibt:* Um unterschiedlichen Altersgruppen und medialen Vorlieben gerecht zu werden, aber auch, um den einzelnen Nutzer länger an WAS IST WAS zu binden.

33 Die WAS IST WAS-Webseite wäre auch in medienerzieherischer Hinsicht interessant. Eine lineare Lektüre bzw. systematische Informationssuche wird durch das aufgelockerte, bausteinartige Design planmäßig unterlaufen. Es kommt offenkundig auf kurzweiliges Surfen und längeres Verweilen in der Domain an, was durch aktuelle thematische Anreize verstärkt wird (im April 2020: Themenspezial: Viren/Frag nach: Was ist eine Pandemie?/Stickerdownload: Händewaschen).

Die Frage, was ‚schöner' sei, ein WAS IST WAS-Buch zu lesen oder einen Film zu sehen, lässt sich zuerst allgemein erörtern und dann an einem Beispiel konkretisieren. Mit dem Buch „Wale und Delfine. Die sanften Riesen" (Nr. 85) kann man Informationen aus dem Film erweitern und vertiefen und zudem **Besonderheiten und Potenziale des Print- und des audiovisuellen Mediums** erkennen: Die Doppelseite 8/9 etwa erläutert die evolutionären Vorläufer der Wale näher. Der ruhende und in eigenem Tempo zu lesende Printtext präsentiert mehr biologische Fachbegriffe, als bewegte Bilder dies tun sollten. Auch ein Printmedium vermag durch visuelle Darstellungen zu punkten, im Film hingegen können bewegte Bilder eines durchs flache Wasser stiebenden Hundes (4:25) oder eine animierte Skelett-Illustration (5:01) die Entwicklung des Wals noch anschaulicher machen. Die Doppelseite 42/43 gibt weitergehende Informationen zum Walfang: über Produkte, für die man früher auf Wale angewiesen war (Öl, Fett, Seife, Bürsten, Schirme bis hin zu Korsetts); über *Moby Dick*; über die Erfindung der für die Wale fatalen Harpunenkanone; über das Walfangverbot von 1986. Auch hier kann man als Leser*in verweilen, wo der Film das Thema in 45 schnell geschnittenen Bildern abhandelt. Allerdings hört man in einem Buch keine aufwühlende Musik zum aufgewühlten Meer, und bewegte Bilder kämpfender und blutiger Wale (Abb. 129) sind bewegender als deren schriftliche Beschreibung.

In einem Schlussgespräch lässt sich die **Tendenz des Films** ansteuern: Der Sprecher sagt am Ende, dass „es so wichtig ist, die Wale zu schützen" (24:00). *Aber warum ist das so? Mit welchen Mitteln überzeugt uns der Film von dieser Aussage?* Einmal mit Informationen, die sich an unseren Verstand richten: Wale sind hoch entwickelte Lebewesen; aber auch mit Bildern, Worten und Musik, die unsere Gefühle ansprechen: Wale sind menschlich und rühren uns. Der Sachfilm ist keineswegs nur sachlich!

Zu bedenken wäre weiter: Wale und Delfine sind medial stark präsent, wobei insbesondere Nachrichten und Bilder gestrandeter Wale uns immer wieder anrühren. Wale sind öffentlichkeitswirksam besser aufgestellt als andere Tiere, wie z. B. die Thunfische, die im Schleppnetzfang durch den Druck der anderen Fische verenden und dann tot weiter durchs Wasser gezogen werden, oder die Opfer unserer Massentierhaltung. Es gibt keinen Film über die Befreiung einer Henne aus der Legebatterie, wohl aber einen über die Befreiung eines Wals (FREE WILLY, 1993). Und auch die Kollektion *Tiere* von WAS IST WAS TV behandelt zwar Wild- und Haustiere, macht aber um Hühner, Schweine und Rinder einen Bogen. Man muss den Schüler*innen damit weder die Wale noch diesen schönen Film vergällen, man kann aber behutsam ihren Denkhorizont erweitern.

4.3 Einen Kinderfilm erschließen/Film und Schriftliteratur vergleichen: RICO, OSKAR UND DIE TIEFERSCHATTEN (2014)

Didaktisches Anliegen
Einen Kinderfilm erschließen/Die Medien Film und Schriftliteratur vergleichen

Gegenstand
RICO, OSKAR UND DIE TIEFERSCHATTEN (R. Neele Vollmar, D 2014)

Zielgruppe
Jahrgangstufen 4 bis 6

Sequenzumfang
Je nach Einbettung: 1–7 Stunden

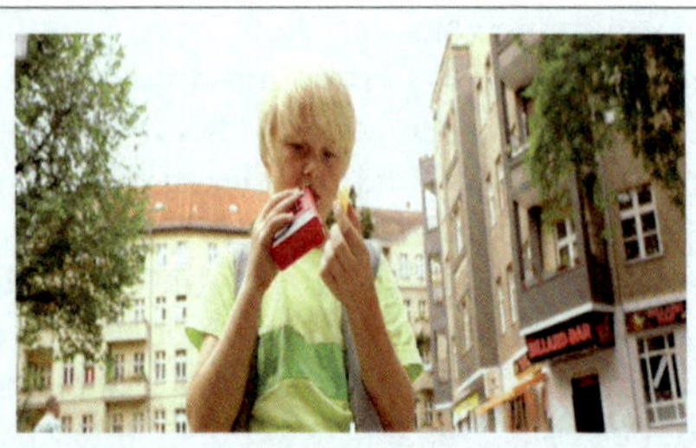

Abb. 131: RICO, OSKAR UND DIE TIEFERSCHATTEN: Hauptfigur mit „Merkrekorder" und „Fundnudel"

4.3.1 Überblick

RICO, OSKAR UND DIE TIEFERSCHATTEN von Neele Vollmar (2014) handelt von zwei ungleichen Freunden, die nach einer aufregenden Ermittlung einen Kidnapper überführen. Die Story folgt eng der des gleichnamigen Romans von Andreas Steinhöfel aus dem Jahr 2008, dennoch geht der Film eigene und gelungene Wege. Bei der inhaltlichen Erschließung der prägenden Themen und Motive wie Behinderung und Freundschaft ist daher auch besondere Aufmerksamkeit auf die filmische Konstruktion zu richten. Diese Aufmerksamkeit kann im Vergleich mit dem Buchmedium zusätzlich geschärft werden.

4.3.2 Sachanalyse

4.3.2.1 Inhalt

Rico ist ein lernbehinderter Junge, der mit seiner Mutter in einem Mietshaus in Berlin lebt. Eines Tages trifft der fröhliche, zupackende, sich selbst „tiefbegabt" nennende Rico auf sein genaues Gegenteil: Oskar ist hochbegabt und angefüllt mit Wissen, zugleich ängstlich und zaghaft. Die ungleichen Jungen freunden sich an und nehmen die Fährte eines Kindesentführers auf. Als dann Oskar selbst entführt wird, fahndet Rico auf eigene Faust nach dem Freund. Die Spur führt hinaus ins weite Berlin zu einem Mädchen namens Sophia und zurück ins Hinterhaus, wo der Entführer und seine Opfer die geheimnisvollen, von Rico so genannten Tieferschatten verursacht haben. Nach einem turbulenten Showdown wird Oskar befreit und der Entführer zur Strecke gebracht.

4.3.2.2 Aspekte der filmischen Darstellung

Der Film besticht neben der Leistung der kindlichen Hauptdarsteller (Anton Petzold, Juri Winkler) durch renommierte Schauspieler*innen wie Karoline Herfurth und Ronald Zehrfeld, mit Katharina Thalbach, Ursela Monn, Axel Prahl, Milan Peschel, David Kross und Anke Engelke in Nebenrollen. Im Ganzen konventionell erzählt, zeigt der Film immer wieder besonders Gelungenes in der Gestaltung (vgl. auch Maiwald 2018):

a) Bereits im **Vorspann und zu Beginn** kann ein Film viel über sich sagen, viel gewinnen oder verlieren (vgl. Krützen 2005; Kepser 2012b). Die Titelsequenz und der Beginn von RICO, OSKAR UND DIE TIEFERSCHATTEN sind in vielfacher Hinsicht gelungen: Zunächst läuft ein Animationsfilm, in dem eine nächtliche Explosion als **point-of-attack* sogleich für Aufregung und Spannung sorgt. Der Zwischentitel „Ungefähr viele Jahre später" fügt eine komische Note bei und deutet bereits Ricos Denkprobleme an. Von einem **establishing shot* wechseln wir in die Perspektive einer Kinderfigur, die von einer weiblichen Stimme zum Bingo gerufen wird. Aus dem Off setzt eine rockige Musik mit einem witzigen Text ein: „Ich reime Zahlen und ich rechne Buchstaben/Ich sammle Zeit, bis wir sie zusammenhaben [...]" (0:01:23 ff.). Beim Gang entlang der Straße erscheinen die Schauspielernamen beiläufig als Graffito, auf Schildern und auf Plakaten in der erzählten Welt (Abb. 132). Mit der Ankunft im Bingosalon wechselt der Animations- zum Realfilm. Das Laufen der Bingotrommel wird in raschen Schnitten, jäh wechselnden Perspektiven und Einstellungsgrößen sowie durch Musik stark ästhetisiert und verfremdet. Sodann setzt im *Voice-Over der Ich-Erzähler ein: „Ich heiße Rico Doretti und ich bin ein tiefbegabtes Kind [...] In meinem Kopf ist auch eine Bingotrommel" (0:03:17 ff.). In rapiden Mehrfachbelichtungen, Überblendungen und Nahaufnahmen der rotierenden Kugeln entsteht ein **Mind-Screen* der Figur als audiovisuelle Entsprechung des Bingo in Ricos Kopf (Abb. 133). Sodann entfaltet sich eine Art Minidrama: Die Hauptfigur wird ein Gewinner im Rampenlicht, der für seine „Tiefbegabung" von der Moderatorin gedemütigt wird, sich daraus jedoch rasch wieder erhebt – „So, und als Preis hätte ich gern die Tasche!" (0:04:12) – und sich abschließend mit seiner Mutter und seinem Gewinn fröhlich heimwärts trollt. Halten wir fest: ein rascher **point-of-attack*, eine Gattungsmischung aus Animations- und Realfilm, ein beiläufiges Zeigen der Schauspielernamen, launige Musik, die audiovisuelle Dynamik des Bingo im Saal und im Kopf, eine flotte Mama und eine verschrobene Zeremonienmeisterin, ein Schnelldrama aus Gewinnen, Verlieren und Wiederaufstehen. Mit effektvoll genutzten Mitteln des Mediums schafft dieser Beginn ein großes Attraktionspotenzial.

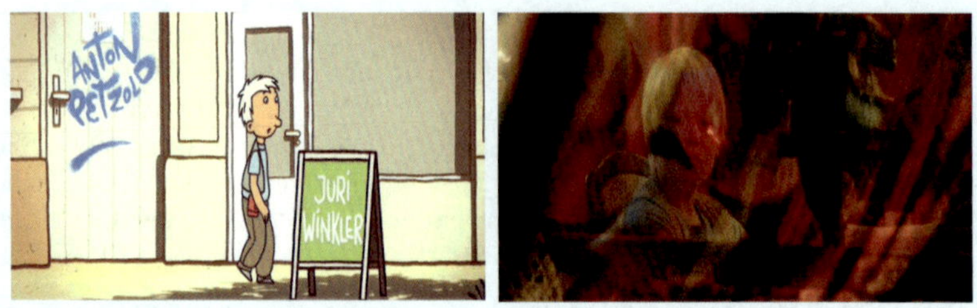

Abb. 132–133: Rico, Oskar und die Tieferschatten: Wirkungsvoller Vorspann

b) **Ricos Denkprobleme** sind innere Phänomene, für die der Film neben den Bingokugeln wirkungsvolle äußere Entsprechungen findet. Sinnfällig wird dies beim Gang zum Supermarkt (0:14:05 ff.). Rico legt die vorgesehene Kassette in seinen „Merkrekorder" (Abb. 131) ein und macht sich auf den Weg. In einer Totalen aus extremer Aufsicht wirkt er klein und verloren in der Umgebung. In Großaufnahme wird sein Schritt über die Bordsteinkante und ins Unvertraute ins Bild gesetzt. Sodann wird ein **Mind-Screen* höchster kognitiver Unordnung entwickelt. Abermals sehen wir rotierende Kugeln; Ricos Bewegungen erscheinen im Zeitraffer, in Untersicht, in einem gekrümmten Fischaugenraum (Abb. 134), es kommt zu Überblendungen und Mehrfachbelichtungen; das Straßenschild multipliziert die „Dieffenbachstraße" in surrealer Weise (Abb. 93); zu hören sind Fetzen eines inneren Monologs: „rechts ... links ... das rote Tuch" (0:15:00), darüber gelegt ist eine unruhig treibende Musik. Die Desorientierung endet, als Rico an das rote Tuch gelangt und mit seinem Rekorder weitere Anweisungen abruft (Abb. 135) – gleichzeitig enden auch die audiovisuellen Verfremdungen. Rico findet die Richtung, eine Totale des Supermarktes zeigt Überblick und Orientierung an, auch die Musik beruhigt sich.

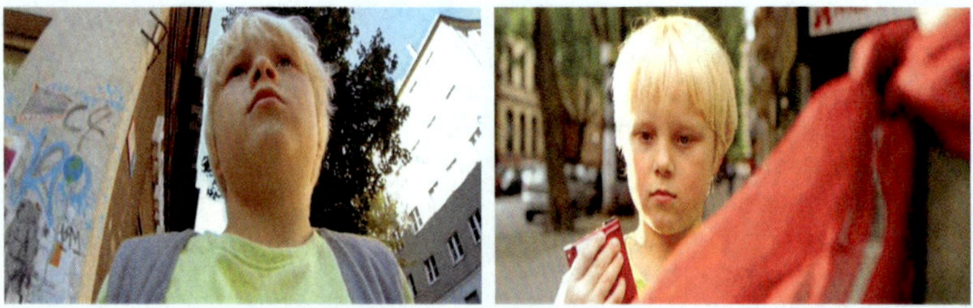

Abb. 134–135: Rico, Oskar und die Tieferschatten: Desorientierung und Re-Orientierung

c) Mitunter lässt sich die **Komik** einer Figur oder einer Situation verbalsprachlich kaum vermitteln. Diesem Umstand verdankt sich der Slapstick, der vor allem in der Stummfilmzeit florierte. Das Schlagen mit einer Pritsche, das dem Genre den Namen gab, das Werfen von Torten oder das Ausrutschen auf Bananenschalen ist nur in der szenischen Verkörperung lustig. Auch RICO, OSKAR UND DIE TIEFERSCHATTEN enthält Szenen, deren Komik audiovisuell besonders gut zum Tragen kommt:

1) Gerade als Rico nach einem Papierchen greifen will, rollt der Nachbar mit seinem Wohnmobil darauf (0:07:15). Damit nicht genug, erscheinen die boshaften Nachbarzwillinge, ironischerweise in einem feenzarten Dress, und verwickeln Rico hämisch und von oben herab in eine ihn überfordernde Denkaufgabe.
2) Die auf dem Gehsteig entdeckte „Fundnudel" (0:08:40) wird im Merkrekorder festgehalten („weich, Käsesoße", Abb. 131) und dann als Fernrohr auf ein Fenster gerichtet: „Könnte rausgefallen sein!" (0:09:00)
3) Mit italienischem Eis assoziieren wir Sommer und Lebensfreude. In groteskem Kontrast hierzu führt in dem von Rico und Oskar aufgesuchten Eiswagen Anke Engelke als schlecht gelaunte Verkäuferin ein barsches Regiment (0:29:34 ff.). Diese Szene enthält so viel situationskomisches Potential, dass der Film sie aus dem Folgeband *Rico, Oskar und das Herzgebreche* (S. 36–40) vorzieht.
4) Der Film beginnt im Animationsmodus und wechselt immer wieder mit komischem Effekt in diesen, wenn Rico sich schwierige Sachverhalte erklärt, beispielsweise die Schwerkraft, von der die Mutter ihren Busen bedroht sieht (0:11:35 ff.), oder den Rat *Be a man!* (0:55:00 ff.), auf den hin Rico zu einem Wildwest-Sheriff mutiert.

Filme leben von **intensiven Bildern und markanten Kontrasten**. Angsteinflößende „Tieferschatten" im Inneren eines Gebäudes zu beschreiben ist eines (*Rico, Oskar und die Tieferschatten*, S. 45 f., ab jetzt unter der Sigle ROT); ein anderes ist es, Schatten zu zeigen – wovon bereits der Schattenstil des expressionistischen Stummfilms der 1920er Jahre Gebrauch machte (vgl. Kap. 2.3.3.1, Abb. 100). Eindrucksvoll kommt die audiovisuelle „Sprache" des Films zur Geltung, wenn Rico auf die Suche nach dem Mädchen Sophia geht. Zunächst wird eine laute Mitfahrt im Auto eines forschen Nachbarn (0:54:00 ff.), dann ein leiser Besuch bei einem stillen Mädchen (0:57:50 ff.) präsentiert.

Für Peter Christoph Kern (2012, S. 225) sind „Wettrennen, Verfolgungsjagden und Kämpfe aller Art" die Ursubstanz des bewegten Bildes. Nicht von ungefähr zeigte einer der ersten narrativen Filme, THE GREAT TRAIN ROBBERY von 1903, einen Überfall und eine Verfolgungsjagd (vgl. Kap. 2.3.3). Und so zelebriert auch bei Ricos **Mitfahrt im Auto** der Film seine Möglichkeiten. Was in Wirklichkeit bloß eine zügige Fahrt in einem schicken Auto ist, wird in der Inszenierung zu einem ästhetischen Artefakt mit praller Affektladung. In atemberaubendem und für das bloße Auge kaum wahrnehmbarem Tempo erleben wir in 50 Sekunden rund 50 Bildschnitte, wobei **Jump-Cuts* den Bewegungseindruck zusätzlich beschleunigen. Hinzu kommen rasend schnelle Wechsel der Bildinhalte, der Einstellungsgrößen und -perspektiven, und durchtönt wird das Ganze von einem markig-rockigen Song.

Im stärksten Kontrast dazu steht der **Besuch in Sophias Wohnung**. Weite und totale Einstellungen zeigen zunächst eine anonyme, abweisende Hochhauslandschaft. Ricos Weg führt von einem riesigen Klingelbrett durch einen dunklen Flur in ein Zimmer, das angefüllt mit Zeug und Ramsch ist. Inmitten der Unordnung sitzt das Mädchen in einem rosafarbenen Tüllkleid gebannt vor einem großen Goldfischglas. Im Dialog über Sophias Entführungserlebnis wird auch der Anstecker erwähnt, der hier den Weg von Sophia über Oskar über Rico wieder zurück zu Sophia findet. Das rote Plastikflugzeug mit dem abgebrochenen Flügel ist nicht nur eine wichtige Spur in den Ermittlungen, sondern auch ein Symbol prekärer Hoffnungen in einem prekären Milieu.

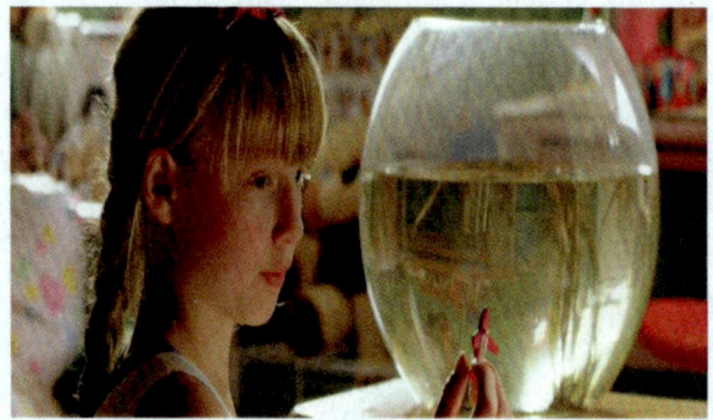

Abb. 136: Rico, Oskar und die Tieferschatten:
Intensive Bilder und ambivalente Symbole: der Besuch bei Sophia

Der Besuch wirkt mit nur 30 Schnitten in zwei Minuten gerade im Kontrast zur vorangehenden Autofahrt extrem verlangsamt. Kontraste herrschen aber auch innerhalb dieser Szenenfolge: Die verwahrloste Mutter schaut auf einen Bildschirm mit Trash-Fernsehen, die gepflegte Tochter in ein Glas mit einem Goldfisch. Inmitten von Trash und Tristesse finden sich Symbole für Schönheit und Hoffnung, die freilich ambivalent bleiben: Das Tüllkleid wird im Knien getragen, der Goldfisch hat eine Krankheit, das Plastikflugzeug nur einen Flügel. Für die Autofahrt und den Besuch bei Sophia spielt der Film intensive Bilder aus, er wechselt im Rhythmus von treibender Rasanz zu ruhiger Verhaltenheit, und er setzt sowohl zwischen als auch innerhalb der Szenen wirkungsvolle Kontraste.

Der einfallsreiche und packende Vorspann, das audiovisuelle „Kopfkino" der Hauptfigur, Witz und Situationskomik, große Bilder und Kontrastsetzungen bei Ricos Abenteuer in der Fremde – all dies sind gelungene filmische Kompositionen. Rico, Oskar und die Tieferschatten konstruiert eindringliche Bilder und rasante Bildfolgen, er platziert visuelle Symbole, arbeitet wirkungsvoll mit Musik und Liedern – nicht als Hascherei nach dem Effekt, sondern für das Gelingen der Narration.

4.3.2.3 Der intermediale Bezug zum Roman

Die Ausführungen zur filmischen Darstellung illustrieren, was in Kap. 2.3.2.1 zu Literaturverfilmungen gesagt wurde: Sie sind zunächst einmal Filme und nutzen den literarischen Stoff für die eigene Ästhetik; sie sind eine Lesart, die nicht als werktreu oder -untreu zu besprechen ist, sondern als eine Darstellung mit eigenen Mitteln und Freiheiten.

Blicken wir unter diesen Vorzeichen dennoch kurz auf den Roman: Andreas Steinhöfel (geb. 1962) steht für eine unsentimentale, nicht-moralisierende, literarisch anspruchsvolle Kinder- und Jugendliteratur (KJL). Die Reihe um das Freundespaar Rico und Oskar wurde nach *Rico, Oskar und die Tieferschatten* (2008) fortgesetzt mit *Rico, Oskar und das Herzgebreche* (2009) und mit *Rico, Oskar und der Diebstahlstein* (2011). *Tieferschatten* ist eine Genremischung aus Detektivroman, Schelmenroman, problemorientiertem und komischem Kinderroman (vgl. Gansel, 2010, S. 130; Rauch, 2012, S. 128). Die Folgebände führen das erzählerische Konzept weiter, es erschien gleichwohl weise, die (auserzählte) Reihe mit dem Nachzügler *Rico, Oskar und das Vomhimmelhoch* (2017) abzuschließen.

Erzählt wird der Roman als Ferientagebuch Ricos (vgl. ROT, S. 47). Zum sprachlichen Reichtum und zur Komik trägt wesentlich die kreative Sprachverwendung des Ich-Erzählers bei. Rico verdreht und erfindet ständig Wörter oder erklärt sich Fremdwörter auf lustige Art. Erheiternd ist auch sein Hang, alles wörtlich zu nehmen: „Arrogant: Wenn man auf jemanden herabsicht. So schlau kann Oskar gar nicht sein, schließlich ist er viel kleiner als ich und musste ständig zu mir raufgucken“ (ROT, S. 36). Sprachliche Bilder durchziehen *leitmotivartig den Text: Neben den Bingokugeln und den geheimnisvollen Tieferschatten im Hinterhaus (vgl. ROT, S. 46, 86, 161) gibt es z.B. das „graue Gefühl“, womit Rico das Unglücklichsein anderer Menschen bezeichnet (vgl. ROT, S. 39, 43, 152, 163).

Neben dem impliziten Bezug auf Erich Kästners *Emil und die Detektive* verweist der Roman auf weitere Texte, vor allem auf Filme. Wie der Titelheld aus FORREST GUMP (1994) ist Rico ein Behinderter und ein Schelm, der die Dinge sehr klar sieht (vgl. ROT, S. 99). Wie Julia Roberts (in dem Film von 1990) ist auch Ricos Mutter eine *pretty woman*, die im Milieu käuflicher Liebe arbeitet – ohne dass freilich ein reicher Traumprinz wie Richard Gere auftaucht. Derlei *intermediale Verweise tragen eine zusätzliche Sinnschicht auf und erweitern das Lesevergnügen für ältere, literarisch und filmisch versiertere Leser*innen (vgl. Maiwald 2014b, S. 168 f.).

Zu erwähnen sind schließlich Layout und Bilder: Kleine Bingokugeln lockern immer wieder den Textblock auf (z.B. ROT, S. 14, 38, 44); ebenso sind Ricos Worterklärungen vom Haupttext abgetrennt, gerahmt und in handschriftähnlicher Type gesetzt (z.B. ROT, S. 29–42). Illustrationen (von Peter Schössow) stehen auf dem Cover, in der Titelei und an den Kapitelanfängen. Sie vermitteln optische Voreindrücke der Hauptfiguren, rücken das wichtige Plastikflugzeug bereits in den Blick, stellen die Hausbelegung grafisch dar und helfen im Verbund mit sprechenden Kapitelüberschriften die Handlung zu verstehen.

Den Film zeichnet es besonders aus, dass und wie er für diese schriftliterarischen Gegebenheiten medienspezifische Adaptionen findet. Man kann einen Ich-Erzähler durch ein *Voice-Over simulieren, doch wirkt dies im filmischen Medium rasch schwerfällig, weshalb der sparsame Gebrauch eine kluge Entscheidung ist. Ein raffinierter Kniff, den Erzähler nicht von außen, sondern in der erzählten Welt sprechen zu lassen, ist der „Merkrekorder" (Abb. 131), in dem Rico Beobachtungen und Gedanken festhält. (Der Merkrekorder ersetzt auch elegant die Worterklärungskästen aus dem Roman.) Die Animationen im Stil der Buchillustrationen nicht nur im Vorspann (vgl. 0:06:47, 0:35:02, 0:38:20) schaffen für Rezipient*innen, die das Buch kennen, einen Wiedererkennungs- und Anknüpfungswert. Zudem markieren sie Tagesanbrüche und geben produktionsgünstig die explosive Vorgeschichte aus dem Hinterhaus wieder. (Eine todkranke Bewohnerin hatte Gas aufgedreht und entzündet.) Schließlich findet der Film eindrucksvolle Mittel, Ricos „tiefbegabtes" Denken und Wahrnehmen sichtbar und hörbar zu machen.

4.3.2.4 Bezüge: der Kinderfilm als Gattung oder Genre?

Inwiefern lässt sich bei RICO, OSKAR UND DIE TIEFERSCHATTEN von einem Kinderfilm sprechen? Entsprechend unserem Kompetenzmodell (Kap. 1.4.3) lässt sich der Kinderfilm im Bereich des Symbolsystems und/oder des Handlungssystems definieren:

Im Bereich des **Symbolsystems** würde ein Kinderfilm einmal durch spezielle Inhalte, Motive und Themen geprägt. Denken ließe sich hier an kindliche Protagonisten und die Bande bzw. Clique als Figurenkonstellation, an Motive wie Außenseitertum oder Tierfreundschaft, an Themen wie die Ablösung von den Eltern, Freundschaft oder (erstes) Verliebtsein. Die Filme KATJA UND DER FALKE (1999) oder HÄNDE WEG VON MISSISSIPPI (2007) weisen diese Merkmale exemplarisch auf. Im Symbolsystem würde man einem Kinderfilm neben besonderen Inhalten auch **besondere Darstellungsformen** zuordnen: dies könnte z. B. eine Tendenz zu einsträngiger und chronologischer Erzählweise, zu Zeichentrick bzw. Animation oder zu einer besonders ausgeprägten Hör-Orientierung bzw. „Auralität" (Kurwinkel/Schmerheim 2013, S. 4) durch Lieder und Musik sein.

Dass insbesondere inhaltliche Kriterien in die Irre führen können, zeigen einmal Texte mit kindlichen Protagonisten, die doch nichts für kindliche Rezipient*innen sind wie William Goldings Roman *Der Herr der Fliegen* (1956) und seine Verfilmungen von 1963 und 1990 oder John Boynes Roman *Der Junge im gestreiften Pyjama* (2006) und seine Verfilmung von 2008. Auch sind etwa Märchenfilme zwar häufig, aber nicht immer Kinderfilme (vgl. Maiwald 2017a). Umgekehrt beziehen Kinderfilme etliche ihrer Inhalte, Motive und Themen natürlich aus

Erwachsenenfilmen (z. B. Abenteuer, Fantasy, Komik, Verbrecherjagd) – so auch RICO, OSKAR UND DIE TIEFERSCHATTEN.

Für die Bestimmung eines Kinderfilms lassen sich daher auch Kriterien aus dem kulturellen **Handlungssystem** heranziehen. In einem engen Sinn würden dann z. B. nur solche Filme als Kinderfilme gelten, zu denen eine kinderliterarische Vorlage existiert (vgl. Kümmerling-Meibauer 2010, S. 11). Ein sehr weites Korpus ergäbe sich hingegen, wenn man den in der KJL-Forschung gebräuchlichen Begriff der Kinder- und Jugend*lektüre* heranzieht. In Analogie zu der „Gesamtheit der von Kindern und Jugendlichen tatsächlich konsumierten Literatur" (Ewers 2000, S. 16) wäre ein Film ein Kinder- oder Jugendfilm, „wenn Kinder und Jugendliche ihn schlicht rezipieren" (Kurwinkel/Schmerheim 2013, S. 15). Dazu dürfte gerade vor dem Fernseher, am Tablet oder über dem Smartphone sehr viel auch jenseits von FSK 12 und dem „Besonders Wertvollen" gehören.

Natürlich wäre eine solche Definition wenig griffig und latent beliebig. Um den Kinderfilm im Handlungssystem präziser zu bestimmen, lassen sich (mit Noel Brown, zit. nach Anders/Staiger u. a. 2019, S. 50) diverse „**kontextuale Faktoren**" (ebd.) benennen: Ein Film kann in Marketing und Distribution als Kinderfilm etikettiert sein (z. B. im Filmplakat); er kann per Altersfreigabe als Kinderfilm ausgeschlossen werden (z. B. ab FSK 12); er kann in Kritiken, Rezensionen oder durch Preisvergaben als Kinderfilm ausgewiesen werden; er kann mit Merchandising (Spielzeug, Kleidung etc.) auf Kinder zielen; und er kann durch die „Aufführungsstrategie" (ebd.) als Kinderfilm markiert werden (z. B. Kindervorstellungen, Kinderfilm-Festivals). So betrachtet, wäre ein Kinderfilm also das, was im Handlungssystem zum Kinderfilm deklariert wird: indem junge Zuschauer*innen ihn rezipieren, indem er von Filmproduzenten entsprechend etikettiert wird, indem er auf einer Plattform wie kinderfilm-online.de oder in Büchern über *Verfilmte Kinder- und Jugendliteratur* (Josting/Maiwald 2010) oder über *Filmgenres. Kinder- und Jugendfilm* (Kümmerling-Meibauer/Koebner 2010) erscheint.[34]

Erschwert wird die Abgrenzung durch den Trend zum sog. **Familien- oder *All-age*-Film**. Immer mehr Filme sind gezielt mehrfachadressiert bzw. mehrfachcodiert und werden gleichermaßen von Jüngeren und Erwachsenen rezipiert. Der Animationsfilm SHREK (2001) erfreute Kinder als actionreiches und komisches Märchenabenteuer, Erwachsene als postmoderne Umgestaltung des Märchenfilms und als Parodie der Disney-Ästhetik (vgl. Vossen 2003; Frizzoni 2008; Maiwald/Wamser 2010). Trotz der FSK-Angabe 0 wird ALS HITLER DAS ROSA KANINCHEN STAHL (2019) von Wikipedia als „Familienfilm" geführt (NQ). Wie sehr auch RICO, OSKAR UND DIE TIEFERSCHATTEN zugleich Kinder und Erwachsene anspricht,

34 Der Kinderfilm ist u. E. jedoch kein Genre (vgl. Kap. 2.3.1). Aufgrund seiner inhaltlichen und formalen Bandbreite wäre vielleicht von einem „Meta-Genre" zu sprechen (nach Wegener, zit. nach Anders/Staiger u. a. 2019, S. 49).

belegen Kundenrezensionen, die von einem „tollen Kinderfilm, der auch Erwachsenen Spaß macht", oder von einem „schönen Familienfilm" reden (NQ).

Die große Mehrheit der Kinderfilme sind Adaptionen prestigeträchtiger literarischer Vorlagen und/oder Produktionen mit dem „Marketing-Etikett" (Anders/Staiger u. a. 2019, S. 50) Family Entertainment. Originalstoffe für den Kinderfilm werden im kommerziellen Mainstream kaum entwickelt. Initiativen wie *Der Besondere Kinderfilm* (NQ) und Organisationen wie der *Bundesverband Jugend und Film e. V.* (NQ) oder die *European Children's Film Association* (NQ) setzen sich hingegen für ein **vielfältiges, qualitätvolles und genuines Kino für Kinder** ein. Dazu ist auch RICO, OSKAR UND DIE TIEFERSCHATTEN zu zählen. Zwar basiert der Film auf einer erfolgreichen Vorlage, wurde von 20th Century Fox produziert und verzeichnete in sieben Wochen nach dem Kinostart stattliche 580.000 Besucher*innen (NQ). Keineswegs ist der Film jedoch ein internationaler Blockbuster wie die etwa zeitgleiche Disney-Produktion FROZEN (2013), die allein in Deutschland ca. 4,7 Mio. Zuschauer*innen in die Kinos lockte (NQ). Für die Qualität und Originalität des Films jenseits des kommerziell durchdesignten Family Entertainments spricht auch eine Reihe von einschlägigen Preisvergaben, etwa durch die Gilde Deutscher Filmkunsttheater (Bester Kinderfilm 2014), durch den Deutschen Filmpreis 2015 (Bester programmfüllender Kinderfilm) sowie durch Vision Kino und KiKA (Drehbuchpreis Kindertiger).

4.3.3 Didaktische und methodische Überlegungen

4.3.3.1 Überblick und Kompetenzen

In Anlehnung an die *European Children's Film Association* bestimmt Abraham (2016c, S. 14; auch 2002) Kriterien für gute Kinder- und Jugendfilme. Diese

a) berücksichtigen die Wahrnehmung der Heranwachsenden und setzen filmsprachliche Möglichkeiten (alters-)angemessen ein,
b) kommen dem Bedürfnis Heranwachsender nach Erwerb von Weltwissen, Vorstellungsbildung und Orientierung in der Welt entgegen,
c) nehmen ihre Funktion als generationenübergreifendes Medium ernst und klagen das Recht auf Kindheit und die Würde werdender Persönlichkeiten ein.

Ohne Frage erfüllt RICO, OSKAR UND DIE TIEFERSCHATTEN diese Kriterien: Die Perspektive eines lernbehinderten Kindes, die Freundschaft zwischen ungleichen Menschen, das „schillernde Milieuaufgebot" (Schwahl 2010, S. 81) einer Großstadt zu Beginn des 21. Jahrhunderts befördern neue Perspektiven und Orientierungen in der Welt. Mit dem Anklang an ‚Emil und die Detektive' (als Roman und Film), mit seiner *All-age*-Adressierung (z. B. *intermediale Verweise) und mit dem auch altersgemischten Figurenspektrum spannt der Film Brücken zwischen den Generationen. Vor allem aber werden **filmsprachliche Möglichkeiten nicht nur (alters-)angemessen, sondern auch anspruchsvoll** eingesetzt. Der Film ist inhaltlich gehaltvoll und formal gelungen und daher ein würdiger Gegenstand für den Filmunterricht.

Für die Arbeit mit diesem Film sind unterschiedliche Szenarien denkbar. Das allzu oft praktizierte Filmschauen „zur Belohnung“ nach Abschluss der Lektüre ist für die Filmbildung nicht ergiebig. Da auch eine Literaturverfilmung zuerst ein Film ist, kann RICO, OSKAR UND DIE TIEFERSCHATTEN auch unabhängig von seiner Vorlage rezipiert werden; man müsste also nicht zwingend den Roman dazu lesen. Allerdings würde dies medienvergleichende Lernpotenziale vergeben. Denkbar wäre ein begleitendes Hinzuziehen des Filmes im Zuge der Lektüre – aber auch umgekehrt ein Hinzuziehen der Lektüre zur Filmrezeption.

Aufgrund der unterschiedlich denkbaren Szenarien stellen wir folgend keine geschlossene Unterrichtssequenz, sondern – ohne Anspruch auf eine erschöpfende Erfassung des Films – eine Reihe variabler Bausteine vor. Dabei wird der Film in seinem Eigenwert, aber auch in seinem Verhältnis zum Roman thematisiert.

Folgende **Kompetenzen** werden angezielt:

- ***Film als Symbolsystem***
- Handlung beschreiben/das Situationsmodell der erzählten Welt darstellen
- Protagonisten in ihrer Gegensätzlichkeit charakterisieren
- Ricos Behinderung bzw. „Tiefbegabung“ beschreiben und bewerten
- Filmische Konstruktion bzw. Gestaltungsmittel benennen und als sinntragend erkennen (z. B. Animation, *Voice-Over, Musik, Einstellungsgrößen und -dauer, Schnittfrequenz)
- ***Übergangsbereich zwischen Symbolsystem und Handlungssystem***
- Narratives Makromuster: Aufbruch in die Fremde → Rückkehr beschreiben
- Motiv der Autofahrt bzw. -verfolgung *intramedial und *intermedial vergleichen
- Darstellungsmittel des Films und des Romans vergleichen
- ***Film als Handlungssystem***
- Vermarktungsmechanismen von Filmen kennen (hier: Trailer und Vorabinterview auf YouTube)

4.3.3.2 Unterrichtsbausteine

1. Baustein: Darstellungsmittel des Vorspanns benennen und ihre Wirkung beschreiben

Der Vorspann nennt den Titel und die Darsteller; er führt die Hauptfigur und ihr Umfeld ein und charakterisiert sie; mit der Animationsdarstellung knüpft er an den Roman bzw. dessen Illustrationen an; und er schafft Spannung: Was hatte es mit der Explosion vorher auf sich?

Man kann den Vorspann (bis 0:04:30) gemeinsam anschauen und in einem **Filmgespräch** Beobachtungen und Eindrücke festhalten: *Was gefällt euch an dem Film bisher? Was erfahren wir über die Geschichte? Wie werden wir neugierig gemacht?* Will man die Rezeption entlasten, das Ergebnis stärker vorstrukturieren und mit einer Knobelaufgabe motivieren, können die Schüler*innen zunächst Elemente des Vorspanns während und/oder nach der Rezeption (in Partner- oder Gruppenarbeit) in die korrekte Reihenfolge bringen. Dabei lassen sich auch einige filmanalytische Termini einführen (Tab. 15):

Element	Reihenfolge	Mögliche Fachbegriffe
Eine ältere Frau macht sich über Rico lustig.	11	
Man hört eine Stimme, die Rico vorstellt.	10	*Voice-Over
In einem Haus gibt es eine Explosion.	1	Spannung
Rico geht eine Straße entlang.	5	
Der Zeichentrick wechselt in eine natürliche Darstellung.	8	Animationsfilm Realfilm
Eine Musik/ein Lied setzt ein.	3	Filmmusik, Off
Rico wird von seiner Mutter gerufen.	4	
Rico gewinnt eine Tasche.	11	
Der Titel des Films erscheint.	7	Vorspann
Man sieht groß eine Trommel mit Kugeln.	9	Großaufnahme
Polizei ist auf der Straße.	12	Spannung
Die Namen „Anton Petzold" und „Juri Winkler" sind zu sehen.	6	Vorspann, Hauptdarsteller

Tab. 15: Elemente des Vorspanns zu RICO, OSKAR UND DIE TIEFERSCHATTEN ordnen

2. Baustein: Die filmische Darstellung der Behinderung erklären

Für die Denk- und Orientierungsprobleme, die per *Voice-Over im Vorspann genannt werden, findet der Film wirkungsvolle äußere Entsprechungen. Im Vorspann und beim Einkaufsgang wird zur Veranschaulichung eine rotierende Bingotrommel ins Bild gesetzt (0:03:14 ff.; 0:14:30 ff.). Vor seinem Haus erscheint Rico durch Mehrfachbelichtung vervielfacht und planlos herumlaufend, dazu erklingt eine in der Tonhöhe schwankende, „eiernde" Musik (Abb. 137).

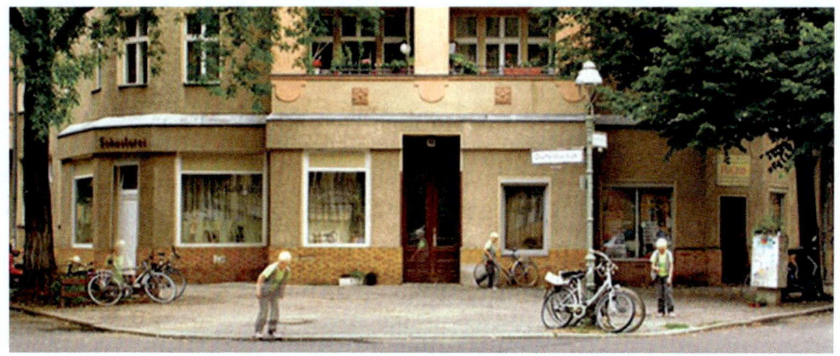

Abb. 137: Rico, Oskar und die Tieferschatten:
Darstellung der Behinderung durch Mehrfachbelichtung

Mehrmals wird ein Ineinander aus (hallenden) Stimmen und Tönen eingesetzt, um die Unordnung in Ricos Kopf zu verdeutlichen, so beim Auftritt der Zwillinge, die ihn von oben herab mit einer Rechenaufgabe verwirren (0:07:35 ff.).

Schüler*innen können sich entsprechende Filmszenen darauf hin anschauen und anhören, wie sie von der normalen Wahrnehmung abweichen: *Schaut und hört euch die Filmstelle an. Was könnte man „in echt" nicht sehen und hören?* Wenn die Schüler*innen den Film alleine oder zu zweit rezipieren (idealerweise mit einem digitalen Tool, vgl. Kap. 3.2.5), können sie von passenden Einstellungen *Motion Stills anfertigen und beschriften. Die Arbeitsergebnisse werden gesammelt und gedeutet: *Was bedeuten die Abweichungen vom Normalen? Was wird damit ausgedrückt?*

Als Minimalprogramm ließe sich mit dem *Motion Still aus Abb. 137 arbeiten. Die Schüler*innen sollen zunächst alle Ricos darauf suchen – hier wären es vier. Sodann zeigt man die kurze Szene (0:06:50 ff.), beschreibt und deutet das zufällige Einblenden und Abblenden der mehrfachen Ricos sowie die sich ständig verstimmende Musik: *Welchen Eindruck gewinnst du von Rico?* (Der Begriff Mehrfachbelichtung kann eventuell eingeführt werden, um klarzumachen, dass hier keine Doubles agiert haben.)

3. *Baustein: Die Szene des Kennenlernens beschreiben und die Figuren charakterisieren*

Beim erstmaligen Aufeinandertreffen von Rico und Oskar zeigt sich wirkungsvolles Filmhandwerk. Über Oskar wissen wir zu diesem Zeitpunkt schon Wichtiges: seine Tiefbegabung, das Verhältnis zu seiner Mutter, sein Habitat in der „Dieffe", sein Sammeltick. Er kommt vom Einkaufen zurück und inspiziert ein Fundobjekt auf dem Gehsteig. Plötzlich erschrickt er vor zwei in sein Blickfeld tretenden Füßen und sein subjektiver (Kamera-)Blick schwenkt nach oben in das helmbewehrte Gesicht eines Jungen (Abb. 138–139). Es entspinnen sich ein Dialog und dann ein Streit über Tief- und Hochbegabung, an dessen Ende sich Oskar für seine Arroganz entschuldigt.

Ricos Rede von der „Fundnudel" und sein Ausbruch gegen Superhirne, andererseits Oskars Helm, sein Überragtwerden von dem sich aufrichtenden Rico und sein Referat über Primzahlen und Unfallgefahren schaffen eine komische Figurencharakteristik. Gefilmt wird der Dialog meistenteils im gängigen **Schuss-Gegenschuss-Verfahren**, bei dem nahe Einstellung über die Schulter (*Over-the-shoulder-Shot*) der Gesprächspartner wechseln (Abb. 140). Die Kontaktaufnahme und die Entschuldigung Oskars per ausgestreckter Hand werden hingegen von der Seite, im rechtwinkligen Achsenverhältnis gezeigt und damit betont (Abb. 141).

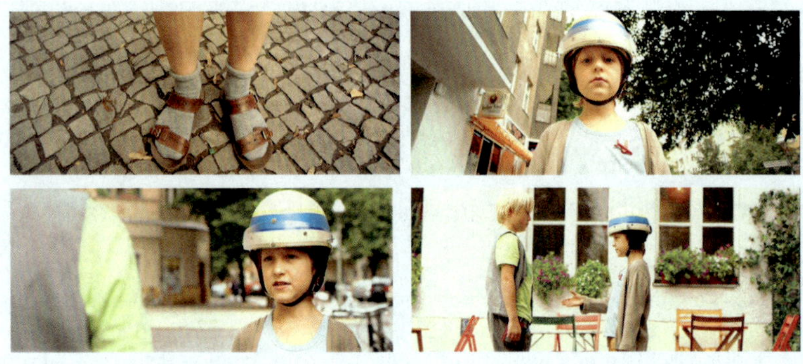

Abb. 138–141: RICO, OSKAR UND DIE TIEFERSCHATTEN: Das Kennenlernen

Festzuhalten wären hier v.a. im Vergleich zu Rico die Merkmale der Figur: Oskar ist klein, der Helm wirkt komisch, seine scheinbare Überlegenheit verliert sich in seinem absurden Gerede und angesichts von Ricos vehementer Gegenrede. Trotz seiner Hochbegabung wirkt er schwach und hilfsbedürftig.

Will man die filmische Konstruktion bewusst machen, bietet es sich an, die **Szene (vorab) zu spielen**. Heranziehen lässt sich hierfür der Dialog aus dem Roman, der bis zu Oskars Satz „Ich bin hochbegabt" (ROT, S. 33) identisch ist. Gewiss lässt sich dieser Dialog wirkungsvoll sprechen und spielen. Der Blick darauf bleibt aber stets der gleiche (vermutlich der wie in Abb. 141) und damit ganz anders als die variable filmische Auflösung der Szene. Man kann die gespielte Szene (z.B. mit einem Smartphone) aufnehmen und dann mit der Filmszene vergleichen: *Wie unterscheidet sich das, was wir im Film sehen, von dem, was wir auf der Bühne/in der Smartphone-Aufnahme sehen?*

Schließlich bietet sich hier noch ein kurzer medienvergleichender Exkurs an: Im Roman beschreibt der Erzähler Rico sein Gegenüber und kommentiert dessen Aussehen. Der Film hingegen kann die Figur einfach ins Bild setzen: die Sandalen, den Helm, den Anstecker. Dass der Helm „völlig beknackt" (ROT, S. 32) aussah, bleibt im Film ungesagt.

4. *Baustein: Die Darstellung der Autofahrt beschreiben, mit der Darstellung im Roman und mit der Taxifahrt aus* Emil und die Detektive *(1931) vergleichen*

Auf der Wikipedia-Seite des Films steht unter „Unterschiede zum Buch": „Der Kiesling fährt keinen Porsche, sondern einen Mercedes" (NQ). Dies ist eine interessante Kuriosität zum Sponsoring per *product placement* (vgl. Abspann, 1:32:00), verfehlt aber dramatisch den wesentlichen medialen Unterschied.

Die Schüler*innen schauen die 50-sekündige Fahrt (0:54:00 ff.) an und beschreiben ihre Eindrücke: *Warum versteckt sich Rico? Wärst du gerne bei dieser Fahrt dabei gewesen? Wie gefällt dir diese Filmstelle?* Weiterführend oder alternativ kann man folgenden Schreibauftrag geben: *Auch bei einem Filmdreh darf ein Auto nicht durch die Stadt rasen. Hier scheint das aber so zu sein. Notiert, was der Film, macht, um die Fahrt schnell und gefährlich erscheinen zu lassen!*

Legt man die Darstellung aus dem Roman daneben, lassen sich die **Möglichkeiten von Film und Schriftliteratur** erkennen: Der Fahrer hat Rico bereits abgesetzt und ist davongefahren – erst dann wird das Erlebte nachträglich vergegenwärtigt:

> Die Fahrt […] war der Hammer gewesen. Es hatte sich nicht wie fahren angefühlt, sondern wie über dem Boden schweben. Der Motor hatte geschnurrt wie eine zufriedene Katze. […] Trotzdem war es cool gewesen. […] alle Leute hatten uns angeguckt. Toll! (ROT, S. 145)

Das Plusquamperfekt schiebt die Schilderung in die Vorvergangenheit des Erzählten, sprachliche Vergleiche und Bilder schaffen Anschaulichkeit, das Konjunktionaladverb „trotzdem" stiftet eine logische Relation. Die Fahrt wird erinnert und dabei geordnet und gedeutet. Der Gegensatz zu der unmittelbaren, höchst temporeichen und dynamischen audiovisuellen Inszenierung könnte größer kaum sein. Man kann die Schüler*innen fragen: *Wieweit findet ihr die Beschreibung im Buch passend für das im Film Gezeigte?* Man kann, wenn der Roman nicht bekannt oder präsent ist, die Schüler*innen auch die **Filmszene „verbuchen"** lassen: *Wie würdest du diese Fahrtszene in einem Buch erzählen? (Was lässt sich gut umsetzen, was nicht?)*

Wie sich Darstellungsmöglichkeiten und -weisen auch *intramedial gewandelt haben, erkennt man bei einem motivähnlichen Blick in Emil und die Detektive von 1931. Gerhard Lamprechts Adaption von Kästners Roman (1929) ist Teil des Filmkanons der BpB und gehört „zu den bedeutendsten Werken der frühen Tonfilmzeit" (Reich 2005, S. 54). Der Erfolg des Films lässt sich nicht nur dem neuartigen Typus des selbstbewussten und selbständigen kindlichen Helden zuschreiben (vgl. ebd., S. 55), der in Rico und Oskar fortgeschrieben wird. Er gründet auch im „modernen Realismus des Films“ (ebd., S. 56), der das pulsierende Leben einer Millionenmetropole einfing. Mit rasch wechselnden Kamerablicken schuf der Film eine für die damalige Zeit ungewohnte Rasanz, die dennoch heutigen filmischen Möglichkeiten und Rezeptionsgewohnheiten kaum noch entspricht. Sinnfällig wird dies, wenn man die knappe Minute von Ricos Automitfahrt mit einem gleich langen Ausschnitt aus der Taxi-Verfolgungsfahrt von Emil und den Detektiven vergleicht (0:31:14 ff.).

Zwar weist auch der schwarzweiße Film hier mit einer durchschnittlichen Einstellungslänge von zwei Sekunden eine für die damalige Zeit hohe Schnittfrequenz sowie rasch wechselnden Kameraeinstellungen und -perspektiven auf. Der Film von 2014 verdoppelt jedoch dieses Schnitttempo und fügt zur weiteren Steigerung des Bewegungseindruckes mehrere **Jump-Cuts* und jähe Einstellungsgrößenwechsel ein. Die Kamera rückt nun auch viel näher an das Auto und die Insassen heran (Abb. 142) und präsentiert viel mehr Bildinhalte als bei EMIL, wo es allein zwölf gleichartige Seitenansichten auf die fahrenden Autos gibt (Abb. 143). Die Orchestersinfonik des alten Films kontrastiert mit dem rockigen, aber selbstironischen Song „Supermänner“. (Diese Musikunterlegung ist ein gutes Beispiel für die Mitadressierung Erwachsener in einem *All-age*-Film: Kinder kennen keine Serienhelden aus den 1980ern wie Magnum und MacGyver und wissen nicht, was „Wir poussieren in Posen, sind sensible Mimosen“ bedeutet; vgl. Songtext, NQ.)

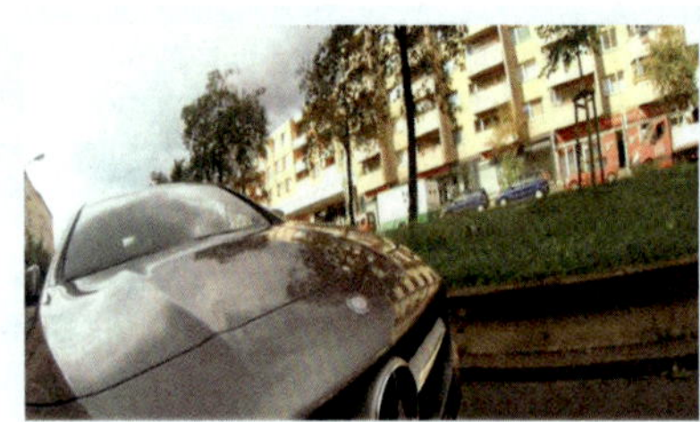

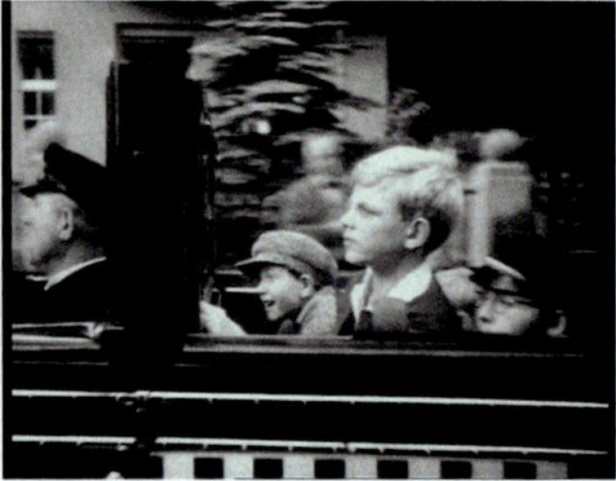

Abb. 142–143: RICO, OSKAR UND DIE TIEFERSCHATTEN und EMIL UND DIE DETEKTIVE (1931): Autofahrt im intramedialen Vergleich

Schüler*innen können in einem Filmgespräch klären, welche Autofahrt ihnen besser gefällt und warum. Dabei lassen sich filmische Fachbegriffe einführen wie: Einstellung, Einstellungsgröße, Schnitt, **Jump-Cut*, Musik/Off. Man kann auch den Ton abstellen und eine Hörfassung produzieren: *Beschreibe (für Sehgeschädigte), was die Bilder zeigen!* Dies ist für die Autofahrt von 1931 viel eher noch nacheinander und im Detail möglich als für die von 2014, wo sich nur noch zusammenfassen lässt: Das Auto rast mit Überhol- und Bremsmanövern durch die Straßen und kommt an einer Ampel kurz zum Stehen, dabei taucht Rico immer wieder verängstigt auf und ab.

5. Baustein: Schauplätze und Figurenbewegungen wiedergeben; den Film als Konstrukt erkennen

Den Hauptschauplatz bilden Haus und Hinterhaus der Dieffenbachstr. 93 in Berlin. Das Haus beherbergt die bunte Gemeinschaft, das Hinterhaus ist das Versteck für die entführten Kinder, der Vorplatz ist Ricos vertrautes Terrain. Rico verlässt dieses bei seinem Gang in den Supermarkt, vor allem aber bei seiner großen Exkursion zu Sophia in den Stadtteil Tempelhof.

Auf einer Google-Karte können die entsprechenden Plätze und Wege gefunden und nachgezeichnet werden. (Für die Autofahrt lässt sich vermuten, dass der Wagen den Weg über die Gneisenau- und Yorkstraße nimmt, wobei auch die zu sehenden Gleisunterquerungen anfallen würden.) Die unterschiedliche Distanz zwischen der nahe gelegenen Admiralsbrücke, die Rico bei seinem Einkaufsgang finden muss, und dem mehrere Kilometer entfernten Tempelhof machen sein Wagnis und seine Leistung deutlich; zudem veranschaulicht der Weg nach draußen und zurück das **narrative Grundmuster Aufbruch → Bewährung → Rückkehr**.

Lohnend nicht nur unter filmbildnerischen, sondern auch unter medienerzieherischen Gesichtspunkten ist eine (möglichst digitale) Erkundung der tatsächlichen Dieffenbachstr. 93 (Abb. 144). Auch dies ist ein mehrstöckiges Haus an einer Straßenbiegung, aber deutlich nicht das aus dem Film: Das Haus ist neuer, der Vorplatz nicht gepflastert, die gegenüberliegenden Straßenseiten sind anders bebaut (Abb. 131). Das Augenmerk ist einmal zu lenken auf die in der Google-Aufnahme aus Datenschutzgründen vorgenommene Verpixelung, auch des kompletten Eingangsbereiches. Ebenso ist festzuhalten, dass der Schriftzug auf dem Asphalt nur in der digitalen, nicht in der analogen Wirklichkeit existiert. Insbesondere, wenn eine individuelle oder paarweise digitale Rezeption per Laptop/Tablet oder ein digitales Tool (vgl. Kap. 3.2.5) verfügbar ist, können Schüler*innen hier als Detektive tätig werden und *Motion Stills bzw. Bildausschnitte sammeln, die die filmische Dieffenbachstr. als Vorspiegelung „überführen" – zumal diese sich vermutlich auch gar nicht in Berlin, sondern dem zweiten Drehort Leipzig befindet. Der Film wird somit in seinem **Konstruktcharakter** erkennbar.

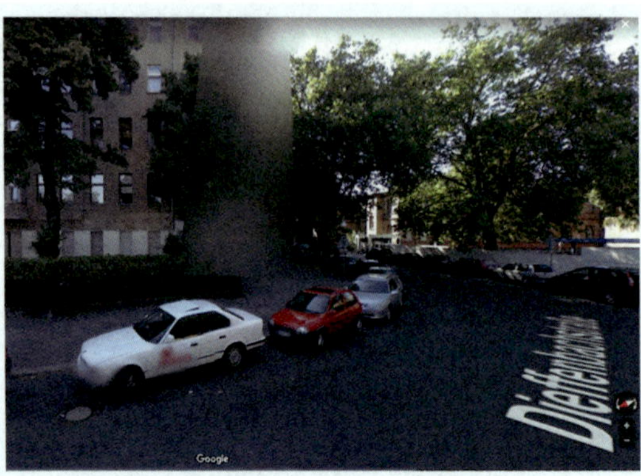

Abb. 144: Dieffenbachstr. 93 in Berlin (NQ)

6. Baustein: Aspekte des filmischen Handlungssystems kennen

Schüler*innen sollten erfahren, dass Filme nicht einfach da sind, sondern von Menschen und Organisationen aus bestimmten Antrieben und für bestimmte Zwecke produziert und verbreitet werden. Einblicke in das filmische Handlungssystem fördern einmal **Medialitätsbewusstsein**: Rico ist tiefbegabt, sein Darsteller Anton Petzold natürlich nicht; die Handlung spielt in Berlin, gedreht wurde aber zum Teil in Leipzig. Sie fördern aber auch eine **medienkritische** Haltung: Im Vorfeld eines Filmstarts werden auf YouTube Trailer, Interviews, einzelne Filmszenen platziert, um für den Film zu werben.

Am Trailer lassen sich die Konstruktionsprinzipien dieses filmischen *Paratextes erkennen: Er ist ca. zwei Minuten lang, reiht rapide und a-chronologisch vielfältige, meist komische und aktionsbetonte Szenenschnipsel aneinander, nennt den Filmtitel und das Startdatum. So macht er den Inhalt erkennbar, ohne ihn zu verraten, und er schafft Neugier auf die Freundschaftsgeschichte der Jungs, eine Liebesgeschichte der Mutter, vor allem aber auf die Detektivgeschichte. Schüler*innen können überlegen, warum es Trailer gibt, wie dieser Trailer aufgebaut ist und wie weit sie ihn für ansprechend halten: *Gibt der Trailer einen passenden Eindruck von dem Film? Was macht er, um uns neugierig auf den Film zu machen?*

Das mit Filmhappen angereicherte Interview der Hauptdarsteller und der Regisseurin (NQ) verdeutlicht den Unterschied zwischen Kunst und Leben und die Gemachtheit des Films. Insbesondere macht es unverhohlen Werbung für die Produktion: „Warum sollte man in den Film gehen?“ (Zwischentitel). Schüler*innen dürfen, wie die Kommentare zu diesem Video, „Rico“ und „Oskar“ sympathisch und auch „süß“ finden; sie sollten aber auch erkennen, dass die Jungen hier nicht nur Film-, sondern auch Werbefiguren sind.

4.4 Einen Spielfilmklassiker erschließen/ Filmtheoretische und -historische Grundlagen erarbeiten: LOLA RENNT (1998)

Didaktisches Anliegen
Einen Spielfilmklassiker erschließen

Gegenstand
LOLA RENNT (R. Tom Tykwer, D 1998)

Zielgruppe
Jahrgangstufen 8 bis 12

Sequenzumfang
8 Stunden (Sek. I)
8 Stunden (Sek. II)

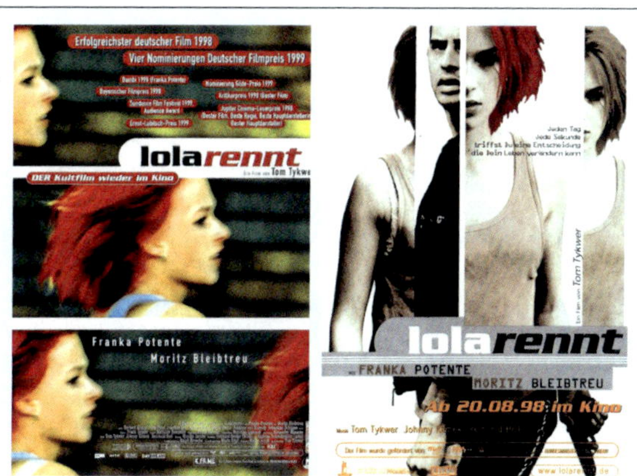

Abb. 145–146: LOLA RENNT: Filmplakate (NQ)

4.4.1 Überblick

Tom Tykwers LOLA RENNT war in den Jahren 1998/99 ein internationaler Erfolg an den Kinokassen (vgl. Töteberg 1999). Das kam unerwartet und gelingt einer deutschen Produktion, die inhaltlich weder die NS-Vergangenheit thematisiert noch einen Oscar für den besten fremdsprachigen Film vorweisen kann, in der Regel nicht. Hier aber war kurz vor der Jahrtausendwende etwas in Thema, filmsprachlicher und narrativer Gestaltung Neues, Spektakuläres für das Kino versucht worden, das man sehen wollte und das im Anschluss für ungefähr ein Jahrzehnt Feuilletonkritiker und Wissenschaftler zur Auseinandersetzung verführte. Schon früh spürte Michael Althen (1998) das Besondere des Films und riet dem Publikum, sich ruhig fallen zu lassen in diese „Geburt des Films aus dem Geist der Achterbahn", was dann auch viele taten. Man entzog sich diesem Film-Zeit-Spiel im Beat-Rhythmus der Techno-Generation nicht – auch nicht die Deutschdidaktik. Schnell erkannte sie (zuerst: Wagener u. a. 2000) das immense Potential für die Filmbildung und nutzte es in vielen Angeboten. LOLA RENNT ist somit auch ein deutschdidaktisches Phänomen und vielleicht sogar ein wesentlicher Schlüsseltext, wenn es gilt, Film – seine Bedingungen und Möglichkeiten – vielschichtig zu vermitteln.

4.4.2 Sachanalyse

4.4.2.1 Inhalt

Manni hat ein Problem. Für seinen Gangsterboss, Ronnie, hat er ein illegales Schiebergeschäft durchgeführt und dabei 100.000 DM Erlös erzielt. In 20 Minuten muss er das Geld Ronnie überreichen. Blöd nur, dass Manni die 100.000 DM in einer U-Bahn liegen ließ. Das Geld ist weg – ein Stadtstreicher hat es sich geschnappt. Das ist nicht gut: Der gefährliche Ronnie wird Mannis Versagen nicht ungestraft hinnehmen. Verzweifelt ruft Manni seine Freundin an, die rothaarige Lola, und erzählt ihr von dem Missgeschick. Manni braucht Lola. Lola liebt Manni. Er solle auf sie warten, sagt sie, in 20 Minuten sei sie bei ihm mit dem Geld.

Damit ist der Wendepunkt erreicht. Ab nun rennt Lola, die in einer Art Wiederholungsschleife mehrere Lebensoptionen erhält, dreimal zur Lösung des Problems. Beim ersten Lauf ist sie erfolglos, worauf Manni einen Supermarkt ausraubt, was zur Erschießung Lolas durch die Polizei führt. Beim zweiten Lauf raubt Lola selbst die Bank ihres Vaters aus und erscheint zur rechten Zeit bei Manni, der aber vor ihren Augen von einem Krankenwagen überfahren wird. Beim dritten und letzten Lauf setzt Lola in einem Casino 100 DM zweimal auf die Zahl 20 und gewinnt rund 130.000 DM. Auch Manni hat inzwischen den Stadtstreicher aufgespürt und Ronnie das Geld übergeben können. Alles ist noch einmal gutgegangen, so dass am Ende Lola und Manni händchenhaltend in eine finanziell gesicherte Zukunft aufbrechen.

4.4.2.2 Aspekte der filmischen Darstellung

LOLA RENNT erinnert inhaltlich an einen **Kurzfilm** (vgl. Praxiskap. 4.5.2.5), ist demnach schnell zusammengefasst und eigentlich eine Trivialität: leichtsinniger Objektverlust, drohende Lebensgefahr, fixierter aussichtsloser Lösungszeitraum. Eine einfache (wenngleich fantastisch überhöhte) Geschichte, nicht der Rede wert, würde um diese Kolportage herum nicht eine Gestaltungsexplosion stattfinden. Es ist somit die Form, die diesen Allerweltsthriller bestimmt, oder die filmische Gestaltung, die ein Loblied singt „auf das Medium, den Film, die Geschichte des Films: das Kunstobjekt audiovisuell erzählter Attraktionen" (Kammerer 2019a, S. 109).

Ein Film über die Möglichkeiten des Lebens, meint Regisseur Tom Tykwer, müsse zwangsläufig auch ein Film über die Möglichkeiten des Kinos sein (Töteberg 2003, S. 131). Gerade in LOLA RENNT stellt er dies freudig aus, indem „dieser Streifen sämtliche Filmtechniken ausprobier[t]" (Bordwell 2003, S. 184). Die hohe **Variationsbreite der Kameracodes** ist von Beginn an auffällig: Unterschiedlichste Einstellungsgrößen, Perspektiven, Kamerabewegungen und Montageoptionen geben sich ein Stelldichein und entsprechen in Tempo und Rhythmus nicht selten der atemberaubenden **Tonspur**. Dort wird mit Soundeffekten nicht gekleckert, und das alles unter der Federführung einer Musik, deren schweißtreibender Techno-Stil fast durchgängig die Handlung umrahmt. Hinzu kommen unterschiedliche **Aufzeichnungstechniken**: Lolas und Mannis Anwesenheit garantiert Zelluloid in Farbe, ihr Fehlen fordert das heute überholte Videoformat ein, ihre Erinnerungen wiederum sind schwarzweiß markiert; schließlich gibt es noch Zeichentrick-Einheiten zu Lolas Spurt im Treppenhaus und einmal zum Croupier, der den ‚Roulettekessel Lola' anschiebt.

Zentral für den Film ist also der variantenreiche filmische Umgang mit Bewegung und Zeit. Beide Kategorien, die auch für das Medium an sich und seine Historie von Bedeutung sind, werden in LOLA RENNT eindrücklich thematisiert. So ist die schon im Titel hervorgehobene **Bewegung** das hervorstechende Element der Darbietung und wird in den drei Läufen Lolas besonders fokussiert. Die Aktionen der Protagonistin geraten zum entscheidenden Filmzweck, was für die ‚mitlaufenden' Zuschauer*innen durch die erwähnte Variationsbreite der Kameracodes, Montageformen wie *Jump-* und *Short-Cut* sowie Kamerabewegungen in alle Himmelsrichtungen erlebbar gemacht wird. Schwenk, Zoom, Flug und Fahrt (auch ein *Dolly-Zoom) feiern gewissermaßen „[i]n jeder Spielrunde [...] die archaische Kinoidee [...] einer stellvertretenden Handlung *in action*" (Kammerer 2019a, S. 116; Herv. im Orig.). Eine Besonderheit in jener Speed-Inszenierung des Vorwärtsstrebens ist die **Kreisfahrt der Kamera**. Diese Kamerabewegung durchdringt keinen Raum, sondern bleibt kreiselnd fixiert und bannt so die Zuschauer*innen in einem Strudel bei wechselnden räumlichen Hintergründen. In der Sukzession der Laufstationen sind das irritierende Stillstände, die eine besondere Bedeutung transportieren (vgl. Kap. 4.4.2.5).

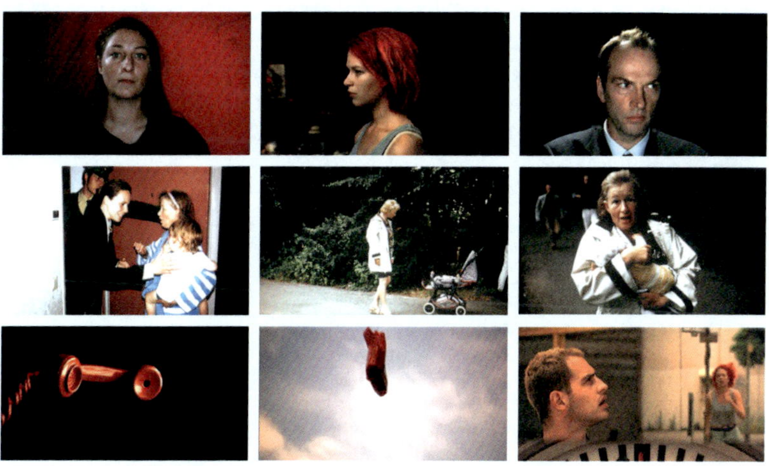

Abb. 147–155: Umgang mit Zeit in LOLA RENNT: Gedanken (147–149), Zukunftssprünge (150–152), Streichung (153–154), Parallelitäten (155)

Als eine ganz eigene Bewegungsform ist zudem der filmische **Umgang mit der Zeit** zu betrachten. Zum einen sind hiermit Zeitlupen- und Zeitrafferaufnahmen gemeint, die in LOLA RENNT häufig eingesetzt werden, um Handlungen der Protagonisten zu ironisieren bzw. effizient zu nutzen. Zum anderen gilt es gerade im Umgang mit der doppelten Narrationszeit, besondere Erzählformen wahrzunehmen. In diesem Film wird in alle Zeitrichtungen geschaut,[35] bis in die Köpfe der Protagonisten geblickt,[36] werden Zeitkorridore getilgt[37] und Parallelhandlungen per Split-Screen-Technik nebeneinander gestellt (Abb. 147–155). Erzählte Zeit wird also gerafft, gedehnt, parallelisiert, auch überschrieben und so die Zukunft (der Akteure, des Films) nicht selten gegen Realitätswiderstände neu geschaffen. „Das Raum-Zeit-Kontinuum wird aus den Angeln gehoben, na und? Wir sind doch im Kino!" (Tykwer in Töteberg 2003, S. 137)

Möglich wird solch vogelfreies Zeitspiel nicht zuletzt durch die eigentümliche **Dramaturgie des Films**. In kürzester Zeit werden Exposition, Komplikation und Peripetie abgehandelt und in eine dreifache Folge von Retardation und Lösung überführt. In knapp sechs Minuten sind also die ersten drei Akte erfüllt, worauf die kommenden zwei sich dreimal hintereinander ereignen. Ein Festnetz-Telefonat in der Vor-Smartphone-Zeit löst in kürzester Zeit das aus, was der Film im Anschluss mit reichlich Zeitüberschuss auskosten wird. Zwar ist der klassische Fünf-Akter in all dem Tempo noch spürbar, allerdings verliert er durch die Aufhebung der linearen Erzählzeit doch mindestens an Stringenz, zweifellos an organisierter Geschlossenheit. Es ist eben das **Spiel**, das nun Einzug hält, und letztlich alles möglich macht. Spätestens mit Beginn des zweiten Laufs ist LOLA RENNT als solche Option (der Freiheit, des Neubeginns) zu entlarven. Hierauf haben viele Autoren (z. B. Whalen 2000; Schuppach 2004; Mergenthaler 2006; Gottgetreu 2012) hingewiesen und dabei die Ähnlichkeiten mit Abläufen eines Computerspiels nicht übersehen, da die Avatare, Lola und Manni, eben mehrere „Leben" besitzen. In der Tat sind Überlegungen zur Spieltheorie sinnstiftend (vgl. Kammerer 2019a, S. 113–115), denn grundsätzlich ist die Dramaturgie von LOLA RENNT das Paradox einer geschlossenen Parallelwelt mit außergewöhnlichen Spannungsoptionen.

35 Rückblenden in Schwarzweiß (*flashback*), Vorausdeutungen als Fotostrecke (*flashforward*).

36 Über **Mind-Screens* von Lolas Rouletteentscheidung zu Beginn und Mannis Spekulationen über die Fluchtziele des Stadtstreichers.

37 Besonders deutlich durch den **Match-Cut* nach Lauf 1 markiert.

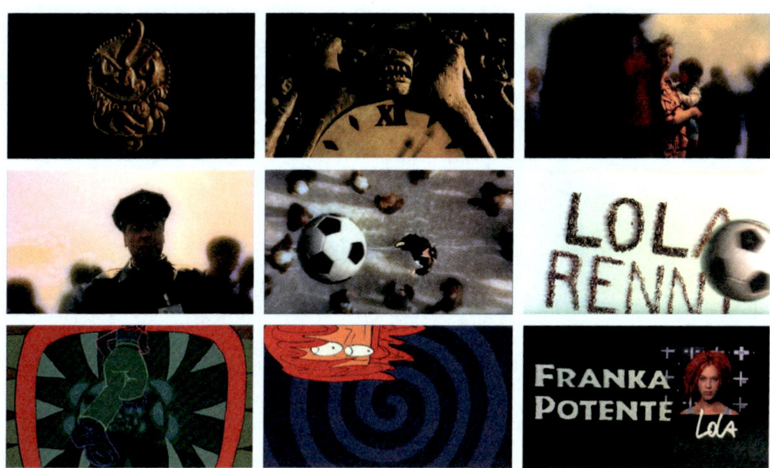

Abb. 156–164: Eloquenter Vorspann in LOLA RENNT: Zeit und Spiel

Dies überfällt die Rezipient*innen aber nicht. LOLA RENNT beginnt nämlich mit einem **Vorspann**, der das Folgende mitteilt und keine Fragen offenlässt (Abb. 156–164). Zunächst kommen in Schrift (T. S. Eliot/S. Herberger; s. u., Tab. 16) zwei ganz unterschiedliche Verweise über die ewige Wiederkehr, den Kreislauf von Anfang und Ende zur Sprache (vgl. Kepser 2002, S. 44 f.), worauf schon die Zeit mittels einer furchteinflößenden Kuckucksuhr in den Vordergrund rückt. Eine schnelle Fahrt durch deren Innenleben endet in einem Raum mit durcheinanderlaufenden Menschenschemen, aus deren Mitte vereinzelt Nebenfiguren des Films scharfgezogen werden. Im Off erklingt eine Erzählerstimme, die über Grundfragen des Seins räsoniert, bis die Wachmann-Figur mit Blick in die Kamera einen Ball ins Spiel bringt und diesen in den Himmel schießt. Die mitsamt dem Ball hochfliegende Kamera erfasst die aus dem Menschengewusel gebildete Schrift des Filmtitels und fällt mit dem Ball zurück in das O von Lola. Letztere tritt nun erstmalig als Zeichentrickfigur in Erscheinung und rennt durch einen von Uhren bewachten Zeittunnel. Von drei, mit Zähnen bewaffneten Uhren wird sie dabei nacheinander verschlungen. Nun erfasst ein Spiralsog Lola, bringt sie aus dem Tritt und dreht sie im Kreis – schließlich werden alle Schauspieler*innen mit Rollen- und Klarnamen im Stil von polizeilichen Fotos abgebildet. Darauf fällt sichtbar die Filmklappe eines geteilten Spreeblicks auf Berlin (vgl. Kammerer 2019a, S. 109 f.) und der eigentliche Film kann beginnen (vgl. Kap. 2.2.1.1, Kasten: Einstellung [III]).

Sowohl das Außergewöhnliche der folgenden Dramaturgie als auch der philosophische Mehrwert des Films, das Zeitphänomen wie auch der Spielcharakter des Plots sind hier deutlich zu erkennen. Auch ist der rasende Filmbeat, der sich musikalisch aus einem Uhrenticken entwickelt und dann stetig steigern kann, nicht zu überhören: „Diese Bild-Klang-Verbindung ist eine Synthese des Tempos, der wilden Agilität und des filmischen Exzesses. Tatsächlich ist vieles von dem, was da noch folgen wird, in dieser kurzen Einführung schon da. Man muss es nur erkennen“ (ebd., S. 110).

Schrift	**Sprache**
Wir lassen nie vom Suchen ab, und doch, am Ende allen unseren Suchens, sind wir am Ausgangspunkt zurück und werden diesen Ort zum ersten Mal erfassen. *[We shall not cease from exploration And the end of all our exploring Will be to arrive where we started And know the place for the first time.]* ***T. S. Eliot (1942)***	Der Mensch, die wohl geheimnisvollste Spezies unseres Planeten. Ein Mysterium offener Fragen: Wer sind wir? Woher kommen wir? Wohin gehen wir? Woher wissen wir, was wir zu wissen glauben? Wieso glauben wir überhaupt etwas? Unzählige Fragen, die nach einer Antwort suchen. Einer Antwort, die wieder eine neue Frage aufwerfen wird. Und die nächste Antwort wieder die nächste Frage. Usw., usw. Doch ist es am Ende nicht immer wieder die gleiche Frage und immer wieder die gleiche Antwort? ***Erzähler (Off)***
Nach dem Spiel ist vor dem Spiel. ***S. Herberger (vermutlich 1954)***	Ball ist rund. Spiel dauert 90 Minuten. Soviel ist schon mal klar. Alles andere ist Theorie. ***Wachmann Schuster (On)***

Tab. 16: Texte des Vorspanns in LOLA RENNT

Zweimal nur kommt die musikalische Tonspur im Film zur Ruhe. Diese **Zwischenspiele**[38] nach den Läufen 1 und 2 verzichten auf den Beat, verringern das

38 Die zeitlich-räumliche Zuordnung der roten Zwischenspiele fällt schwer und wird von den Interpreten unterschiedlich gedeutet oder vermutet. Auch ein bisschen ratlos ist dann von einer „Traum-“ oder „Zwischenwelt“ (Schuppach 2004, S. 56) die Rede, von einer „hypnotische[n] Sequenz“ (Bordwell 2003, S. 193), die „der Wirklichkeit enthoben“ (Kepser 2002, S. 48) oder „wie aus der Zeit herausgehoben“ (Pfeiffer/Staiger 2010, S. 212) sei. Helmut Krausser (1999, S. 37 ff.) schlägt eine Lösung für dieses Ordnungsdilemma vor: Hier werde doch, so Krausser, nacheinander gestorben und dann geträumt – die tote Lola träume den zweiten Lauf, der in Lolas Traum sterbende Manni den dritten. Am Schluss gingen Lola und Manni „auf der menschenleeren Straße in ein Happy-End, das rein virtuell durch die Macht der Imagination entstanden

Erzähltempo bei roter Ausleuchtung abrupt und markieren so eine Pause, in der man Lola und Manni im Bett bei Beziehungsgesprächen zuhören kann. Gerade noch gestorben (Lola im ersten, Manni im zweiten Lauf) sind sie plötzlich wieder quicklebendig und doch mit Fragen der eigenen Bedeutung beschäftigt. Sie stellen die vom Vorspann-Erzähler erwähnte immer gleiche Frage, suchen Ausgang und Ende (T.S. Eliot), das Verstehen des Spiels (S. Herberger) und verwirren sich im misstrauischen Diskurs. Lolas Hoffnung auf eine zufriedenstellende Liebeserklärung von Manni („Liebst du mich?") und Mannis Wunsch nach dauerhaftem Wert für Lola („Wenn ich jetzt sterben würde, was würdest du machen?") verdeutlichen, dass die vom Erzähler erwähnte „immer wieder gleiche Antwort" (Tab. 16) längst nicht gefunden ist. Noch fehlt die absolute und demnach selbstlose Liebe, die auf Egoauflösung, Selbstsicherheit und Partnervertrauen basiert und notwendig ist, um das Glück wie im dritten Lauf alleine (Lola) oder mit Schub (die blinde Frau weist Manni den Weg) zu zwingen. Die Zwischenspiele sind also auch eine Art nachträgliche Erläuterung der zuvor gescheiterten Läufe.

4.4.2.3 Genre(s)

In LOLA RENNT sind unterschiedliche Genres miteinander verknüpft. Der Film verbinde „‚Action' mit ‚Spannung' und ‚Krimihandlung', ‚Komödie' und ‚Melodram'" zu einem „Genremix", meint Hickethier (2002, S. 15); Anders und Rüsel (2006, S. 61) sehen gar „Animationsfilm, Liebesfilm, Actionfilm, Experimentalfilm, Thriller, Märchenfilm, Videoclip, Komödie und Dokumentarfilm" am Werk. Das ist vielleicht ein bisschen zu viel des Guten, indes wird schon Tom Tykwer damit zitiert, dass er einen „romantisch-philosophischen ‚ActionLiebesExperimentalThriller" (Seipel 1998) gedreht habe. Ein solches **Genrebündel** ist in postmodernen Zeiten natürlich nichts Außergewöhnliches, allerdings kristallisiert sich bei genauer Betrachtung dann doch ein Metagenre als besonders wirkungsmächtig heraus: der Thriller.

Im **Thriller** (vgl. Kap. 2.3.1.1) dreht sich alles um die Bedrohung, der eine Hauptfigur dauerhaft ausgesetzt ist. Dabei kann es um die bloße Existenz, das Am-Leben-Bleiben oder den Schutz der psychischen Unversehrtheit gehen – immer wird der Figur durch Eingriffe von außen eine ‚neue Welt' der veränderten Bedingungen auferlegt. Gerade die Anpassung der Figur an das Neue und ihr Streben nach Rückkehr in die erste, vertraute Welt kennzeichnen dann eine Filmhandlung, die einige abenteuerliche Verwicklungen ermöglicht. Dabei erleben Figuren wie Zuschauer*innen einen Thrill, d.h. eine zugleich ängstigende wie auch lustvolle Erfahrung, die durch zeitlich fixierte Spannungserzählungen möglich gemacht wird (vgl. Kammerer 2009, S. 139–156; Koebner/Wulff 2013).

---

ist" (ebd., S. 38). Die roten Zwischenspiele – so viel steht fest – setzen beim Interpreten Kreativität frei.

Zwei Formen des psychologischen Erzählens sind dabei von besonderer Bedeutung: Suspense und Überraschung. Während beim **Suspense** eine Spannungssituation entwickelt wird, in der der Zuschauer oft mehr weiß als die Figur, ist bei einer **Überraschung** Nichtwissen das entscheidende Überwältigungsmoment. Alfred Hitchcock hat den Unterschied am Beispiel einer Bombe verdeutlicht:

> Wir reden miteinander, vielleicht ist eine Bombe unter dem Tisch, und wir haben eine ganz gewöhnliche Unterhaltung, nichts besonderes [!] passiert, und plötzlich, bumm, eine Explosion. Das Publikum ist überrascht, aber die Szene davor war ganz gewöhnlich, ganz uninteressant. Schauen wir uns jetzt den Suspense an. Die Bombe ist unter dem Tisch, und das Publikum weiß es. Nehmen wir an, weil es gesehen hat, wie der Anarchist sie da hingelegt hat. Das Publikum weiß, daß die Bombe um ein Uhr explodieren wird, und jetzt ist es 12 Uhr 55 – man sieht eine Uhr –. Dieselbe unverfängliche Unterhaltung wird plötzlich interessant, weil das Publikum an der Szene teilnimmt. Es möchte den Leuten auf der Leinwand zurufen: Reden Sie nicht über so banale Dinge, unter dem Tisch ist eine Bombe, und gleich wird sie explodieren! Im ersten Fall hat das Publikum fünfzehn Sekunden Überraschung beim Explodieren der Bombe. Im zweiten Fall bieten wir ihm fünf Minuten Suspense. (Hitchcock in Truffaut 2012, S. 64)

Bezogen auf LOLA RENNT sind somit die Läufe 2 und 3 reine Suspensesituationen. Die Zuschauer*innen sind nach Lauf 1 nicht nur mit dem Zeitrahmen, sondern auch mit den darin platzierten Hindernissen vertraut, kennen die Folgen eines finalen Raubzugs im Supermarkt und hoffen an der Seite Lolas auf eine positive Lösung. Gerade der zweite Lauf ist hierbei mit seiner zunächst positiven Auflösung, an die sich unmittelbar der Unfall Mannis anschließt, besonders perfide. Tykwer dehnt zudem den Thrill noch, indem er die Schlusskonfrontation durch Split-Screen und Zeitlupe (Abb. 155) besonders eindringlich gestaltet. Eine andere Form der Überraschung ist der im Thriller gerne genutzte **Rote Hering**. Damit wird eine falsche Fährte bezeichnet, also unlauter erzählt, was die Rezipient*innen im Moment der Aufdeckung ganz besonders kalt erwischt. Wenn die Hauptfigur Lola am Ende des ersten Laufs überraschend (und versehentlich) erschossen wird, ist das nach gerade mal 30 Filmminuten ein Schock für das Publikum. Das Identifikationsobjekt wird schnöde beseitigt, man will es nicht glauben und braucht einige Zeit zur Verarbeitung – wie auch zur überraschenden Neuerkenntnis: dass dies nämlich zum Spiel jenes filmischen Konjunktivs gehört, erfährt man erst danach. Dass der Rote Hering somit nichts verschwiegen hat und also keiner ist, wird erst in der Folge der Wiederholungen klar. Trotzdem hat sich natürlich der Schock eines möglichen Verlustes Lolas in den Zuschauer*innen festgesetzt. Mag in den Läufen 2 und 3 auch vieles passieren, zu einem Überfall des Supermarktes sollte es auf keinen Fall mehr kommen.

4.4.2.4 Filmgeschichtliche Bezüge

Mit diesem zumindest in Teilen Fake-Hering verweist Tom Tykwer auf einen der wohl am häufigsten zitierten Referenzfilme der Filmgeschichte: PSYCHO (1960). In der dortigen Duschszene endet das Vertrauen des Publikums auf einen verlässlichen Filmemacher, und es wird bis zum Ende des Films nicht wiederkehren. Regisseur Hitchcock verbindet nämlich zu Beginn das Publikum mit der Figur Marion Crane, die Geld unterschlägt und sich mit schlechtem Gewissen auf eine Flucht begibt. Ständig wird in der Folge das Geld audiovisuell fokussiert, handelt dazu die Frau selbst unprofessionell und menschlich. Man jammert mit ihr, fühlt sich ein und wird durch ihre Ermordung aus heiterem Himmel unsanft geweckt. Die Ablenkungsmanöver Geld und Figurenverhalten hielten den Duschmord unsichtbar und waren doch nur für ihn gemacht. Auch Tykwers Film lädt Geld und Tod bedeutsam auf – beginnt dann aber neu und handelt eigentlich von Selbsterkenntnis, Willensstärke und Liebe. Und, natürlich, von dem (ironischen) Spiel darum und damit.

Weil LOLA RENNT recht auffällig das Kino und seine Möglichkeiten feiert und in ein „cineastisches Feuerwerk" (Töteberg 1999, S. 45) überführt, sind filmgeschichtliche Anleihen nicht nur wahrscheinlich, sondern zwangsläufig.[39] Wesentliche Orientierungsmasken für die spezielle **Dramaturgie** des Films sind Krzysztof Kieślowskis PRZYPADEK (dt. DER ZUFALL MÖGLICHERWEISE, 1981/87) und Harold Ramis' GROUNDHOG DAY (dt. UND TÄGLICH GRÜSST DAS MURMELTIER, 1993), da beide Filme den thematisierten Determinismus in ähnliche Wiederholungsabläufe der Hauptfigur überführen. Neben manch anderem Inszenierungszitat[40] sind zusätzliche Filmbezüge besonders deutlich markiert: zum einen Hitchcocks VERTIGO (1958), zum anderen von Sternbergs DER BLAUE ENGEL (1930) und Fassbinders LOLA (1981).

VERTIGO wird nicht nur auf der Ebene des Schwindels (Roter Hering, narrative Irreführung des Publikums, Dopplung der Protagonistin) für LOLA RENNT relevant, sondern bis hinein in kleinste Motive und Details berücksichtigt. VERTIGO-Spiralen kommen ebenso vor wie der *Dolly-Zoom des sog. VERTIGO-Effekts (vgl. Kap. 2.2.1), die verführerische „Madeleine" aus VERTIGO hängt als Gemälde im Casino an der Wand, die gestorbene Lola ist nicht tot (Roter Hering) und die Rot-Grün-Farbdramaturgie VERTIGOS wird in Lolas Gestalt, in den Geldtüten der ersten beiden Läufe und in mancher Raumausstattung und -beleuchtung aufge-

39 Entdeckte Anleihen sind vor allem Berlin-Filme wie BERLIN – DIE SINFONIE DER GROSSSTADT (1927), BERLIN ALEXANDERPLATZ (1931, 1980), DER HIMMEL ÜBER BERLIN (1987) (vgl. Sinka 2000; Gottgetreu 2012, S. 223; Lischke 2014, S. 93). Des Weiteren gibt es einzelne Bezugnahmen auf M – EINE STADT SUCHT EINEN MÖRDER (1931), RASHOMON (1950), HIGH NOON (1952), NORTH BY NORTHWEST (1959), À BOUT DE SOUFFLE (1960), BONNIE AND CLYDE (1967), DIE EHE DER MARIA BRAUN (1979), PULP FICTION (1994), NATURAL BORN KILLERS (1994), TRAINSPOTTING (1996) (vgl. Whalen 2000; Kepser 2002; Hickethier 2002; Anders/Rüsel 2006; Brockmann 2010; Lischke 2014).

40 Bezüge werden u. a. hergestellt zum **Match-Cut* aus 2001: A SPACE ODYSSEY (vgl. Kepser 2002, S.48; Anders/Rüsel 2006, S. 32) und zum Gläser zersingenden Oskar Matzerath aus DIE BLECHTROMMEL (vgl. Hickethier 2002, S. 15; Brockmann 2010, S. 466; Lischke 2014, S. 102).

griffen. „Zwei Kinolektionen ‚verbünden' sich zum einträglichen Zusammenspiel" (Kammerer 2019a, S. 121), auch deshalb, da VERTIGO „schon wegen seiner erstaunlichen zeitlichen Struktur eine Rolle [spielt]" (Tykwer/Althen 1999, S. 30).

Weitere filmgeschichtliche Bezüge ergeben sich aus der Verwendung des Namens Lola:

> **LOLA rennt** per Namensgebung eben auch in der Folge von Sternbergs **DER BLAUE ENGEL** (1930) und Fassbinders **LOLA** (1981)[. Sie rennt] also vom Ende der einen großen Epoche deutscher Filmgeschichte – dem expressionistischen und neu-sachlichen Film der Weimarer Republik – zum Fast-Ende der anderen – dem sog. Neuen Deutschen (Autoren-)Film. (Kammerer 2019a, S. 121; Herv. IK/KM)

Beide Referenzfilme – Josef von Sternbergs DER BLAUE ENGEL (1930) und Rainer Wernber Fassbinders LOLA (1981) – beziehen sich auf Heinrich Manns Roman *Professor Unrat* (1905) und haben eigentlich nichts mit LOLA RENNT zu schaffen. Sternbergs Tingeltangel-Attraktion (Marlene Dietrich) und Fassbinders Hure mit Herz (Barbara Sukowa) sind fatale Frauen ihrer jeweiligen Zeit, die viel singen und Beine eher vorzeigen, als dass sie sie zum Rennen einsetzen. Gleichwohl: Auch sie behaupten sich gegenüber der (vorwiegend männlichen) Umwelt, sind stark, indes nicht wirklich unabhängig. Wenn Tykwer also seine Hauptfigur Lola nennt, platziert er sie in jener auch international wahrgenommenen Linie und stellt den verhängnisvollen Gestalten der Vorgängerinnen eine zeitgemäße Frauenfigur zur Seite. So erweitert eine coole, spielfunktionale (anstatt erotisch verwirrende), schließlich unabhängige und selbstbewusste Lola (Franka Potente) den filmgeschichtlich gesponnenen deutschen Erzählfaden (ebd., S. 122) und setzt zugleich einen zwar traditionsbewussten, aber doch innovativen Markstein deutscher Filmgeschichte.

4.4.2.5 Zur philosophischen Einbettung

Bei relativ unverkrampftem Umgang mit Philosophie (Tykwer/Suchsland 1998), meint Tom Tykwer, sei er damals von Chaos-Theorien fasziniert gewesen und habe sie in den Film hineingeprügelt: „Auf dieses Triebhafte bin ich sehr stolz" (Tykwer/Beier 2008). Es ist auffällig, dass LOLA RENNT „hinter dem reinen Adrenalinwert des Films" (Ludewig/Keller 2001, S. 133) doch manche Tiefe anbietet, die ein Nachdenken über philosophische Grundfragen des Seins ermöglicht. Gerade vor dem Hintergrund der jeweiligen filmsprachlichen Umsetzung sind diese Fragen gewinnbringende Untersuchungsaspekte.

Schon die rahmensetzenden Texte von T.S. Eliot und Sepp Herberger – dem „Philosoph[en] des Alltags" (Tykwer/Suchsland 1998) – verdeutlichen den Kreisel des stetigen Neuversuchs, die ewige Wiederkehr des Gleichen oder des Anfangs ohne Ende. Auf jenen **infiniten Regress** als Leseanweisung hat schon Kepser (2002, S. 44 f.) hingewiesen, auch auf dessen ironische Handhabung. Die folgende Argumentation des Films kreist also um sich selbst, ist unendlich: Stets wartet auf die Suchenden schon ein neuer Anfang oder ein neues Spiel. Ebendies thematisiert der anschließende Erzählertext aus dem Off, verweist aber auch auf eine mögliche Reduktion („gleiche Frage […] gleiche Antwort“; Tab. 16), bevor erneut Sepp-Herberger-Weisheiten (durch die Figur des Wachmanns Schuster) diesen Kreislauf des Suchens vorerst lakonisch abschließen. Wenn schließlich zwischen den Läufen jene rot ausgeleuchteten Zwischenspiele erscheinen, werden die Vorspann-Texte konkretisiert. Lola und Manni malträtieren sich mit Fragen über ihre Bedeutung für den jeweils anderen. Diese Fragen können vom Partner aber nicht zufriedenstellend beantwortet werden (infiniter Regress), sie kreisen um das Ich, nicht das Wir, sind „immer wieder die gleiche Frage“, deren Antwort nur der Fragende in sich selbst finden kann. Und in der letzten Laufepisode auch findet. Erst dann nämlich, wenn Lola und Manni nach innen hören, anderes ausblenden, quasi blind auf sich selbst vertrauen – Manni mit Hilfe der blinden Frau –, können sie die unmögliche Aufgabe lösen, das Glück zur Kooperation zwingen oder die „immer wieder […] gleiche Antwort“ erhalten: Glaube an dich selbst, habe den ‚Willen zur Macht‘“ (vgl. Ludewig/Keller 2001, S. 143 f.).

Ludewig und Keller (2001) haben diese **existenzialistische Perspektive** von LOLA RENNT genauer betrachtet und unter Rückgriff auf *Leitmotive von Friedrich Nietzsche und Jean-Paul Sartre Parallelen herausgearbeitet. Natürlich kann ein Blick auf die **Spieltheorie** und den darin platzierten Umgang mit Freiheit und Geschlossenheit, Sein und Schein (vgl. z. B. Scheuerl 1975) herangezogen werden und die besondere Gestalt des Films verdeutlichen. Ebenso kann man Fragen nach den **Modalitäten des Seins** nachgehen, wie sie etwa mit Begriffen wie Determinismus und Kontingenz, Kausalität und Zufall, Notwendigkeit und Nicht-Notwendigkeit diskutiert werden.

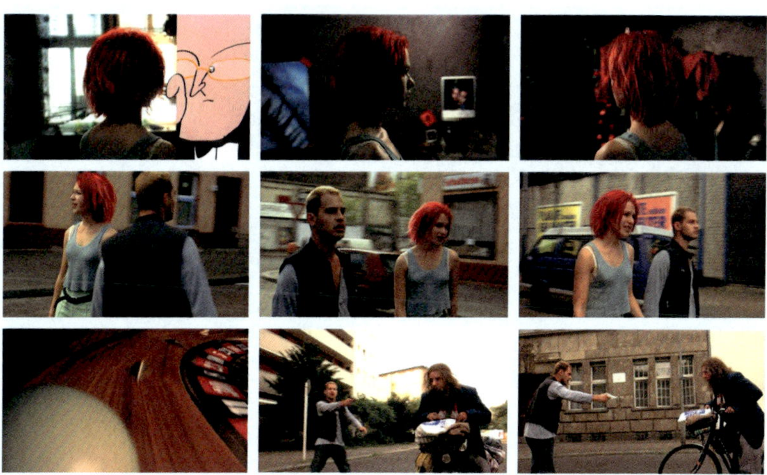

Abb. 165–173: Kreisfahrten in LOLA RENNT

Gerade zur Frage nach der zwingenden Folge (Kausalität, Notwendigkeit) oder offenen Möglichkeit (Kontingenz, Nicht-Notwendigkeit) von Realität findet Tykwer eine so einfache wie frappierende filmsprachliche Lösung: Er nutzt das abschließende **Roulettespiel** als Schlüsselsymbol und lässt die Kamera im Verlauf des Films immer wieder kreisen. Ausgehend von Lolas Gedankenstrom (Spielbeginn), über misslungene Lösungsversuche (unvollständige Kreisfahrt) bis hin zum Gelingen des Spiels im abschließenden Lauf werden oft **Kreisfahrten** inszeniert (Abb. 165–173). Während die Läufe selbst also dem Ursache-Folge-Prinzip verhaftet sind, durchbrechen die vollständigen Kreisfahrten diese Zwangsläufigkeit und eröffnen dem Zufall einen kleinen Spalt der Einflussnahme. Die zu Beginn schon als Roulettekessel markierte Lola kann am Ende ihre Position erkennen und unter Einsatz ihres (freien) Willens das Spiel zu ihren Gunsten beeinflussen (vgl. Mergenthaler 2006, S. 278–283). Jenes Spiel scheint dann beendet zu sein, wenn der „Wille zur Macht eines Individuums sich [...] absolut und ohne Kompromiss zeigt“ (Ludewig/Keller 2001, S. 143) und die Kreisfahrt des Beginns in jene des Endes überführt wird. Jedoch gilt auch über den Film hinaus: Das Suchen geht weiter, denn nach dem einen kommt bekanntlich das nächste Spiel.

4.4.3 Didaktische und methodische Überlegungen

4.4.3.1 Überblick und Kompetenzen

LOLA RENNT stellt in der deutschen Filmlandschaft etwas Besonderes dar. Man vergisst den Film einfach nicht – immer wieder tritt er ins kulturelle Bewusstsein. So wurde in den über 20 Jahren seiner Existenz sowohl das zehn- als auch zwanzigjährige Jubiläum in der Presse erwähnt (z. B. Tykwer/Beier 2008; Thomann 2018), ist sein Platz (nicht nur) in den deutschsprachigen Anthologien zur Filmgeschichte weithin garantiert, gibt es inzwischen sogar eine Oper von Ludger Vollmer zum Film und wurde erst kürzlich vermeldet, dass für 2021 ein Remake unter dem Titel LOOPA LAPETA aus *„Bollywood“ geplant ist (Schimmelpfennig 2020). Wenn ein Klassiker über seine Brauchbarkeit für nachfolgende Generationen bestimmt wird (vgl. Abraham 2016c, S. 11), dann ist LOLA RENNT ohne Zweifel ein solcher. Für Unterrichtszwecke scheint der Film sogar so brauchbar, dass schon früh und von der ersten Rezeptionsgeneration sein Klassiker-Status festgeschrieben wurde (zuerst von Kepser 2002, S. 44).

Als brauchbarer Film für Lehr-Lern-Prozesse hat LOLA RENNT dann auch einen sehr hohe deutschdidaktische Aufmerksamkeit erzielt (Wagener u. a. 2000; Köppert 2001; Hickethier 2002; Kepser 2002; Anders/Rüsel 2006; Klant/Spielmann 2008, S. 69–71; Pfeiffer/Staiger 2010, S. 210–213; Jost/Kammerer 2012; Kepser 2012b; Wacker 2017). Ob dafür nun der „Markstein der deutschen Kinogeschichte“ (Jost/Kammerer 2012, S. 37), das „Feuerwerk filmischer Gestaltungsmittel“ (Wacker 2017, S. 42) oder die mutmaßliche Berührung einer neuen Epochenschwelle durch den Film (vgl. Whalen 2000) verantwortlich ist, soll hier nicht entschieden werden. Fest steht, dass man mit LOLA RENNT umfangreich Filmbildungsinhalte vermitteln kann.

Demzufolge erhält der Film hier eine Sonderposition und wird in beiden Sekundarstufen eingesetzt. Stehen in der Sek. I (Bausteine 1–4) noch grundlegende Inhalte wie Konflikt-, Figurenanalyse, narrative und dramaturgische Fundamente im Mittelpunkt, so werden in der Sek. II (Bausteine 5–8) tiefergehende Betrachtungen zur Zeitgestaltung angestrebt sowie filmgeschichtliche und philosophische Details des Films beleuchtet.

Folgende **Kompetenzen** werden angezielt:

- ***Film als Symbolsystem***
- Szenen/Sequenzen analysieren
- *Story und Plot differenzieren und erläutern
- Figuren charakterisieren
- Handlungsdramaturgie in einer Collage darstellen
- Musik, Sprache, Schrift und Bild (des Vorspanns) aufeinander beziehen und in ihrer Zusammenwirkung beurteilen
- Unterschiedliche Zeitgestaltungsmöglichkeiten erkennen und in ihren Funktionen erläutern
- Filmsemiotische Erkenntnisse für die Beurteilung der Zeitgestaltung nutzen
- Eine Kameratechnik (Kreisfahrt) wirkungsspezifisch erschließen und in ihrer Bedeutung für den Film erarbeiten

- ***Übergangsbereich zwischen Symbolsystem und Handlungssystem***
- Eine Suspensesituation als organisierte Inszenierungseinheit kennenlernen und in ihrer Struktur erfassen
- Einen Trailer zum Film gestalten
- Vorspann analysieren, seine hinweisende Vorgabe für den Film erkennen

- ***Film als Handlungssystem***
- Filmtheoretische Texte (Semiotik) heranziehen und zur Interpretation der Filmgestaltung nutzen
- Filmgeschichtliche Bezüge erkennen und das Zusammenspiel interpretieren
- Philosophische Korrespondenzen kennenlernen und in ihrer speziellen Nutzung beurteilen

4.4.3.2 Unterrichtsbausteine

1. Baustein: Den Konflikt des Films am Beispiel der Eingangssequenz erarbeiten und filmische Leerstellenangebote füllen

Die besondere Dramaturgie des Films (s. o.) sorgt dafür, dass die Rezipient*innen zügig in den dritten Akt geführt werden: Exposition, Konfliktentwicklung und Wendepunkt sind in einer Sequenz von gerademal fünf Minuten Länge repräsentiert. Es ist also sinnvoll, sich zunächst auf die Vorbedingungen des Spiels zu konzentrieren. Auch lassen sich hier, in der ersten Begegnung mit den Protagonisten, imaginationsorientierte Verfahren integrieren.

Als motivierender Zugang wird der aufrüttelnde **Erzähleinstieg** genutzt. Die Sequenz (0:04:35 – 0:10:20) soll bis zu Lolas Frage, „Was ist denn los?" (0:05:02), gezeigt und dann gestoppt werden. Ein kurzes Filmgespräch über erste Eindrücke wird folglich in formalästhetische Assoziationen und Antizipationen bzgl. des folgenden Films überführt: *Wie unterstützen Musik und Kameragestaltung die Handlungsdramatik? Wie werden die beiden Protagonisten vorgestellt? In welcher Beziehung stehen sie zueinander? Welches Problem ist im kommenden Lösungslauf zu erwarten?*

Im Anschluss wird die **Sequenz komplett** gezeigt und kurz besprochen. *Wie unterscheiden sich die beiden Figuren (durch Haltung und Gestaltung)? Was ist der Konflikt und wie kann er gelöst werden? Wie kam es zu diesem Konflikt?* Diese letzte Frage führt direkt zu einer Betrachtung dramaturgischer und technischer Fragen. Entweder anhand von Filmstills oder über ein Plotprotokoll werden die Stationen des Plots geordnet und in ihrer narrativen Funktion erläutert. Dazu werden Orientierungsmuster wie Zeitverhältnisse, Mediengestaltung bezeichnet und die Plotdetails in eine chronologische Story überführt (Tab. 17). Auf diese Weise gelangen Medien- und Zeitentscheidungen in den Fokus, werden sowohl die Schiebeblende als Orientierungshilfe bei Zeit- oder Erzählerwechsel als auch die Plot-Story-Differenz (vgl. Kap. 2.2.3.1) deutlich. Erklärungen zu den Wirkungen der Varianten und der Differenz von *Story und Plot runden diese Phase ab.

Plotreihenfolge		Zeitverhältnisse	Medium	Story
1	Lola und Manni I	Deckung	Film – Farbe	8
2	Lola/Mopedraub	Raffung, dann Dehnung	Schiebeblende Film – Schwarzweiß	3/2 (L)
3	Lola und Manni II	Deckung	Film – Farbe	9
4	Lola/Taxifahrt und Ankunft	Deckung	Schiebeblende Film – Sw	3/2 (L)

Plotreihenfolge		Zeitverhältnisse	Medium	Story
5	Lola und Manni III	Deckung	Film – Farbe	10
6	Manni/Schieberge-schäft	Deckung und Raffung	Schiebeblende Film – Sw	3/1 (M)
7	Lola und Manni IV	Deckung	Film – Farbe	11
8	Manni/U-Bahn	Deckung, Raffung, Dehnung	Schiebeblende Film – Sw	4
9	Lola und Manni V	Deckung	Film – Farbe	12
10	Manni/U-Bahn 2	Deckung	Film – Sw	5
11	Stadtstreicher	Deckung	Schiebeblende Video – Farbe	6 (auktorial)
12	Lola und Manni VI	Deckung	Film – Farbe	13
13	Stadtstreicher – Ronnie	Deckung und Raffung	Video – Farbe Film – Sw	7 (Manni – Stream)
14	Lola und Manni VII	Deckung	Film – Farbe	14
15	Manni/Ronnie	Deckung	Film – Sw	1
16	Lola und Manni VIII	Deckung	Film – Farbe	15
17	Manni/Ronnie	Deckung	Film – Sw	2
18	Lola und Manni IX	Deckung	Film – Farbe	16

Tab. 17: Protokoll der Konfliktsequenz in Lola rennt

Im Anschluss soll die erworbene dramaturgische Einsicht um eine empathische erweitert werden. Hierfür eignen sich besonders **imaginationsorientierte Textproduktionen**, in denen die eigene Person mit einer Figur verbunden wird. Die im Film zwangsläufig vorkommenden Leerstellen der Figureninnensicht können so individuell geschlossen werden, wobei die zugrundeliegende Filmgestalt dem Schreiben einen Orientierungsrahmen setzt. Christine Köppert (2001, S. 257 ff.) hat hierbei die Geschichte um die Tasche fokussiert, aber auch andere Momente der Sequenz (z. B. Lolas innerer Konflikt, als Manni weint; Mannis Ärger über Lolas Fernbleiben etc.) können zur Vorstellungsformulierung genutzt werden. So wird der Auftrag eines „Minidramas" (ebd., S. 257), inneren Monologs oder einer erlebten Rede von den Schüler*innen erarbeitet. Einige Lösungen werden schließlich in Bezug zur Filmdarstellung gesetzt (durch Bildrepräsentation oder Filmansicht ohne Ton) und vorgestellt. Ein Gespräch über die Lösungen – u. U. auch mit Bezug zur filmischen Gestaltung literarischer Syntax – beendet die erste Einheit.

2. Baustein: Die Hauptfiguren analysieren und charakterisieren – Ästhetische und sprachliche Figurengestaltung wahrnehmen

Der imaginationsorientierte Abschluss der Vorgängereinheit führt zwangsläufig zur genaueren Betrachtung der Hauptfiguren und kann demnach als Einstieg wiederholt genutzt werden. Die Schülerprojektionen sollen nun am Film überprüft werden, der im Vorfeld der Einheit ganz gesichtet worden ist. Nach einem einleitenden Austausch über die Erfahrungen der Schüler*innen bei der Filmansicht wird auf die beiden Hauptfiguren fokussiert.

Im Anschluss an eine assoziative Sammlung zu den Protagonisten werden in einem kurzen Lehrervortrag die Kategorien filmischer Charakterisierung vorgestellt (vgl. Kap. 2.2.3.2). Details der **Selbst-, Fremd- und Erzählercharakterisierung** können fixiert und um Raum- wie Objektinformationen ergänzt werden. Danach wird die Konfliktsequenz neu betrachtet. Die Schüler*innen (nach Schwerpunkten aufgeteilt) notieren sich Auffälligkeiten in Text- und Bildsprache und diskutieren diese. Eine interessante Erzählercharakterisierung ist ja in der Kameradarstellung der Figuren auszumachen. Obwohl beide Akteure in beinahe allen Einstellungsgrößen abgebildet werden, ist Lolas Blickrichtung durchgehend nach vorne gerichtet (rechts aus dem Bild schauend), während Manni gemäß seiner Verwirrtheit aus allen Himmelsrichtungen aufgezeichnet wird (Abb. 174–179). Die Stressresistenz, optimistische Grundhaltung und der Handlungswille Lolas werden somit unterstrichen, das genaue Gegenteil davon scheint ihren Freund auszuzeichnen. Diese Erkenntnisse werden in eine Textproduktion überführt. Dabei sollen die Schüler*innen eine Charakterisierung schreiben und über die tonlose Sequenz sprechen. Im Anschluss werden die Ergebnisse diskutiert.

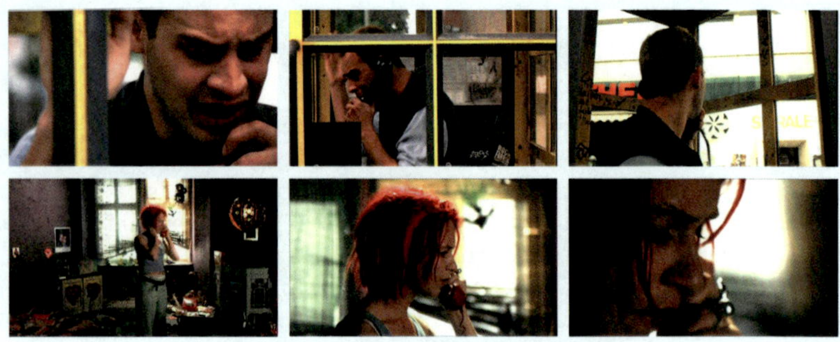

Abb. 174–179: Erzählercharakterisierung Lolas und Mannis in LOLA RENNT

Eine spannende Folgehandlung sind sog. **Backstories** (biografische Erklärungen für Verhaltensweisen, die im Film sicht- und hörbar werden). Häufig werden solche Vorgeschichten, in denen der Lebenslauf der Figuren bis zum Filmbeginn aufgezeichnet wird, zur Orientierung der Produzenten und Schauspieler entwickelt. Auch für LOLA RENNT existieren Backstories (vgl. Töteberg 2003, S. 118–127), was man zunächst am Beispiel einer Nebenfigur verdeutlichen kann. Folgend schreiben die Schüler*innen eine Vorgeschichte von Lola oder Manni und stellen diese abschließend zur Diskussion.

3. Baustein: Filmisches Erzählen am Beispiel des zweiten Lösungslaufes untersuchen - Gestaltung einer Suspensesituation kennenlernen

Die anschließenden Läufe Lolas verdeutlichen den Spielcharakter oder die konjunktivische Dramaturgie des Films (s. o.). Variable Wiederholungen machen den Unterschied im Gleichen deutlich und sorgen für eine Entwicklung bis hin zum Happy-End. Diese Konzeption soll nun exemplarisch am zweiten Lauf (0:33:30 – 0:50:30) untersucht werden.

In einem Unterrichtsgespräch werden zunächst die **Laufstationen der drei Läufe** bezeichnet: immer gleichen Raster der Begegnung bei leichten Veränderungen. Danach bezeichnet die Lehrkraft die damit verbunden Elemente von Bewegung und Zeit und symbolisiert dies über einen Handlungspfeil an der Tafel. Der Pfeil wird schließlich unter Beteiligung der Lernenden chronologisch mit den Stationen ausgestattet, so dass die Schüler*innen eine orientierende Struktur vor Augen haben (Abb. 180). Nach vollständiger Sichtung der zweiten Laufepisode bezeichnen die Schüler*innen die Details der verschiedenen Stationen und

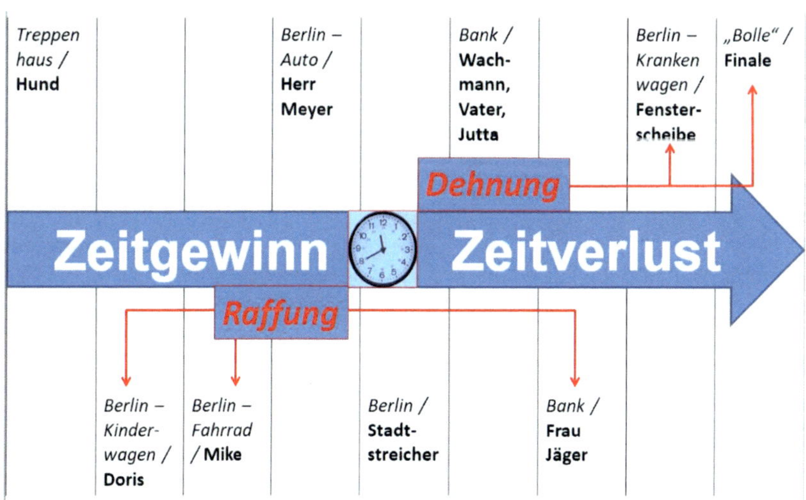

Abb. 180: Handlungspfeil der Laufepisoden in LOLA RENNT

unterscheiden sie inhaltlich von den anderen Läufen. Auffällige **Zeitverhältnisse** wie Dehnung und Raffung können an einzelnen Beispielen thematisiert und in ihren Auswirkungen – extreme Zeitraffung in den *flashforwards* mit komischer, extreme Zeitdehnung in den Zeitlupen mit dramatischer Wirkung – bezeichnet werden. Das Dehnungsbeispiel der finalen Konfrontation bei „Bolle" führt dann über zur Betrachtung der narrativen Besonderheit einer Suspensesituation (s. o.)

Im Anschluss an ein erstes filmanalytisches Gespräch über den dreifach unterteilten Split-Screen (Abb. 155) informieren sich die Schüler*innen zum Bedingungsfeld einer **Suspensesituation** und differenzieren sie von einem Überraschungsmoment.[41] Die Spannungsgestaltung des gesamten Laufs durch Zielvorgabe (Uhrzeit), Erinnerungsdetails (Uhreninserts) und Hindernisse (Stationen des Handlungsverlaufs, Wissen um das Scheitern des ersten Laufs) kann schließlich genau bezeichnet, in einer Tabelle erfasst und auch in einer Spannungskurve abstrahiert werden. Aufgrund der Wiederholungen des 20-Minuten-Laufs könnte abschließend ein Bezug zu Computerspielen gesetzt und Unterschiede wie auch Ähnlichkeiten der Gestaltung herausgearbeitet werden. Eine interessante Transformation wäre auch eine schriftliche Umsetzung der finalen Split-Screen-Gestaltung. Ob die Schüler*innen dies als inneren Monolog Lolas, Mannis oder der Uhr, Erzählerbericht oder als beschreibende Darbietungsanalyse formulieren, könnte zum Abschluss den Austausch mitbestimmen.

4. Baustein: Zur Dramaturgie des Films – Den Film in einer Text-Bild-Collage vergegenwärtigen, einen Trailer gestalten

Mit dem zweiten Lauf ist das Herzstück des Films erreicht. Sämtliche Läufe Lolas kann man als die Akte 3 bis 5 in einer Wiederholungsschleife betrachten, was schließlich im dritten Versuch zum (erwünschten) Happy-End führt. Diese besondere Dramaturgie ist in ihren Verbindungen und Überlagerungen nicht einfach zu bezeichnen und stellt deshalb bei einem Strukturierungsversuch eine Herausforderung dar.

Über bekannte Dramaturgiemuster – z. B. Freytags Dramendreieck, Fields „Paradigma" (Abb. 51) – werden zunächst Begriffe wie Aufbau, Phasen/Akte, Handlung, *Plot Points, geschlossenes und offenes Drama diskutiert und mit der Wirkungsweise in Beziehung gesetzt. Darauf gilt es, eine eigene **Skizzierung des Handlungsverlaufs von LOLA RENNT** in Kleingruppenarbeit zu entwickeln. Zur Orientierung der unterschiedlichen Zeit- und Laufsphären können dabei verschiedene Screenshots (Rückblenden, Haupt- und Nebenfiguren, Geldtaschen, rote Bettszenen, Laufergebnisbilder) ausgedruckt zur Verfügung gestellt werden.

41 Was im Übrigen in Lolas zweitem Lauf sehr gut funktioniert, da sich an die befriedigende Suspense-Auflösung (kein Überfall des Supermarkts) schockartig der Unfall Mannis mit dem Krankenwagen anschließt.

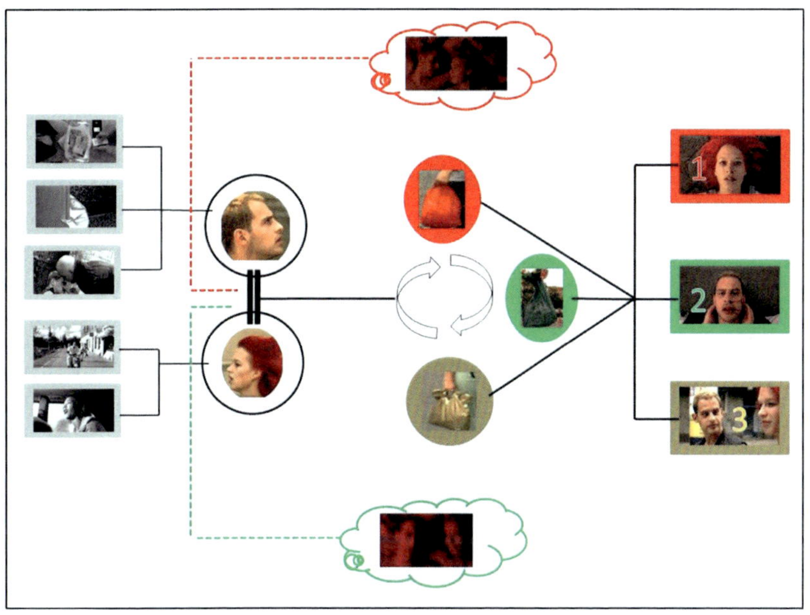

Abb. 181: Mögliche Dramaturgie-Collage zu Lola rennt

Lösungen, wie z.B. die abgebildete (Abb. 181), werden dann mit **Texten ausgestattet**, so dass Linien erläutert, die Zeitsphären benannt, Symbole bezeichnet, die Entwicklungen erklärt werden etc. Da hier eine individuelle Gewichtung von Filmdetails vorgenommen wird, kann die Auswahl zum Austausch über den Film und seine Rezeptionsweisen genutzt werden, was wiederum die abschließende **Erstellung eines Trailers** vorbereitet. Trailer sind als zwar grob orientierende, insbesondere aber werbende *Paratexte gerade im Anschluss an einen dramaturgischen Ordnungsversuch eine gute Form der Transferierung. Nicht alles darf dort gezeigt und verraten werden – die Tendenz des Films sollte aber erkennbar sein. Begründungen zur Auswahl der Filmdetails versprechen also gerade dann fruchtbare Anschlusskommunikationen, wenn die Schüler*innen gezielt Teile der Handlungsdramaturgie als Köder benutzen sollen. Das kann durch schriftliche Beschreibung, Storyboard-Zeichnung oder aber durch eigene Montagearbeit mit Ausschnitten des Films geschehen und wird letztlich im Rückbezug auf die Dramaturgieskizze erörtert: *Wie wird im Trailer die Dramaturgie des Films genutzt und zugleich verschleiert? Auf welchen Schwerpunkt der Handlung wird hingewiesen, welcher verschwiegen? Warum diese Gewichtung?*

5. Baustein: Den Vorspann analysieren – Prinzipien der Vorabadressierung erkennen und in Bezug zum folgenden Film stellen

LOLA RENNT beginnt vor der Handlung mit einem Vorspann, der das Folgende im Bild präsentiert und sprachlich auf eine Metaebene stellt. Der häufig als *Paratext betrachtete Vorspann übernimmt hier deutlich Vororientierungsaufgaben, wenn nicht sogar eine Hauptfunktion innerhalb des Films (vgl. Anders/Rüsel 2006, S. 12 f.; Kepser 2012b).

Am Anfang soll die **Einstiegsmusik „Introduction"** (NQ) bis zu Franka Potentes Halbsatz, „Ich wär' so gern" (ca. 01:13), angehört und besprochen werden. Darin wird ein Streicher-Vierklang zuerst durch eine tickende Stoppuhr, dann durch andere Rhythmusgeräusche und eine Basslinie getaktet. Schließlich beginnt die Stoppuhr zu rasen, eine Basstrommel übernimmt den stampfenden Grundrhythmus des Stücks, worauf Potente alias Lola die Konjunktiv-Wendung formuliert. Nun können Assoziationen zu den Zeit- und Rhythmusvorgaben geäußert, Konjunktive als Zukunftsverweis durch die Lehrkraft thematisiert werden. Eine kurze Hinwendung zur im Eingangssample verwendeten Tondichtung „The Unanswered Question" (Charles Ives, NQ) sollte mit Blick auf den Titel stattfinden und mit einer Hausaufgabenrecherche verbunden werden. Sodann wird der **Vorspann bis zu diesem Zeitpunkt** mit Beobachtungsaufgaben angesehen: *Welche visuellen und auditiven Angebote begleiten die Musik mit welcher Wirkung? Wie erweitern die Bildinformationen die musikalische Vorgabe?*

Danach steht der **geschriebene und gesprochene Text** des Vorspanns im Fokus. Dazu wird zuerst der Film bis zur Minute 0:03:00 betrachtet und dann in eine Analyse der Sprachtexte (Tab. 16) überführt. Als anleitender Schwerpunkt der Betrachtung kann der Begriff „Lebenszeit" an die Tafel geschrieben und in die beiden Kompositionsnomen unterteilt werden. Ersten lebensweltlichen Zuschreibungen schließen sich möglicherweise kleinere Rechercheaufträge zu T.S. Eliot/ „Vier Quartette", zu Herberger-Bonmots, zur Spieltheorie und zu anthropologisch-philosophischen Grundfragen an; man kann aber auch die Bildinformationen Pendel, Uhr, Menschengewusel, Figuren, Wachmann, Ball auf die Textkategorien des Suchens, Fragens und Spielens beziehen und somit das audiovisuelle Angebot miteinander in Beziehung setzen. Das Kreisende, die Wiederkehr des Gleichen, der infinite Regress wird abschließend diskutiert. *Was haben Suchen und Fragen, Ausgangs- und Endpunkt mit der (Lebens-)Zeit zu tun? Inwiefern ist das Leben ein Spiel?*

Letztlich wird der **gesamte Vorspann** (0:00:00 – 0:04:35) gesichtet und auf das bereits Erarbeitete bezogen. Dabei sind die Animationsläufe der gezeichneten Lola schnell als dreimalige Zeitlauf-Komponente mit unterschiedlichen Gefahren zu benennen, auch unterstreichen die Verbrecherfotos der Darstellerpräsentation den Spielcharakter des Films. Dieses Als-ob ist freilich in Teilen ein ironischer Verweis – z. B. auf die tiefgründigen Fragen des Vorspanns –, der zu diskutieren wäre. Der Ausgangspunkt der Analyse, „Lebenszeit", sollte demnach spätestens jetzt um „Lebens- und Zeitspiel" ergänzt werden, was man in einem Abschlussgespräch vertiefen kann: *Wie und zu welchem Zweck werden die filmischen Kategorien Bewegung und Zeit hier auch ironisiert? Warum ist der Terminus „Zeit-Spiel-Film" (Kepser 2002) stimmig gewählt? Was erwartet man jetzt vom folgenden Film?*

6. Baustein: Zum Umgang mit Zeit in LOLA RENNT – Narrative Analyse bestimmter Zeitgestaltungen durchführen und filmsprachlich verstehen

Eine vertiefte Auseinandersetzung mit LOLA RENNT kommt an einer Betrachtung der Zeitgestaltung nicht vorbei. Dass das Medium nämlich Bewegung in Raum und Zeit ermöglicht, ist hier essenziell und wird in jedem Moment der „filmischen Achterbahnfahrt" (Althen) mit großer Experimentierfreude betont. Im Umgang mit der Zeitgestaltung ist der Film dabei sogar allumfassend und besonders ideenreich.

> Die Zeit ist ein Faktor, der mich total fasziniert, natürlich, weil ich Filme mache, weil Filme ja diese märchenhafte Möglichkeit bieten, dass man mit Zeit machen kann, was man will, dass man Zeit dehnen und strecken oder zusammendrücken kann, wie es im Leben ja nicht geht, und wie wir es uns ganz oft wünschen, wie wir es andererseits auch oft wahrnehmen. Zeit ist für mich etwas extrem Subjektives, und die Subjektivität ist für mich das erzählerische Prinzip aller meiner Filme. (Tykwer/Suchsland 1998)

Diese **Aussage Tom Tykwers** soll zu Beginn der Einheit präsentiert und diskutiert werden. *Was ist subjektives Zeitempfinden? Was heißt Zeit dehnen, strecken oder „zusammendrücken"? Und wie geschieht das in LOLA RENNT?* Angesprochen ist das doppelte Zeitgerüst narrativer Texte, was in einem kurzen Exkurs zu Erzählzeit und erzählter Zeit verdeutlicht wird (vgl., auch für das Folgende, Kap. 2.2.3). Über die Präsentation der Begriffe Deckung, Dehnung und Raffung werden die Varianten benannt und möglicherweise anhand einiger literarischer Textauszüge verdeutlicht. In der Folge werden **Zeitgestaltungen des Films** (Tab. 18) an verschiedenen Beispielen präsentiert.

Sequenzen	Zeitverhältnis	Montage/Kamera	Erzählte Zeit	Literarischer Bezug
Manni Vorgeschichte [0:05:58 – 0:07:28]	Deckung, Raffung, Dehnung	Schnitt Zeitraffer/-lupe *Short-Cut* (Tasche)	Vergangenheit (Rückblende) Gegenwart (**Mind-Screen*)	Analepse Ellipse Bewusstseinsstrom
Mannis Gedanken [0:07:30 – 0:07:57]	Raffung und Dehnung	Schnitt *Short-Cut* (Stadtstreicher, Urlaubsziele, Ronnie)	Vergangenheit (**Mind-Screen* – auktorial) Gegenwart (**Mind-Screen* – subjektiv)	Bewusstseinsstrom
Lolas Gedanken [0:10:43 – 0:11:25]	Dehnung	Schnitt **Jump-Cut* („Wer?") *Short-Cut* (Figuren)	Gegenwart (**Mind-Screen* – subjektiv)	Bewusstseinsstrom
Lola rennt [0:12:21 – 0:12:55]	Deckung, Raffung	Schnitt *flashforward* (Doris)	Gegenwart Zukunft (Ausblick – auktorial)	Prolepse Episode
Lola + Manni Finale bei „Bolle" [0:25:10 – 0:26:07]	Dehnung	Split-Screen (Schnitt) Zeitlupe Parallelmontage	Gegenwart (Bild: auktorial, Sprache: subjektiv)	
Lola Übergang zu Lauf 2 [0:33:15 – 0:33:29]	Dehnung und Raffung	Schnitt Zeitlupe **Match-Cut* *Short-Cut* (Tüte – Telefon)	Zeitwechsel (Ende Lauf 1 – Anfang Lauf 2 – auktorial)	Frequenz/ Wiederholung

Tab. 18: Zeitgestaltung in LOLA RENNT

Die Schüler*innen erarbeiten daraufhin in Kleingruppen je ein Beispiel und stellen ihre Erkenntnisse vor. Die Fachbegriffe (Zeitraffer, Zeitlupe, *Short-Cut*, **Jump-Cut*, *flashforward*, Split-Screen, Parallelmontage, **Match-Cut*) werden von der Lehrkraft den Untersuchungen beigestellt und kurz erläutert. Weitere Diskurse zum Umgang mit Zeit im Film sind möglich – eine **filmtheoretische Vertiefung** am Beispiel von Christian Metz' „Syntagmen des Films" (vgl. Kap. 2.3.4.3) ist hier sogar besonders gewinnbringend.[42] Aus den vielen Möglichkeiten wird schließ-

42 So können nach Metz' Terminologie die stetigen Roulettebezüge (Lolas Nachdenken, verschiedene Kreisfahrten, der gezeichnete Croupier, im Casino; vgl. Baustein 8) als *Syntagma der zusammenfassenden Klammerung*, die Wiederholungsläufe als eine

lich eine Besonderheit gewichtet und genauer untersucht: Das kann der **Match-Cut* als Zeitrücksprung oder der *flashforward* als vorausdeutender Zukunftsblick sein. Die nach Bordwell/Thompson (2008) bezeichneten Untersuchungskategorien grafischer, rhythmischer, räumlicher und zeitlicher Relationen (vgl. Kap. 2.2.1.3) können hierbei zur Anwendung kommen und die Montageform verdeutlichen. Dann werden die daraus resultierenden narrativen Informationen (Tab. 18) gemeinsam erarbeitet: *Inwiefern wird hier Zeit sowohl gedehnt als auch gerafft? Muss man beide Gestaltungen als auktoriale Perspektivierung bezeichnen oder ist auch eine personale Lesart möglich?* Abschließend können eigene **Produktionen der Schüler*innen** zu **Match-Cut* und *flashforward* umgesetzt (Zeichnungen, Bildbeschreibungen, Foto-, Filmversuche) und im Rückgriff auf die Stundeninhalte erläutert werden.

7. Baustein: Filmgeschichtliche Bezüge erkennen – Zitate in LOLA RENNT entdecken und deren Mehrwert benennen

Filmgeschichte im Deutschunterricht zu vermitteln, ist schon allein zeitlich eine Herausforderung. Da nun aber LOLA RENNT in vielen Details seine filmgeschichtliche Fundierung thematisiert, ist eine zumindest grobe Sichtung einiger Bezüge anzuraten. Auch und nicht zuletzt, um den Schüler*innen wenigstens einmal die historische Vernetzung von Filmen zu verdeutlichen. Vier filmgeschichtliche Verbindungen (vgl. Kap. 4.4.2.3) sollen in der Einheit verfolgt werden: die Montageform des **Match-Cut* (2001: A SPACE ODYSSEY, 1968), Farbe, Symbolik und *Dolly-Zoom (VERTIGO, 1958), der Rote Hering der Narration (PSYCHO, 1960), die Namensvorgängerinnen der Hauptfigur (DER BLAUE ENGEL, 1930; LOLA, 1981).

Im Anschluss an die letzte Einheit kann am **Beispiel des *Match-Cut** das Prinzip der Beziehungssetzung zunächst verdeutlicht werden. Anhand einiger Beispiele (vgl. Kap. 2.2.1.3, Kasten: Montage [III]) werden zuerst Bedingungen (grafisch, räumlich, zeitlich; s. o.) geklärt und Bedeutungen diskutiert. Der Begriffsnennung folgt dann die Gegenüberstellung der **Match-Cuts* aus 2001: ODYSSEE IM WELTRAUM (0:18:50–0:19:05) und LOLA RENNT (0:33:15–0:33:29). Nach ersten Vermutungen werden die Schüler*innen mit Informationsmaterialien zum Schnitt selbst (Bender/Wulff, 2012; Wikipedia-Seite, NQ) und zum Korrespondenzfilm (Bühler 2018; Kiefer 1995; Wikipedia-Seite, NQ) versorgt, so dass sie die Bedeutung des sichtbaren wie auch unsichtbaren Schnitts erarbeiten können. Ein abschließender Rückbezug auf die Verwendung in LOLA RENNT klärt den Mehrwert des Zitats: *Wie wird die Bedeutung des Zeitwechsels in LOLA RENNT durch Kubricks Knochenflug potenziert?* (Mehrbedeutung) *Übertragen Sie Primaten,*

Form des *parallelen Syntagmas*, die Parallelhandlungen zwischen Lola und Manni als *alternierendes Syntagma*, Gesprächshandlungen als *Szene* und die *flashforwards* als *Sequenzen durch Episoden* bezeichnet werden. Besonders deutlich würde bei der Verwendung von Metz' Gestaltung das chronologische und achronologische Erzählen, das diesen Film eben auch inhaltlich auszeichnet.

Mordwerkzeug und unveränderte Zukunft auf LOLA RENNT*!* (Direkter Vergleich) *Inwiefern ist das Zitat auch ironisch zu deuten?* (Zusatzertrag, Brechung)

So orientiert werden nun Schülergruppen die **Inhalte VERTIGO, Roter Hering/PSYCHO und Namensvorbilder/DER BLAUE ENGEL, LOLA** zugeteilt. Die Gruppen recherchieren zu den jeweiligen Filmen und stellen schließlich ihre Erkenntnisse in einem kurzen Referat vor. Textgrundlagen könnten sein:

a) VERTIGO (1958):
   - Kammerer 2019b, S. 122–124 u. 135–139
   - Kohler 2005
   - Wikipedia-Seite

Inwiefern erweitert das Wissen um VERTIGO *Ihr Verständnis von* LOLA RENNT*? Vergleichen Sie die Rot-Grün-Symbolik, die Spirale, den Einsatz des „Vertigo-Effekts"!*

b) PSYCHO (1960):
   - Kammerer 2015a und 2019b, S. 176–187
   - Jansen 1999
   - Wulff 2012b
   - Wikipedia-Seite

Warum wird der Rote Hering in LOLA RENNT *gewissermaßen doppelt ironisiert? Was ist hier das Geldbündel, die Dusche?*

c) DER BLAUE ENGEL (1930) und LOLA (1981):
   - Sannwald 1995
   - Lacaf 2020
   - Wikipedia-Seiten

Die rennende Lola als Fort- und Weiterführung, Entsprechung und Neuschreibung der filmhistorischen Lolas? Erläutern Sie diese Ambivalenz!

Eine gute Möglichkeit für die Präsentationen oder eine kombinierende Neuproduktion mit Transferleistung sind sog. **Interlinearkommentare**. Die Schüler*innen wählen dabei zu ihrem filmgeschichtlichen Themengebiet einen besonders aussagekräftigen Filmausschnitt aus LOLA RENNT und sprechen ihren Text über den stumm geschalteten Film. In Art und Weise einer Kritik müssen dazu die filmische Auswahlkompetenz und zeit- bzw. inhaltsgenaue Texteinsprechung unter Beweis gestellt werden, so dass direkt am Filmzitat die Anwesenheit des Abwesenden kommentierend verdeutlicht wird.

8. Baustein: Die Kreisfahrt als filmsprachlicher Schlüssel zu LOLA RENNT – Eine Filmtechnik analysieren und in ihrem symbolischen und philosophischen Gehalt verstehen

Die vielen Kreisfahrten der Kamera (Abb. 165–173) sind ein *Leitmotiv von LOLA RENNT und können als Generalschlüssel zum Verständnis des Films betrachtet werden. Eine Analyse dieser Form ist also gerechtfertigt und offeriert ein vielstimmiges Potpourri der Bezugnahme bzw. des Verweises.

Zunächst wird das ästhetische Element anhand einiger Beispiele verdeutlicht – z. B. **360°-Kreisfahrten** aus Filmen der Kameramänner Michael Ballhaus (z. B. MARTHA 1973) und Frank Griebe (z. B. WINTERSCHLÄFER, 1997 oder DAS PARFUM, 2006) oder aber die Kreisfahrt von Robert Burks aus VERTIGO (1958). Das Drehmoment ist schnell entdeckt und kann in Form, Funktion und Rezeptionswirkung bezeichnet werden. Erste Erinnerung zu dem Stilmittel in LOLA RENNT werden abgerufen, dann gesichtet und in einer Tabelle fixiert (Tab. 19).

Zeit	Szenenbeschreibung	Kreisbewegung	Bedeutung
1. 0:10:49 – 0:11:21	Zeichentrick-Croupier schiebt Lola an – drehende Lola – Figuren vor rotem oder schwarzem Hintergrund – Drehung wird langsamer/ Figuren bleiben länger im Bild – Drehung stoppt/„Papa" (schwarzes Feld)	vollständig (360°) und mehrfach; Lola dreht sich langsam mit	Lola als Roulettekessel, Figuren als Zahlen, Leben als (Glücks-)Spiel
2. 0:16:14 – 0:16:45	Manni telefoniert (Geldsuche), kommt aus der Zelle und gibt der blinden Frau ihre Telefonkarte	vollständig (360°)	Mannis Geldbeschaffungsversuch (Freunde) – Mannis Chance (blinde Frau als Mentorin)
3. 0:29:02 – 0:29:15	Polizei kreist die Flüchtenden, Lola und Manni, ein – Manni wirft Tüte mit dem geraubten Geld hoch	ungefähr ¾ Kreis (270°) mit Unterbrechungen (Wiederholung und Gegenschnitt auf Polizei)	Spiel missglückt (oder wird entscheidend unterbrochen)
4. 0:59:40 – 0:59:50	Manni wird von blinder Frau auf Stadtstreicher hingewiesen, verfolgt ihn	ungefähr ½ Kreis (180°) bei Zwischenschnitten	Bezug zu 2. Kugel beginnt zu rollen
5. 1:01:42 – 1:01:51	Lola läuft mit geschlossenen Augen durch die Stadt und wird beinahe von einem LKW überfahren – als sie die Augen öffnet, sieht sie das Casino	Halbkreis (180°)	Bezug zu 1. Kugel beginnt zu rollen

Zeit	Szenenbeschreibung	Kreisbewegung	Bedeutung
6. 1:05:01 - 1:05:15	Spiel 2 im Casino – Lola schreit und wir sehen zwischendurch die rollende Kugel im Roulettekessel	Perspektive der Kugel bei vollständiger Drehung (360°)	Bezug zu 1. Spiel gelingt – Kugel rollt im Kessel und fällt unter der Willensstärke von Lolas Schrei
7. 1:06:52 - 1:07:09	Manni schnappt sich den Stadtstreicher und fordert die Herausgabe seines Geldes	vollständig (360°)	Bezug zu 2. Kugel rollt und fällt – Spiel gelingt
8. 1:10:56 - 1:11:08	Lola kommt an der Kreuzung an und sucht Manni	¾ Kreis (270°)	Bezug zu 1. letzte Gegendrehung des Roulettekessels ‚Lola' – ein neues Spiel?

Tab. 19: Kreisfahrten in LOLA RENNT

Im Roulettesymbol schließt sich gewissermaßen der Kreis, den der Film zu Beginn mit den beiden Schriftzitaten eröffnet hat. Eine Vertiefung der daraus entstehenden Verbindungslinien ist über **Lektürearbeit** und **vergleichende Filmanalyse** leicht möglich (vgl. Kap. 4.4.2.5). Der Bezug zum Spiel, insbes. zum Computerspiel kann erarbeitet werden (vgl. Kammerer 2019a, S. 113–115), philosophische Überlegungen zu Kontingenz (Roulette) und Kausalität (Dominospiel – Läufe) können herangezogen (vgl. Mergenthaler 2006), eventuell Bezüge zu existenzialistischen Fragen herausgearbeitet werden (vgl. Ludewig/Keller 2001). In diesem Sinne kann man auch die roten Zwischenspiele jenseits der Läufe 1 und 2 deuten. Die immer gleiche Frage und Antwort, die der Erzähler zu Beginn anspricht, kreist um das Ich, seine Bedeutung und Anerkennung: Im letzten Lauf scheinen dann alle Selbstzweifel beseitigt. Gleichwohl bleibt die ironische Komponente natürlich auch hier erhalten, was in einem Filmgespräch deutlich gemacht werden kann. *Welche philosophischen Fragen werden in LOLA RENNT angestoßen? Welche Ton-Bilder findet Tykwer für diese Inhalte? Wodurch werden Störungen einer allzu ernsten Beschäftigung erzielt?*

Am Ende können die Schüler*innen nach vielen Stunden LOLA RENNT eine ausführliche **Filmkritik oder einen Filmessay produzieren**. Darin bringen sie die im Verlauf der Unterrichtseinheit gesammelten Erkenntnisse und Erfahrungen zur Sprache und stellen sie den Mitschüler*innen vor. „Alles andere“ wäre schließlich nur „Theorie“ (LOLA RENNT, 0:02:50)!

4.5 Einen Kurzfilm erschließen: GÄNSEHAUT (1993)

Didaktisches Anliegen
Einen Kurzfilm erschließen

Gegenstand
GÄNSEHAUT (R. Laszlo I. Kish, CH 1993)

Zielgruppe
Jahrgangstufen 11 bis 12

Sequenzumfang
4 Unterrichtsstunden

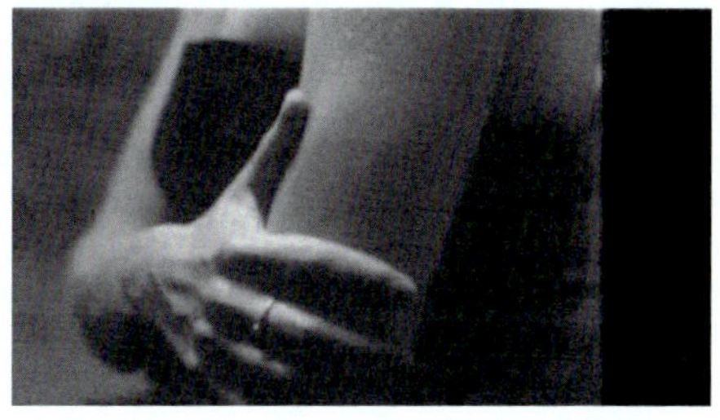

Abb. 182: Gänsehaut in GÄNSEHAUT

4.5.1 Überblick

GÄNSEHAUT führt eine für junge Erwachsene interessante Handlung mit archetypischem Dramapotenzial vor: die nächtliche Begegnung eines Mannes mit einer Frau. Gleichzeitig fällt der Film in mehrerlei Hinsicht aus dem Rahmen verbreiteter Sehgewohnheiten, nämlich als Kurzfilm, der in Schwarzweiß gedreht ist, gänzlich ohne gesprochene Sprache bleibt und kein eindeutiges Ende findet. Um zu Deutungen dieses in hohem Maße bedeutungsverdichtenden und doch -offenen Films zu gelangen, ist es erforderlich, dessen vielschichtige narrative, visuelle und auditive Konstruktion zu erfassen. Vertieft werden die Deutungsansätze durch über das filmische Symbolsystem hinausgehende, explizite wie implizite *intra- und *intermediale Referenzen.

4.5.2 Sachanalyse[43]

4.5.2.1 Inhalt

Ein Mann kommt aus einem Kino und setzt sich an eine Straßenbahnhaltestelle. Es gewittert und regnet. Eine Frau kommt dazu, frierend in einem schulterfreien Kleid. Der Mann macht zaghafte, aber ergebnislose Anstalten, ihr seine Jacke zu überlassen. Man raucht, tauscht einige flüchtige Blicke, spricht aber kein Wort. Als der Mann sich einmal kurz weggedreht hat, ist die Frau fort, gerade am Einsteigen in die Bahn. Der Mann hastet hinterher. In derselben Bahn, aber in getrennten Wagen fahren sie davon. Seine Jacke bleibt im Wartehäuschen liegen.

43 Der Film ist auf YouTube zu finden (Gänsehaut, NQ). Zur Veranschaulichung der folgenden Sachanalyse und besonders für weitere Detaillierungen von Einstellungsgrößen, Kamerabewegungen und Montagen empfehlen wir den von Matthis Kepser 2014 erstellten Audiokommentar (Kepser: Audiokommentar Gänsehaut, NQ).

4.5.2.2 Die filmische Konstruktion (v. a. der Haupthandlung)

Betrachten wir zunächst **in narrativer Hinsicht** die Story bzw. das Verhältnis von *Story und Plot sowie die Figurendarstellung und -konstellation:

Chronologisch und kausal-linear entfaltet sich in einer für den Film unüblichen Einheit des Ortes, der Zeit und der Handlung ein Handlungsdreischritt: Das Hauptdrama im Wartehäuschen hat einen Prolog vor dem Kino und einen Epilog in der abfahrenden Straßenbahn. Die Hauptfiguren sind ein Mann und eine Frau. Der Mann erscheint unauffällig und schüchtern; die Frau, offenbar auf dem Weg von oder zu einer gesellschaftlichen Veranstaltung, fällt dagegen auf und wirkt selbstbewusst: Sie trägt ein elegantes schulterfreies Kleid, markanten Schmuck und ein Tattoo, was in den frühen 1990ern noch viel mehr ein Ausdruck von Unkonventionalität war als heute. Sie raucht und wirft uneindeutige Blicke, in die man Überheblichkeit und Süffisanz, aber auch Interesse und sogar Mitleid hineindeuten kann.

Da man gemeinsam im nächtlichen Gewitterregen gestrandet und auch im Rauchen verbunden ist, wäre zu erwarten, dass der Mann der Frierenden seine Jacke überlässt und sich daraus – nach dem Gebot des erzählerischen Interessantheitskriteriums – etwas ergibt: Eine leidenschaftliche Liebesszene im Wartehäuschen vielleicht oder aber ein zart-seelenverwandtes Gespräch. Das Wiedererkennen alter Schulfreunde mit irgendeiner schönen oder unschönen Vergangenheit. Oder das Auftauchen eines Nebenbuhlers/einer Nebenbuhlerin bzw. die Verkomplizierung zum Motiv der *love triangle*.

Doch nichts dergleichen passiert, außer drei scheiternden Kontaktversuchen: Nachdem der Mann die Gänsehaut auf dem Arm der Frau bemerkt hat (Abb. 182), zieht er seine Jacke aus – legt sie dann aber neben sich. Bevor er sie um Feuer bitten kann, findet er die eigenen Streichhölzer und kehrt zur Bank zurück. Als er ihr die Jacke dann doch reichen will, fällt das Licht im Wartehäuschen aus. Die Figuren bleiben weitgehend passiv und zudem sprachlos. Zwar kommt für den Mann offenbar ein Moment der Umkehr zur Tat- und vielleicht auch Sprechbereitschaft, als er einem Gelächter in der Ferne lauscht (Abb. 194). Doch während er sich umwendet und endlich die Jacke überreichen will, entschwindet die Frau schon in die angekommene Bahn. Das Ende bleibt weitgehend offen.

Die Figuren und ihre (Nicht-)Handlungen geben einige Rätsel auf: Wer ist und wie ist der Mann? Wer ist, woher kommt die Frau? Warum bringt der Mann es lange nicht über sich, die Jacke herzugeben? Welche Gedanken bewegen ihn zum Umdenken? Warum spricht keiner der beiden? Hinweise für die Beantwortung dieser Fragen enthält die **audiovisuelle Gestaltung**, die insgesamt eine verhalten-traurige Stimmung erzeugt:

Zuvorderst wird die dargestellte **Welt mit symbolischer Bedeutung aufgeladen**: Sie ist schwarzweiß und nicht bunt. Es ist Nacht, Wolken ziehen über den Mond. Das Licht des Kinos verlöscht, der Mann muss eine schwarze, trennende Straße überqueren und in das kalte Neonlicht eines Wartehäuschens treten. Zweitens arbeitet der Film suggestiv mit **Einstellungslängen bzw. Schnittfrequenzen und Einstellungsgrößen**: Wie der Mann aus dem Kino kommt und ohne erkennbaren Anlass davor noch verweilt, wird in einer einzigen, fast eine Minute langen Einstellung, d. h. in einer Plansequenz, gezeigt. Über 15 Sekunden lang sehen wir ihn in das Wartehäuschen gehen, über 30 Sekunden lang ihn sich dort einrichten.

Mit dem Auftauchen der Frau steigt die Montagegeschwindigkeit sprunghaft auf acht verschiedene Einstellungen in 20 Sekunden (2:40 – 3:00), ihr Erscheinen bewirkt aber nur zwischenzeitlich Bewegung und Dynamik. Die Detailaufnahme der Gänsehaut auf ihrem Arm aus der Perspektive des Mannes (Abb. 182) macht das Frieren der Frau bzw. dessen Wahrnehmung durch den Mann klar und damit eine unverfängliche Kontaktaufnahme möglich und auch geboten. Dass diese scheitert, wird zweimal dadurch unterstrichen, dass die Kamera ca. 15 Sekunden lang von einer annähernd halbnahen in eine annähernd halbtotale Einstellung zurückzoomt und so die aufkommende Nähe und Bewegung wieder erstarren lässt (Abb. 183–184). Der potenzielle Kontakt verlischt ebenso wie die anschließend in Großaufnahme ausgetretene Zigarette.

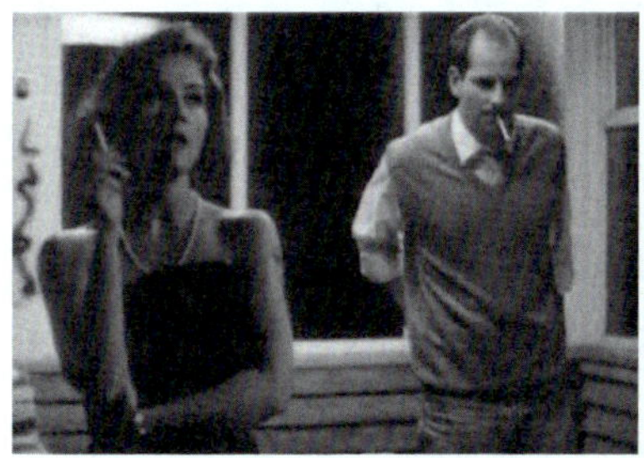

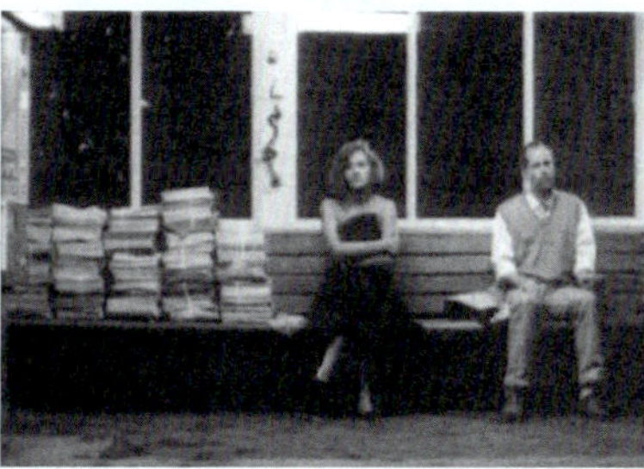

Abb. 183–184: Visuelle Konstruktion von Annäherung und Distanzierung, Bewegung und Erstarrung in GÄNSEHAUT. halbnahe Einstellung und schnellere Schnitte vs. Rückzoom in die Halbtotale (vgl. ähnlich 3:39–3:55)

Visuell ausdrucksstark setzt der Film einen *Plot Point gegen Ende: Dass der Mann ausgelassenes Gelächter in der Nähe nicht nur intensiv wahrnimmt, sondern darüber auch in sich geht, zeigt eine abermals sehr lange Einstellung (06:03), die sein Gesicht zwölf Sekunden lang von nah auf groß heranzieht und dann weitere acht Sekunden lang in der Großeinstellung verharrt. Am Ende dieser Einstellung beginnt der Mann zu lächeln, dreht sich zurück zu der Frau und reicht die Jacke nun endlich in ihre Richtung. Doch zu spät.

Wirkungsvoll unterstreicht der **Einsatz von Musik** (vgl. Kap. 2.2.2.1) das Traurige dieses Geschehens. Jedes Mal, wenn ein Kontaktversuch gescheitert ist, erklingen dieselben sparsamen und elegischen Gitarrenakkorde und werden so zu einem musikalischen ***Leitmotiv**. Dieses erklingt bereits im Vorspann, ein letztes Mal zu hören ist es beim Abfahren der Straßenbahn.

4.5.2.3 Intra- und intermediale Verweise

Das narrativ, visuell und auditiv vielschichtig geformte Geschehen im Wartehäuschen wäre allein schon eine kleine filmische Kostbarkeit. Es zeigt einen Menschen, dem es nicht gelingen will, zwischenmenschlichen Kontakt aufzunehmen. Vertieft wird dieses stille Drama in den Rahmenteilen: Der Mann kommt aus einem im Vorspann bereits ins Bild gesetzten Kino (Abb. 185), welches auch zur Entstehungszeit des Filmes sehr „retro" wirken musste. Es trägt den Namen „Roxy"; Vordach, Eingangstür und Leuchtschilder atmen den Stil der 1950er und 1960er; kein Multiplex auf der grünen Wiese, sondern ein Lichtspielhaus in einem Wohnhaus direkt an einer Straße.

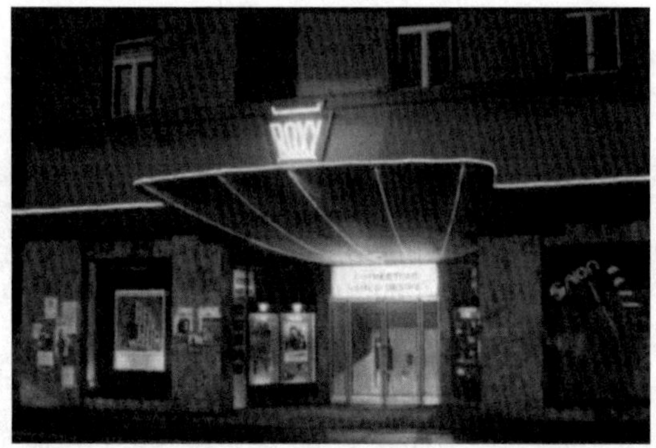

Abb. 185: Retro-Kino in GÄNSEHAUT

Auch die angekündigten Filme sind aus der Zeit gefallen – und doch suggestiv: Im Kino lief offenbar **A STREETCAR NAMED DESIRE** (1951), nach dem gleichnamigen Theaterstück von Tennessee Williams (1947).[44] Der Film handelt von einer fragilen, nicht mehr ganz jugendlichen Südstaatenschönheit, die sich heimat- und mittellos zu ihrer jüngeren Schwester und deren Ehemann nach New Orleans geflüchtet hat. Blanche DuBois (Vivian Leigh) spinnt sich in eine Traumwelt geschönter Erinnerungen und vager Hoffnungen ein; tatsächlich aber liegt ihr

44 Weitere Adaptionen von *A Streetcar Named Desire* entstanden für das US-amerikanische Fernsehen 1984 und 1995. In Pedro Almodóvars Spielfilm ALLES ÜBER MEINE MUTTER (1999) überlagert sich die Handlungsebene des Films mit der des Theaterstücks (vgl. Matlock 2005, S. 262). Woody Allens BLUE JASMINE (2013) übernimmt das zentrale Motiv der aus dem Luxus in die Armut gefallenen, realitätsverträumten Schwester.

Leben in Scherben und insbesondere münden sämtliche Beziehungen zu Männern in Katastrophen. Blanches Ehemann entpuppte sich als „schwach" – seinerzeit ein Euphemismus für homosexuell – und beging Selbstmord; wegen der Affäre mit einem 17-jährigen Schüler verlor sie ihre Arbeit als Lehrerin; von ihrem brutalen Schwager Stanley Kowalski (Marlon Brando) wird sie vergewaltigt; ihr letzter „Verehrer" wendet sich ab, als er von ihrer Vergangenheit erfährt. Im Gegensatz zu jenem unerfüllten und gescheiterten Leben steht das **Filmplakat von Ben Hur**, an dem der Mann nach seinem Kinobesuch vorbeischlendert. William Wylers monumentaler „Sandalenfilm" (1959) erzählt das aktionsgeladene Leben eines Fürsten zur Zeit Jesu Christi. Gegen Zaudern und Zagen stehen hier Abenteuerreichtum, Sinnfülle und Selbstbehauptung eines – passend von Charlton Heston verkörperten – tatbereiten und tatkräftigen Helden.

Wie können diese ***intramedialen Verweise des Films auf andere Filme** bzw. der *intermediale Verweis auf ein Theaterstück gedeutet werden? Die Hauptfigur von GÄNSEHAUT hat sich in die Illusionshöhle des Kinos begeben, um dort ein melancholisches Melodram anzuschauen. Danach lässt sie sich schnell noch Feuer für eine Zigarette geben und hängt der Traumwelt beim Gang entlang der Aushänge noch etwas nach. Doch dann schließt der Cherub die Pforte und die Lichter verlöschen. Der Mann muss zurück über die (Straßen-)Grenze (1:44) in die wirkliche Welt eines kalt ausgeleuchteten Wartehäuschens.

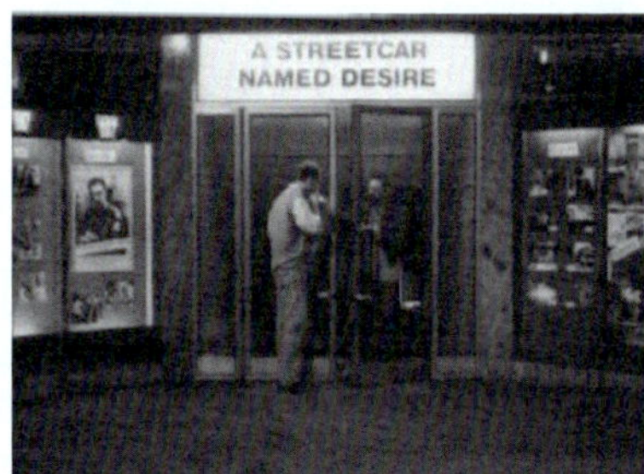

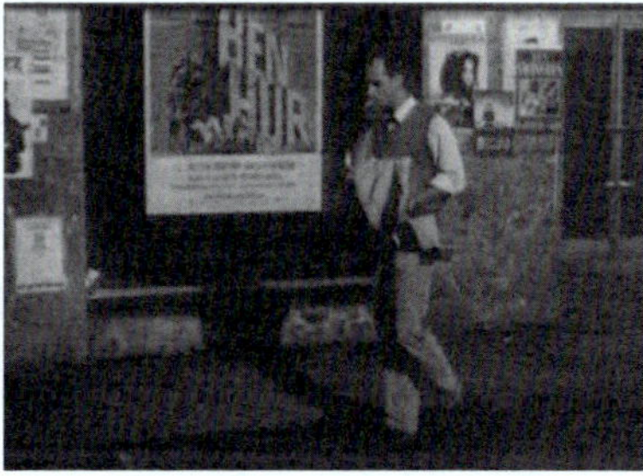

Abb. 186–187: Figurenzeichnung über Verweise auf andere Filme in GÄNSEHAUT

Neben diesen expliziten Verweisen auf andere Filme ist in GÄNSEHAUT noch eine *intramediale **Genre-Anspielung auf den *Film noir*** zu vermerken (vgl. Kap. 2.3.1 und 2.3.3.; Abb. 188–190). Dass die Unbekannte in GÄNSEHAUT entsprechend dem deutschen Titel des Noir-Films DOUBLE INDEMNITY (1944) eine „Frau ohne Gewissen" ist, scheint zweifelhaft. Gleichwohl ruft die schöne, mondäne, rauchende Frau in einer nächtlichen, nur mäßig bzw. in Low-Key ausgeleuchteten Schwarz-Weiß-Welt das Figurenstereotyp der **femme fatale* aus der „Schwarzen Serie" der 1940er und 50er auf – und damit eine glamouröse (Film-)Welt mit verwegenen Kerlen und verruchten Frauen.

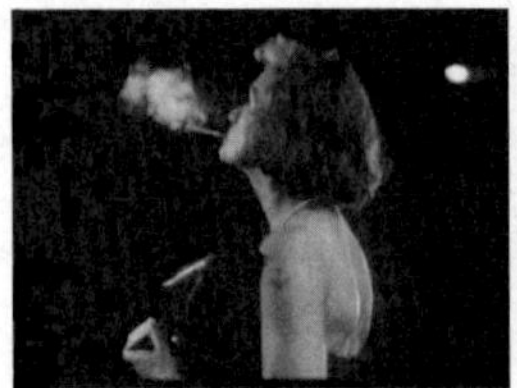
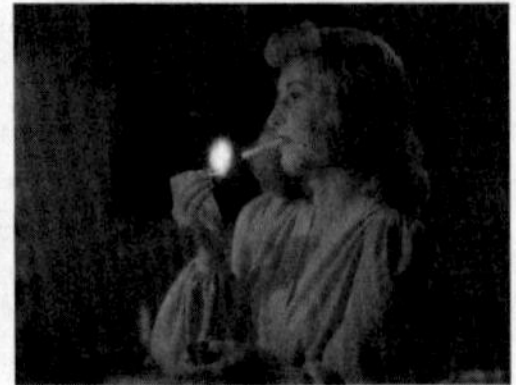
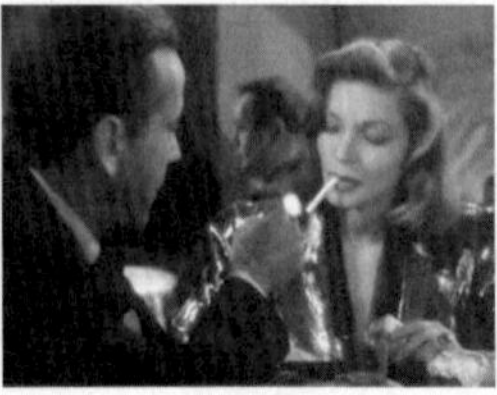

Abb. 188–190: Genre-Anklang an den ***Film noir***:
Rauchende ***femme fatale*** in GÄNSEHAUT, DOUBLE INDEMNITY, THE BIG SLEEP

Die Verweise auf A STREETCAR NAMED DESIRE und BEN HUR sowie die Genre-Anspielung auf den *Film noir* **vertiefen die Charakterisierung der Figur und die Bedeutung der Handlung**: Hier ist jemand, der im Kino und im Film vermutlich ersatzweise sucht, was er im wirklichen Leben nicht hat: Romantik, Poesie, Action und Abenteuer. Die an der Wartestelle wie aus dem Nichts erscheinende Frau ist keine Leinwandfigur, aber alltäglich ist sie nicht – ebenso wenig wie die nächtlich-gewittrige Situation. Hier wäre nun das wahre Leben aus Fleisch und Blut, Nässe und Kälte auf der Haut anstatt der Leinwand. Hier täten sich nun einfache und harmlose Lebensmöglichkeiten auf. Man könnte, im Gegensatz zu Humphrey Bogart und Lauren Bacall in THE BIG SLEEP (1946) (Abb. 190), noch völlig unverfänglich, eine Frau nach Feuer fragen. Und ihr eine Jacke geben.

4.5.2.4 Symbolische Bedeutungen im Epilog

Doch dazu kommt es bis zum Ende nicht. Als der Mann nach seiner Lausch- und mutmaßlichen Erkenntnispause endlich die Jacke anbietet, steigt die Frau schon in die Bahn. Der Mann folgt, endet jedoch in einem anderen Wagen.

Der kurze Epilog lässt vieles offen: Musste der Mann dieselbe Bahn nehmen oder folgt er der Frau nach? Hat er den Wagen der Frau nicht mehr erreicht oder sich bewusst für einen anderen entschieden? Und was passiert, nachdem die Bahn aus dem Bild entschwunden und der Film zu Ende ist? Wird der Mann vor, nach oder mit der Frau aussteigen? Falls Letzteres: Was dann? Wird er sie ansprechen oder *stalken*? Vieles ist denkbar, aber aufgrund der symbolisch aufgeladenen Darstellung ist nicht alles gleich plausibel.

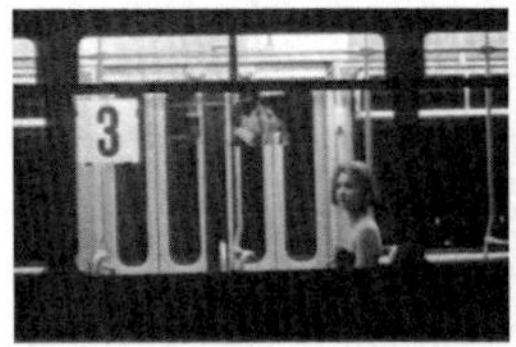

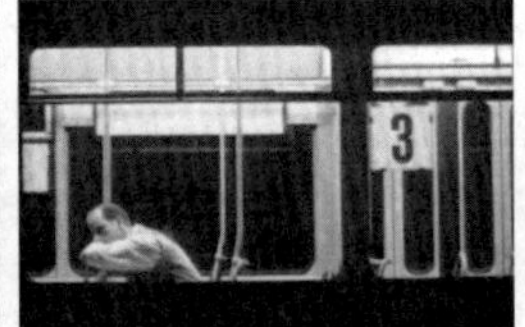

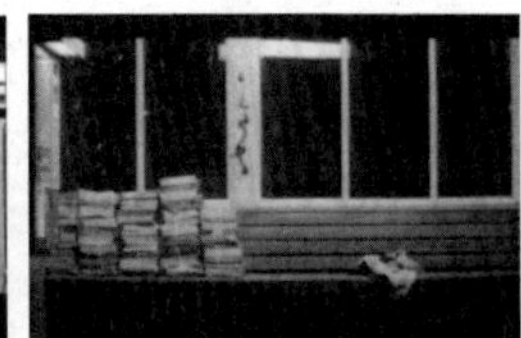

Abb. 191–193: Epilog und Schlusseinstellung in GÄNSEHAUT

Betrachten wir die Abfahrt der beiden Figuren (Abb. 191–193): Ihre Bahn heißt nicht romantisch „Desire", sondern trägt prosaisch die Nummer „3". Die Frau blickt aus dem Fenster, links oberhalb ist – in ironischer Kluft zum Vorangegangenen – das Bild eines Paares zu sehen, das im Begriff ist, sich zu küssen. Der Mann legt seinen Kopf auf die Arme. Die Straßenbahn trägt die Figuren von rechts nach links aus dem Bild, gegen unsere kulturell konventionalisierte Leserichtung und daher eher in einer Rückwärts- als einer Vorwärtsbewegung. Dazu erklingen abermals die verhaltenen Gitarrenakkorde. All dies deutet wenig auf unmittelbar bevorstehende Aktivität und Wendung des Geschehens.

Andererseits legt sich über die Gitarrenakkorde nun erstmals eine kleine Melodie. Und die letzte, lange Einstellung des Films zeigt die Jacke, von der sich zu trennen dem Mann vorher nicht möglich war, die er aber nun zurücklässt im Versuch, die Bahn (und die Frau?) zu erreichen. Den Melodiezusatz und die aufgegebene Jacke könnte man als leisen Hinweis auf künftige Veränderung deuten: „Könnte es sein, dass er mit ihr auch seine Schüchternheit hinter sich gelassen hat?" (Kepser: Audiokommentar Gänsehaut, 13:10, NQ).

Das Filmende öffnet verschiedene Deutungsmöglichkeiten, weitet sie aber nicht ins Beliebige. Es ist unwahrscheinlich, dass der Mann und die Frau einander bemerken und sich an der nächsten Haltestelle in die Arme fallen; ebenso, dass der Mann die Frau verfolgt und sie in einer dunklen Seitenstraße meuchelt. Dagegen spricht die filmische Darstellung.

4.5.2.5 Gattungsbezüge: Kurzfilm und short story

Stellen wir noch zwei Gattungsbezüge her: Rein formal gilt als **Kurzfilm** „jeder Film, der drei Filmrollen bzw. eine Dauer von 30 Minuten nicht übersteigt" (Behrend 2011, S. 396). Wegen technischer Beschränkungen begann die Geschichte des Mediums mit Filmen von weniger als einer Minute Dauer (vgl. Kap. 2.3.3). Während schon in der Zeit des Ersten Weltkriegs abendfüllende Filme möglich wurden, blieb der Kurzfilm im Bereich Trickfilm, Comedy und vor allem Slapstick präsent, z. B. in Produktionen mit dem Komikerduo Laurel and Hardy (dt. DICK UND DOOF) oder in der Serie OUR GANG (dt. DIE KLEINEN STROLCHE). Auch wurde der Kurzfilm schon in den 1920er und 30er Jahren zu einer **Domäne avantgardistischer Filmkunst**, z. B. in Luis Buñuels surrealistischem Experiment UN CHIEN ANDALOU (dt. EIN ANDALUSISCHER HUND, 1929). Im Studio-System des Hollywoodspielfilms war für Kurzfilme aber kaum Platz. Einen größeren Platz nahmen sie, in Deutschland noch bis in die 1970er Jahre, im Kino als sog. Vorfilme zum Hauptfilm ein. Als bedeutsames Kurzfilmgenre trat in den 1980er Jahren das Musikvideo hervor; ebenso wird in Werbefilmen häufig auf knappstem Raum (auch) eine Geschichte erzählt (vgl. Frederking u. a. 2018, S. 187–198). Schließlich lassen sich auch Film-Trailer als Form des Kurzfilms auffassen.

Es ist wesentlich dem Internet zu verdanken, dass Kurzfilme jedweder Art in einem Maße verfügbar, präsent und „viral" wirksam sind, welches sie auf Verbreitungskanälen wie Fernsehen, Kino, DVD niemals erreichen würden. Auch ein Film wie GÄNSEHAUT wäre außerhalb von YouTube wohl nur mit Aufwand verfügbar. An sich besetzen Kurzfilme eher Nischen in der Medienkultur: als Abschlussarbeiten an Filmhochschulen oder als Wettbewerbsbeiträge z.B. für den Deutschen Jugendfilmpreis (NQ), im Spartenfernsehen z.B. dem Programmplatz „Kurzschluss" bei ARTE (NQ) und auf Kurzfilmfestivals wie den Internationalen Kurzfilmtagen Oberhausen (NQ). (Vgl. zum Kurzfilm weiterführend Klandt 2012; Abraham 2013.)

Ein Film in Schwarzweiß, in dem kein Wort gesprochen wird und der sehr offen endet, ist typisch für den künstlerischen Kurzfilm jenseits des kommerziellen Mainstreams. Passend hierzu ist GÄNSEHAUT eine erste Regiearbeit (des TATORT-Schauspielers Laszlo I. Kish), die 1994 auf dem stark Autorenfilm-orientierten Filmfestival in Locarno mit dem Nachwuchspreis ausgezeichnet wurde.

Wenn wir den erzählenden Film als eine Form der Literatur ansehen, so drängt sich bei GÄNSEHAUT ein weiterer Gattungsbezug auf, der zur modernen ***short story***. In dieser im frühen 20. Jahrhundert von Autor*innen wie Virginia Woolf, James Joyce, Sherwood Anderson und Ernest Hemingway etablierten Erzählgattung „werden oft scheinbar belanglose Ereignisse geschildert (*slice of life*), die dennoch von zentraler Bedeutung sind" (Plummer 2007, S. 706). Die Handlung setzt in der Regel ohne Vorgeschichte unmittelbar ein, sie zeigt alltägliche Figuren in zunächst alltäglichen Situationen, die dann jedoch einen besonderen, krisenhaften Zug gewinnen und die Protagonist*innen eine Lebenswahrheit erkennen lassen (*moment of being* bzw. *moment of revelation*), das Ende aber gleichwohl offen lassen. In Deutschland erlebte die *short story* nach dem Ende des Zweiten Weltkriegs im Kontext der sog. Trümmerliteratur eine besondere Blüte durch Autoren wie Ilse Aichinger, Wolfdietrich Schnurre oder Wolfgang Borchert (z.B. „Das Brot", 1946).

Es liegt nahe, dass Kurzgeschichten „den wichtigsten Rohstoff für gute Kurzfilme dar[stellen]" (Schneider 2001, S. 20). Umgekehrt lässt sich GÄNSEHAUT als filmische *short story* begreifen: Die Situation und die Figuren sind alltäglich, die Handlung setzt unmittelbar ein und lässt das Ende offen, und für den Mann könnte der Moment des gebannten Horchens auf das Gelächter in der Ferne ein *moment of revelation*, die gesamte nächtliche Begegnung ein *moment of being* sein, der sein Leben eine wie auch immer geartete Wende nehmen lässt.

4.5.3 Didaktische und methodische Überlegungen

4.5.3.1 Überblick und Kompetenzen

GÄNSEHAUT ist eine Fundgrube für filmische Darstellungsmittel, die kein Selbstzweck, sondern höchst funktional sind. Das menschliche Interesse an Geschichten knüpft sich jedoch zunächst an deren Inhalte, also die Figuren und ihre Handlungen. (Entsprechend werden Erzählungen gerne in *character-driven* und *plot-driven* unterteilt.) Das Interessantheitskriterium gewinnt diese kurze Geschichte weniger daraus, dass etwas, sondern vielmehr daraus, dass fast nichts passiert, ja nicht einmal ein Wort gesprochen wird. Es stellt sich also die Frage, wer die Figuren sind, warum es ihnen nicht wenigstens gelingt, etwas *small talk* zu machen und eine Jacke zu überreichen, und was aus ihnen am Ende wird. Mögliche Antworten auf diese Fragen können nicht lediglich aus dem Was des Gezeigten, sie müssen auch und mehr aus dem Wie des Zeigens abgeleitet werden, das heißt: aus der inner- und kontextuellen Beschaffenheit dieses Films als Film.

Das folgende **Konzept versteht sich als Skizze**, nicht als Blaupause für Unterricht. Eine leitende Idee besteht darin, Inhalt und Form des Filmes als Einheit zu denken bzw. Filmanalyse nie als Selbstzweck, sondern von Deutungsfragen aus zu unternehmen. Eine weitere Leitidee besteht darin, den filmischen Text nicht nur und sogleich in analytische Distanz zu rücken, sondern auch **imaginative Zugänge** und Verstrickungen zu ermöglichen (vgl. hierzu auch Maiwald 2017b, S. 34f.; ebenso Kap. 3). Vorgesehen wären hier vier Stunden, die idealerweise in Form von zwei Doppelstunden mit einer zwischenzeitlichen Hausaufgabenmöglichkeit verfügbar sind.

Folgende **Kompetenzen** werden angezielt:

- ***Film als Symbolsystem***
  - Haupthandlung als Abfolge fehlgeschlagener Kontaktversuche beschreiben
  - Männlichen Protagonisten charakterisieren
  - Frau charakterisieren (Bild der **femme fatale*?)
  - Ende als offenes erkennen und (Weiter-)Deutungen formulieren
  - Symbolwert der Jacke erklären
  - [Dreiteilung der Handlung erkennen]
  - [Raumsymbolik erkennen: Kino – Straße als Grenze – Wartehäuschen]
  - Filmische Konstruktion bzw. Gestaltungsmittel benennen und als sinntragend erkennen (v.a. Schwarzweiß, Plansequenz im Prolog, Einstellungsgrößen und -dauer, Schnittfrequenz; Zoom, Musikunterlegung mit Gitarrenakkorden)
- ***Übergangsbereich zwischen Symbolsystem und Handlungssystem***
  - Genre-Erwartungen (er)klären (ausgehend vom Titel GÄNSEHAUT)
  - *Intra- und *intermediale Verweise beschreiben und in die Deutung einbeziehen (Film-/Drama-Titel A STREETCAR NAMED DESIRE; Filmplakat BEN HUR)
  - Filmgeschichtliche Anklänge an das Genre des *Film noir* reflektieren (Schwarzweiß, Low-Key-Licht, **femme fatale*)
  - Den Film als literarische *short story* beschreiben

- ***Film als Handlungssystem***
- – Um den Film als kulturelle Praxis wissen (vgl. Webportal BEN HUR; Webportal *Film noir*, NQ)
- – [Ein renommiertes Film-Festival kennen (Locarno)]

4.5.3.2 Unterrichtsbausteine

1. Baustein: Genre-Erwartungen bestimmen, die Haupthandlung inhaltlich und formal erfassen

Vor der Rezeption können **Filmerfahrungen inkl. Genreerwartungen aktiviert** werden, wofür sich verschiedene Fragestellungen eignen:

Was für eine Art Film erwartet man unter dem Titel GÄNSEHAUT? Möglichweise nennen die Schüler*innen eine auf der populären Buchreihe *Goosebumps* (= Gänsehaut) von R.L. Stine basierende Abenteuer- und Horror-Komödie, die 2015 in die Kinos kam und 2018 als GOOSEBUMPS 2: HAUNTED HALLOWEEN fortgesetzt wurde. Aber auch unabhängig davon werden die Erwartungen in Richtung Nervenkitzel bzw. Angstlust gehen.[45]

Ein Mann und eine Frau begegnen sich in einer Gewitternacht in einem Wartehäuschen – was passiert, was erwarten wir? Wohin auch immer die Schüler*innen ihre Vorstellungen schweifen lassen, sie erwarten sicher nicht, dass im Grunde nichts passiert und dass die Figuren kein einziges Wort sagen. Das Geschehen in GÄNSEHAUT konterkariert die Antizipationen gründlich. Zwar haben wir ein stimmungsvolles Setting, mit Regen, Gewitter, Wolken vor dem Mond und eine attraktive Frau im schulterfreien Kleid mit Tattoo und Zigarette. Aber dann geschieht: eigentlich nichts.

Naheliegend ist es, die in einer einzigen langen Einstellung als Plansequenz gefilmte Vorgeschichte, in der der Mann das Kino verlässt, zunächst auszusparen, um die hier gesetzten *intra- und *intermedialen Verweise erst später heranzuziehen. Die Präsentation würde dann dort beginnen, wo der Mann sich eine Fahrtkarte zieht (1:55). Fokussiert man so zunächst die **Haupthandlung**, böte sich eine Unterbrechung dort an, wo der Mann symbolträchtig die Zigarette austritt (5:59) oder, vielleicht besser, wo nach dem Hören des Gelächters ein Lächeln auf sein Gesicht tritt (Abb. 194). Dazwischen liegen

a) das Auftauchen der Frau aus dem Gewitterregen (2:40),
b) der erste vergebliche Kontaktversuch per Kleingeld (2:58),
c) das Erblicken der Gänsehaut (per *eyeline match* bzw. Blickmontage, Abb. 182),

45 Ein ebenfalls sehenswerter Kurzfilm mit dem Titel GÄNSEHAUT bedient zunächst und unterminiert dann Genreerwartungen: Bei einem dramatischen Verhör in einem finsteren Keller entpuppt sich die vermeintlich schreckliche Bluttat als Zubereitung einer Weihnachtsgans (R. Lydia Lipphardt, D 2015) (NQ).

d) der erste Kamerarückzoom und die Gitarrenakkorde nach der ausgezogenen, aber doch nicht angebotenen Jacke (3:40),
e) das Aufstehen der Frau zum Rauchen und der Rückzug des Mannes zu den eigenen Streichhölzern (4:25),
f) das wortlose Nebeneinander-her-Rauchen und der das Jackenangebot vereitelnde Stromausfall (4:59),
g) das Wiederangehen des Lichts (5:16) und das Festhalten an der Jacke,
h) der zweite Kamerazoom zurück und erneut die Gitarrenakkorde (Abb. 183 f.).

Nach der Erstrezeption des Hauptteils kann im Plenumsgespräch die zwar spärliche, aber sich doch in erkennbaren Schritten vollziehende Handlung rekonstruiert werden. Ebenso sind erste Eindrücke und Deutungen zu äußern: Wer sind die Figuren? Wo kommt die Frau her? Was hat der Mann in seiner Tasche? Warum gibt es keine Kontaktaufnahme – spätestens beim gemeinsamen Rauchen?

In einem zweiten Rezeptionsdurchgang liegt das **Augenmerk auf der filmischen Gestaltung** der gescheiterten Kontaktbemühungen. Die Schüler*innen notieren, *an welchen Stellen und auf welche Weisen die filmische Darstellung von dem abweicht, was wir als Zuschauer*innen auf einer Theaterbühne sehen würden.* Dieses Verfahren liegt hier besonders nahe, ist doch das Wartehäuschen selbst eine Art Guckkastenbühne, in der sich die Handlung zuträgt und die der Film mitunter im Theaterblick präsentiert (Abb. 184).

Von dieser Einstellung ausgehend, können die **auditiven und visuellen Mehrwerte des filmischen Konstrukts** besonders sinnfällig werden. Anführen ließen sich:

- das Schwarzweiß des zu Sehenden
- verlöschende/ausgetretene Zigaretten in Großaufnahme (2:25; 5:57),
- (Subjektive) Blickmontagen aus der Perspektive des Mannes auf die Frau (z. B. bei deren Auftauchen, auf deren Gänsehaut oder auf die Rauchende, 2:40, 2:50, 3:18, 4:11),
- die nahen bis großen Aufnahmen von den vielsagenden Blicken der Frau (z. B. 3:30, 4:33, 5:34),
- der zweimalige Rückzoom in den ‚Bühnenblick' der Halbtotale (3:40, 5:40),
- dabei jeweils das Erklingen der Gitarrenakkorde,
- unterschiedliche Einstellungen und relativ rasche Einstellungswechsel (4:07–4:45): der Mond, die rauchende Frau nah aus der Sicht des Mannes, der Mann in seiner Tasche kramend, die Frau mit brennendem Streichholz, der Mann auf dem Weg zur Frau und auf dem Rückweg zur Bank, die sich umdrehende Frau, beide halbnah und die Frau zurück auf der Bank.

Idealerweise erfolgt diese (Partner-)Arbeit am Tablet oder Notebook mit individuellem Zugriff auf den Filmauszug (vgl. Kap. 3.2.5). Dann wäre sogar denkbar, dass die Schüler*innen ihr Arbeitsergebnis, mit *Motion Stills angereichert, digital, z. B. in einer kleinen PowerPoint-Präsentation oder in einem digitalen Filmanalysetool vorstellen. (Für diesen Fall sollte nur der entsprechende Ausschnitt vorliegen bzw. von 1:55 bis 6:23 aus dem Video herausgeschnitten werden.) Etwas umständlich, aber zur Not ist die Aufgabe auch durch Mitschrieb während einer kollektiven Rezeption machbar.

2. Baustein: Mögliche Figurenentwicklungen imaginativ ausgestalten, davon ausgehend den Schlussteil deuten

In der Auswertung sollten filmische Fachbegriffe wie Einstellungsgröße (und Beispiele dafür), Zoom und Off-Ton (Gitarre) fallen. Insbesondere sollte ein Austausch über die Wirkungen z. B. des Schwarzweiß, der langsamen Schnittfrequenz, des Rückzooms und der Gitarrenakkorde erfolgen. So kann deutlich werden, dass die Traurigkeit des Geschehens entscheidend durch die **filmische Konstruktion** hervorgerufen bzw. verstärkt wird.

Der Filmausschnitt endet mit der langsam herangezoomten Großaufnahme des am Ende lächelnden Mannes (Abb. 194). Dies ist ein schlagendes Beispiel dafür, dass Filme keineswegs die Vorstellungstätigkeit unterbinden, indem sie alles vorgeben, sondern dass auch Filme Leerstellen öffnen. *Was geht dem Mann in diesem Moment durch den Kopf?*

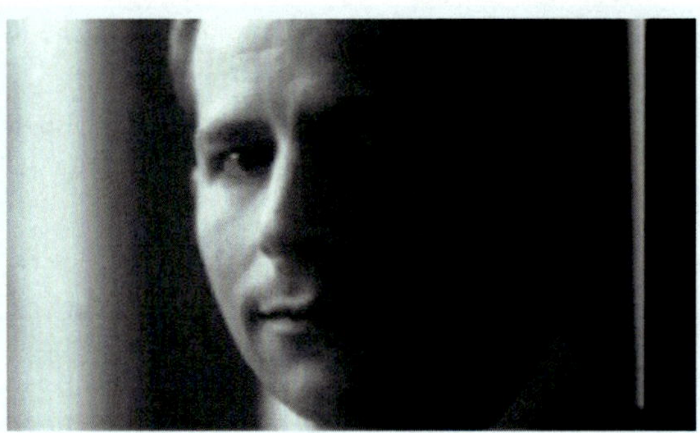

Abb. 194: GÄNSEHAUT: Was geht dem Mann durch den Kopf?

Indem die Schüler*innen eine Gedankenblase imaginieren, wird die Leerstelle konkretisiert: nicht im gerne beschworenen, aber natürlich unseligen „freien Lauf der Kreativität“, sondern in **textgebundener Imagination**. Daher wäre auch nicht alles gleich gültig: „Zuhause mache ich mir noch Rührei“ wäre abseitig und textfern. „Spring über deinen Schatten, gib ihr endlich die Jacke“ wäre naheliegend und textnah. Denn irgendetwas erkennt der Mann hier, etwas geht ihm auf. Dafür spricht, dass er in der Rückwendung zu der Frau seine bisherige Linie verlässt und die Jacke endlich hergeben will.

Der **Schlussteil** des Films verdient weitere Betrachtung. Er sollte gemeinsam rezipiert und gestützt durch einige *Motion Stills (Abb. 186–187, 191–193) beschrieben und gedeutet werden:

Warum ist der Mann in derselben Bahn, aber in einem anderen Wagen?

*Was bedeutet das Wiedererklingen des musikalischen *Leitmotivs, diesmal aber mit Melodiezusatz?*

Was bedeutet die lange gehaltene Schlusseinstellung mit der zurückgelassenen Jacke?

Wie geht es nach diesem offenen Ende weiter?

Weitergehende Fragen:

Was zeigt und was bedeutet die Abbildung links oberhalb der Frau?

Was bedeutet die Fahrtrichtung von rechts nach links?

3. *Baustein: Intra- und intermediale Verweise und Gattungsbezug zur* short story *erkennen (Vorbereitung)*

Für die Erschließung der *intra- und *intermedialen Verweise bereiten die Schüler*innen in Gruppen zu einem der folgenden Begriffe jeweils eine zwei- bis dreiminütige Kurzpräsentation vor. (Dies kann durch häusliche Recherche in den angegebenen Materialien vorbereitet werden.) In den Präsentationen werden die erweiterten Deutungsmöglichkeiten von GÄNSEHAUT durch solche externe Zugriffe deutlich gemacht.

1) A STREETCAR NAMED DESIRE

Materialvorschlag: Wikipedia Endstation Sehnsucht (NQ).

(Mit der Vorgabe, die Inhaltsangabe stark zu raffen.)

2) BEN HUR

Materialvorschlag: Kritik BEN HUR (NQ).

In maximal ironischem Kontrast zur Handlung in GÄNSEHAUT steht auch das monumentale Pathos des dort platzierten Trailers: Dieser setzt mit Blitz und Donner [!] ein und preist dann emphatisch „the spectacle, the excitement, the color, the human drama!" (ebd.)

3) *Film noir* und **femme fatale*

Materialvorschläge:

- Pfeiffer/Staiger 2010, S. 76–78 (wobei S. 78 f. zum „unsichtbaren Schnitt" weniger von Belang wäre)
- Webportal *Film Noir* (NQ): ein privat, aber anspruchsvoll betriebenes Portal, das zudem Film als kulturelle Praxis sinnfällig macht

- Wikipedia-Artikel **femme fatale* (NQ), unter besonderem Augenmerk auf Film/1940er Jahre

4) *Short story*

Materialvorschlag: Spinner: Kurzprosa (1990, S. 10–15, auch NQ).

Hier werden auf knappem Raum die wesentlichen Merkmale der Kurzgeschichte illustriert.

4. Baustein: Intra- und intermediale Verweise und Gattungsbezug zur short story *deuten*

Vor der Rezeption der Eingangsplansequenz von GÄNSEHAUT überlegen die Schüler*innen, *von woher die Figuren in das Wartehäuschen gekommen sind.* Für die Frau lässt der Film dies offen: ein Ball, eine Opernaufführung, ein missglücktes Date, gar ein Escort-Service? Der Mann kommt vielleicht von einer Nachtschicht oder von einer Vereinssitzung? Der gemeinsam rezipierte Filmanfang gibt die Antwort: Er kommt aus einem Kino im „Roxy"-Retro-Look bzw. einem Film mit dem Titel A STREETCAR NAMED DESIRE und von einem BEN HUR-Filmplakat.

Was sagt es über den Mann aus, dass er aus einem Kino kommt? Wieso verweilt er noch an dem Ort? Welche Bedeutung trägt das Licht in dieser Sequenz?

Das Kino ist ein Ort der Unterhaltung, vielleicht ein Hort der Zuflucht vor der Realität. In der dunklen Kinohöhle kann man eintauchen in das helle und bunte Treiben auf der Leinwand. Dass und wie der Mann nach der Vorführung noch verweilt, ist damit erklärbar, dass er den Ort des schönen Scheins noch nicht loslassen will. Er lässt sich schnell noch einmal an der Tür Feuer geben und schlendert dann ziellos an den Filmplakaten entlang. (Ein vorbeikommendes Taxi winkt er weiter, dies kann nicht der Grund seines Verweilens gewesen sein.) Erst als die Beleuchtung verlischt, geht er.

Welche „Botschaft" tragen die ins Bild gesetzten Filmtitel STREETCAR und BEN HUR? Was bedeuten die Film noir-*Optik und der* *femme-fatale-*Anklang? (Wieweit erscheint die Frau als* *femme fatale*?)*

Die zitierten Titel stehen paradigmatisch für den Erzählfilm als „Emotionsschleuder" (Kern 2006): Das Melodrama der zarten, zerbrechlichen Blanche DuBois erweckt Rührung und Mitleid, das Abenteuer des zupackenden Ben Hur erzeugt Atemlosigkeit und Bewunderung. So spannen die *intramedialen Referenzen einen ironischen Kontrast zu dem Mann mit der Jacke im Wartehäuschen auf. Dabei hätte die Situation durchaus dramatisches Potenzial: Es ist Nacht, es regnet, es donnert, die Straßen sind verlassen. Und dann taucht eine außergewöhnliche und attraktive Frau auf, der man ritterlich seine Jacke überlassen und mit der man lässig eine rauchen könnte. Dass dies nicht passiert, ließe sich nun so deuten: Der Mann flüchtet – vielleicht gewohnheitsmäßig? – in die Traum-

und Ersatzwelt des Kinos. In der Realität jedoch bleibt er – vielleicht gerade deshalb? – unfähig zur menschlichen Kontaktaufnahme. Vielleicht kennt der Kinoerfahrene aber **femmes fatales* von der Leinwand und weiß, wohin sie einen womöglich auch in der Realität führen können.

Die einleitende Kinoplansequenz setzt somit ironische Vorzeichen für das Folgende. Mit wenigen, gezielten Mitteln eröffnet sie mögliche, keineswegs aber beliebige Figurencharakterisierungen und Handlungsdeutungen. Von hier aus ließe sich nochmals zum Ende des Films zurückkehren: Kommen die beiden zusammen? Der Audiokommentator Matthis Kepser (2014) mag daran nicht glauben, vor allem weiß er nicht, ob er dem Mann das wünschen soll: „Schließlich zitiert der Film mit der attraktiven Frau in Schwarz die *femme fatale*" (12:46), die männlichen Protagonisten selten ein glückliches Ende beschere. Aber ist sie eine **femme fatale*? Dafür sprechen ihre Attraktivität, ihre Extravaganz, ihr Selbstbewusstsein, ihre nicht ganz eindeutigen Blicke. Andererseits friert sie erkennbar, sucht Blickkontakt – und nähme wohl auch gern die Jacke.

Optional: Warum ließe sich dieser Kurzfilm als filmische short story *bezeichnen?* Mit Spinner (1990, S. 15) wäre GÄNSEHAUT als „Alltagskurzgeschichte" zu kennzeichnen. Dafür sprechen die Kürze, das unvermittelte Einsetzen und der abrupte Schluss, die Verknappung, das Dingsymbol (der Jacke), das Fehlen erkennbarer Erzählerkommentare sowie die Perspektive des „kleinen Mannes".

4.6 Eine Fernsehserie erschließen/Mit dem Intrigenmodell ein dramaturgisches Muster kennenlernen: House of Cards (2013–18)

Didaktisches Anliegen
Eine fiktionale Fernsehserie erschließen

Gegenstand
House of Cards
(S. Beau Willimon u. a., USA 2013–2018)

Zielgruppe
Jahrgangstufen 11 bis 12

Sequenzumfang
6 Bausteine im Umfang von ungefähr 10 Stunden

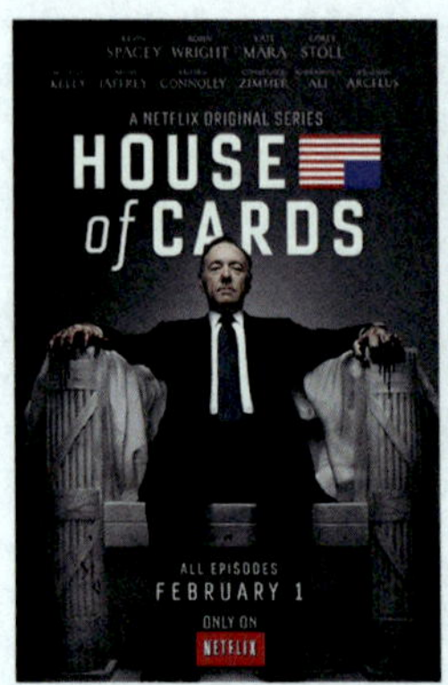

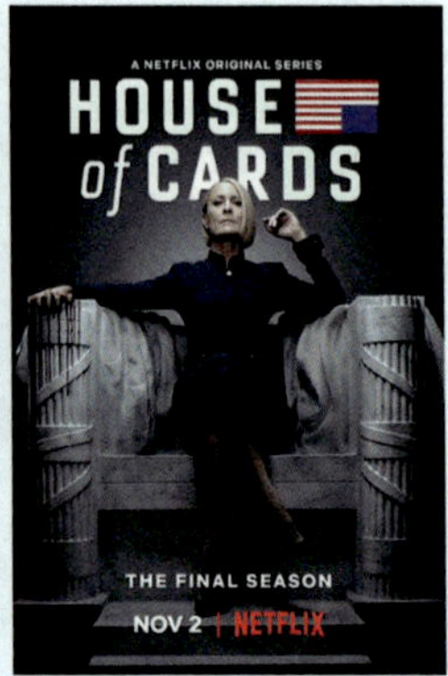

Abb. 195–196: House of Cards: Plakate der ersten (2013) und letzten (2018) Staffel (NQ)

4.6.1 Überblick

House of Cards ist eine Fernsehserie, die den Genres Politthriller und (Melo-) Drama zugeordnet werden kann und zwischen 2013 und 2018 vom Streaming-Dienst Netflix produziert und ausgestrahlt wurde. Die auf einer Romantrilogie von Michael Dobbs (1989–94) basierende Serie – ein aktualisiertes Remake einer BBC-Miniserie aus den 1990ern – zeigt in sechs Staffeln (73 Folgen) den Aufstieg von Frank und Claire Underwood im komplexen Politbetrieb Washingtons. In den ersten beiden Staffeln wird der Weg der Underwoods zur Präsidentschaft Franks, seine Präsidentschaft selbst dann in den Staffeln 3–5 erzählt. Schließlich beerbt ihn seine Frau Claire, indem sie im Finale der fünften Staffel zur neuen Präsidentin der USA bestimmt wird. Jene Erfolgsgeschichte ist gesäumt von jeder Menge Intrigen, falschem Spiel und Vorteilsnahme und kann dabei auch deshalb beeindrucken, da die Zuschauer*innen als Komplizen auf unterschiedliche Weise in die verschiedenen Komplotte eingeweiht werden.

4.6.2 Sachanalyse

4.6.2.1 Inhalt

Frank und Claire Underwood sind das, was man wohl gefühlskalt, manipulativ und machthungrig nennt. Man könnte sie aber auch als zielstrebig, zweckmäßig und gut organisiert bezeichnen. Dieses psychopathische Paar, das im Verlauf der

Serie auch vor gegenseitigen Attacken nicht zurückschrecken wird, möchte aus dem eigenen Leben etwas Großes machen und setzt dafür alle möglichen Hebel in Bewegung, auch gesetzlich wie moralisch verbotene. Während Frank dabei im Kongress als gut vernetzter Mehrheitsführer der Demokraten nahe der präsidialen Machtzentrale operiert, ist Ehefrau Claire die Leiterin einer Wohltätigkeitsorganisation, die nicht unerheblich von den politischen Verbindungen ihres Mannes profitiert. Die zunächst eherne Partnerschaft sorgt unterstützt von etlichen Helfern und Mitintriganten für Franks Aufstieg zum Präsidenten, wodurch auch Claire – zuerst als Botschafterin, dann als Vizepräsidentin – in politische Entscheidungspositionen gelangt. Da die Vorteilssuche der beiden auch vor Morden nicht zurückschreckt, werden die Underwoods schon mal von Gewissensbissen geplagt, aber nie für lange, denn ihre Mission ist eine der Selbstoptimierung und keine der guten Tat. Schließlich stellt sich spätestens nach Franks Tod in der finalen Staffel heraus, dass Claire an kaltem Blut und Gewissenlosigkeit ihrem Mann in nichts nachsteht, ihn vielleicht sogar überflügelt. Durch Unterschlagung seines Testaments und die Ermordung seiner ehemaligen rechten Hand, Doug Stamper, löscht sie die wesentlichen Zeugen ihrer Niedertracht aus und ist nun frei, willkürlich zu herrschen über die Lebenden wie die Toten.

4.6.2.2 Aspekte der filmischen Darstellung

Die Serie HOUSE OF CARDS – ein Beispiel für das sog. „Quality Television" (Robert Thompson) – ist nicht nur im Bereich der Hauptfiguren herausragend besetzt. Die Box-Office-Stars Kevin Spacey und Robin Wright werden von einem Ensemble hochqualifizierter Akteur*innen (z. B. den Oscar-Preisträgern Mahershala Ali und Ellen Burstyn) eingerahmt, was gerade bei einer dialoglastigen Serie nicht ganz unwesentlich für den Erfolg sein dürfte. Denn in HOUSE OF CARDS wird die verbale Intrige zum eigentlichen Schwerpunkt der Handlung und solch falsches Spiel kann auf die Figurenanbindung des Zuschauers nicht verzichten (vgl. zum Folgenden Kammerer 2017).

Die **Dramaturgie der Intrige** folgt nach Peter von Matt (2006, S. 118–121) dem Dreischritt *Planung*, *Durchführung* und *Anagnorisis* (Erkenntnis/Aufdeckung) und benötigt eine *Notsituation*, die den Intriganten über *Zielfantasien* zur Intrige selbst führt. Ab diesem Zeitpunkt sind *Intrigensubjekt* und *-opfer* markiert, werden freiwillige und unfreiwillige *Helfer* rekrutiert und gilt es, mit *verstellter Stimme* zielbewusst zu handeln. *Gegenintrigen* können den Erfolg gefährden und verlangsamen die erhoffte/befürchtete Auflösung. Jedoch bindet so oder so „[d]er Thrill dieser mehrperspektivischen Informationsvergabe – mit komischen wie auch tragischen Folgeoptionen – [...] den Rezipienten an den Text" (Kammerer 2017, S. 48). Jener Intrigenplot ist in HOUSE OF CARDS in jedem Moment präsent. Behutsam wird er in der ersten Folge entwickelt, so dass an deren Ende alle Kategorien erfüllt sind und von dieser Basis aus eine ständige Potenzierung der Schwierigkeiten (oder neuen Chancen) möglich wird. Kein Leerlauf entsteht –

Notsituationen geben einander die Hand – die Underwoods wie auch deren Gegenspieler bleiben hellwach und (pro-)aktiv.

Einen ersten Hinweis auf Kommendes kann man bereits dem **Vorspann** der Serie entnehmen. In einer Form des symbolischen Kommentars wird Washington, D.C. allmählich von Wolken und einem Schatten überzogen, bis es ganz in Dunkelheit liegt. Wenn Sightseeing-Ansichten der amerikanischen Hauptstadt Schritt für Schritt ins Dunkle befördert werden (Abb. 197–200), ist die Mitteilung kaum zu übersehen und in Bezug auf den folgenden Serieninhalt nicht zu ignorieren: Im politischen Machtspiel sind die Schatten wesentlicher als das Licht. Nur die Fassade des Kapitols leuchtet weithin sichtbar – innen aber, im Kongress, ist alles recht dunkel und düster. Solche Verdunklung ist auch bei der Beleuchtung anderer Innenräume, in denen sich politische Entscheidungsträger bewegen, auffällig. Nicht selten wird durch Low-Key-Beleuchtung oder Aufnahmen im Gegenlicht das Erdrückende der Orte und Schattenhafte der Figuren betont. Kostüme in gedeckten Farben erschweren zudem die Differenzierung der politischen Akteure.

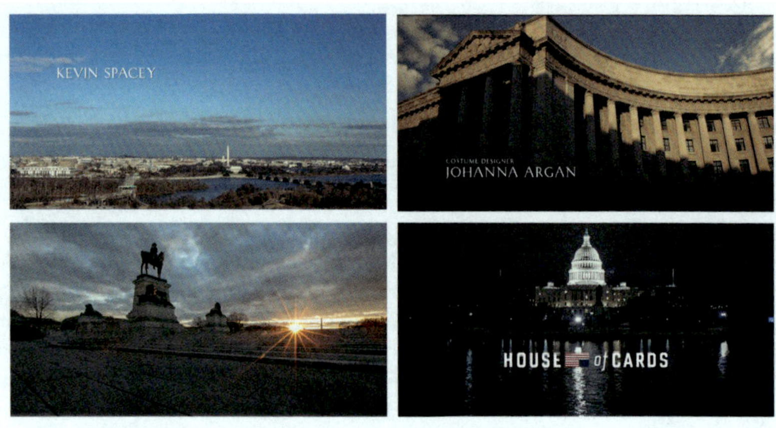

Abb. 197–200: Vorspann House of Cards

Solche Düsternis unterstreicht konsequent das **Welt- und Menschenbild** der Serie. In der Welt der Politik, so wird suggeriert, ist letztlich jeder seinem Vorteil verpflichtet und humanitäres Verhalten nicht zu erwarten. Ganz egal, wer an diesem Spiel um Mehrheiten auch teilnimmt – Journalisten, Lobbyisten, Gewerkschaftsvertreter, Wirtschaftsführer, Schriftsteller etc. –, sie alle sind korrupt, käuflich und von egoistischen Interessen gesteuert. All die anderen, die dem nicht entsprechen, sind Verlierer, welche die Spielregeln nicht beherrschen und deshalb untergehen. Ihre Opfermarkierung ist also eine Folge der Menschlichkeit und Authentizität, was in diesem Umfeld der Maskenträger nur von Nachteil sein kann. Denn hier gilt das Recht des Stärkeren noch ohne größere Einschränkungen und die Underwoods bilden lange Zeit die Spitze jener Selbstoptimierungspyramide.

Für eine Gefolgschaft des Publikums reicht das natürlich nicht aus, im Gegenteil. Um das Publikum zu ködern, wird eine besondere Perspektivierung benötigt, die eine Form der zwanghaften Teilnahme nach sich zieht. Dies gelingt zum einen durch die Fokussierung der Erzählung auf Frank Underwood, zum anderen durch eine besondere Form der Adressierung: **Direktansprachen des Publikums**. Frank (später auch seine Frau und Doug Stamper) schaut immer wieder in die Kamera und spricht direkt mit seinen Zuschauer*innen über das Intrigenspiel (Abb. 201–204). „Dachten Sie, ich hätte Sie vergessen?", fragt er z. B. überraschend nach längerer Abstinenz am Ende der ersten Folge in Staffel 2 (Abb. 202). Natürlich hat man das nicht, denn die inner- wie auch außerfiktionale Allianz ist das Sondermerkmal der Serie und zudem eine Hauptattraktion für das angesprochene Publikum. Wenn also Willi Winkler (2013) darin den Brecht'schen Verfremdungseffekt ausmacht, ist das nur ein Teil der Wahrheit, denn nicht didaktische oder pädagogische Erträge sollen erzielt, sondern eine Integration der Rezipient*innen in ethisch fragwürdige Handlungen möglich gemacht werden. Von einer dokumentarischen Irritation im fiktionalen Setting zu sprechen, ist folglich stimmiger, da durch die Kontaktaufnahme viele Bedingungen des Fiktionsvertrags zwar vorübergehend aufgekündigt, zugleich aber nach Rücksprung in das Spiel wiederum nahtlos erfüllt werden.[46] Der Direktkontakt mit der Figur gibt den Zuschauer*innen einen Einblick in Zukünftiges, erläutert Vergangenes, mitunter auch Gegenwärtiges (Abb. 201 und 203) und zeigt immer die Zielrichtung und Gestaltung der momentan stattfindenden Intrige an.[47] Also wird das Publikum privilegiert behandelt, dabei häufig humorvoll umschmeichelt, so dass eine Spannung am Folgenden entsteht und wohl eine (Teil-)Sympathie mit dem Intrigenmeister nicht zu vermeiden ist. Es ist der Erzählmoment des **Suspense** (vgl. Kap. 2.2.3.3), der hier die Bindung an manche Unmoral erleichtert und erst durch die Brechung der fiktionalen Welt infolge von Direktansprachen möglich gemacht wird.

> Das Böse verliert viel an Angstpotential, wenn sich sein Platzhalter als einziger erklären darf, wenn dessen Sicht der Dinge pointiert und spielerisch klug im Mittelpunkt steht. Dann wird die Intrige zum aufregend funkelnden Unterhaltungselement. Sie wird schön! (Kammerer 2017, S. 52)

---

46 Z. B. die Trennung zwischen Erzählzeit und erzählter Zeit, erzählter Welt und Rezeptionswirklichkeit, die Suggestion einer authentischen Person im Hier und Jetzt der Zuschauergegenwart.

47 Thomas Morsch (2012) spricht hierbei unter Rückgriff auf G. Genette von einer Metalepse: „[e]iner Grenzüberschreitung [...] entweder der fiktionalen Figuren in die Realität oder des Autors in die fiktionale Welt seiner Figuren" (ebd., S. 152) und sieht dies vor allem in seriellen Formaten des Fernsehens als „grundlegende Figur" der Medienselbstreflexion (ebd.).

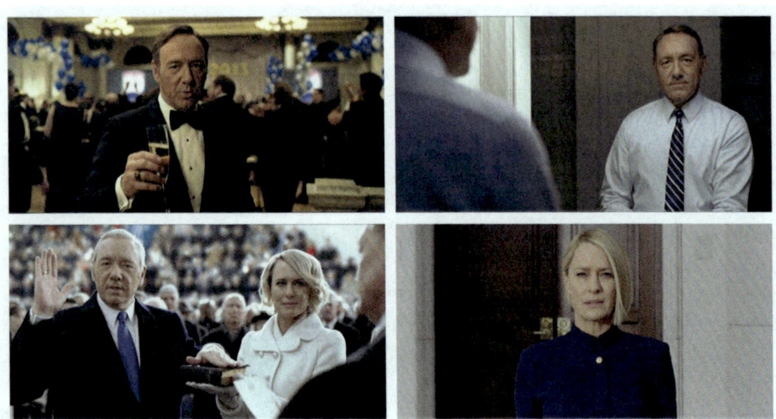

Abb. 201–204: Direktansprachen von Frank (Staffel 1, 2, 5) und Claire (Staffel 6) Underwood

Das kann so ‚schön' freilich nicht bleiben. Eine **Kommentierung** der inszenierten Amoral darf nicht fehlen, erst recht nicht, wenn die Altersempfehlung (ab 12) auch Jugendliche mit ins Intrigenboot zieht. Somit bleiben auf der *Handlungsebene* schlimmstmögliche Folgen des Machtstrebens nicht unerwähnt: Gedungene Helfer wie der Politiker Peter Russo (Staffel 1), die Journalistin Zoe Barnes (Staffel 2), die Gelegenheitsprostituierte Rachel Posner (Staffel 4) und der Schriftsteller Thomas Yates (Staffel 5) werden von den Underwoods selbst oder von Beauftragten ermordet. Weitere Morde folgen und auch dann, wenn die Intrigenhelfer und -opfer überleben können, werden deren psychische Folgeschäden nicht verschwiegen. Zudem erhält der Interessenverbund der Underwoods zunächst kleinere, dann immer größer werdende Risse, so dass die Ehepartner sich im Verlauf der Serie auch gegenseitig bekämpfen. Diese moralische Positionierung durch die Serienmacher, dass man eben die einmal gerufenen Geister nicht mehr los wird und Verbrechen sich nur kurzzeitig lohnt, lässt dann auch dem Betrachter einen kleinen Ausweg. Immer aber nur kurz, weil die Figurenattraktivität der Protagonisten und deren Perspektive schnell wieder zur Gefolgschaft verführen. Zusätzliche ästhetische Kommentare sind neben der bereits erwähnten Licht-, Farbsymbolik sowie dem hinweisenden Vorspann (s. o.) in manchem Requisit, **Mind-Screen*-Sequenzen und musikalischen Hinweisen wahrzunehmen.

Ein recht interessanter Gestaltungsbereich ist in diesem Zusammenhang auch der praktizierte **Schauspielstil der Täter**. Auffällig ist ein mimisch reduziertes, weitgehend negatives Spiel, das man mit eigenen Projektionen füllen kann und soll. Gerade im Fall von Claire Underwood und Doug Stamper wird durch extreme Zurückhaltung eine Einladung für allerlei offeriert: Man sieht, was man sehen will oder angeleitet durch den Perspektivengeber Frank sehen darf. Während auf

Opferseite eine expressive Darbietung der Schauspieler*innen auffällig ist, bleiben die Täter*innen zumeist verführerisch ruhig und gelassen. Aufnahmebereit für den Zusehenden und seine Emotionen. Natürlich wirkt hier zum einen der Kuleshow-Effekt (vgl. Kap. 2.2.3.3) und ermöglicht eine Art der Teilnahme. Zum anderen ist das aber auch eine Form der Publikumsentlarvung, da man eben doch bei den Tätern bleibt und vielleicht zu relativieren beginnt, was nicht zu relativieren ist. Es ist „der Honigsaum der Intrigenpräsentation" (ebd., S. 50), der solches ermöglicht und dem bei einer Serienumsetzung wie der von HOUSE OF CARDS nicht zu entkommen ist.

4.6.2.3 Gattungs- und Genrebezüge: Serie

Serielles Erzählen ist ein jahrhundertealtes Prinzip gestaffelter Information zur Herstellung einer thematisch wie inhaltlich gebundenen Geschichte. „Seriell erzählt wird vermutlich, seitdem überhaupt erzählt wird" (Fröhlich 2018, S. 6). Dabei gilt es, einen weiten Erzählbogen in Darbietungsetappen so zu vermitteln, dass „zwei oder mehr Teile" entstehen, „die durch eine gemeinsame Idee, ein Thema oder ein Konzept zusammengehalten werden und in allen Medien vorkommen können" (Weber/Junklewitz 2008, S. 18).

Im Medium Film ist das Serienprinzip nicht zuletzt auch mit Blick auf die Kosten Nutzen-Rechnung ein überzeugendes Argument. Die „stabilisierende und bewahrende Funktion" des Seriellen durch „Befestigung des Immergleichen" (Hickethier 2011, S. 649) ermöglicht „Fixpunkte und Strukturen [...], an denen sich die Aufmerksamkeit der Rezipienten dauerhaft anlagern [kann]" (Frederking u. a. 2018, S. 178). Bekannte Identifikationsfiguren und Figurenkonstellationen, interessante Themengebiete und Konflikte, ein vertrautes Dramaturgieschema etc. sorgen für Gefolgschaft der Zuschauer*innen, so dass ein anhaltender Zuspruch wahrscheinlich wird und Erträge abzuwerfen verspricht. Und auch wenn im Bereich des Spielfilms das Serielle nicht unbekannt ist – man denke etwa an langlebige Reihen wie JAMES BOND (seit 1962), STAR WARS (seit 1977) und FAST AND FURIOUS (seit 2001) –, ist das eigentliche Medium der Serienproduktion das Fernsehen. Zum einen deshalb, weil dessen „periodische und serielle Angebotsstruktur" (Hickethier 2001, S. 197) ohnehin zu längerfristig wirksamen Musterformen neigt, zum anderen aber, weil die damit erzielte Orientierungssicherheit (nicht zuletzt durch den fixierten Sendeplatz) ein wesentliches Kriterium der Zuschauerbindung ist. Serien, Reihen und wiederkehrende Formate im TV sind keine hundertprozentige Garantie für gleichbleibende Zuschauergruppen, aber auch keine willkürliche Messlatte: Beständigkeit beflügelt Beteiligung.

Fortsetzung und Reihung kann man nun nicht als Genrebedingungen bezeichnen, eher als die Organisationsbesonderheiten im Umgang mit Geschichten, die allerdings durchaus z. B. dem Kriminal-, Western-, Science-Fiction oder Komödiengenre entstammen können. Die intertextuellen Bezüge solcher Seriengenres sind also vergleichbar mit denen von Spielfilmen. Mit Mikos (2001, S. 228) sehen wir darum das serielle Moment als ein übergeordnetes **Gattungsphänomen** mit unterschiedlichsten medialen Ausprägungen (vgl. Mikos 2003, S. 252). Tatsächlich ist ein Mehrteiler nicht dasselbe wie eine Reihe und eine Daily Soap anders gelagert als eine Sitcom (vgl. Hickethier 2001, S. 198–200; Frederking u. a. 2018, S. 176 f.). Bei aller Variabilität sind es aber streng genommen nur zwei Organisationsprinzipien, die das Serielle prägen (vgl. Hickethier 2011, S. 648; Fröhlich 2018, S. 10 f.):

1) *series*: Episodenserien mit abgeschlossener Handlung innerhalb einer Folge (z. B. THE SIMPSONS, BLACK MIRROR – vertikales Erzählen), und
2) *serials*: Fortsetzungsserien mit fortlaufenden Handlungssträngen (z. B. LINDENSTRASSE, BREAKING BAD, HOUSE OF CARDS – horizontales Erzählen).

Somit steht auch nicht der Regisseur oder die Regisseurin der jeweiligen Folge bei einer Serienproduktion im Fokus, sondern der kreative Kopf des sog. **Showrunners** (oder Creators), der für die Drehbücher und das ästhetische Konzept verantwortlich zeichnet und zumeist als ausführender Produzent die Dreharbeiten begleitet (vgl. Kratzenberg 2018). Insbesondere bei Fortsetzungsserien werden von ihm verschiedene Handlungseinheiten, -räume, Figurenkombinationen nach den Regeln der Spannung aufgebaut, erweitert und miteinander in Beziehung gesetzt. Eine dramaturgische Besonderheit solcher Serien ist der sog. **Cliffhanger**. Dabei wird am Ende einer Folge ein Spannungshöhepunkt platziert – ein Protagonist hängt (wörtlich oder im übertragenen Sinne) an einer Klippe über dem Abgrund –, der erst in der kommenden Folge aufgelöst wird und so die Zuschauer*innen besonders verpflichten kann (vgl. Fröhlich 2018, S. 13). Diese enge Beziehung zum Publikum ist auch in anderer Hinsicht ein besonderes Serienmerkmal. Serien wollen Teil der Lebenswirklichkeit der Betrachter*innen sein, sie zur **rituellen Rezeption** (ver-)führen und so auch eine Art der „parallelen Welt" anbieten, in der die jeweilige (Lebens-)Welt der Zuschauer*innen eine Rolle spielt (vgl. Hickethier 2011, S. 650). Aktualität im Sinne einer im Hier und Jetzt relevanten Handlung sorgt dann dafür, dass z. B. in historischen Serien Geschlechterbilder, Verhaltensweisen, Lösungsversuche angepasst werden, damit das Publikum andocken kann. Diese Adaptionen sind aber von Bedeutung: „Rückkopplung zwischen Diegese und Alltag" (Kelleter 2012, S. 24) ist ein wesentliches Prinzip der Seriennarration, „weil kommerzielle Produzenten ein selbstverständliches Interesse haben, den Geschmack ihrer Kunden zu ermitteln, und [...] Konsumenten ihrerseits daran interessiert sind, geschmacksmäßig bedient zu werden" (ebd., S. 24 f.). Somit ist das ökonomische Motiv der Serienerzählung ebenso wenig auszublenden wie ihr suchtförderndes Potential bzw. die motivierte Alltagsintegration. Es entsteht ein sich gegenseitig bedingender Interessenverbund.

HOUSE OF CARDS ist in diesem Zusammenhang ein repräsentatives Beispiel. Als erste Netflix-Serie ist es aber auch mitverantwortlich für eine kleine Medienrevolution bezüglich serieller Unterhaltungssegmente. Waren Filmserien vor nicht allzu langer Zeit noch ein Hauptprodukt der nationalen Fernsehanstalten (lineares Fernsehen) mit festen, meist wöchentlichen Ausstrahlungsterminen, so haben sich innerhalb nur weniger Jahre die Produktions-, Distributions- und Rezeptionsbedingungen rund um die Gattung grundlegend verändert. **Video-on-demand**- und **Streaming-Anbieter** wie *Prime Video* und *Netflix* wagten sich ab den 2010er Jahren in die Produzentenrolle und wurden zügig zu Marktführern einer Entwicklung von Fernsehen, die die Freiheit des Filmzugriffs zu jeder Tageszeit garantiert. Diese Liberalisierung macht auch das kontinuierliche Schauen ganzer Staffeln möglich, die am Stück im sog. **Binge Watching* rezipiert werden können. Dabei ist durch das Online-Angebot das Endgerät nicht mehr auf den Fernsehapparat limitiert. Jede Hardware mit Internetzugang und entsprechender App lässt sich inzwischen zum (auch mobilen) Fernsehen nutzen. Solcher Wandel der **Distribution** hatte Folgen für die **Rezeption** der Angebote – und dies bei mancher literarischen Berührung. Denn durch die ununterbrochene Ansicht einer ganzen Staffel wird quasi ein Film mit Überlänge wahrgenommen, der zwar deutlich seriell strukturiert ist, aber letztlich doch dem Roman näher kommt als jeder Spielfilm – und möglicherweise sogar dem Roman in unseren Tagen erfolgreich Konkurrenz machen kann: „Serien knüpfen an die großen Gesellschaftsromane des 19. Jahrhunderts an, an Balzac, Dickens oder auch Dostojewski. Sie liefern Milieustudien und schaffen eine Neuauflage des bürgerlichen Trauerspiels" (Herbold 2018). In gewisser Weise steht also die Fortsetzungsserie des Fernsehens in der Tradition des (Fortsetzungs-)Romans vergangener Tage. Und vielleicht ist es ja auch so, dass der episch breite, vielschichtige und dennoch konzentrierte Zugang filmischer Serienproduktion eine besondere Fähigkeit des Mediums ist, die heutzutage in (Gesellschafts-)Romanen nicht mehr mit derselben Effizienz umgesetzt werden kann. Eventuell finden „die **großen Erzählungen des 21. Jahrhunderts**" gar „nicht mehr zwischen Buchdeckeln, sondern **auf dem Bildschirm** statt" (ebd.; Herv. IK/KM). Ganz gleich, denn so oder so sollte sich der Deutschunterricht angesprochen fühlen.

4.6.3 Didaktische und methodische Überlegungen

4.6.3.1 Überblick und Kompetenzen

Nach der JIM-Studie 2019 (vgl. Feierabend u.a. 2020) zum Umgang der 12- bis 19-Jährigen mit Medien sehen ungefähr 76 % der Jugendlichen täglich oder mehrmals pro Woche fern, wovon in etwa 55 % ausgiebig Streaming-Dienste nutzen (vgl. ebd., S. 14). Hierbei sind Serien als Unterhaltungsformat sehr beliebt: Animes, Dokusoaps, Sitcoms und Krimiserien werden von den Jugendlichen bevorzugt angeschaut (vgl. ebd. S. 36). Netflix als Internet-App zur Film- und Seriennutzung ist dabei dem Branchenführer YouTube dicht auf den Fersen, kann sogar die Video-Plattform in manchen Altersgruppen (18/19-Jährige) bereits hinter sich lassen (vgl. ebd., S. 37). Kurzum: Jugendliche kennen Serien, nutzen sie häufig und haben von daher eine aus Erfahrung genährte Serienkompetenz, der es möglicherweise nur an Ordnung, Kategorisierung oder Begrifflichkeit fehlt.

Eine Serie wie House of Cards mit insgesamt 73 Folgen zu jeweils ca. 50 Minuten kann nun nicht, wie es bei Spielfilmen in der Regel gefordert wird, komplett im Unterricht gesichtet werden. Das ist aber kein Ausschlusskriterium. Da die Vertrautheit und Gefolgschaft der Rezipient*innen hauptsächlich durch die Wiederholung gleichbleibender Orientierungsmuster bewirkt wird, kann anhand weniger Folgen das verdeutlicht werden, was für die TV-Gattung relevant ist. Dieses Reduktionsprinzip wird im Folgenden durch die Konzentration auf die erste Folge der Staffel 1 erfüllt. Zumeist wird in dem auch Pilotfolge genannten Einstieg das Prinzip der Serie in vielen Teilbereichen verdeutlicht und die Fortsetzung der Rezeption motiviert. Ein Themenzugang ist hier also auch rezeptionspsychologisch gut zu begründen.

Petra Anders und Michael Staiger (2016, S. 10–18; 2019, S. 182f.) haben zum deutschdidaktischen Umgang mit Serienformaten einige Vorschläge gemacht, denen wir in vielen Details zustimmen. So sind die bekannten Genremuster Wiederholung und Variation für die Texterschließung von besonderer Bedeutung, gibt es gerade im Zusammenhang mit der Seriendauer gute Optionen zur Reflexion des eigenen Rezeptionsverhalten und können auch soziale und kulturelle Folgen resp. Bezüge am Beispiel der Serienrezeption verdeutlicht werden (vgl. ebd.). Eine besondere Konzentration wollen wir neben dieser **filmischen und rezeptionsästhetischen Analyse** von House of Cards aber auf die dort auffälligen **literarischen Bezüge** lenken und anhand des **Intrigenplots** einige Bedingungen des Erzählens an sich fokussieren.

Folgende **Kompetenzen** werden angezielt:

- ***Film als Symbolsystem***
- Szenen/Sequenzen analysieren
- Protagonisten charakterisieren (direkt und indirekt)
- Technik der Direktansprache/Publikumsadressierung formal und narrativ erschließen
- Eigene Positionierung durch narrative Gestaltung erfassen

- ***Übergangsbereich zwischen Symbolsystem und Handlungssystem***
- Begleittexte/*Paratexte in ihrer Wirkung beschreiben und antizipativ nutzen
- Intrigendramaturgie (der Literatur) erschließen und an einer Serienfolge anwenden
- Suspense und Komik als genrespezifische Gestaltungsmuster erkennen
- Literarische Figurenvorbilder kennenlernen; Variationen und Analogien benennen
- Direktadressierung filmgeschichtlich betrachten und theoretisch erörtern
- Gattungsbesonderheiten der Fernsehserie bezeichnen

- ***Film als Handlungssystem***
- Wandel des Fernsehmarktes kennenlernen
- Popkulturellen Nachhall einer Fernsehserie beurteilen
- Partizipationsmuster der Serienrezeption beispielhaft erfassen und selbst anwenden

4.6.3.2 Unterrichtsbausteine

1. Baustein: Begleittexte sichten, ihre Wirkung beschreiben und Bedeutungen für die Serie antizipieren

Begleittexte sollen einen ersten Zugang zum Thema ermöglichen und werden der *paratextuellen Umgebung der Serie (Plakat, Trailer), der Serie selbst (Vorspann) und möglicherweise auch der Serienrezeption (Filmkritik) entnommen. Leitgedanke ist, dass Werbemaßnahmen, der Vorspann und eine journalistische Kritik ein bestimmtes Bild des zu Erwartenden formulieren und doch nie die ganze Wahrheit vermitteln können. Immerhin aber geben sie so viel Information, dass Interesse geweckt wird, was auch für die Reflexion eigener Bedürfnisse genutzt werden kann. So wird die Antizipation des Kommenden angeregt, bevor man zur eigentlichen Serienbetrachtung übergeht, was in Bezug auf die Rezeptionssituation ein üblicher Weg der Vororientierung ist.

Zu Beginn sollen die **Plakate** der ersten und letzten Staffel (Abb. 195–196) betrachtet und auf das Vorbild der Statue im Lincoln Memorial (Washington, D.C.) bezogen werden. Die laut dortiger Inschrift „auf ewig festgehaltene Erinnerung an Abraham Lincoln" in Folge seiner Bedeutung für den Einigungsprozess der USA wird von seinen spaltenden Erben in Anspruch genommen, wenn auch das direkte Zitat durch die Blutlinien über den Fasces (Rutenbündel) auffällig kommentiert ist. Neben der verweisbewussten Bildbeschreibung sollten Wirkungen der Aufnahmen – Untersicht, direkter Blickkontakt, Körpersprache der Thronenden, Blutlinie – besprochen und Erwartungen in Bezug auf die Serie diskutiert werden. Darauf wird der **Serienvorspann** (Abb. 197–200) eingespielt. In ihm legt sich (s. o.) ein Schatten über Washington, D.C., was über allgemeine Stadtansichten und symbolträchtige Details repräsentiert wird, wie z. B. Lincoln Memorial, Kongress, Washington Memorial, Grant Memorial, World War II Memorial, Ronald Reagan Building, John Marshall Monument – interessanterweise fehlt das Weiße Haus. Die Aussage kann vielfältig gedeutet werden, kaum aber im Sinne von Transparenz und Aufklärungswille. Die Stadtansichten werden zu Metonymien für amerikanische Geschichte und die unsichtbaren Politiker*innen, die den weiteren Verlauf der Geschichte mitentscheiden. Der dabei häufig im Bild platzierte Kongress strahlt als Ort der Legislativgewalt demokratische Stärke aus, die es nach Ansicht der Serie neu zu bemessen gilt. Schüler*innen können nun kleinere Rechercheaufträge zu den ausgestellten Orten und ihren Bedeutungen erhalten und anschließend ihre Ergebnisse vorstellen. Danach werden der fokussierte Hell-Dunkel-Kontrast und insgesamt die Ästhetik des Vorspanns diskutiert und in Bezug zu den Erkenntnissen aus der Plakatanalyse gestellt. *Worum wird es in dieser Serie gehen? Wie lassen sich die ‚neuen Lincolns' mit diesem Vorspann erklären? Welche Wirkung erzielt die musikalische Begleitung?*

Schließlich wird der **Trailer** zur fünften Staffel (NQ) eingespielt, zunächst ohne Ton. Die schnelle Montage stellt eine Form der Action-Serie in Aussicht, die zwar nicht eingelöst wird, gleichwohl aber spannende Auseinandersetzungen in der politischen Fiktion verspricht. In einem kurzen Filmgespräch werden sowohl Inhalte (Wut, Proteste, Brutalität, Kampf, politische Bühnen, Maskenspiel der Akteure ...) als auch die *leitmotivische Partnerschaft der Protagonisten (Auftritt als Paar, händchenhaltend, mit Gläsern anstoßend, in der Schlusseinstellung beieinanderstehend) diskutiert und Erwartungen antizipiert. Im Anschluss wird der komplette Trailer gezeigt. Auf der Tonebene bekommt das Assoziativ-Wilde des Visuellen einen ruhigen Kontrast zur Seite gestellt, wenn im *Voice-Over Frank Underwood folgenden Text entspannt vorträgt:

> Die Amerikaner wissen nicht was gut für sie ist. Ich schon. Ich weiß sogar genau, was sie brauchen. Sie sind wie kleine Kinder, Claire. Wir müssen ihre klebrigen Händchen halten und ihre dreckigen Mäuler abwischen. Ihnen beibringen, was richtig ist. Sagen, was sie denken und fühlen und wollen sollen. Allein wüssten sie nicht einmal, wovon sie träumen oder wovor sie Angst haben sollen. Doch zu ihrem Glück haben sie mich. Und dich, Claire. Underwood. 2016. 2020. Und 24. 28. Dann 32. Und 2036. Die Vereinigten Staaten von Underwood. (Trailer HOUSE OF CARDS, Staffel 5, NQ)

Diese fantasierte Diktatur der Underwoods ist natürlich zynisch und antidemokratisch, sie gibt aber den visualisierten Kämpfen und Aktionen eine klare Richtung oder, wenn man so will, nachvollziehbare Ordnung. Die Blutlinie des Plakates wird erklärt und kann für eine symbolgeschichtliche Betrachtung der Fasces (Liktoren, Faschismus) genutzt oder allgemein in eine Diskussion des Überlebens römischer Symbole in der (Staaten-)Gegenwart überführt werden. Auch der Schatten des Vorspanns erhält einen neuen Anstrich, indem er die Errungenschaften der Vergangenheit nun auch verbal ins Dunkel zieht. Zentral bleibt also die Vorstellung von Politik, die Underwood hier zur Aussage bringt. Es mag eine kriegerische wie zu Zeiten Lincolns sein, der dahinterstehende Interessenkonflikt ist aber keiner zwischen Staaten, sondern einer des persönlichen Machtrausches. *Wie beurteilen Sie die politische Motivation der Protagonisten? Welche Erwartung haben Sie nun an die kommende Serie? Was motiviert Sie, solchen Akteuren zuzusehen?*

Im Anschluss könnte eine **Rezension** der ersten Staffel zur Einschätzung des Kommenden herangezogen werden. Dies muss aber nicht sein. Wenn doch, wäre es wesentlich, dass der besondere Dreh der Serie – die Direktansprache des Publikums – noch nicht präsentiert oder aus der Rezension entfernt wird. Der Fokus sollte auf den machtlüsternen Protagonisten, Politik als Spiel und möglicherweise dem damals noch neuen Suchtpotential ganzer Staffelansichten (**Binge Watching*) liegen. Der erste Unterrichtsbaustein will somit die Schüler*innen langsam vorbereiten auf das Kommende, sie in eine Auseinandersetzung mit den Inhalten führen und die eigene Vorabpositionierung verbalisieren lassen.

2. Baustein: Sequenzen erschließen – Ästhetische und sprachliche Darstellung der Hauptcharaktere untersuchen

Die durch die Begleittexte vorgegebene Hauptfiguren-Konzentration wird nun anhand von Serienauszügen vertieft. Dabei sollen die bislang antizipierten Einschätzungen durch eine konkrete Betrachtung der Charaktere präzisiert werden. Hierzu werden zwei **Schlüsselsequenzen** der ersten Folge in Staffel 1 genutzt, in der die Underwoods Einblicke in ihre Weltsicht geben. Die Sequenzen (00:00–01:37; 13:06–17:12) gehen Franks Notsituation (man hat ihm den versprochenen Posten des Außenministers wieder entzogen) voraus bzw. schließen unmittelbar daran an und geben inhaltlich wie ästhetisch Hinweise auf die Motive der Hauptfiguren.

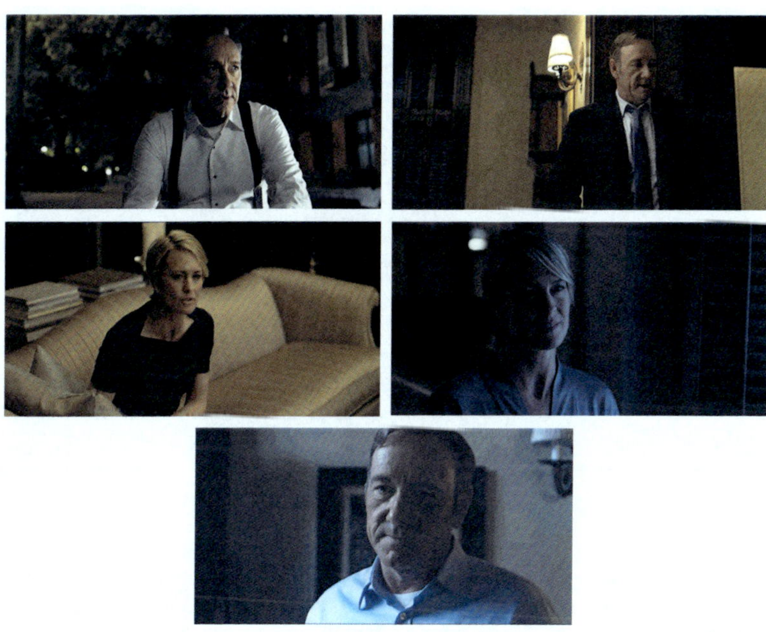

Abb. 205–209: Ästhetische und sprachliche Charakterisierung der Hauptfiguren

In der Einführungsszene wird vor Frank Underwoods Haus ein Hund von einem Auto angefahren. Frank kommt hinzu, stellt die rettungslose Situation des Tiers fest und tötet es, während er einen Monolog über Sinn und Unsinn von Schmerz hält (Tab. 20; Abb. 205). In der Sequenz unmittelbar nach seiner Degradierung diskutiert Frank mit seiner Frau die Situation (Tab. 20; Abb. 206–209) und schmiedet daraufhin den Plan, der die Serie in Bewegung bringen wird. Beide Einstellungsfolgen finden nachts und bei spärlicher Beleuchtung statt. Nahe Einstellungsgrößen bei flacher Schärfe offerieren Figurennähe, die Low-Key-Beleuchtung macht die Konturen der Objekte weich, einseitiger Beleuchtungsstil sorgt für einen Gesichtsschatten der Figuren.

00:00 – 01:37	**13:06 – 17:12 (Auszüge)**
FU: *Es gibt zwei Arten von Schmerz. Den Schmerz, der einen stärkt, und sinnlosen Schmerz. Den Schmerz, der nur Leid mit sich bringt. Ich bin nicht sehr geduldig, wenn etwas sinnlos ist. Momente wie dieser erfordern jemanden, der handelt. Der das Unangenehme übernimmt. Das Notwendige.* *So, kein Schmerz mehr.*	CU: *Du hättest dieser Frau nicht trauen dürfen.* FU: *Das hab' ich nicht und tu ich nicht. Ich vertraue niemandem.* [...] CU: *Leute zu unterschätzen ist ungewöhnlich für dich.* [...] CU: *Wo ist dann die Wut? Ich sehe nichts.* [...] CU: *Nein, das kann ich nicht akzeptieren. Entschuldigungen. Mein Mann entschuldigt sich nicht. Nicht mal bei mir.* [...] FU: *Wir werden noch viele Nächte wie diese erleben. In denen wir Pläne schmieden und wenig schlafen.*

Tab. 20: Text(auszüge) der Sequenzen in HOUSE OF CARDS

Da hier zwei Ebenen der Charakterisierung (Sprache, audiovisuelle Gestaltung – Selbstcharakterisierung, Kommentierung) erkannt werden sollen, ist es sinnvoll, die Analyse aufzuteilen. Eine Gruppe betrachtet die sprachlichen Mitteilungen der Protagonisten unter der Leitfrage: *Was kennzeichnet den hier beschriebenen Charakter?* Die andere Gruppe analysiert die Inszenierung: *Wie werden die Figuren wirksam inszeniert (Kameracodes, Musik, Beleuchtung, Requisiten)?* In der Folge werden die Sequenzen (mehrmals) betrachtet und durch ein Textprotokoll (Tab. 20) abgesichert. Es könnte auch ein Einstellungsprotokoll angefertigt oder bei unvollständiger Vorgabe ergänzt und abgeschlossen werden. Schließlich wird über ein Unterrichtsgespräch eine Sammlung eingeleitet, die ein Tafelbild

(Abb. 210) nach sich zieht. Folgediskussionen können die (kommentierende) Wirkung der Inszenierung, die Weltsicht und Lebenseinstellung der Hauptfiguren oder Sympathie-, Antipathieprojektionen der Schüler*innen fokussieren. Eine erste Einschätzung der direkten Zuschaueransprache (in der Einstiegsszene) kann erfolgen und in Bezug auf die Serienfortführung antizipiert werden.

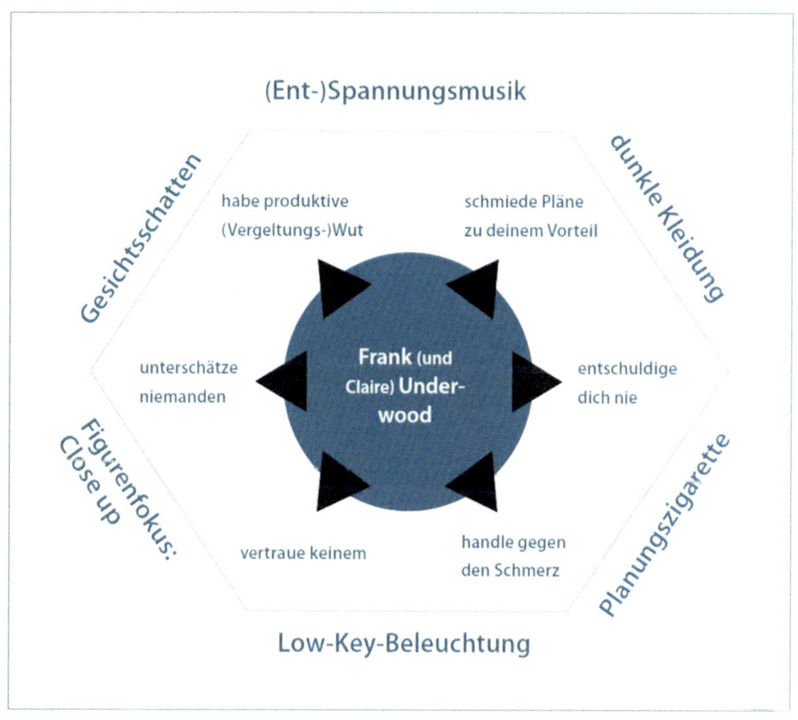

Abb. 210: Charakterliche Inszenierung der Underwoods (Kammerer 2017, S. 51)

3. Baustein: Den Intrigenplot bestimmen und anwenden – Musterpoetik am Beispiel der ersten Folge von HOUSE OF CARDS *erkennen*

Mit der Vorgängereinheit ist der Intrigant fokussiert. Das dahinter stehende Dramaturgiemuster trifft folglich auf eine vorinformierte Rezeption. Bevor nun der Intrigenplot genauer untersucht wird, soll eine **Definition des Begriffs ‚Intrige'** vorgestellt und mit eigenen Erfahrungen präzisiert werden. Die in Definitionen durchweg negativ konnotierte Intrige kann so in ihrer variablen Wirkung auf Intrigant und Intrigenopfer verdeutlicht werden. Das intelligente Planen eines Hinterhalts, das unterhaltsame Verkleidungsspiel der Intrige, die Lüge als zielorientierter Spaß für die Eingeweihten können ebenso diskutiert werden wie der Fachbegriff selbst, der auf den notwendigen Konflikt eines Dramas verweist.

Danach wird das **Intrigenmodell** nach Peter von Matt (2006, S. 33–121) anhand eines Textauszugs (z. B. Kammerer 2017, S. 53) erarbeitet. Die so erfahrenen wesentlichen Begriffe wie Notsituation, Zielvision, Planszene, Intrigensubjekt, Intrigenopfer, Verstellungsspiel, Helfer, Gegenintrige verdeutlichen dramaturgische Kategorien einer strukturierten Abfolge und können in kurzen Fantasieplots konkretisiert oder in Bezug auf die Entwicklung von HOUSE OF CARDS spekuliert werden. Anschließend wird die komplette Pilotfolge der ersten Staffel von HOUSE OF CARDS gesichtet. Dies kann bereits im Vorfeld oder als Hausaufgabe geschehen; bei der folgenden Handlungsanalyse sollten die Kleingruppen dann mit Laptop und DVD ausgestattet sein. Ziel ist nun, die Modellkategorien den jeweiligen Handlungssegmenten der Serie zuzuordnen, wozu mit einer Art **Sequenzprotokoll** (Tab. 21) gearbeitet wird. Hier werden anhand ausgesuchter Segmente Schwerpunkte der Intrigenorganisation inhaltlich bezeichnet, in ihrer Funktion verdeutlicht und mit ‚Schlüsselsätzen' memorabel gemacht, so dass von Matts Modell exemplarisch repräsentiert wird.

Das Sequenzprotokoll kann nur mit Zeitvorgaben bestückt oder bereits teilweise vorausgefüllt sein, so dass die Arbeitsgruppen die fehlenden Inhalte ergänzen müssen. Anschließend können Fortführungen spekuliert und auch bereits gesehene Direktansprachen des Hauptdarstellers in ihrer Wirkungsweise diskutiert werden.

4. *Baustein: Zur Technik der Perspektivierung – Narrative Gestaltung in HOUSE OF CARDS analysieren und verstehen*

Die spezielle Perspektivierung der Serie ist der Dreh, um Zuschauer*innen zu ködern, und ermöglicht somit eine Betrachtung von medien-, narrations- und rezeptionsspezifischen Besonderheiten. Gerade die Direktansprachen durch die Figuren sind in ihren Auswirkungen nicht zu unterschätzen, will man Teilnahme und Genuss der Rezipient*innen in diesem anrüchigen Umfeld erklären. Wenn sich nämlich Frank Underwood an das Publikum wendet,[48] findet ein eigentümlicher Bruch des Fiktionsvertrages statt, der, oberflächlich betrachtet, stören müsste und doch nie wirklich die fiktionale Unterhaltungsebene des Formats gefährdet.

48 Die Direktansprachen verlieren in Anschluss an die zweite Staffel viel von ihrer Wirkung, da nun Frank Underwood nicht mehr das Präsidentenamt anstrebt, sondern nur mehr verteidigen kann. Es zeigt sich auch hier, dass ein Zug- stärker ist als ein Fluchtmotiv, Aufstiegsinteresse anziehender als Abstiegsvermeidung, Angriffsfeuer begeisternder als eine Abwehrschlacht. Ab Staffel 3 sind die Underwoods die Gejagten – das vormalige Agieren wird durch ein Reagieren nach allen Seiten ersetzt und so ihre gestaltende Kraft der ersten Staffeln nachhaltig entzaubert.

Zeit/Figuren/Handlung	Intrigenfunktion	Schlüsselsätze
08:38 – 11:00 Frank Underwood, Linda Vasquez Stabschefin Vasquez teilt FU mit, dass gegen alle Absprachen nicht er Außenminister werden wird, sondern Michael Kern. Nach anfänglicher Enttäuschung sagt FU zu, den Präsidenten weiter zu unterstützen.	**Notsituation** (Zielvision) (Intrigenopfer Kern)	LV: *Wir werden Sie nicht zum Außenminister ernennen!* FU: *Michael Kern, tja, das ist eine exzellente Wahl.*
13:06 – 17.12 Frank und Claire Underwood Die Underwoods diskutieren den Vertrauensbruch des Präsidenten und seiner Stabschefin. Claire wirft ihrem Mann vor, Menschen unterschätzt zu haben, nicht wütend genug zu sein, sich bei ihr zu entschuldigen. Frank überdenkt die Nacht durch seine Situation und findet eine Lösung.	**Notsituation** **Planszene** **Helfer** Claire (freiwillig)	FU: *Ich hätte nie gedacht, dass sie dazu fähig wären.* CU: *Mein Mann entschuldigt sich nicht.* FU: *Ich weiß, was ich tun muss.*
17:28 – 18:28 Frank Underwood, Doug Stamper FU teilt seinem Mitarbeiter Stamper die neue Richtung mit. Man diene niemand anderem mehr als sich selbst. Stamper erfasst das und benennt die Intrigenopfer. FU beauftragt ihn, einen „Puffer" zu besorgen.	**Planszene** **Helfer** Doug (freiwillig) **Intrigenopfer** Kern (Vasquez, Walker)	FU: *Wir sind ab jetzt nicht mehr zur Loyalität verpflichtet. […]* *Wir brauchen jemanden, den wir vollständig kontrollieren können.*
25:53 – 27:18 Frank Underwood, Linda Vasquez Underwood erhält von Vasquez den Auftrag, ein neues Bildungsgesetz mit dem Liberalen Donald Blythe zur Veröffentlichung in 100 Tagen vorzubereiten. Der Präsident wolle das in seiner Vereidigungsrede verkünden. FU sagt zu.	**Plan I:** Vasquez, Walker **Verstellungsspiel**	LV: *Walker möchte den Gesetzesentwurf in den ersten 100 Tagen haben und das möchte er schon in seiner Antrittsrede versprechen.* FU: *100 Tage? Das kriege ich hin.*

Zeit/Figuren/Handlung	Intrigenfunktion	Schlüsselsätze
29:41 – 33:41 Frank Underwood, Zoe Barnes Die frustrierte Reporterin Zoe Barnes macht FU leicht erpresserisch ein Angebot der bedingungslosen Unterstützung, wenn er sie mit Informationen versorge. FU will darüber nachdenken.	**Helfer** Zoe (freiwillig) (Gegenintrige)	ZB: *Ich kann mehr, als man mich machen lässt. Das Gefühl kennen Sie doch.*
38:32 – 39:15 Frank Underwood, Catherine Durant Außenpolitikerin Durant wird von FU deutlich mit seinem Interesse am Scheitern von Kern konfrontiert. Er würde sie unterstützen, wenn sie an dem Posten interessiert sei. Durant scheint interessiert.	**Plan II:** Kern **Helfer** Catherine (freiwillig)	FU: *Sind Sie an dem Job interessiert?*
40:25 – 41:34 Frank Underwood, Zoe Barnes FU trifft Zoe konspirativ in einem Museum und überreicht ihr das Skript des abgelehnten Gesetzentwurfes von Donald Blythe. Eine Veröffentlichung wäre ungünstig für den gerade vereidigten Präsidenten und seine Administration. Zoe Barnes ist zuerst überrascht, greift dann aber zu.	**Plan I** **Intrigenrequisit**	ZB: *Wir befinden uns da in einer Grauzone, ethisch, rechtlich ...* FU: *Wir sitzen jetzt im selben Boot, Zoe. Bringen Sie es nicht zum Kentern, denn ich kann nur einen von uns vor dem Ertrinken retten.*
42:35 – 44:48 Frank Underwood, Peter Russo Kongressabgeordneter Russo wurde im Auftrag von FU und unter Bestechung aus dem Gefängnis geholt und steht nun in Underwoods Schuld. FU macht Russo das klar und erwartet als Gegenleistung bedingungslose Hingabe (Funktion: Puffer/Laufbursche), die ihm der leichtsinnige Russo zusichert.	**Helfer** Peter (unfreiwillig)	PR: *Was wollen Sie von mir?* FU: *Ihre absolute, bedingungslose Loyalität.*

Tab. 21: Sequenzprotokoll der Intrigenorganisation in der Pilotfolge von House of Cards (Kammerer 2017)

Grundsätzlich wird im Moment der Direktadressierung vorübergehend die erzählte Zeit außer Kraft gesetzt und eine Form der pseudodokumentarischen Kontaktaufnahme mit dem Publikum platziert (s. o.), welches privilegiert behandelt und mit Mehrwissen versorgt wird. Die Figur gerät zum Erzähler ihrer selbst und lässt dabei auch Planungsschritte des Zukünftigen durchblicken, weshalb man von einer Art Kommentar sprechen könnte, gelegentlich durchaus im Stil jener auktorialen Zielvorgabe, die den Suspense in Bewegung setzt (vgl. Kap. 2.2.2.2 und 2.2.3). Nicht zu übersehen ist also immer auch das Uneigentliche im Fiktionsrahmen, so dass der selbstentlarvende, auch satirische Gehalt jener Brüche (vgl. Fn. 47: Metalepse) thematisiert werden kann (vgl. unten Baustein 5).

Zum Einstieg könnte deshalb das **Uneigentliche** oder die **Privilegierung durch Informationsvergabe**, z. B. über die Betrachtung einer Karikatur (Verfremdung als Mittel humoristischer Entlarvung), oder das Erzählmittel des Suspense (Mehrinformation des Zuschauers – gestrecktes Warten auf die Lösung) anhand einer Szene/Sequenz fokussiert werden. Man kann aber auch die Wirkungsdifferenz der Seriengestaltung betonen, indem man eine Szene zunächst ohne und dann mit den Direktansprachen vorführt und so die pure Intrigenstimme der kommentierten gegenüberstellt. In all diesen Fällen wird das Ironische der Verständigung deutlich, jene Mischung aus rezeptiver Distanz und Figurennähe, was die Perspektivenführung von HOUSE OF CARDS auszeichnet: *Charakterisierung* (Figur), *Zukunftsaussicht* (Narration; Spannung) und *Komik* (Distanz setzende Verführung). Dass mindestens zwei der drei Erfahrungen zur Komplizenschaft der Zuschauer*innen drängen, kann hier bereits erwähnt werden.

Auf diese drei Wirkungselemente hin werden schließlich einige **Szenen der Pilotfolge** untersucht. Dies kann mehrteilig über eine vorbereitete Tabelle (Tab. 22) geschehen oder exemplarisch an einem Beispiel verdeutlicht werden – z. B. mit eingreifenden Analyse- und Diskussionsrunden während eines Szenenstopps. In einer anschließenden Sammlung der Ergebnisse sollte die Rezipientennähe zum Protagonisten durch die besonders verbindende Direktansprache manipulationsökonomisch gewürdigt, gleichwohl aber auch das Perspektivenmonopol der bösen Täter in dieser Serie nicht verschwiegen werden.

> In dieser Welt der Politik, so suggeriert die Serie, ist eben jeder korrupt und dem eigenen Vorteil verpflichtet. Die wenigen Ausnahmen sind Verlierer, die die Spielregeln nicht beherrschen. Ergo wird ein Könner wie Frank zum Fuchs unter Wölfen und Schafen, was nicht nur innerhalb des Settings die effektivste Rolle, sondern auch […] eine Auszeichnung darstellt. (Kammerer 2017, S. 50)

Durch die Durchbrechung der *vierten Wand wird das weitergeführt, was die Serie auf inhaltlicher Ebene schon vorbereitet hat: Politik als Spiel auf unterminiertem Spielfeld. Wer die Spielregeln nicht versteht, zu eng oder zu weit auslegt, wer Fairness nicht als überkommen, Menschlichkeit nicht als überflüssige Emotion wahrnimmt, sollte diesem Spiel fernbleiben, sonst sind die Chancen, zum Opfer zu werden, kaum zu vermeiden. Es ist aber auch zu bedenken, dass bei der

Zeit, Inhalt	Figurencharakter	Zukunftshinweis	Komische Brechung
0:48 – 1:17 Tötung des verletzten Nachbarhundes	Sinnloser Schmerz braucht jemanden, der handelt Ungeduld bei erkannter Sinnlosigkeit		
18:32 – 19:02 Opfer Kern wird kommentiert	Vernichtungswille	Intrigenopfer	Vergleiche: auf dem Teller landen, zerstückeln, Hundefutter
25:54 – 27:41 Opfer Vasquez wird kommentiert	Vernichtungswille	Intrigenopfer Vorhersage des Bildungspolitikers	Zufriedene Reaktion auf die korrekte Vorhersage
37:08 – 38:31 Intrige um Bildungsreform wird vorbereitet	Zielstrebigkeit kein akademischer Zauderer	Ausschaltung des ahnungslosen Blythe eigener Bildungsreformentwurf	„Ideologie ist was für akademische Schlappschwänze“ (gemeint ist der gewissenhafte Gutmensch Blythe)
46:22 – 47:52 Analyse des Status Quo bei der Vereidigung des Präsidenten		Ausschaltung des ahnungslosen Blythe eigener Bildungsreformentwurf	Vergleich: Immobilien – Macht „Lächeln am Rande“ Komplizenblick in Sachen Bildungsreform

Komplize Zuschauer durch Mehrwissen, Schadenfreude und Spannungserwartung (privilegierte Monoperspektive)

Tab. 22: Direktansprachen in House of Cards, Staffel 1/Folge 1 (Kammerer 2017)

Perspektivenwahl zugunsten eines dieser Verlierer ein gänzlich anderes Bild Frank Underwoods wahrzunehmen wäre und also ein anderer Genrefilm entstünde. Die Perspektiventendenz von HOUSE OF CARDS feiert lange Zeit den psychopathischen Taktiker, der klug, organisiert und zynisch ist und uns deshalb ins Intrigenboot ziehen kann. Gebannt von solch brillanter Weltbeugung und gefesselt an den Beugenden fällt ein Blickwechsel ungemein schwer, was in einer **medienkritischen Abschlussdiskussion** zu verdeutlichen ist.

5. Baustein: Korrespondenzen – Intrigantenperspektive und Direktadressierung an Beispielen der Literatur- und Filmgeschichte kennenlernen und verstehen

> Intrigen, das sind Grundelemente, das sind Batterien des Erzählens und des Theaterspielens. Den Bösewicht in der Literatur, den braucht's ja wegen der Emotionen der Zuschauer; weil man als Leser/Zuschauer die Bestrafung des Bösen will. (Hammelehle/v. Matt 2006)

Peter von Matts Hinweis auf die Wichtigkeit des Intriganten als zu besiegendes Contra ist gerade im Kontext der literarischen Leserunterhaltung das eine Phänomen und unwidersprochen. Zum anderen aber gibt es gerade in der Literatur auch den machtbewussten Intriganten als eine Art Held oder als zwielichtiges **Identifikationsangebot** zur Freude des Publikums. HOUSE OF CARDS bricht demnach nicht mit Traditionen, sondern schließt an bereits Erprobtes an.

Der listige Odysseus, alttestamentliche Vorteilssuchende wie Jakob und David, Reinecke Fuchs, Marquise de Merteuil, Dorfrichter Adam, natürlich Shakespeares Jago, Richard III., die Macbeths (die Letzteren sollen den Schauspielern als Vorbilder genannt worden sein; vgl. D'Addario 2014), Tom Ripley, Jean-Baptiste Grenouille und „Der Schakal" – um nur diese zu nennen – sind Korrespondenzfiguren, die vergleichend herangezogen und betrachtet werden können. *Wie wird der/die Leser*in hier auf die Seite des Intriganten gezogen? Welche Ähnlichkeiten und Differenzen in Bezug auf HOUSE OF CARDS sind auszumachen? Wie setzt die Literatur den perspektivierenden Fokus?*

Eine in diesem Zusammenhang einträgliche Vertiefung ermöglicht die Bildergeschichte ***Max und Moritz*** (1865) von Wilhelm Busch (vgl. Busch 1998). Obgleich durch den Erzählerbericht von Anfang an moralisierend in eine Ecke gestellt, sind die beiden Lausbuben natürlich die Akteure, denen man begeistert folgen will. Das mag an den bräsig-biederen Gegenspielern liegen, welche wie die Knaben auch den schnellen Strich der Karikatur nie ablegen können. Das ist aber auch dem ironischen Erzählerbericht zu verdanken, der gerade im Umfeld der Streiche durch eine in Metrik gegossene Lautmalerei – tak, tak, tak; schnupdiwup; ritzeratze; kritze, kratze; ratsch, puff, knacks, schwapp, ruff (ebd.) – beinahe filmischen Sound kopiert und so, wie es scheint mit Freude, der bösen Sache Wirkung verleiht. *Max und Moritz* ist zudem ein Paradebeispiel für die visuelle Organisation und Wirkung des **Suspense**. Wenn man der Vorbereitung der Streiche en detail zusehen kann (Vorinformation), ist man bei Eintritt des im Vorfeld nicht gerade sympathisch gezeichneten Opfers freudig auf das Finale gespannt

(Warten auf die Lösung) und begrüßt das Gelingen der Intrige mit einem Komplizenlächeln (Katharsis). Verbindungslinien zu den Underwoods können leicht gezogen werden.

Nicht unerwähnt bleiben sollte die Tatsache, dass es auch so etwas wie die gute Intrige gibt, wie es z. B. den Verschwörern des 20. Juli 1944, Edward Snowdens Geheimnisverrat oder Hänsels Geistesblitz mit dem Hühnerknochen zuzuschreiben ist. Man spricht dann allerdings, obwohl die Intrigendramaturgie augenfällig ist, nicht von (gegen-)intrigantem Verhalten, sondern von notwendigen, mutigen, klugen etc. Taten. Offenkundig sind die sprachlichen Bezeichnungen für einen Hinterhalt vielfältig und ist die Moral eine (durchaus schwankende) Frage der Positionierung und Perspektive.

Die folgende historische Betrachtung bleibt im engeren Medienfeld und sichtet mit der **Direktadressierung** eine wirkungsvolle filmische Gestaltungsform. In HOUSE OF CARDS wird sie, wie geschildert, als Köder eingesetzt, um das Publikum besonders zu verpflichten (Suspense, Gefolgschaft). Direktansprachen kommen aber auch in anderen Spielfilmen vor, weshalb man die Durchbrechung der *vierten Wand als effiziente Ästhetik des Mediums genauer unter die Lupe nehmen kann.

Anhand einiger Beispiele der Filmgeschichte (vgl. hierzu in Kap. 2 die Kästen: Montage [III], Ton-Bild-Korrespondenz, Genre) wird das Phänomen vorgestellt und inhaltlich erläutert. Das berühmt-berüchtigte erste Auftreten in THE GREAT TRAIN ROBBERY (1903) – ein Räuber erschießt am Filmende das Publikum – könnte als Einstieg genutzt und in seiner damals sensationellen Wirkung diskutiert werden. *Weshalb fühlten sich Zuschauer*innen unwohl? Warum sollte eine Figur ihr Publikum erschießen?*

In der Folge werden die formalen Besonderheiten (Blick in die Kamera, Direktansprache des Publikums, zumeist mindestens nahe Einstellungsgröße) in Bezug gesetzt zu den narrativen Auswirkungen. So werden am vorliegenden Beispiel die Analysekategorien Perspektive (Standort, Wissensvergabe, Sichtweise – vgl. Kap. 2.2.3.3) und Zeitverhältnisse (Dauer/Geschwindigkeit – vgl. Kap. 2.2.3.4) erarbeitet und insbesondere das Unterbrechen der Handlung (erzählte Zeit) zum Zweck der Rahmensetzung und Kommentierung (Erzählzeit) fokussiert. *Durch welche visuellen und auditiven Veränderungen wird die Intervention markiert? Wie sind Perspektive und Zeitverhältnisse der Direktansprache gestaltet? Wer erzählt hier und wie tut er/sie das?*

Da solches eine bestimmte Wirkung erzielt, kann zusätzlich ein **Genrefokus** (Kap. 2.3.1.1) integriert werden, der neben dem Thriller (Suspense) und der Komödie (komische Distanzierung) auch den Dokumentarfilm (Realitätsbehauptung) zur Verdeutlichung heranzieht. Gerade das scheinbar Faktuale einer Direktansprache, das doch mindestens beim ersten Auftreten eine Auflösung des Fiktionsvertrages nahelegt, kann als effizientes Irritationsmittel verdeutlicht werden, weil es den komplizenhaften Lustgewinn in Aussicht stellt und so die

Teilnahme der Zuschauer*innen am Folgenden steigert. *Wie gelingt es, trotz Distanzierung Teilnahme zu intensivieren? Inwiefern ist privilegiertes Mehrwissen spannungssteigernd? Was unterscheidet die Nutzung in einem Spielfilm von der in einem Dokumentarfilm?*

Wenn also auf der einen Seite die Fiktion sichtbar entlarvt wird, auf der anderen aber die Erzählung nahtlos weitergeht, wird ein „Spiel mit der Eindringlichkeit des Wirklichkeitseindrucks" (Türschmann 2007, S. 111) getrieben, das paradoxerweise zur „Illusionsstörung [...] die Illusionsförderung" (Feyersinger 2007, S. 115) stellt und eine Auseinandersetzung mit dem von Genette (1998) aufgeworfenen rhetorischen Begriff der **Metalepse** (vgl. ebd., S. 167–169; Fn. 47) ermöglicht. Dabei kann man literarische Formen den filmischen Möglichkeiten gegenüberstellen und schließlich zum Ursprung der Einheit: dem Seriellen, zurückkehren. Denn, so Thomas Morsch (vgl. 2012, S. 167–171), gerade die Metalepse sei im Fernsehen und den dortigen Serien ein Reflexionsmodul, das das Entgrenzende (z.B. Aufhebung des Trennenden zwischen Fiktion und Nicht-Fiktion/Lebenswelt) des Mediums und der Mediengattung stimmig spiegele. Das wäre auf Grundlage des neu erworbenen Wissens an HOUSE OF CARDS abschließend zu überprüfen.

6. *Baustein: Fernsehserien als popkulturelles Phänomen – HOUSE OF CARDS im Fokus von Distribution, Rezeption und Nutzung verstehen*

HOUSE OF CARDS war bis zu seinem skandalumbrausten Ende[49] ein Fernsehphänomen, das in vielen Bereichen des Alltags Spuren hinterließ. Frank Underwood und seine Komplizensuche riefen manchen Kopisten auf den Plan: Barack Obama sprach in die Kamera und meinte, Frank habe das von ihm (vgl. President Obama, NQ), der Journalist Andrew Marr fragte den Tory-Kandidaten Michael Gove, ob er der britische Frank Underwood sei, mal über seine Schulter schauen und dies in die zweite Kamera kommentieren wolle (vgl. Jones 2016), Parodien zirkulierten (z.B. House of Cards Junkie, NQ) und Darsteller Kevin Spacey trat bei allerhand Veranstaltungen auf und gab unter großem Applaus den Frank (z.B. Emmy Awards 2013, NQ). Auch eigene literarische Versuche der Rezipienten*innen wurden publiziert (vgl. fanfiction.de, NQ) und das Seriengeschehen in vielen Chat-Foren (vgl. moviechat.org; NQ) kommentiert.

Solche popkulturellen Auswirkungen können als abschließende Einheit fokussiert werden und so u.a. Einblicke in das **Handlungssystem Fersehserie** ermöglichen. Da eine Serie gerade durch die Präsenz in der Lebenswelt der Rezi-

49 Dass diese Wirkung nachgelassen hat, ist die Folge zweier Ereignisse: Als Kevin Spacey im Zuge der *Me-Too*-Bewegung 2017 ins Zwielicht geriet, wurde er unmittelbar aus der bereits in Produktion befindlichen sechsten Staffel entfernt. Daraufhin wurde diese Staffel unter Zeitdruck neu geschrieben und so schluderig zusammengepresst, dass die Fanbase zumeist ablehnend reagierte. Es zeigte sich deutlich, dass eine Anhängerschaft gerade im Bereich des Seriellen immer wieder neu erobert werden will.

pient*innen Reaktionen dieser Art motiviert, liegt eine gattungs- und medienspezifische Betrachtung in der Sache selbst begründet. Informationen zur Distribution und Gattung führen also zwangsläufig zu Rezeptionszeugnissen bzw. zur Nutzung des Angebots.

Informationen zur Gattung der Serie, zur Wandlung durch neue Streaming-Vertriebswege, auch zur Streaming-Plattform Netflix mögen hier am Anfang stehen und die enge Beziehung zwischen Fiktion und Rezipientenwelt verdeutlichen. *Inwiefern verändert das Video-on-demand- und Streaming-Angebot die Herstellung und Rezeption von Fernsehserien? Wie unterscheidet sich eine Serie von einem Spielfilm?*

Die damit korrespondierenden **dramaturgischen Entscheidungen** wie Wiederholung von Vertrautem, Kontinuität verschiedener Handlungsräume und -situationen, Cliffhanger-Abschluss, vielschichtige, aber auch vielfältige Charaktere, Integration aktueller Diskurse etc. (vgl. Kap. 4.6.2.3) können beispielhaft an einzelnen Folgen überprüft und bezeichnet werden. In der Folge sind weitere **Distributionselemente** wie Werbetrailer, Interviews mit Schauspielern und Regisseuren, Plakate etc. in ihrer Rolle als zuspitzende Orientierungsmuster (erneut) zu betrachten, wodurch die Rezeption endgültig in den Fokus gerät. *Wie wird (werden) hier ein (oder mehrere) Serienprinzip(ien) besonders hervorgehoben? Welche Erwartungen werden geweckt, welche nicht erfüllt?*

Dies aufgreifend können einige der oben notierten **kulturellen Zeugnisse** – z. B. eine semiprofessionelle Parodie von HOUSE OF CARDS – vorgeführt und in Bezug auf die lebensweltliche Bedeutung diskutiert werden. *Wozu werden diese Reaktionen erstellt? Welche Bedeutung hat die Serie für Parodierende/Zitierende?*

Schließlich werden die Schüler*innen mit folgender Einleitung konfrontiert:

> Moin! […] Ich habe […] lange nachgedacht und bin zu dem Schluss gekommen, dass ich ihn [Frank Underwood] nicht für einen bösen und machthungrigen Charakter halte. [..] [Ich] hatte […] den Eindruck, dass er ein sehr trauriger und gebrochener Mann ist. Jemand, der eigentlich danach schreit, aufgehalten zu werden. Zumindest im Unterbewusstsein. (ViJay 2017)

„ViJay“ ist ein/e Autor*in auf der Plattform *fanfiction.de* und schreibt dies im Vorfeld seiner/ihrer Kurzgeschichte über den gebrochenen Frank Underwood. Diese Einschätzung wird diskutiert und mit den eigenen Betrachtungen zur Figur abgeglichen. Die so entstehenden Beurteilungen – die auch um die Lektüre und Kritik von ViJays Kurzgeschichte ergänzt werden können – werden dann für eine eigene kurze literarische Produktion (eine Serienkritik oder ein fiktives psychiatrisches Gutachten Underwoods) genutzt und anschließend anhand einiger Beispiele veröffentlicht. Solche Reaktionsforen, die noch um Chatgruppen rund um die Serie erweitert werden könnten, machen die enge, lebensweltliche Verbindung von Serienfigur und Rezipienten*innen klar, was man in einem Abschlussgespräch vertiefen kann.

5 Ausblick

Blicken wir zum Abschluss dieser Einführung in die Filmdidaktik Deutsch auf einige sich anbahnende oder schon vollzogene fachliche und didaktische Entwicklungen und daraus resultierende Fragen:

Einmal betreffen diese den Film selbst, als Gegenstand und als kulturelle Praxis: Sowohl im filmischen Symbolsystem als auch im filmischen Handlungssystem verliert der Spielfilm auf der großen Leinwand im Kino seine dominante Rolle. Dies begann bereits mit dem Siegeszug des Fernsehens in den 1950ern und 60ern, setzte sich fort mit den Speichermedien VHS und DVD und hat sich mit dem Internet enorm beschleunigt. Jene Entwicklung bringt immer **neue audiovisuelle Gattungen, Formate und Textsorten** hervor wie in den 1970ern die Straßen leer fegenden TV-Mehrteiler, in den 1980ern das Musikvideo, in den 1990ern die Qualitätsserie oder aktuell das Erklärvideo oder das Influencer-Video.

Neben solch neuen filmischen Gegenständen entwickeln sich **neue Praktiken der Produktion, Distribution und Rezeption** audiovisueller Texte. Filmrezeption hat sich durch Online-Angebote weitgehend von festen Zeiten und Orten (im Kino oder vor dem Fernseher) gelöst. Medial aufgerüstete Multiplex-Kinos mögen nach wie vor Sammelpunkte des Filmerlebens sein, aber das Fernsehen hat an gemeinschaftsstiftender Kraft sowohl im Kleinen als familiärer Versammlungsort als auch im Großen als gesellschaftlicher Themengeber deutlich verloren. Natürlich gehen Menschen auch weiterhin ins Kino – in Corona-Zeiten wurde 2020 sogar das Autokino reaktiviert –, aber Menschen sehen auch und immer mehr Filme im Zug auf ihrem Tablet, YouTube-Videos überall auf ihrem Smartphone und Serien beim gemeinsamen **Binge Watching*. Hinzu kommt, dass Menschen durch digitale Hard- und Software und Social Media in einem ungekannten Ausmaß in die Lage versetzt wurden, selbst Filme zu produzieren und zu teilen. Vom TikTok-Challenge-Clip bis zum schulischen Kurzfilmprojekt – Filme von jedem und für jeden, ständig und überall.

Die stetige Veränderung des Gegenstandsfeldes und des Handlungsfeldes Film erfordert auch eine stetige didaktische **Reflexion über Gegenstände, Ziele und Methoden des Filmunterrichts**. Spitzen wir einige Fragestellungen einer solchen Reflexion zu: Der Westernklassiker oder ein Hitchcock-Thriller mögen den Jüngeren unbekannt oder zu langsam erzählt sein – aber ist es nicht auch Aufgabe von Schule, Exemplarisches und Kanonisches zu erschließen? TikTok mag angesagt sein – aber muss jeder jugendliche Medienhype immer gleich in didaktische und schulische Untersuchungshaft genommen werden? In unserer digitalen Kultur der Teilhabe und des Teilens werden massenhaft kurze Filme produziert – macht dies filmproduktive Zielsetzungen für die Schule nun besonders dringlich oder aber gerade entbehrlich? Die gemeinschaftliche Filmrezeption ist in der außerschulischen Lebenswelt eine schwindende Praxis – aber kann sie mit anschließendem Filmgespräch nicht eine ergiebige Rezeptionsform im Unterricht sein? Fragen wie diese sind filmdidaktisch immer wieder neu zu stellen, die Antworten immer wieder neu auszuhandeln.

Zudem ist didaktisch zu beobachten, in welchem Maße weitere „Literale Praktiken im medialen Spannungsfeld“ (Boelmann/Kepser 2019) neben den Film treten. Zu denken ist hier z.B. an narrative Computerspiele (vgl. Kepser 2008c und 2013; Boelmann/Seidler 2013; Boelmann 2015) oder an Interaktives Storytelling (vgl. Sindermann 2016; Emmersberger 2019a und b), die zwar in einem engen Verhältnis zum Film stehen, ihn aber auch hinter sich lassen bzw. eigene Wege gehen.

Solche Medienvielfalt und -konkurrenz führt wiederum zur Frage nach Gewichtungen im Studium für das Schulfach Deutsch. Wenn Lehrkräfte Kompetenzerwerb in einem bestimmten Bereich anleiten sollen, müssen sie selbst dafür kompetent sein. Wenn also Filmbildung im Deutschunterricht, auch als Schlüsselkompetenz für den Umgang mit weiteren audiovisuellen Medien, Praktiken und Formen, stattfinden soll, dann muss **Filmbildung integraler Bestandteil des Lehramtsstudiums** sein. Die diesbezüglichen Defizite liegen freilich auf der Hand. Noch immer lernen angehende Lehrer*innen für den Deutschunterricht in einer Medienkultur eher etwas über mittelalterliche Minne als über **Match-Cut* und **Mind-Screen*.

Last but not least: Eine **empirische filmdidaktische Forschung** wäre noch weiter zu entwickeln. Wir haben beispielsweise Erkenntnisse darüber, wie es um die Spielfilmbildung an deutschen Schulen bestellt ist (vgl. Kepser 2008b), welche Rolle das Vorwissen beim Filmverstehen (vgl. Schmidt/Winkler 2015) oder die Vorlagenkenntnis bei der Rezeption von Verfilmungen (vgl. Meyer 2017) spielt oder wie der „doppelte Film im Kopf“ bei der Rezeption von Literaturverfilmungen aussehen kann (vgl. Kepser 2012a). Generell wären empirische Untersuchungen in der Filmdidaktik aber noch zu stärken. Sie könnten sich richten auf die Validierung theoretischer Kompetenzmodelle, auf filmdidaktisches Handeln von Lehrkräften, auf Verstehensprozesse von Schüler*innen. Derlei dürfte in der Regel nur im institutionellen Rahmen von Hochschule und Universität zu leisten sein. Aber auch eine „kleine Empirie“ (Marci-Boehncke 1996) fachlich und didaktisch fundierter Praxisberichte ist in vielen Fällen gewinnbringend.

In diesem Sinne: Film ab!

Ausgewählte Online-Angebote (letzter Aufruf am 12.03.2021)

Bausteine der Filmanalyse: Filmbeispiele, Tondateien und Texte für die Analyse von Filmsprache, https://www.lmz-bw.de/filmbildung/bausteine-filmanalyse/

dok'mal: Informationen und Tipps zur Analyse und produktiven Dokumentarfilmarbeit mit Kindern und Jugendlichen, https://www1.wdr.de/kultur/film/dokmal/

Fachbibliographie Filmdidaktik (2008): An der PH Freiburg herausgegebene Filmbiographie, https://phfr.bsz-bw.de/frontdoor/deliver/index/docId/102/file/biblio_filmdidaktik_final.pdf

Fachbibliografie Film- und Fernsehdidaktik (2016): Teilkommentierte Bibliografie zu Film- und Fernsehdidaktik im Schulfach Deutsch (von M. Kepser), https://docplayer.org/36336591-Film-und-fernsehdidaktik-im-schulfach-deutsch-2016.html

Filmkanon: Erläuterungen zu den 35 Filmen des Kanons der Bundeszentrale für politische Bildung, https://www.bpb.de/gesellschaft/bildung/filmbildung/filmkanon/

Filme machen: Informationsportal für angehende und fortgeschrittene Filmemacher*innen, https://www.filmmachen.de/

Kinofenster.de – das Online-Portal für Filmbildung: Inhaltliche, pädagogische und didaktische Aufarbeitungen von Filmen – Herausgeber: Bundeszentrale für politische Bildung und Vision Kino, https://www.kinofenster.de/

Länderkonferenz MedienBildung/Arbeitskreis Filmbildung: Kompetenzorientierte Konzepte zur Filmbildung in den Bereichen Schule und Lehrerfortbildung, https://lkm.lernnetz.de/index.php/filmbildung.html

Lexikon der Filmbegriffe der Uni Kiel: Das größte Online-Sachlexikon des Filmbereichs weltweit, https://filmlexikon.uni-kiel.de/

Neue Wege des Lernens: Plattform für digitale Lernmedien und Filmarbeit mit interaktiven Lernbausteinen zu LOLA RENNT, https://www.neue-wege-des-lernens.de/

Vision Kino: Netzwerk für Film- und Medienkompetenz zur Stärkung der Filmkompetenz von Kindern und Jugendlichen und zur Sensibilisierung für den Kulturort Kino, https://www.visionkino.de/

Glossar

aristotelisch: A. bedeutet: an der Lehre des Aristoteles orientiert. Bezogen auf poetische Felder sind das vor allem Überlegungen zur geschlossenen Handlung (Aktstruktur – Handlungsentwicklung mit zentraler Wendung) und zur Auswirkung der Darstellung auf das Publikum (Jammer/Mitleid, Schauder/Furcht, Katharsis/innere Reinigung) (vgl. Aristoteles 1994).

Attraktionskino: Begriff nach Tom Gunning (*Cinema of Attractions*, 1977), der das frühe Kino der episodenhaften Nummern als ein Kino „der Schauwerte" dem später aufkommenden narrativen Kino gegenüberstellt. (Sensationelle) Attraktionen (z. B. Tricktechnik, Ausstattung) sind gleichwohl bis heute wichtige Zugmotive des narrativen Kinos geblieben (vgl. Horak 2012).

Backstory Wound: Als B.W. (= Wunde aus der Vorgeschichte) bezeichnet man „Verletzungen und Beschädigungen, die ein Akteur im Verlauf der Vorgeschichte eines Films erfahren hat" (Wulff 2012a). B. sind begründete Motivationen für das Handeln der jeweiligen Figur und werden im Film entweder visualisiert oder verbalisiert (vgl. ebd.; Krützen 2004, S. 25–62).

Binge Watching: Der Begriff (engl. *binge* = Gelage) bezeichnet das exzessive Schauen (dt. umgangssprachlich auch *Komaglotzen*) von Fernsehserien. *B.W.* wird insbesondere durch die Angebote ganzer Serienstaffeln von Video-on-demand- oder Streamingdiensten begünstigt, war aber auch schon bei DVD-Veröffentlichungen möglich. Trotz der suchtorientierten negativen Konnotation ist das *Binging* bei Jugendlichen eine „normale Rezeptionsform", die in etwa mit dem ausdauernden Lesen eines guten Buches vergleichbar sei (Schlütz 2018, S. 21).

Biopic: Ein B. ist eine Filmbiografie, in der das Leben einer (zumeist bekannten) Person verfilmt wird. B.s sind ein Mixtur aus faktualen und fiktionalen Bezügen – dokumentarisch und doch erfunden. Sie gehören zum weiten Genre des Historienfilms und sind zumeist verfilmte (Auto-)Biografien, aber auch historische Romane/Dramen.

Bollywood: Das aus den Wörtern Bombay (heute: Mumbai) und Hollywood gekreuzte Kunstwort bezeichnet die hindi-sprachige (Unterhaltungs-)Filmindustrie in Indien. Die Bezeichnung wird auch als abwertend empfunden.

Bullet-Time: B.-T. ist eine digital erzeugte Mischform aus Zeitlupe und *freeze frame*, welche den Eindruck eines in der Zeit eingefrorenen Objektes erzeugt. Die auch als Flow-Motion bezeichnete Technik wurde durch die MATRIX-Filmreihe besonders bekannt und erhielt ihren Namen wegen der eingefrorenen Projektile (*bullets*) (vgl. Jahn-Sudmann/Kempken 2011; Beil u. a. 2016, S. 336).

Direct Cinema: D.C. ist eine Stilrichtung des Dokumentarfilms, die „die Illusion beim Zuschauer erzeugen [sollte], er sei direkt vor Ort" (Lipp 2012, S. 86). Durch technische Neuerungen um 1960 wurde es möglich, mit handlichen Handkameras und Tonaufnahmegeräten in die Wirklichkeit einzudringen und sie in langen Plansequenzen direkt aufzuzeichnen. Beobachtend, mit dem/der Filmemacher*in als „fly on the wall", sollte eine möglichst unverfälschte Abbildung der Realität („Augenzeuge") zum Zuschauer transportiert werden (vgl. ebd., S. 86–100; Kammerer/Kepser 2014, S. 36 ff.).

Dolly: D. ist ein Kamerawagen, der auf Reifen oder über Schienen fährt und als ruckelfreier Untergrund für die Kamera in einer choreografierten Fahrtbewegung benutzt werden kann (vgl. z. B. Armer 1998, S. 441).

establishing shot: Der *e.s.* ist eine Filmeinstellung, bei der ein Überblick über den Handlungsraum gegeben wird – zumeist durch eine Weiteinstellung oder eine Totale.

femme fatale: Der frz. Ausdruck bezeichnet eine „Frau mit Charme und Intellekt, die durch ihren extravaganten Lebenswandel und ihr verführerisches Wesen ihren Partnern häufig zum Verhängnis wird" (Duden, NQ). Die verruchte bis ruchlose *femme fatale* gehört zum Figureninventar des *Film noir.*

frame: Als *f.* (engl. = Rahmen) bezeichnet man das Einzelbild eines Filmes.

freeze frame: Vgl. Bullet Time.

Goldener Schnitt: G.S. bezeichnet mathematisch ein Teilungsverhältnis, bei dem das Verhältnis des Ganzen zu seinem größeren Teil dem Verhältnis des größeren zum kleineren Teil gleich ist. Der G.S. gilt in der Kunst als ein ideales Prinzip ästhetischer Proportionierung. Er führt bei Bildern dazu, dass an den Schnittpunkten des vertikal und horizontal in drei Bereiche unterteilten Bildes die stärkste Aufmerksamkeit des Betrachters erzielt wird, weshalb dort die wichtigen Aussagen des Bildes platziert werden können (vgl. Armer 1998, S. 93 ff.).

Heldenreise: Als H. bezeichnet man ein kultur- und medienübergreifendes Erzählschema, bei dem der Held (1) sein vertrautes Umfeld verlassen muss, sich dann (2) in Prüfungen und Herausforderung bewährt, bevor er (3) verändert zurückkehrt. Das Schema geht auf Studien des Mythenforschers Joseph Campbell in den 1940er Jahren zurück. Es wurde für das Schreiben von Hollywood-Drehbüchern aufgegriffen (v. a. von Christoper Vogler) und als allgemeines Analysemodell für filmisches Erzählen konkretisiert (vgl. Krützen 2004; Staiger 2016a, S. 93–95).

Intermedialität: I. bezeichnet verschiedene Phänomene. Eine wichtige Form von I. besteht darin, dass in einem Medium auf ein anderes Medium verwiesen wird: Das Aufklappen eines Märchenbuches zu Beginn des Disney-Klassikers SNOW WHITE AND THE SEVEN DWARFS (1937); das Zeigen des Gemäldes von Monet in dem gleichnamigen Film VANILLA SKY (2001) oder die Beschallung eines Luftangriffs mit Wagner-Musik in APOCALYPSE NOW (1979) wären intermediale Verweise von Filmen auf andere Medien (vgl. im Überblick Maiwald 2019).

Intramedialität: I. liegt vor, wenn in einem Text auf einen anderen Text *desselben Trägermediums* verwiesen wird, also z. B. in einem Film auf einen anderen Film (z. B. in GÄNSEHAUT 1993; vgl. Praxiskap. 4.5), in einem Roman auf einen anderen literarischen Schrifttext oder in einem Gemälde auf ein anderes Gemälde.

Jump-Cut: Der *J.-C.* ist eine Art Filmschnitt, bei dem Teile eines natürlichen Bewegungsablaufes herausgeschnitten werden, so dass die Bewegung bei der Wiedergabe sprunghaft und ruckartig beschleunigt erscheint.

Kino der Attraktion: Siehe „Attraktionskino".

Kulturindustrie: Den Begriff der K. prägten Max Horkheimer und Theodor W. Adorno 1944 in ihrer Schrift *Dialektik der Aufklärung*. Er drückt aus, dass im Spätkapitalismus auch Kultur wie eine Ware produziert und konsumiert wird und vor allem dazu dient, die gesellschaftlichen Herrschafts- und Besitzverhältnisse zu verschleiern. Beispiele für die Kulturindustrie sind neben Schlagern und Seifenopern auch „Kino, Radio, Jazz und Magazin" (Horkheimer/Adorno 2003, S. 140). Die Filmindustrie bzw. der Hollywood-Film galten als paradigmatisch für die kulturindustrielle „Transposition der Kunst in die Konsumsphäre" (ebd., S. 143) zum Zweck der Zerstreuung und Verblendung.

Leitmotiv: L. bezeichnet – ursprünglich in der Musik von Richard Wagner – die Wiederkehr einer bestimmten Tonfolge. In der Schriftliteratur und im Film sind L. formelhaft wiederkehrende Wortfolgen, Aussprüche, Szenen, Bilder oder Symbole (z. B. Der Ausspruch „Das ist ein zu weites Feld" des Vaters in Fontanes Roman *Effi Briest* oder die in dem Holocaust-Drama SCHINDLER'S LIST ständig zu hörenden Pfeifgeräusche von Lokomotiven).

Match-Cut: Nach dem engl. *to match* = entsprechen, übereinstimmen bezeichnet *M.-C.* eine Art des Bildschnitts, bei dem eine grafische Form aus einem Bild im nächsten Bild wieder aufgenommen wird. Berühmt ist der *M.-C.* aus Kubricks 2001: A SPACE ODYSSEY (1968), in dem ein von einem Urmenschen in die Luft geworfener Knochen in ein formähnliches Raumschiff übergeht.

Medienverbund: Als M. bezeichnet man ein Aggregat verschiedener Medienangebote zu ein und demselben fiktionalen Stoff. Bereits eine Literaturverfilmung schafft einen (kleinen) M. Typischerweise sind Medienverbünde aber planvoll erzeugte fiktionale Geschichtenräume, Erlebnisofferten und auch Konsumzonen wie z. B. ‚Star Wars', ‚Harry Potter' oder ‚Prinzessin Lilifee'.

Mind-Screen: Ein *M.-S.* ist die (auditive und visuelle) Darstellung eines mentalen, inneren Geschehens (engl. *mind* = Gedanken, Empfindungen) auf der Leinwand bzw. Bildfläche (*screen*).

Mockumentary: M. ist ein Kunstwort aus engl. *to mock*: vortäuschen und *documentary*: Dokumentarfilm. M. sind Parodien oder Satiren, die gerade aus der Spannung von Fiktionalität und Faktualität ihre besondere Wirkung erzielen.

Motion Still: Ein M.S. ist ein aus einem Film herausgenommenes Standbild/Einzelbild; wird alternativ auch als *frame* (engl. Rahmen) bezeichnet.

multicodal: M. bedeutet, dass in einem Text mehrere Zeichencodes vorliegen. Bereits ein Zeitungstext mit einem Bild ist multicodal. Der Film ist multicodal, weil er gesprochene und geschriebene Sprache, Musik und Geräusche sowie bewegte Bilder vereint.

Paratext: P. sind Begleittexte („Beiwerk", Genette 2001) des eigentlichen Textes. Bei einem Film sind dies z. B. der Vorspann, das Filmplakat oder der Trailer.

Plot Point: „Ein Plot Point ist ein Vorfall, eine Episode oder ein Ereignis, das in die Handlung ‚eingreift' und sie in eine andere Richtung dreht" (Field 2000, S. 42). Ein P.P. kann eine Entdeckung sein, ein Geständnis, ein Unfall, ein Angriff, das Auftauchen eines Gegenspielers etc.

point-of-attack: Der *p.* ist das meist nach einigen Minuten platzierte handlungsauslösende Moment in einem Erzählfilm.

Steadicam: Die S. ist eine in den 1970ern entwickelte Kameravorrichtung, die über Federungen und Stativarme verwacklungsarme Bilder von einem frei beweglichen Kameramann ermöglicht. Sie kombiniert somit „die Bewegungsfreiheit der Handkamera mit der Bildstabilität von Dolly-Fahrten" (Schernickau 2011, S. 692).

Stop-Motion: S.-M. ist eine Filmtechnik, bei der einzelne Bilder von unbewegten Objekten so aufgenommen und aneinandergereiht werden, dass in der Wiedergabe ein Bewegungseindruck entsteht.

Story und Plot: S. bezeichnet das Handlungsgeschehen als solches, P. seine erzählerische Anordnung. Eine S., die chronologisch und kausal-linear erzählt wird, ist mit dem P. annähernd identisch. Rückblenden, Zeitsprünge oder die Auffächerung mehrerer Erzählebenen lassen einen P. hingegen von der S. abweichen.

Tassensprung: T. ist eine Aufnahmetechnik, die durch Vordergrund-/Hintergrundplatzierung und Perspektive den Eindruck erweckt, als würden Menschen in eine Tasse springen (vgl. Tassensprung, NQ).

vierte Wand: Die nur imaginäre v. W. ist die dem Publikum zugewandte Seite eines Handlungsraums im Theater oder im Film. Im Spielfilm ist das Durchbrechen der vierten Wand (durch Blick in die Kamera und Kontaktaufnahme mit dem/der Zuschauer*in) in den meisten Genres unerwünscht, da die beabsichtigte Realitätsillusion dadurch gestört wird.

Voice-Over: Ein V.-O. ist eine im Film von außen hinzutretende Stimme, die nicht zur Handlung selbst gehört (im Dokumentarfilm auch *Voice of God* genannt).

Literatur (letzter Aufruf der URLs am 12.03.2021)

Abraham, Ulf (2002): Kino im Klassenzimmer. Klassische Filme für Kinder und Jugendliche im Deutschunterricht. In: Praxis Deutsch. Jg. 29. H. 175. S. 6–18.

Abraham, Ulf (2005): Lesekompetenz, literarische Kompetenz, poetische Kompetenz. Fachdidaktische Aufgaben in einer Medienkultur. In Rösch, Heidi (Hrsg.): Kompetenzen im Deutschunterricht. Frankfurt/Main. S. 13–26.

Abraham, Ulf (2013): Kurzspielfilme im Deutschunterricht. In: Praxis Deutsch. Jg. 40. H. 237. S. 4–14 [Basisartikel].

Abraham, Ulf (2016a): Filme im Deutschunterricht. 3., aktual. u. erw. Aufl. Seelze (= Reihe Praxis Deutsch).

Abraham, Ulf (2016b): Sprachbezogene Filmbildung im fächerübergreifenden Unterricht. In: Blell u. a. (Hrsg.). S. 135–152.

Abraham, Ulf (2016c): Was macht einen Film zum „Klassiker"? EMIL UND DIE DETEKTIVE, DIE REISE ZUM MOND und andere Referenzfilme der frühen kinderliterarischen Verfilmung. In: Maiwald u. a. (Hrsg.). S. 11–27.

Abraham, Ulf/Kepser, Matthis (2005): Literaturdidaktik Deutsch. Eine Einführung. Berlin (= Grundlagen der Germanistik 42).

Abraham, Ulf/Knopf, Julia (Hrsg.) (2013): Deutsch. Didaktik für die Grundschule. Berlin.

Abraham, Ulf/Anders, Petra (2015): Dokumentarfilme im Deutschunterricht. In: Praxis Deutsch. Jg. 42. H. 253. S. 4–11.

Albersmeier, Franz-Josef (Hrsg.) (1998): Texte zur Theorie des Films. 3., durchges. u. überarb. Aufl. Stuttgart (= Reclams UB 9943).

Albrecht, Christian (2014): Lyrikverfilmungen im Literaturunterricht. In: Frederking/Krommer (Hrsg.). S. 267–290.

Albrecht, Christian/Frederking, Volker (2015): Der Film im Deutschunterricht. Grundlagen, Rahmenbedingungen, Konzeptionen. In: ide – informationen zur deutschdidaktik. Jg. 39. H. 1. S. 20–38.

Althen, Michael (1998): Ein Narr, wer den Zufall Schicksal nennt. In: SZ (19.08.1998). URL: https://michaelalthen.de/texte/themenfelder/filmkritiken/lola-rennt/.

Anders, Petra (2013): Lyrische Texte im Deutschunterricht. Grundlagen, Methoden, multimediale Praxisvorschläge. Seelze.

Anders, Petra (2014): Schule im Dokumentarfilm. In: Kammerer/Kepser (Hrsg.). S. 91–111.

Anders, Petra (2016): Dokumentarfilme im medienreflexiven Sprach- und sprachreflexiven Medienunterricht. In: Blell u. a. (Hrsg.). S. 153–173.

Anders, Petra/Rüsel, Manfred (2006): Rund um LOLA RENNT. Kopiervorlagen für den Deutschunterricht. Berlin.

Anders, Petra/Staiger, Michael (2016): Serialität und Deutschdidaktik. In: Dies. (Hrsg.). S. 2–27.

Anders, Petra/Staiger, Michael (Hrsg.) (2016): Serialität in Literatur und Medien. Bd. 1. Theorie und Didaktik. Baltmannsweiler. Baltmannsweiler.

Anders, Petra/Staiger, Michael/Albrecht, Christian/Rüsel, Manfred/Vorst, Claudia (2019): Einführung in die Filmdidaktik. Kino, Fernsehen, Video, Internet. Berlin.

Anz, Thomas (1998): Literatur und Lust. Glück und Unglück beim Lesen. München.

Arijon, Daniel (2000): Grammatik der Filmsprache. Das Handbuch. Frankfurt/Main.

Aristoteles (1994): Poetik (335 v.Chr.). Griechisch/Deutsch. Übers. u. hgg. v. Manfred Fuhrmann. Bibliogr. ergänzte Ausg. Stuttgart.

Armer, Alan A. (1998): Lehrbuch der Film- & Fernsehregie. 2., durchges. Aufl. Frankfurt/Main.

Arnheim, Rudolf (2002): Film als Kunst (1932). Mit einem Nachwort von Karl Prümm und zeitgenössischen Rezensionen. Frankfurt/Main (= stw 1553).

Astruc, Alexandre (1948): Die Geburt einer neuen Avantgarde. Die Kamera als Federhalter. URL: https://swiki.hfbk-hamburg.de/medienphilosophie/31.

Baacke, Dieter (1971): Der traurige Schein des Glücks. Zum Typus kommerzieller Jugendzeitschriften. In: Ehmer (Hrsg.). S. 213–250.

Baacke, Dieter (1973): Kommunikation und Kompetenz. Grundlegung einer Didaktik der Kommunikation und ihrer Medien. München.

Baasner, Rainer/Zens, Maria (2001): Methoden und Modelle der Literaturwissenschaft. Eine Einführung. 2., aktual. u. erw. Aufl. Berlin.

Balázs, Béla (2001a): Der sichtbare Mensch oder die Kultur des Films (1924). Mit einem Nachwort von Helmut H. Diederichs und zeitgenössischen Rezensionen von Robert Musil, Andor Krazna-Krausz, Siegfried Kracauer und Erich Kästner. Frankfurt/Main (= stw 1536).

Balázs, Béla (2001b): Der Geist des Films (1930). Frankfurt/Main (= stw 1537).

Bannasch, Bettina/Matthes, Eva (Hrsg.) (2018): Kinder- und Jugendliteratur. Historische, erzähl- und medientheoretische, pädagogische und therapeutische Perspektiven. Münster.

Barsch, Achim (2006): Mediendidaktik Deutsch. Paderborn.

Baum, Michael/Laudenberg, Beate (Hrsg.) (2012): Illustration und Paratext. München (= Jahrbuch Medien im Deutschunterricht für 2011).

Bazin, André (1955): Die Entwicklung der Filmsprache. In: Ders. (2004). S. 90–109.

Bazin, André (1958): Vorwort zu Band I der vierbändigen Originalausgabe. In: Ders. (2004). S. 29–32.

Bazin, André (2004): Was ist Film? Hgg. von Robert Fischer. Mit einem Vorwort von Tom Tykwer und einer Einleitung von François Truffaut. Berlin.

Becker, Carmen/Roos, Jana (2016): Film im Englischunterricht der Grundschule. Kompetenzentwicklung durch Lernaufgaben. In: Blell u.a. (Hrsg.). S. 79–95.

Begleiter, Marcie (2003): Storyboards. Vom Text zur Zeichnung zum Film. Aus dem Amerik. v. Peter Robert. Frankfurt/Main.

Behrendt, Esther Maxine (2011): Kurzfilm. In: Koebner (Hrsg.). S. 396–398.

Beier, Lars-Olav/Seeßlen, Georg (Hrsg.) (1999): Alfred Hitchcock. Berlin.

Beil, Benjamin/Kühnel, Jürgen/Neuhaus, Christian (2016): Studienbuch Filmanalyse. 2., aktual. Aufl. München (= UTB 8499).

Beisbart, Ortwin/Kerkhoff-Hader, Bärbel (Hrsg.) (2008): Märchen. Geschichte – Psychologie – Medien. Baltmannsweiler.

Beller, Hans (2002a): Aspekte der Filmmontage – Eine Art Einführung. In: Ders. (Hrsg.). S. 9–32.

Beller, Hans (2002b): Montage-Experimente an der HFF München. In: Ders. (Hrsg.). S. 155–177.

Beller, Hans (2005): Montage. In: Schleicher, Harald/Urban, Alexander (Hrsg.): Filme machen. Technik, Gestaltung, Kunst. Klassisch und digital. Frankfurt/Main. S. 155–200.

Beller, Hans (Hrsg.) (2002): Handbuch der Filmmontage. Praxis und Prinzipien des Filmschnitts. 4., durchges. u. erw. Aufl. München (= Film Funk Fernsehen praktisch 5).

Bellour, Raymond (1999): Der unauffindbare Text (1975). In: Montage/av. Jg. 8. H. 1. S. 8–17.

Bender, Theo/Wulff, Hans J. (2012): match cut. URL: https://filmlexikon.uni-kiel.de/index.php?action=lexikon&tag=det&id=1817.

Bergala, Alain (2006): Kino als Kunst. Filmvermittlung an der Schule und Anderswo. Marburg.

Bertschi-Kaufmann, Andrea (Hrsg.) (2007): Lesekompetenz, Leseleistung, Leseförderung. Seelze-Velber u. Zug.

Bienk, Alice (2006): Filmsprache. Einführung in die interaktive Filmanalyse. Marburg.

Blell, Gabriele/Grünewald, Andreas/Kepser, Matthis/Surkamp, Carola (Hrsg.) (2016): Film in den Fächern der sprachlichen Bildung. Baltmannsweiler (= Film Bildung Schule 2).

Blell, Gabriele/Grünewald, Andreas/Kepser, Matthis/Surkamp, Carola (2016): Film in den Fächern Deutsch, Englisch, Französisch, Spanisch. Ein Modell zur sprach- und kulturübergreifenden Filmbildung. In: Dies. (Hrsg.). S. 11–61.

Boelmann, Jan M. (2015): Literarisches Verstehen mit narrativen Computerspielen. München.

Boelmann, Jan M./Kepser, Matthis (Hrsg.) (2019): Literale Praktiken im medialen Spannungsfeld (= MiDU1). URL: https://doi.org/10.18716/ojs/midu/2019.1.

Boelmann, Jan M./Seidler, Andreas (Hrsg.) (2013): Computerspiele als Gegenstand des Deutschunterrichts. Frankfurt/Main (= Beiträge zur Literatur- und Mediendidaktik 25).

Bogdal, Klaus-Michael/Korte, Hermann (Hrsg.) (2004): Grundzüge der Literaturdidaktik. 3. Aufl. München

Bohnenkamp, Anne (2005): Vorwort. In: Dies. (Hrsg.): Literaturverfilmung. Stuttgart (= Reclams UB 17527). S. 9–38.

Bönninghausen, Marion (2013): Intermedialer Literaturunterricht. In: Frederking u. a. (Hrsg.). S. 523–534.

Bordwell, David (1985): Narration in the Fiction Film. Madison, WI.

Bordwell, David (1991): Making Meaning. Inference and Rhetoric in the Interpretation of Cinema. Harvard, MA.

Bordwell, David (2003): Visual Style in Cinema. Vier Kapitel Filmgeschichte. Hgg. u. eingel. von Andreas Rost. Frankfurt/Main.

Bordwell, David/Thompson, Kristin (2008): Film Art. An Introduction. 8. Aufl. New York u. a.

Borstnar, Nils/Pabst, Eckhard/Wulff, Hans Jürgen (2002): Einführung in die Film- und Fernsehwissenschaft. Konstanz (= UTB für Wissenschaft 2362).

Bräuer, Christoph (2012): Literarische Texte. In: Kliewer/Pohl (Hrsg.). Bd. 1. S. 450–453.

Braun, Michael/Laudenberg, Beate (Hrsg.) (2010): Illustration und Paratext. München (= Jahrbuch Medien im Deutschunterricht für 2011).

Brinker, Klaus/Cölfen, Hermann/Pappert, Steffen (2014): Linguistische Textanalyse. 8. Aufl. Berlin.

Brockmann, Stephen (2010): LOLA RENNT (1998) or Cool Germania. In: Ders.: A Critical History of German Film. Rochester. S. 457–467.

Brunow, Dagmar (2013): Western. In: Kuhn u. a. (Hrsg.). S. 39–61.

Bühler, Philipp (2005): RASHOMON. In: Holighaus (Hrsg.). S. 93–99.

Bühler, Philipp (2018): 2001: ODYSSEE IM WELTRAUM. URL: https://www.kinofenster.de/filme/filmarchiv/2001-odyssee-im-weltraum-film/.

Bullerjahn, Claudia (2001): Grundlagen der Wirkung von Filmmusik. Augsburg (= Forum Musikpädagogik 43/Wißner Lehrbuch 5).

Burdorf, Dieter/Fasbender, Christoph/Moenninghoff, Burkhardt (Hrsg.) (2007): Metzler Lexikon Literatur. 3. Aufl. Stuttgart u. Weimar.

Burkhardt, Karl August Hugo (Hrsg.) (1870): Goethes Unterhaltungen mit dem Kanzler Friedrich v. Müller. Stuttgart. URL: https://reader.digitale-sammlungen.de/de/fs1/object/display/bsb11001483_00005.html.

Busch, Wilhelm (1998): Max und Moritz. Eine Bubengeschichte in sieben Streichen (1865). In: Ders.: Gesamtwerk in drei Bänden. Bd. 1. Augsburg. S. 195–251.

Butzer, Günter/Zapf, Hubert (Hrsg.) (2015): Große Werke des Films. Bd. 1. Eine Ringvorlesung an der Universität Augsburg 2013/2014. Tübingen.

Butzer, Günter/Zapf, Hubert (Hrsg.) (2019): Große Werke des Films. Bd. 2. Eine Ringvorlesung an der Universität Augsburg 2017. Tübingen.

Bütow, Wilfried/Dahm, Horst (1977): Hören und Anschauen im Literaturunterricht. Zur Arbeit mit audiovisuellen Mitteln. Berlin.

Campbell, Joseph (1999): Der Heros in tausend Gestalten (1949). Frankfurt/Main u. Leipzig.

Canudo, Ricciotto (2003): Manifeste des Sept Arts (1911). Paris.

Casetti, Francesco (2001): Filmgenres, Verständigungsvorgänge und kommunikativer Vertrag. In: Montage/av. Jg. 10. H. 2. S. 155–173.

D'Addario, Daniel (2014): Yes, HOUSE OF CARDS is our Shakespeare. Comparing the show to Shakespeare isn't pretentious; it's appropriate. In: Salon (15.02.2014). URL: https://www.salon.com/2014/02/14/yes_house_of_cards_is_our_shakespeare/.

Deleuze, Gilles (1997a): Das Bewegungs-Bild. Kino 1. Übersetzt von Ulrich Christians und Ulrike Bokelmann. Frankfurt/Main (= stw 1288).

Deleuze, Gilles (1997b): Das Zeit-Bild. Kino 2. Übersetzt von Klaus Englert. Frankfurt/Main (= stw 1289).

Descourvières, Benedikt (2002): Kriegs-Schnitte. WEGE ZUM RUHM, FULL METAL JACKET und INDEPENDENCE DAY im Deutschunterricht. St. Augustin.

Desmarais, Claude (Hrsg.) (2014): A different Germany: Pop and the Negotiation of German Culture. Newcastle u. Cambridge.

Dettmar, Ute/Pecher, Claudia Maria/Schlesinger, Ron (Hrsg.) (2017): Märchen im Medienwechsel. Zur Geschichte und Gegenwart des Märchenfilms. Stuttgart.

Deubel, Volker/Kiefer, Klaus H. (Hrsg.) (2003): MedienBildung im Umbruch. Lehren und Lernen im Kontext der Neuen Medien. Bielefeld.

Diederichsen, Diedrich (2012): THE SOPRANOS. Zürich.

Diez, Wolfgang (1971): Diskussionen über sozialistische Kunstwerke helfen den Schülern, ihre eigene Stellung und Perspektive in der sozialistischen Gesellschaft tiefer zu erfassen. In: Deutschunterricht. H. 10. S. 554–559.

Disoski, Meri/Klingenböck, Ursula/Krammer, Stefan (Hrsg.) (2019): (Ver)Führungen. Räume der Literaturvermittlung. Innsbruck u.a.

Drascek, Daniel (2001): SIMSALAGRIMM: zur Adaptation und Modernisierung der Märchenwelt. In: Schweizerisches Archiv für Volkskunde/Archives suisses des traditions populaires. Jg. 97. H. 1. S. 79–89. URL: https://docplayer.org/35907119-Simsalagrimm-zur-adaptation-und-modernisierung-der-maerchenwelt.html.

Drexler, Peter (2016): Filmgeschichte im internationalen und fächerübergreifenden Diskurs. Implikationen für die schulische Filmbildung in den Sprachfächern. In: Blell u.a. (Hrsg.). S. 249–269.

Droll, Hansjörg (2015): Wahre Helden auf dem Weg zur Schule? Mit Kameraperspektiven Spannung erzeugen. In: Praxis Deutsch. Jg. 42. H. 253. S. 20–27.

Dunker, Achim (2001): „Die chinesische Sonne scheint immer von unten". Licht- und Schattengestaltung im Film. 2., aktual. u. erw. Aufl. München (= TR-Praktikum 9).

Dürrenmatt, Friedrich (1985): Das Versprechen. Requiem auf den Kriminalroman (1958). Zürich.

Dürrenmatt, Friedrich (1996): Theaterprobleme (1954). In: Ders.: Gesammelte Werke. Bd. 7: Essays, Gedichte. Zürich. S. 28–69.

Eco, Umberto (1994): Einführung in die Semiotik (1972). Autorisierte deutsche Ausgabe von Jürgen Trabant. 8., unveränd. Aufl. München.

Ehmer, Hermann K. (Hrsg.) (1971a): Visuelle Kommunikation. Beiträge zur Kritik der Bewußtseinsindustrie. Köln. DuMont Schauberg.

Ehmer, Hermann K. (1971b): Zur Metasprache der Werbung – Analyse einer DOORNKAAT-Reklame. In: Ders. (Hrsg.). S. 162–178.

Eisenstein, Sergej M. (1923): Montage der Attraktionen. In: Ders. (2006). S. 9–14.

Eisenstein, Sergej M. (1924): Montage der Filmattraktionen. In: Ders. (2006). S. 15–40.

Eisenstein, Sergej M. (1929): Jenseits der Einstellung. In: Ders. (2006). S. 58–74.

Eisenstein, Sergej M. (1934): Über die Reinheit der Filmsprache. In: Ders. (2006). S. 134–144.

Eisenstein, Sergej M. (1945): Wie ich Regisseur wurde. Geheimnisse eines Studienabbrechers. URL: http://raumgegenzement.blogsport.de/2010/12/17/sergej-eisenstein-wie-ich-regisseur-wurde-geheimnisse-eines-studienabbrechers-1945/.

Eisenstein, Sergej M. (2006): Jenseits der Einstellung. Schriften zur Filmtheorie. Hgg. von Felix Lenz u. Helmut H. Diederichs. Frankfurt/Main (= stw 1766).

Eisenstein, Sergej M./Pudowkin, Wsewolod I./Alexandrow Grigoij W. (1928): Manifest zum Tonfilm. In: Albersmeier (Hrsg.) (1998). S. 54–57.

Elsaesser, Thomas (2009): Ein halbes Jahrhundert im Zeichen Bazins. In: Montage/av. Jg. 18. H. 1. S. 11–31.

Elsaesser, Thomas/Hagener, Malte (2011): Filmtheorie zur Einführung. 3., erg. Aufl. Hamburg.

Emmersberger, Stefan (2019a): Der Sandmann interaktiv erzählen. Zum literaturdidaktischen Potential des Story-Editors Inky. In: Praxis Deutsch. Jg. 46. H. 276. S. 27–33.

Emmersberger, Stefan (2019b): Storytelling in virtuellen Welten – Potential und Grenzen eines intermedialen Literaturunterrichts am Beispiel des interaktiven Films LIFE IS STRANGE. In: Maiwald (Hrsg.). S. 91–109.

Engell, Lorenz/Fahle, Oliver (2002): Film-Philosophie. In: Felix (Hrsg.). S. 222–245.

Erlinger, Hans Dieter (2004): Kanonfragen für die Medienerziehung im Deutschunterricht. In: Ders./Lecke (Hrsg.). S. 23–40.

Erlinger, Hans Dieter/Lecke, Bodo (Hrsg.) (2004): Kanonbildung bei audiovisuellen Medien im Deutschunterricht? München.

Estermann, Alfred (1965): Die Verfilmung literarischer Werke. Bonn.

Ewers, Hans-Heino (2000): Literatur für Kinder und Jugendliche. Eine Einführung. München (= UTB 2124).

Faulstich, Werner (1976): Einführung in die Filmanalyse. Tübingen (= Literaturwissenschaft im Grundstudium 1).

Faulstich, Werner (2002): Grundkurs Filmanalyse. München (= UTB 2341).

Faulstich, Werner (2005): Filmgeschichte. Paderborn (= UTB basics 2638).

Faulstich, Werner (2013): Grundkurs Filmanalyse. 3., aktual. Aufl. Paderborn (= UTB 2341).

Faulstich, Werner/Faulstich, Ingeborg (1977): Modelle der Filmanalyse. München.

Feierabend, Sabine/Rathgeb, Thomas/Reutter, Theresa (2020): JIM-Studie 2019. Jugend, Information, Medien. Basisuntersuchung zum Medienumgang 12- bis 19-Jähriger. URL: https://www.mpfs.de/studien/jim-studie/2019/.

Felix, Jürgen (Hrsg.) (2002): Moderne Film Theorie. Mainz (= filmforschung 3).

Feusi, Josef (1971): Kleine Filmkunde (1964). Mit Beiträgen von Ignatia Bentele, Josef Binzegger, Paul Hasler, Rolf Lerf, Hanspeter Stalder, Marlies Widmer. 5., unveränderte Aufl. Zürich.

Feyersinger, Erwin (2007): Diegetische Kurzschlüsse wandelbarer Welten: Die Metalepse im Animationsfilm. In: Montage/av. Jg. 16. H. 2. S. 114–130.

Fiedler-Tresp, Sonja (2019): Mein großes Märchenbuch: SIMSALAGRIMM. Die Abenteuer von Yoyo und Doc Croc. München.

Field, Syd (2000): Das Handbuch zum Drehbuch. Übungen und Anleitungen zu einem guten Drehbuch. 12. Aufl. Frankfurt/Main.

Finger Anke (2006): Das Gesamtkunstwerk der Moderne. Göttingen.

Fischer, Helmut (2000): Grimms Märchen: neu erzählt, modern, entgrimmt und versimsalagrimmt. In: Franz/Kahn (Hrsg.). S. 108–116.

Fischer, Robert (2005): DIE EHE DER MARIA BRAUN. In: Holighaus (Hrsg.). S. 191–198.

Fludernik, Monika (2006): Einführung in die Erzähltheorie. Darmstadt.

Förster, Jens (1990): Eine Provokation? Gedanken zu einem künftigen Medienunterricht. In: Deutschunterricht. Jg. 43. H. 9. S. 411–415.

Franz, Kurt (Hrsg.) (2003): Märchenwelten. Das Volksmärchen aus der Sicht verschiedener Fachdisziplinen. Baltmannsweiler.

Franz, Kurt/Kahn, Walter (Hrsg.) (2000): Märchen – Kinder – Medien. Beiträge zur medialen Adaption von Märchen und zum didaktischen Umgang. Baltmannsweiler.

Frederking, Volker (Hrsg.) (2006): Filmdidaktik – Filmästhetik. München (= Jahrbuch Medien im Deutschunterricht für 2005).

Frederking, Volker/Krommer, Axel (Hrsg.) (2014): Taschenbuch des Deutschunterrichts. Bd. 3: Aktuelle Fragen der Deutschdidaktik. Baltmannsweiler.

Frederking, Volker/Krommer, Axel/Maiwald, Klaus (2018): Mediendidaktik Deutsch. Eine Einführung. 3., völlig neu bearb. u. erw. Aufl. Berlin (= Grundlagen der Germanistik 44).

Frederking, Volker/Krommer, Axel/Meier, Christel (Hrsg.) (2013): Taschenbuch des Deutschunterrichts. Bd. 2: Literatur- und Mediendidaktik. 2., neu bearb. u. erw. Aufl. Baltmannsweiler.

Frederking, Volker/Schneider, Olaf (2010): Filmdidaktische Optionen des Symmediums Computer. In: Lorenz (Hrsg.). S. 287–300.

Freytag, Gustav (2003): Die Technik des Dramas (1863). Berlin.

Friedrich, Andreas (Hrsg.) (2003): Filmgenres: Fantasy- und Märchenfilm. Stuttgart.

Frizzoni, Brigitte (2008): „Shrek" – ein postmodernes Märchen. In: Schmitt (Hrsg.). S. 186–202.

Fröhlich, Vincent (2018): Serie, Serialität, serielles Erzählen. Eine Einführung in das Themenfeld. In: Der Deutschunterricht. Jg. 70. H. 6. S. 5–17.

Fuchs, Mechthild/Klant, Michael/Pfeiffer, Joachim/Staiger, Michael/Spielmann, Raphael (2008): Freiburger Filmcurriculum. Ein Modell des Forschungsprojekts „Integrative Filmdidaktik" (Pädagogische Hochschule Freiburg). In: Der Deutschunterricht. Jg. 60. H. 3. S. 84–90.

Gans, Michael/Jost, Roland/Kammerer, Ingo (Hrsg.) (2008): Mediale Sichtweisen auf Literatur. Baltmannsweiler.

Gansel, Carsten (2010): Moderne Kinder- und Jugendliteratur. 4. Aufl. Berlin.

Garnacs, Joseph/Ligensa, Annemone (Hrsg.) 2012): The Cinema of Germany. New York.

Gast, Wolfgang (1981): Lesen oder Zuschauen? Produktive Folgerungen aus einer falschen Alternative. In: Schaefer (Hrsg.). S. 59–78.

Gast, Wolfgang (1993): Film und Literatur. Analysen, Materialien, Unterrichtsvorschläge. Bd. 1: Grundbuch. Einführung in die Begriffe und Methoden der Filmanalyse. Frankfurt/Main.

Gast, Wolfgang (Hrsg.) (1999): Literaturverfilmung. Bamberg.

Gast, Wolfgang/Deiker, Barbara (1993a): Film und Literatur. Analysen, Materialien, Unterrichtsvorschläge. Bd. 2: DER UNTERTAN, WOYZECK, EFFI BRIEST. Frankfurt/Main.

Gast, Wolfgang/Deiker, Barbara (1993b): Film und Literatur. Analysen, Materialien, Unterrichtsvorschläge. Bd. 3: VORSTADTKROKODILE, DIE VERLORENE EHRE DER KATHARINA BLUM, DIE ILSE IST WEG. Frankfurt/Main.

Gast, Wolfgang/Vollmers, Burkhard (1981): Fontane, Plenzdorf, Goethe – sehen oder lesen? Literaturverfilmungen sind besser als ihr Ruf. In: Diskussion Deutsch. Jg. 12. H. 61. S. 432–457.

Geilert, Sabrina/Voorgang, Juliane (2017): Serielles Märchen-Erzählen am Beispiel neuerer US-TV-Produktionen. In: Dettmar u. a. (Hrsg.). S. 327–346.

Genette, Gérard (1998): Die Erzählung. 2. Aufl. München.

Genette, Gérard (2001): Paratexte. Das Buch vom Beiwerk des Buches (1989). Aus dem Franz. v. Dieter Hornig. Frankfurt/Main.

Gerdes, Julia (2010): SCHNEEWITTCHEN UND DIE SIEBEN ZWERGE. In: Kümmerling-Meibauer/Koebner (Hrsg.). S. 34–40.

Gersch, Wolfgang (2004): Film in der DDR. In: Jacobsen u. a. (Hrsg.). S. 357–404.

Giera, Joachim (2000): „Es ist, was es ist ...". In: Franz/Kahn (Hrsg.). S. 117–119.

Giesemann, Hilde (1972): Erfahrungen aus der Arbeit mit dem Fernsehspiel DIE VERSCHWORENEN in meinem Unterricht. In: Deutschunterricht. H. 5. S. 292–297.

Giesen, Rolf/Koebner, Sascha (2011): Animationsfilm. In: Koebner (Hrsg.). S. 23–26.

Gottgetreu, Sabine (2012): LOLA RENNT. Run, Lola, Run. In: Garnacs/Ligensa (Hrsg.). S. 217–225.

Gotto, Lisa (2013): Komödie. In: Kuhn u.a. (Hrsg.). S. 67–85.

Grafe, Frieda (2004): New Look. In: Jacobsen u.a. (Hrsg.). S. 405–430.

Grimm, Jacob und Wilhelm (1980): Kinder- und Hausmärchen (KHM) (Bd. 1) (1819/1857). Stuttgart.

Groeben, Norbert (2002): Dimensionen der Medienkompetenz: Deskriptive und normative Aspekte. In: Ders./Hurrelmann (Hrsg.). S. 160–197.

Groeben, Norbert/Hurrelmann, Bettina (Hrsg.) (2002): Medienkompetenz. Voraussetzungen, Dimensionen, Funktionen. Weinheim u. München.

Gunning, Tom (1986): Das Kino der Attraktionen. Das frühe Kino, seine Zuschauer und die Avantgarde. In: Meteor. H. 4. S. 25–34.

Haas, Gerhard/Menzel, Wolfgang/Spinner, Kaspar (1994): Handlungs- und produktionsorientierter Literaturunterricht. In: Praxis Deutsch. Jg. 21. H. 123. S. 17–25.

Hallet, Wolfgang (2016): Was heißt film literacy? Filmverstehen und fremdsprachige Diskursfähigkeit. In: Blell u.a. (Hrsg.). S. 177–193.

Hamburger, Käte (1987): Die Logik der Dichtung (1957). München.

Hamisch, Siegfried (1962): Die Erziehung der Schuljugend durch den Spielfilm. Berlin.

Hamisch, Siegfried (1968): Der Film und die staatsbürgerliche Erziehung unserer Jugend. Über die Rolle des künstlerischen Films bei der Formung der jungen Persönlichkeit. In: Deutschunterricht. H. 1. S. 59–61.

Hammelehle, Sebastian/Matt, Peter von (2006): „Die Intrige hat eine immense Magie." In: Welt am Sonntag (05.03.2006). URL: https://www.welt.de/print-wams/article139451/Die-Intrige-hat-eine-immense-Magie.html.

Hant, C.P. (2000): Das Drehbuch. Praktische Filmdramaturgie. 2. Aufl. Frankfurt/Main.

Hartmann, Britta (1999): Topographische Ordnung und narrative Struktur im klassischen Gangsterfilm. In: Montage/av. Jg. 8. H. 1. S. 111–133.

Hartmann, Britta (2003): „Gestatten Sie, dass ich mich vorstelle?" Zuschaueradressierung und Reflexivität am Filmanfang. In: Montage/av. Jg. 12. H. 2. S. 19–38.

Hartmann, Britta/Wulff, Hans J. (1995): Vom Spezifischen des Films. Neoformalismus – Kognitivismus – Historische Poetik. In: Montage/av. Jg. 4. H. 1. S. 5–22.

Heidtmann, Horst (2000): Medienadaptionen von Volksmärchen. In: Franz/Kahn (Hrsg.). S. 82–98.

Heller, Heinz-B./Steinle, Matthias (2005): Einleitung. In: Dies. (Hrsg.): Filmgenres. Komödie. Stuttgart (= Reclams UB 18407). S. 11–23.

Hentig, Hartmut v. (1985): Die Menschen stärken, die Sachen klären. Ein Plädoyer für die Wiederherstellung der Aufklärung. Stuttgart.

Herbold, Astrid (2018): Buchmarkt im Wandel. Was Romane und TV-Serien gemein haben – und was nicht. In: Der Tagesspiegel (02.01.2018). URL: https://www.tages

spiegel.de/kultur/buchmarkt-im-wandel-was-romane-und-tv-serien-gemein-haben-und-was-nicht/20803232.html.

Hesse, Matthias/Krommer, Axel/Müller, Julia (2006): POEM. Ein Film von Ralf Schmerberg. Paderborn.

Hickethier, Knut (2001): Film- und Fernsehanalyse. 3., überarb. Aufl. Stuttgart u. Weimar (= SM 277).

Hickethier, Knut (2002): Drei Möglichkeiten zum Leben: „Lola rennt". In: Deutschunterricht. Jg. 55. H. 6. S. 13–17.

Hickethier, Knut (2007): Film- und Fernsehanalyse. 4., aktual. u. erw. Aufl. Stuttgart u. Weimar (= SM 277).

Hickethier, Knut (2011): Serie. In: Koebner (Hrsg.). S. 648–550.

Hickethier, Knut/Lützen, Wolf Dieter/Schwarz, Reent (1973): Unterhaltung und Politik im Fernsehen als Unterrichtsgegenstand. In: Kolbe (Hrsg.). S. 306–333.

Hickethier, Knut/Paech, Joachim (1979): Modelle der Film- und Fernsehanalyse. Stuttgart (= Didaktik der Massenkommunikation 4).

Hildebrand, Jens (2006): film: ratgeber für lehrer. 2. Aufl. Köln.

Hißnauer, Christian (2011): Fernsehdokumentarismus. Theoretische Näherungen, pragmatische Abgrenzungen, begriffliche Klärungen. Konstanz.

Hoff, Dagmar v. (2003): Literaturverfilmung und Intermedialität. Mit einem Exkurs zu Michael Hanekes Film DIE KLAVIERSPIELERIN nach Elfriede Jelineks gleichnamigem Buch. In: ide – informationen zur deutschdidaktik. Jg. 27. H. 4. S. 53–61.

Hohenberger, Eva (Hrsg.) (2012): Bilder des Wirklichen. Texte zur Theorie des Dokumentarfilms. 4. Aufl. Berlin (= Texte zum Dokumentarfilm 3).

Holighaus, Alfred (2005a): AUSSER ATEM. In: Ders. (Hrsg.). S. 126–132.

Holighaus, Alfred (2005b): TAXI DRIVER. In: Ders. (Hrsg.). S. 184–190.

Holighaus, Alfred (Hrsg.) (2005): Der Filmkanon. 35 Filme, die Sie kennen müssen. Bonn u. Berlin (= Schriftenreihe der Bundeszentrale für politische Bildung 448).

Holly, Werner (2004): Fernsehen. Tübingen (= Grundlagen der Medienkommunikation 15).

Holzmann, Christian (2003): Plädoyer für den schlechten Film. In: ide – informationen zur deutschdidaktik. Jg. 27. H. 4. S. 45–52.

Horak, Jan-Christopher (2012): Kino der Attraktion vs. Kino der Narration. In: Lexikon der Filmbegriffe. URL: https://filmlexikon.uni-kiel.de/index.php?action=lexikon&tag=det&id=1364.

Hörisch, Jochen (2004): Eine Geschichte der Medien. Von der Oblate zum Internet. Frankfurt/Main.

Horkheimer, Max/Adorno, Theodor W. (2003): Dialektik der Aufklärung (1944). Frankfurt/Main.

Hurst, Matthias (1996): Erzählsituationen in Literatur und Film. Ein Modell zur vergleichenden Analyse von literarischen Texten und filmischen Adaptionen. Tübingen (= Medien in Forschung und Unterricht 40).

Hüther, Jürgen (Hrsg.) (2001): Vom Schauen und Gestalten: Adolf Reichweins Medienpädagogik. München.

Issing, Ludwig J./Klimsa, Paul (Hrsg.) (1995): Information und Lernen mit Multimedia. Weinheim.

Jacobsen, Wolfgang/Kaes, Anton/Prinzler, Hans Helmut (Hrsg.) (2004): Geschichte des deutschen Films. 2. Aufl. Stuttgart.

Jahn-Sudmann, Andreas/Kempken, Markus (2011): Flow-Motion. In: Lexikon der Filmbegriffe. URL: https://filmlexikon.uni-kiel.de/index.php?action=lexikon&tag=det&id=3448.

Jansen, Peter W. (1999): PSYCHO (1959/60). In: Beier/Seeßlen (Hrsg.). S. 403–407.

Jolles, André (1956): Einfache Formen. Legende/Sage/Mythe/Rätsel/Spruch/Kasus/Memorabile/Märchen/Witz. Halle a.d.S.

Jones, Paul (2016): Andrew Marr asks Michael Gove: are you our Frank Underwood from House of Cards? The presenter compared the Tory leadership candidate to the scheming politician from the Netflix drama. In: RadioTimes (03.07.2016). URL: https://www.radiotimes.com/news/2016-07-03/andrew-marr-asks-michael-gove-are-you-our-frank-underwood-from-house-of-cards/. (zuletzt aufgerufen 29.09.2020)

Jost, Roland/Kammerer, Ingo (2012): Filmanalyse im Deutschunterricht: Spielfilmklassiker. München (= Oldenbourg Interpretationen 113).

Josting, Petra/Maiwald, Klaus (Hrsg.) (2010): Verfilmte Kinderliteratur. Gattungen, Produktion, Distribution, Rezeption und Modelle für den Deutschunterricht. München.

Josting, Petra/Kammler, Clemens/Schubert-Felmy, Barbara (Hrsg.) (2008): Literatur zur Wende. Grundlagen und Unterrichtsmodelle für den Deutschunterricht der Sekundarstufen I und II. Baltmannsweiler.

Kästner, Erich (1996): Emil und die Detektive (1929). 141. Aufl. Hamburg u. Zürich.

Kammerer, Ingo (2006): Literaturverfilmung im Deutschunterricht. Zur filmischen Transformation literarischen Erzählens am Beispiel des „Tonio Kröger". In: Frederking (Hrsg.). S. 161–178.

Kammerer, Ingo (2008): „Einsamkeit zu zweit" – von der eigentümlichen Paarbeziehung verfilmter Lyrik. In: Gans u.a. (Hrsg.). S. 59–70.

Kammerer, Ingo (2009): Film, Genre, Werkstatt. Textsortensystematisch fundierte Filmdidaktik im Fach Deutsch. Baltmannsweiler.

Kammerer, Ingo (2013a): „... dat krieje mer später!" 10 Jahre „FilmKanon" und Deutschdidaktik. In: Der Deutschunterricht. Jg. 64. H. 3. S. 76–80.

Kammerer, Ingo (2013b): Geschöpftes Leben. Anmerkungen zum Genre des Dokumentarfilms. In: Literatur im Unterricht. Jg. 14. H. 3. S. 187–213.

Kammerer, Ingo (2014): „Der Kommissär stutzte ...". Differenzerfahrungen im (kleinen) Medienverbund um „Das Versprechen". In: Frederking/Krommer (Hrsg.). S. 247–266.

Kammerer, Ingo (2015a): Alfred Hitchcock, PSYCHO. In: Butzer/Zapf (Hrsg.). S. 105–125.

Kammerer, Ingo (2015b): Moving Realities. Zum Dokumentarfilm (im Deutschunterricht). In: ide – informationen zur deutschdidaktik. Jg. 39. H. 1. S. 48–56.

Kammerer, Ingo (2016): Goldene Spielregeln. Filmbildung und Genreästhetik. In: Blell u. a. (Hrsg.). S. 195–210.

Kammerer, Ingo (2017): „Dachten Sie, ich hätte Sie vergessen?" HOUSE OF CARDS oder: die schöne Intrige. In: Praxis Deutsch. Jg. 44. H. 261. S. 48–53.

Kammerer, Ingo (2019a): Tom Tykwer, LOLA RENNT. In: Butzer/Zapf (Hrsg.). S. 107–125.

Kammerer, Ingo (2019b): Hitchcock. Angstgelächter in der Zelle. Frankenthal.

Kammerer, Ingo/Kepser, Matthis (2014): Dokumentarfilm im Deutschunterricht. Eine Einführung. In: Dies. (Hrsg.). S. 11–72.

Kammerer, Ingo/Kepser, Matthis (Hrsg.) (2014): Dokumentarfilm im Deutschunterricht. Baltmannsweiler (= Film Bildung Schule 1).

Kamp, Werner/Rüsel, Manfred (1998): Vom Umgang mit Film. Berlin.

Kappelhoff, Hermann (2002): Film und Psychoanalyse. In: Felix (Hrsg.). S. 130–167.

Kargl, Reinhard (2006): Wie Film erzählt. Wege zu einer Theorie des multimedialen Erzählens im Spielfilm. Frankfurt/Main.

Katz, Steven D. (1999): Die richtige Einstellung. Shot by Shot. Zur Bildsprache des Films. 2. Aufl. Frankfurt/Main.

Kelleter, Frank (2012): Populäre Serialität. Eine Einführung. In: Ders. (Hrsg.): Populäre Serialität: Narration. Evolution. Distinktion. Zum seriellen Erzählen seit dem 19. Jahrhundert. Bielefeld. S. 11–46.

Kepser, Matthis (Hrsg.) (2010): Fächer der schulischen Filmbildung. München.

Kepser, Matthis (2002): Auf den Spuren eines Zeit-Spiel-Films. Anregungen zu LOLA RENNT. In: Praxis Deutsch. Jg. 29. H. 175. S. 44–50.

Kepser, Matthis (2008a): Spielfilmbildung an deutschen Schulen: Fehlanzeige? Spielfilmnutzung – Spielfilmwissen – Spielfilmdidaktik im Abiturjahrgang 2006. Eine empirische Erhebung. In: Didaktik Deutsch. Jg. 13. H. 24. S. 24–47.

Kepser, Matthis (2008b): Brauchen wir einen Filmkanon? Ein Vorschlag für eine schulinterne Initiative. In: Der Deutschunterricht. Jg. 60. H. 3. S. 20–32.

Kepser, Matthis (2008c): Computer- und Videospiele. In: Wild (Hrsg.). S. 484–495.

Kepser, Matthis (2010): Handlungs- und produktionsorientiertes Arbeiten mit Spielfilmen. In: Ders. (Hrsg.). S. 187–240.

Kepser, Matthis (2012a): Der doppelte Film im Kopf. Rezeption von Literaturverfilmungen: Perspektiven für ihre empirische Erforschung und die unterrichtliche Praxis am Beispiel von „Krabat" und „Der Vorleser". In: Disoski u. a. (Hrsg.). S. 105–120.

Kepser, Matthis (2012b): Der Filmvorspann im Deutschunterricht: Text oder Paratext? Mit einer Analyse der Titelsequenz von LOLA RENNT. In: Baum/Laudenberg (Hrsg.). S. 75–92.

Kepser, Matthis (2013): Computerspielbildung. Auf dem Weg zu einer kompetenzorientierten Didaktik des Computerspiels. In: Boelmann/Seidler (Hrsg.). S. 13–48.

Kepser, Matthis (2016): DIE ABENTEUER DES PRINZEN ACHMED (D 1926). Die Geburt des Animationsfilms aus dem Geist des Papiers. In: Maiwald u. a. (Hrsg.). S. 29–47.

Kepser, Matthis (unter Mitarbeit von Finja Wünsch) (2016): Teilkommentierte Fachbibliografie Film- und Fernsehdidaktik im Schulfach Deutsch 2016. Version 1.0. Universität Bremen. URL: http://www.kinderundjugendmedien.de/images/pdf/Fachbibliographie_Filmdidaktik_2016.pdf.

Kepser, Matthis/Abraham, Ulf (2016): Literaturdidaktik Deutsch. Eine Einführung. 4., völlig neu bearb. u. erw. Aufl. Berlin (= Grundlagen der Germanistik 42).

Kepser, Matthis/Surkamp, Carola (2016): Literaturverfilmungen in den Fächern Deutsch und Englisch. Chancen und Risiken einer weit verbreiteten Film(genre)-didaktik. In: Blell u. a. (Hrsg.). S. 213–232.

Kern, Peter Christoph (1996): Wie laufen sie denn ... ja wie laufen sie denn? Eine filmische Sehschule im Deutschunterricht. In: Der Deutschunterricht. Jg. 48. H. 3. S. 100–104.

Kern, Peter Christoph (2004): Film. In: Bogdal/Korte (Hrsg.). S. 217–229.

Kern, Peter Christoph (2006): Die Emotionsschleuder. Affektpotential und Affektfunktion im Erzählfilm. In: Frederking (Hrsg.). S. 19–45.

Kern, Peter Christoph (2012): ALS OB und SO WIE. Semiotische Grundlagen von Theater und Kino. In: Pfeiffer/Roelcke (Hrsg.). S. 219–236.

Kessler, Frank (2002): Filmsemiotik. In: Felix (Hrsg.). S. 104–129.

Keutzer, Oliver/Lauritz, Sebastian/Mehlinger, Claudia/Moormann, Peter (2014): Filmanalyse. Wiesbaden (= Film, Fernsehen, Neue Medien).

Kiefer , Bernd (1995): 2001: ODYSSEE IM WELTRAUM. In: Koebner (Hrsg.). Bd. 3. S. 129–135.

Kiefer, Bernd (2011): Filmtheorie. In: Koebner (Hrsg.). S. 248–254.

Kiefer, Bernd/Grob, Norbert (2003): Einleitung. In: Dies. (Hrsg.): Filmgenres. Western. Stuttgart (= Reclams UB 18402). S. 12–40.

Klant, Michael (2012): Grundkurs Film 3: Die besten Kurzfilme: Materialien für die Sek. I und II. Braunschweig.

Klant, Michael/Spielmann, Raphael (2008): Grundkurs Film 1. Kino – Fernsehen – Videokunst. Braunschweig.

Klein, Thomas (2011): Storyboard. In: Koebner (Hrsg.). S. 695–697.

Kliewer, Heinz-Jürgen/Pohl, Inge (Hrsg.) (2012): Lexikon Deutschdidaktik. Bd. 1: A–L; Bd. 2: M-Z. 2., unveränd. Aufl. Baltmannsweiler.

Klippel, Heike (2002): Feministische Filmtheorie. In: Felix (Hrsg.). S. 168–190.

Knilli, Friedrich (Hrsg.) (1971): Semiotik des Films. Mit Analysen kommerzieller Pornos und revolutionärer Agitationsfilme. Frankfurt/Main (= Literaturwissenschaft/Medien).

Knilli, Friedrich/Reiss, Erwin (1971): Einführung in die Film- und Fernsehanalyse. Ein ABC für Zuschauer. Steinbach.

Knoch, Linde (2000): Märchen und Medien. In: Franz/Kahn (Hrsg.). S. 60–66.

Koebner, Thomas (Hrsg.) (1995): Filmklassiker. Beschreibungen und Kommentare in vier Bänden. Stuttgart.

Koebner, Thomas (Hrsg.) (2011): Reclams Sachlexikon des Films. 3., aktual. u. erw. Aufl. Stuttgart.

Koebner, Thomas/Felix, Jürgen (2007): Einleitung. In: Dies. (Hrsg.): Filmgenres. Melodram und Liebeskomödie. Stuttgart (= Reclams UB 18409). S. 9–18.

Koebner, Thomas/Gerdes, Julia (2011): Filmmusik. In: Koebner (Hrsg.). S. 223–229.

Koebner, Thomas/Wulff, Hans Jürgen (2013): Einleitung. In: Dies. (Hrsg.): Filmgenres. Thriller. Stuttgart (= Reclams UB 19145). S. 9–17.

Kohler, Michael (2005): VERTIGO. In: Holighaus (Hrsg.). S. 113–119.

Königstein, Horst (1971): Es war einmal ein Westen: Stereotyp und Bewußtsein. Wie sich marktkonforme Ästhetik selber zum Thema machen kann und was der Italo-Western damit zu tun hat. In: Ehmer (Hrsg.). S. 299–333.

Köppert, Christine (1999): Innere Bilder zu „laufenden Bildern". Wahrnehmung, Vorstellungsbildung, vorstellungsgetragene Deutung am Beispiel von SCHINDLERS LISTE. In: Praxis Deutsch. Jg. 26. H. 154. S. 53–59.

Köppert, Christine (2001): „Ich hab auf dich gewartet, 'ne halbe Ewigkeit." Filmzeit, verfilmte Zeit. Eine Skizze zum Dechiffrierungsangebot in der Ausgangsstory von LOLA RENNT. In: Dies./Metzger (Hrsg.). S. 247–259.

Köppert, Christine/Metzger, Klaus (Hrsg.) (2001): „Entfaltung innerer Kräfte". Blickpunkte der Deutschdidaktik. Festschrift für Kaspar H. Spinner anlässlich seines 60. Geburtstages. Velber.

Köppert, Christine/Spinner, Kaspar (2003): Filmdidaktik: Imaginationsorientierte Verfahren zu bewegten Bildern. In: Deubel/Kiefer (Hrsg.). S. 59–73.

Kolbe, Jürgen (Hrsg.) (1973): Neue Ansichten einer künftigen Germanistik. München.

Korte, Helmut (2010): Einführung in die Systematische Filmanalyse. 4., neu bearb. und erw. Aufl. Berlin.

Kötter, Engelbert/Schmolke, Philipp (2004): Spielfilmanalyse: Mythos und Kult. Berlin (= Kursthemen Deutsch).

Kracauer, Siegfried (1985): Theorie des Films. Die Errettung der äußeren Wirklichkeit (1960). Vom Verfasser revidierte Übersetzung von Friedrich Walter und Ruth Zellschan. Hgg. v. Karsten Witte. Frankfurt/Main (= stw 546).

Kratzenberg, Marco (2018): Was ist ein Showrunner? Das GIGA-Filmlexikon. URL: https://www.giga.de/artikel/was-ist-ein-showrunner-das-giga-filmlexikon/.

Krausser, Helmut (1999): Lola. Ein Nachwort, viel zu früh. In: Töteberg (Hrsg.). S. 35–39.

Kreimeier, Klaus (2004): Dokumentarfilm (1892–2003). In: Jacobsen u. a. (Hrsg.). S. 431–460.

Kreuzer, Helmut (1999): Arten der Literaturadaption (1981). In: Gast (Hrsg.). S. 27–31.

Krommer, Axel (2006): Lyrik und Film. Filmtheoretische, literaturwissenschaftliche und mediendidaktische Anmerkungen zur wechselseitigen Erhellung der Künste. In: Marci-Boehncke/Rath (Hrsg.). S. 81–92.

Krützen, Michaela (2004): Dramaturgie des Films. Wie Hollywood erzählt. Frankfurt/Main.

Krützen, Michaela (2005): Filmanfänge. Was der Beginn eines Films über sein Ende verrät. In: Der Deutschunterricht. Jg. 57. H. 3. S. 79–84.

Kuchenbuch, Thomas (1978): Filmanalyse. Theorien, Modelle, Kritik. Köln.

Kuchenbuch, Thomas (2005): Filmanalyse. Theorien, Modelle, Kritik. 2. Aufl. Wien u. a.

Kuhn, Markus (2011): Filmnarratologie. Ein erzähltheoretisches Analysemodell. Berlin u. New York (= Narratologia 26).

Kuhn, Markus/Scheidgen, Irina/Weber, Nicola Valeska (Hrsg.) (2013): Filmwissenschaftliche Genreanalyse. Eine Einführung. Berlin u. Boston.

Kümmerling-Meibauer, Bettina/Koebner, Thomas (Hrsg.) (2010): Filmgenres: Kinder- und Jugendfilm. Stuttgart.

Kurwinkel, Tobias/Schmerheim, Philipp (2013): Kinder- und Jugendfilmanalyse. Konstanz (= UTB 3885).

Kuzminykh, Ksenia (2015): Willkommen auf Deutsch. In: Praxis Deutsch. Jg. 42. H. 253. S. 51–58.

Lacaf, Sarina (2020): Lola. URL: https://www.kinofenster.de/themen-dossiers/aktuelles-dossier/dossier-rw-fassbinder-lola-film/.

Lämmert, Eberhard (1991): Bauformen des Erzählens (1955). 8., unv. Aufl. Stuttgart.

Lange, Sigrid (2007): Einführung in die Filmwissenschaft. Darmstadt.

Laura Mulvey (1973): Visuelle Lust und Narratives Kino. In: Albersmeier (Hrsg.) (1998). S. 389–408.

Leitzke-Ungerer, Eva (2016): Lernaufgaben für die sprachbezogene Filmbildung. Am Beispiel des französischen Films Intouchables. In: Blell u. a. (Hrsg.). S. 111–134.

Lensing, Jörg U. (2005): Filmton. In: Schleicher/Urban (Hrsg.). S. 109–154.

Lessing, Gotthold Ephraim (1999): Hamburgische Dramaturgie (1769). Hgg. u. kommentiert v. Klaus L. Berghahn. Bibl. ergänzte Ausg. Stuttgart.

Leubner, Martin (2010): Filmgeschichte mit Ufa-Klassikern im Unterricht. In: Kepser (Hrsg.). S. 147–162.

Leubner, Martin/Saupe, Anja (2006): Filme, Narrationen und Schule. Filmdidaktik als Teil einer medienintegrativen Erzähldidaktik. In: Frederking (Hrsg.). S. 46–61.

Leubner, Martin/Saupe, Anja (2012): Erzählungen in Literatur und Medien und ihre Didaktik. Baltmannsweiler.

Leubner, Martin/Saupe, Anja/Richter, Matthias (2012): Literaturdidaktik. 2., aktual. Aufl. Berlin.

Lipp, Thorolf (2012): Spielarten des Dokumentarischen. Einführung in Geschichte und Theorie des Nonfiktionalen Films. Marburg.

Liptay, Fabienne (2004): WunderWelten. Märchen im Film. Remscheid.

Lischke, Ute (2014): Berlin as a ‚New' Metropolis? Tom Tykwer's LOLA RENNT. In: Desmarais (Hrsg.). S. 91–104.

Lohmeier, Anke-Marie (1996): Hermeneutische Theorie des Films. Tübingen (= Medien in Forschung und Unterricht 42).

Lorenz, Matthias M. (Hrsg.) (2010): Film im Literaturunterricht. Von der Frühgeschichte des Films bis zum Symmedium Computer. Freiburg.

Ludewig, Alexandra/Keller, Mathias (2001): Nietzsche ist nicht tot. Zumindest nicht in LOLA RENNT. In: German Notes and Reviews. Jg. 32. H. 2. S. 130–148.

Lüthi, Max (2005): Das europäische Volksmärchen (1947). 15. Aufl. Tübingen.

Maaßen, Ludwig/Wember, Bernward (1999): Professor Bernward Wember Medienkritiker im Gespräch mit Dr. Ludwig Maaßen (Sendung vom 22.03.1999). URL: https://www.br.de/fernsehen/ard-alpha/sendungen/alpha-forum/bernward-wember-gespraech100.html.

Maiwald, Klaus (2006): Geschlechterrollen und andere Katastrophen. Zur Re- und Dekonstruktion von Zeichenhaftigkeiten eines Hollywood-Films. In: Frederking (Hrsg.). S. 116–129.

Maiwald, Klaus (2008): „... und wenn er nicht gestohlen wird, dann fährt sie ihn noch heute ..." – das Märchen in der dispositiven Vielfalt medialer Aktualisierungen. In: Beisbart/Kerkhoff-Hader (Hrsg.). S. 156–175.

Maiwald, Klaus (2010): Der dreifache Emil – ästhetisches Lernen an den Verfilmungen von Erich Kästners Detektivklassiker. In: Kepser (Hrsg.). S. 123–145.

Maiwald, Klaus (2013a): Filmdidaktik und Filmästhetik – Lesen und Verstehen audiovisueller Texte. In: Frederking u. a. (Hrsg.). S. 221–242.

Maiwald, Klaus (2013b): Film und/als Literatur. Zum Stellenwert des Films im Literaturunterricht. In: Literatur im Unterricht. Jg. 14. H. 3. S. 161–167.

Maiwald, Klaus (2014a): „... das Überleben dieser wunderbaren Geschöpfe". Tierdokumentationen zwischen Information und Indoktrination. In: Kammerer/Kepser (Hrsg.). S. 73–89.

Maiwald, Klaus (2014b): „ ... hat das Zeug zum Klassiker". Andreas Steinhöfels Kinderkrimi *Rico, Oskar und die Tieferschatten* und Zielbereiche des Umgangs mit Literatur. In: Literatur im Unterricht. Jg. 15. H. 3. S. 165–178.

Maiwald, Klaus (2015a): „Ganz schön faule Typen". Inhalt und Machart eines Films über Wale erschließen. In: Praxis Deutsch. Jg. 42. H. 253. S. 12–19.

Maiwald, Klaus (2015b): Vom Film zur Literatur. Moderne Klassiker der Literaturverfilmung im Medienvergleich. Stuttgart (= Reclams UB 17686).

Maiwald, Klaus (2017a): Aktuelle Tendenzen des Märchenfilms. Erweiterte Gratifikationen und Adressierungen am Beispiel *Schneewittchen.* In: Dettmar u. a. (Hrsg.). S. 373–394.

Maiwald, Klaus (2017b): "Goose Bumps" – How the Language of Film Enters into Language-Teaching with Films. In: Thaler (Hrsg.). S. 27–36.

Maiwald, Klaus (2018): Konkurrenzen und Korrespondenzen. Filme/Verfilmungen für Kinder und Jugendliche – am Beispiel von RICO, OSKAR UND DIE TIEFERSCHATTEN (2014). In: Bannasch/Matthes (Hrsg.), S. 127–143.

Maiwald, Klaus (2019): Intermedialität – zur Einführung in das Thema. In: Ders. (Hrsg.). S. 1–22.

Maiwald, Klaus (Hrsg.) (2019): Intermedialität. Formen – Diskurse – Didaktik. Baltmannsweiler.

Maiwald, Klaus/Josting, Petra (Hrsg.) (2010): Comics und Animationsfilm. München (= Jahrbuch Medien im Deutschunterricht für 2009).

Maiwald, Klaus/Meyer, Anna-Maria/Pecher, Claudia Maria (Hrsg.) (2016): „Klassiker" des Kinder- und Jugendfilms. Baltmannsweiler.

Maiwald, Klaus/Wamser, Willi (2010): Schluss mit Märchen!? Was der Animationsfilm *Shrek* für literarästhetisches und medienkulturelles Lernen zu bieten hat. In: Maiwald/Josting (Hrsg.). S. 108–121.

Mann, Thomas (1995): Der Tod in Venedig (1912). In: Ders.: Sämtliche Erzählungen in zwei Bänden. Bd. 1. Frankfurt/Main S. 436–516.

Mann, Heinrich (1985): Professor Unrat oder Das Ende eines Tyrannen (1905). Frankfurt/Main.

Marci-Boehncke, Gudrun (1996): Wie Schüler SCHLAFES BRUDER sehen. Keinen Bogen um Fragebögen: die „kleine Empirie" im Unterricht. In: Praxis Deutsch. Jg. 23. H. 140. S. 50–55.

Marci-Boehncke, Gudrun/Rath, Matthias (Hrsg.) (2006): BildTextZeichen lesen. Intermedialität im didaktischen Diskurs. München.

Marschall, Susanne (2011): Komödie. In: Koebner (Hrsg.). S. 363–370.

Martinez, Matias/Scheffel, Michael (2007): Einführung in die Erzähltheorie. 7. Aufl. München.

Matlock, Eva (2005): ALLES ÜBER MEINE MUTTER. In: Holighaus (Hrsg.), S. 257–264.

Matt, Peter von (2006): Die Intrige. Theorie und Praxis der Hinterlist. München u. Wien.

Matthias, Dieter (1974): Wie ein Film erzählt. Eine semiotische Analyse. In: Praxis Deutsch. Jg. 2. H. 8. S. 55–60.

Maurer, Björn (2010a): Subjektorientierte Filmbildung in der Hauptschule. Theoretische Grundlegung und pädagogische Konzepte für die Unterrichtspraxis. München (= medienpädagogik interdisziplinär 8).

Maurer, Björn (2010b): Schulische Filmbildung in der Praxis. Ein Curriculum für die aktive und rezeptive Filmarbeit in der Sekundarstufe I. München.

Mergenthaler, Volker (2006): Kreisfahrten. Überlegungen zum ästhetischen Potential eines filmischen ‚Stilmittels'. In: Zeitschrift für Ästhetik und Allgemeine Kunstwissenschaft. Jg. 52. H. 2. S. 269–286.

Metz, Christian (1972): Semiologie des Films. München.

Metz, Christian (1973): Sprache und Film. Frankfurt/Main

Meyer, Anna-Maria (2017): Störfaktor Vorlage? Zur Rolle der Vorlage bei der Rezeption von Verfilmungen. München (= Medien im Deutschunterricht – Beiträge zur Forschung 15).

Mikos, Lothar (2001): Fern-Sehen. Bausteine zu einer Rezeptionsästhetik des Fernsehens. Berlin (= BFF 57).

Mikos, Lothar (2003): Film- und Fernsehanalyse. Konstanz (= UTB 2415).

Möbius, Thomas (2008): Das „literarische Sehgespräch“ als sprachlich-kommunikative Vermittlungsweise bilddominierter Medienangebote. In: Rath u.a. (Hrsg.). S. 141–156.

Möbius, Thomas (2013): Kinderfilme sehen und verstehen. In: Abraham/Knopf (Hrsg.). S. 220–229.

Monaco, James (2002): Film verstehen. Kunst, Technik, Sprache, Geschichte und Theorie des Films und der neuen Medien. Sonderausgabe. Reinbek.

Monaco, James (2005): Film verstehen. Kunst, Technik, Sprache, Geschichte und Theorie des Films und der neuen Medien. 6. Aufl. d. überarb. u. erw. Neuausgabe. Reinbek.

Morsch, Thomas (2012): Serialität und metaleptische Erfahrung. In: Montage/av. Jg. 21. H. 1. S. 151–174.

Müller, Ines (2012): Filmbildung in der Schule. Ein filmdidaktisches Konzept für den Unterricht und die Lehrerbildung. München.

Mulvey, Laura (1973): Visuelle Lust und Narratives Kino. In: Albersmeier (Hrsg.) (1998). S. 389–408.

Munaretto, Stefan (2009): Wie analysiere ich einen Film? 2. Aufl. Hollfeld (= Königs Lernhilfen).

Niesyto, Horst (2006): Konzepte und Perspektiven der Filmbildung. In: Ders. (Hrsg.). S. 7–18.

Niesyto, Horst (Hrsg.) (2006): film kreativ. Aktuelle Beiträge zur Filmbildung. München.

Odin, Roger (2012): Dokumentarischer Film – dokumentarisierende Lektüre (1984). In: Hohenberger (Hrsg.). S. 259–275.

Paech, Joachim (1997): Literatur und Film. 2., überarb. Aufl. Stuttgart u. Weimar (= SM 235).

Paech, Joachim (2002): Intermedialität des Films. In: Felix (Hrsg.). S. 287–312.

Paech, Joachim (Hrsg.) (1975): Film- und Fernsehsprache I. Texte zur Entwicklung, Struktur und Analyse der Film- und Fernsehsprache. Frankfurt/Main (= Kommunikation/Sprache. Materialien für den Kurs- und Projektunterricht).

Paefgen, Elisabeth (2007): Film-Sehen und Literatur-Lesen oder: Wer zieht die Rollos hoch? In: Bertschi-Kaufmann (Hrsg.). S. 154–164.

Pasolini, Pier Paolo (1971): Die Sprache des Films. In: Knilli (Hrsg.). S. 38–55.

Peters, Jan Marie (1962): Die Struktur der Filmsprache. In: Albersmeier (Hrsg.) (1998). S. 371–388.

Pfeiffer, Joachim (2010): Die Abwesenheit des Films in der Schule. Anmerkungen zur frühen Filmgeschichte und zum Kulturkampf gegen das Kino am Beispiel des Films DAS CABINET DES DR. CALIGARI. In: Lorenz (Hrsg.). S. 19–30.

Pfeiffer, Joachim (2013): Literarische Gattungen im Literaturunterricht. In: Frederking u. a. (Hrsg.). S. 56–72.

Pfeiffer, Joachim/Roelcke, Thorsten (Hrsg.) (2012): Drama. Theater. Film. Würzburg.

Pfeiffer, Joachim/Staiger, Michael (2008): Zur Situation der Filmdidaktik. Einführung in das Themenheft. In: Der Deutschunterricht. Jg. 60. H. 3. S. 2–7.

Pfeiffer, Joachim/Staiger, Michael (2010): Grundkurs Film 2. Filmkanon, Filmklassiker, Filmgeschichte. Braunschweig.

Pinkas, Claudia/Seidler, Andreas (2014): Ästhetische und kommunikative Strategien im Wissenschaftsfilm. Das Beispiel ABSOLUTE ZERO. In: Kammerer/Kepser (Hrsg.). S. 143–159.

Plummer, Patricia (2007): Short story. In: Burdorf u. a. (Hrsg.). S. 706.

Prinzler, Hans Helmut (2004): Chronik, 1895–2004. Ereignisse, Personen, Filme. In: Jacobsen u. a. (Hrsg.). S. 567–616.

Prinzler, Hans Helmut (2005): STAGECOACH. In: Holighaus (Hrsg.). S. 57–64.

Pudowkin, Wsewolod I. (1928): Filmregie und Filmmanuskript. In: Albersmeier (Hrsg.) (1998). S. 70–73.

Rajewsky. Irina O. (2002): Intermedialität. Tübingen u. Basel (= UTB 2261).

Rajewsky. Irina O. (2019): Literaturbezogene Intermedialität. In: Maiwald (Hrsg.). S. 49–75.

Rath, Matthias/Kepser, Matthis/Frederking, Volker (Hrsg.) (2008): Log In! Kreativer Deutschunterricht und Neue Medien. Festschrift für Hartmut Jonas. München.

Rathmann, Claudia (2010): „Alles ist möglich!?" Zeichentrickserien im Deutschunterricht. In: Maiwald/Josting (Hrsg.). S. 94–107.

Rauch, Marja (2012): Jugendliteratur der Gegenwart. Grundlagen, Methoden, Unterrichtsvorschläge. Seelze.

Rebello, Stephen (2013): Hitchcock und die Geschichte von Psycho. 2. Aufl. München.

Reich, Uschi (2005): EMIL UND DIE DETEKTIVE. In: Holighaus (Hrsg.). S. 51–56.

Renner, Karl Nikolaus (2001): Die Text-Bild-Schere. Zur Explikation eines anscheinend eindeutigen Begriffs. URL: https://journalismus.uni-mainz.de/publication/die-text-bild-schere-zur-explikation-eines-anscheinend-eindeutigen-begriffs/

Richter, Karin (2000): Veränderte Kindheit und Märchenrezeption unter gewandelten gesellschaftlichen und medialen Bedingungen. In: Franz/Kahn (Hrsg.). S. 134–144.

Robnik, Drehli (2002): Körper-Erfahrung und Film-Phänomenologie. In: Felix (Hrsg.). S. 246–286.

Röhrich, Lutz (2000): Grimmsalabim. Die neuen Märchen der Brüder Grimm auf dem Weg zum Klassiker? In: Franz/Kahn (Hrsg.). S. 99–107.

Röhrich, Lutz (2003): Schneewittchen – Ein Beitrag zur volkskundlichen und literaturwissenschaftlichen Erzählforschung. In: Franz (Hrsg.). S. 5–32.

Ruckriegl, Peter/Koebner, Thomas (2011): Literaturverfilmung. In: Koebner (Hrsg.). S. 410–413.

Rüsel, Manfred (2019): Horrorfilm. In: Anders/Staiger u.a. S. 113–126.

Rußegger, Arno (2003): Nulla dies sine kinema. Eine kleine Einführung in die Filmanalyse in sechs Abschnitten. In: ide – informationen zur deutschdidaktik. Jg. 27. H. 4. S. 17–35.

Sadoul, Georges (1982): Geschichte der Filmkunst (1955). Frankfurt/Main.

Sannwald, Daniela (1995): DER BLAUE ENGEL. In: Koebner (Hrsg.). Bd. 1. S. 206–209.

Schaefer, Eduard (Hrsg.) (1981): Medien und Deutschunterricht. Vorträge des Germanistentages Saarbrücken 1980. Tübingen.

Schanze, Helmut (2000): Gesamtkunstwerk. In: Schnell (Hrsg.). S. 180–182.

Schernickau, Mirko (2011): Steadicam. In: Koebner (Hrsg.). S. 692 f.

Scheuerl, Hans (1975): Zur Begriffsbestimmung von „Spiel“ und „spielen“. In: Zeitschrift für Pädagogik. Jg. 21. H. 3. S. 341–349.

Schimmelpfennig, Wencke (2020): „Lola rennt” bald durch Bollywood. URL: https://www.kinoundco.de/news/lola-rennt-bollywood.

Schleicher, Harald/Urban, Alexander (2005): Kamera. In: Dies. (Hrsg.). S. 11–68.

Schleicher, Harald/Urban, Alexander (Hrsg.) (2005): Filme machen. Technik, Gestaltung, Kunst. Klassisch und digital. Frankfurt/Main.

Schlütz, Daniela (2018): Binging Quality-TV. Nutzung und Rezeption fiktionaler Qualitätsserien. In: Der Deutschunterricht. Jg. 70. H. 6. S. 18–25.

Schmidt, Frederike/Winkler, Iris (2015): An informelles Filmwissen anknüpfen! Empirische Befunde zum Spielfilmverstehen von Schülerinnen und Schülern. In: Didaktik Deutsch. Jg. 20. H. 38. S. 80–96.

Schmidt, Klaus M./Schmidt, Ingrid (Hrsg.) (2001): Lexikon Literaturverfilmungen. Verzeichnis deutschsprachiger Filme 1945–2000. 2., erw. u. aktual. Aufl. Stuttgart.

Schmitt, Christoph (2003): Mediale Adaptionen von Märchen – Bruch oder Wandel tradierter Erzählformen? In: Franz (Hrsg.). S. 142–167.

Schmitt, Christoph (Hrsg.) (2008): Erzählkulturen im Medienwandel. Münster.

Schneider, Michael (2001): Vor dem Dreh kommt das Buch. Ein Leitfaden für das filmische Erzählen. Gerlingen.

Schneider, Norbert Jürgen (1990): Handbuch FilmMusik I. Musikdramaturgie im Neuen Deutschen Film. 2., überarb. Aufl. München (= kommunikation audiovisuell. Beiträge aus der HFF 13).

Schnell, Ralf (2000): Medienästhetik. Zu Geschichte und Theorie audiovisueller Wahrnehmungsformen. Stuttgart u. Weimar.

Schnell, Ralf (Hrsg.) (2000): Metzler Lexikon Kultur der Gegenwart. Stuttgart u. Weimar.

Schöffel, Reinhold T. (2005): DIE BRÜCKE. In: Holighaus (Hrsg.). S. 120–125.

Schönleber, Matthias (2012): Schnittstellen. Modelle für einen filmintegrativen Literaturunterricht. Frankfurt/Main.

Schörkhuber, Wolfgang (2003): Film im Deutschunterricht – Literaturtransporteur, Filmanalyse oder was? In: ide – informationen zur deutschdidaktik. Jg. 27. H. 4. S. 8–16.

Schröder, Nicolaus (2005): LA STRADA. In: Holighaus (Hrsg.). S. 100–106.

Schubert, Klaus (1957): Das Filmgespräch mit Jugendlichen. Grundsätzliches und Praktisches. München/Basel.

Schulz, Werner (2007): DAS LEBEN DER ANDEREN hat keinen Preis verdient. In: Welt (25.02.2007). URL: https://www.welt.de/politik/article734960/Das-Leben-der-anderen-hat-keinen-Preis-verdient.html.

Schuppach, Sandra (2004): Tom Tykwer. Mainz.

Schwahl, Markus (2010): „Behindert. Aber nur im Kopf und nur manchmal." Alterität und Identität in Andreas Steinhöfels Rico und Oskar-Romanen. In: Der Deutschunterricht. Jg. 62. H. 3. S. 80–84.

Schweinitz, Jörg (2002): Von Filmgenres, Hybridformen und goldenen Nägeln. In: Selmer/Wulff (Hrsg.). S. 79–92.

Selmer, Jan/Wulff, Hans J. (Hrsg.) (2002): Film und Psychologie – nach der kognitiven Phase? Marburg.

Seeßlen, Georg (2005a): M – EINE STADT SUCHT EINEN MÖRDER. In: Holighaus (Hrsg.). S. 41–50.

Seeßlen, Georg (2005b): CITIZEN KANE. In: Holighaus (Hrsg.). S. 69–76.

Seipel, Silvia (1998): Uraufführung von Tom Tykwers neuem Film umjubelt. LOLA RENNT am Puls der Zeit. In: Rhein-Zeitung (17.08.1998). URL: http://archiv.rhein-zeitung.de/on/98/08/17/magazin/news/lolafeat.html#top. (zuletzt aufgerufen 29.09.2020)

Silbermann, Alphons/Schaaf, Michael/Adam, Gerhard (1980): Filmanalyse. Grundlagen, Methoden, Didaktik. München (= Analysen zur deutschen Sprache und Literatur).

Sindermann, Frank (2016): Interaktives Storytelling mit Twine. Bundeszentrale für politische Bildung. URL: https://www.bpb.de/lernen/digitale-bildung/werkstatt/227691/interaktives-storytelling-mit-twine.

Sinka, Margit (2000): Tom Tykwer's LOLA RENNT: A Blueprint of Millenial Berlin. In: Glossen. 11. URL: http://www2.dickinson.edu/glossen/heft11/lola.html.

Spielmann, Raphael (2011): Filmbildung! Traditionen, Modelle, Perspektiven. München.

Spinner, Kaspar H. (1987): Wider den produktionsorientierten Literaturunterricht – für produktive Verfahren. In: Diskussion Deutsch. Jg. 16. H. 98. S. 601–611.

Spinner, Kaspar H. (1990): Moderne Kurzprosa in der Sekundarstufe I. 4. Aufl. Hannover.

Spinner, Kaspar H. (2012): Kommunikationsorientierter Deutschunterricht. In: Kliewer/Pohl (Hrsg.), Bd. 1. S. 316–318.

Staiger, Emil (1977): Die Kunst der Interpretation. Studien zur deutschen Literaturgeschichte (1955). München.

Staiger, Michael (2008): Grundbegriffe der Filmanalyse. In: Der Deutschunterricht. Jg. 60. H. 3. S. 8–18.

Staiger, Michael (2010a): Literaturverfilmung im Deutschunterricht. München (= Oldenbourg Interpretationen 112)

Staiger, Michael (2010b): (Un-)Sichtbare Schnitte. Zur Geschichte und Didaktik der Filmmontage. In: Kepser (Hrsg.). S. 163–184.

Staiger, Michael (2016a): „Nach Haus, nach Haus, nach Haus". Elliott und E.T. auf Heldenreise. In: Maiwald u. a. (Hrsg.). S. 91–106.

Staiger, Michael (2016b): New – Neuer – Nouvelle. Filmische Erneuerungsbewegungen der 1960er und 1970er Jahre im sprachfächerübergreifenden Unterricht. In: Blell u. a. (Hrsg.). S. 233–248.

Stanzel, Franz K. (1993): Typische Formen des Romans (1964). 12. Aufl. Göttingen (= Kleine Vandehoeck-Reihe 1187).

Stanzel, Franz K. (2001): Theorie des Erzählens (1979). 7. Aufl. Göttingen (= UTB 904)

Steinbrenner, Marcus/Wiprächtiger-Geppert, Maja (2006): Literarisches Lernen im Gespräch. Das „Heidelberger Modell" des Literarischen Unterrichtsgesprächs. In: Praxis Deutsch. Jg. 33. H. 200. S. 14–15.

Steinhöfel, Andreas (2008): Rico, Oskar und die Tieferschatten. Hamburg.

Steinhöfel, Andreas (2009): Rico, Oskar und das Herzgebreche. Hamburg.

Steinig, Wolfgang/Huneke, Werner (2015): Sprachdidaktik Deutsch. Eine Einführung. 5., neu bearb. u. erw. Aufl. Berlin.

Steinitz, David (2017): Batman braucht Ruhe. Unter den Top Ten der erfolgreichsten Kinofilme des Jahres 2017 sind sechs Fortsetzungen und vier Remakes. Muss das sein? Zum Jahresausklang ein paar Anregungen für ein aufregenderes Hollywood. In: Süddeutsche Zeitung (16./17.12.2017).

Steinitz, David (2018): Rasen durch Oasen. Steven Spielberg hat den Science-Fiction-Bestseller READY PLAYER ONE verfilmt, eine Schatzsuche in der virtuellen Realität. Der Film zeigt, warum der berühmte Regisseur für das Kino Fluch und Segen zugleich ist. In: Süddeutsche Zeitung (04.04.2018).

Steinitz, David (2019): Popcorn-Premiere. Netflix bringt eigene Filme für kurze Zeit in die Kinos, bevor sie in der Online-Videothek landen. Das macht Ärger. In: Süddeutsche Zeitung (31.08./01.09.2019).

Surkamp, Carola (2010): Zur Bedeutung der Schulung filmästhetischer Kompetenz aus der Sicht unterschiedlicher Fächer. In: Kepser (Hrsg.). S. 85–108.

Swarowsky, Heinz (1976): Das Fernsehen im Literaturunterricht. Einführende Bemerkungen zur Unterrichtsreihe des Fernsehens der DDR AUS DER SOZIALISTISCHEN LITERATUR UND DEM NATIONALEN LITERARISCHEN ERBE. In: Deutschunterricht. H. 7/8. S. 390–393.

Swarowsky, Heinz (1986): DER NACKTE KÖNIG. Zur Arbeit mit der Unterrichtssendung des Fernsehens im Literaturunterricht der Klasse 5. In: Deutschunterricht. H. 2/3. S. 132–134.

Tesch, Gerhard (1987): Romanverfilmung im Unterricht. In: Diskussion Deutsch. Jg. 18. H. 95. S. 209–233.

Thaler, Engelbert (Hrsg.) (2017): Short Films in Language Teaching. Tübingen.

Thiel, Hans Peter/Würmli, Marcus (Übs. u. Bearb.) (1995): Wie die Bilder laufen lernten. Ein Spaziergang durch die Geschichte der Traumfabrik: Hundert Jahre Kino. Mannheim (= Meyers Jugendbibliothek).

Thomann, Jörg (2018): 20 Jahre LOLA RENNT. Grüße aus dem Lolaland. In: Frankfurter Allgemeine Zeitung (12.08.2018). URL: https://www.faz.net/aktuell/feuilleton/kino/20-jahre-lola-rennt-was-ist-uebrig-geblieben-15723111.html.

Thompson , Kristin (1988): Neoformalistische Filmanalyse. Ein Ansatz, viele Methoden. In: Albersmeier (Hrsg.) (1998). S. 409–446.

Thompson, Kristin/Bordwell, David (2004): Film History. An Introduction. 2. Aufl. Boston.

Tomkowiak, Ingrid (2017): Capture the Imagination. 100 Jahre Disney-Märchenanimationsfilme. In: Dettmar u. a. (Hrsg.). S. 121–141.

Töteberg, Michael (1999): Run, Lola, Run. In: Ders. (Hrsg.). S. 44–49.

Töteberg, Michael (Hrsg.) (1999): Szenenwechsel. Momentaufnahmen des jungen deutschen Films. Reinbek.

Töteberg, Michael (Hrsg.) (2003): Tom Tykwer. LOLA RENNT. Mit Bildern von Frank Griebe. 4. Aufl. Reinbek.

Truffaut, François (2012): Mr. Hitchcock, wie haben Sie das gemacht? (1966). Aktualis. Taschenbuchausg. 7. Aufl. München.

Türschmann, Jörg (2007): Die Metalepse. In: Montage/av. Jg. 16. H. 2. S. 105–112.

Tykwer, Tom/Althen, Michael (1999): Generalschlüssel fürs Kino. In: Töteberg (Hrsg.). S. 17–33.

Tykwer, Tom/Beier, Lars-Olav (2008): Zehn Jahre LOLA RENNT. „Auf das Triebhafte bin ich sehr stolz". In: Spiegel online (20.08.2008). URL: https://www.spiegel.de/kultur/kino/zehn-jahre-lola-rennt-auf-das-triebhafte-bin-ich-sehr-stolz-a-573217.html. (zuletzt aufgerufen 29.09.2020)

Tykwer, Tom/Suchsland, Rüdiger (1998): Tykwer spricht. Ein Gespräch mit dem Regisseur von LOLA RENNT. URL: https://www.artechock.de/film/text/interview/t/tykwer_1998.htm.

Ulshöfer, Robert (1958): Welchen Raum können Filmerziehung und Hörspielarbeit im Deutschunterricht der Gymnasien beanspruchen? In: Der Deutschunterricht. Jg. 10. H. 3. S. 8–13.

Uther, Hans-Jörg (2008): Handbuch zu den „Kinder- und Hausmärchen" der Brüder Grimm. Entstehung, Wirkung, Interpretation. Berlin u. a.

Vertov, Dziga (1922): Wir. Variante eines Manifestes. In: Hohenberger (Hrsg.) (1998). S. 64–66.

Vertov, Dziga (1924): „Kinoglaz". In: Albersmeier (Hrsg.) (1998). S. 51–53.

ViJay (2017): Robert. URL: https://www.fanfiktion.de/s/597decbb0002938b1a67074a/1/Robert.

Vogler, Christopher (1999): Die Odyssee des Drehbuchschreibers. Über die mythologischen Grundmuster des amerikanischen Erfolgskinos. 3., aktual. u. erw. Aufl. Frankfurt/Main.

Volk, Stefan (2004): Filmanalyse im Unterricht. Zur Theorie und Praxis von Literaturverfilmungen. Braunschweig u. a. (= EinFach Deutsch).

Vossen, Ursula (2003): SHREK – DER TOLLKÜHNE HELD. In: Friedrich (Hrsg.). S. 229–233.

Wacker, Kristina (2017): Filmwelten verstehen und vermitteln. Konstanz u. München (= UTB 8696).

Wagener, Andrea/Biederbick, Dankwart/Elsholz, Heide/Ostertag, Michael (Red.)/Landesinstitut für Schule und Weiterbildung (2000): Film als Gegenstand fachübergreifenden und fächerverbindenden Arbeitens in der gymnasialen Oberstufe. Beiträge der Fächer des Aufgabenbereichs I: Deutsch, Kunst, Literatur, Musik. Bönen.

Waldmann, Günter (1980): Literatur zur Unterhaltung (2 Bde.). Hamburg.

Waldmann, Günter (2016): Produktiver Umgang mit Literatur im Unterricht. Grundriss einer produktiven Hermeneutik. Theorie, Didaktik, Verfahren, Modelle. 11., unv. Neuaufl. Baltmannsweiler (= Deutschdidaktik Aktuell 1).

Wale und Delfine. Die sanften Riesen (2013). Nürnberg (= WAS IST WAS 85).

Walzel, Oskar (1917): Wechselseitige Erhellung der Künste. Ein Beitrag zur Würdigung kunstgeschichtlicher Begriffe. Berlin (= Philosophische Vorträge, veröffentlicht von der Kant-Gesellschaft 15). URL: https://archive.org/details/wechselseitigeer00walz.

Wardetzky, Kristin (2000): Mogelpackung. SIMSALAGRIMM für den Kindergarten. In: Märchenspiegel. Jg. 11. H. 1. S. 29–30.

Weber, Nicola Valeska (2013): Melodrama. In: Kuhn u. a. (Hrsg.). S. 91–113.

Weber, Tanja/Junklewitz, Christian (2008): Das Gesetz der Serie – Ansätze zur Definition und Analyse. In: MEDIENwissenschaft. Jg. 25. H. 1. S. 13–31.

Weinert, Franz E. (2001): Vergleichende Leistungsmessung in Schulen – eine umstrittene Selbstverständlichkeit. In: Ders. (Hrsg.): Leistungsmessungen in Schulen. Weinheim u. a. S. 17–31.

Wember, Bernward (1972): Objektiver Dokumentarfilm? Modell einer Analyse und Materialien für den Unterricht. Berlin (= Didaktische Modelle).

Wermke, Jutta (1997): Integrierte Medienerziehung im Fachunterricht. Schwerpunkt: Deutsch. München.

Whalen, Tim (2000): Run Lola Run. URL: http://www.tomwhalen.com/Old/files/criti cism/RunLolaRun.html.

Wild, Reiner (Hrsg.) (2008): Geschichte der deutschen Kinder- und Jugendliteratur. Stuttgart.

Winkler, Willi (2013): US-Serie House of Cards – Es ist Brecht, Dummkopf. In: Süddeutsche Zeitung (14.11.2013). URL: https://www.sueddeutsche.de/medien/us-serie-house-of-cards-es-ist-brecht-dummkopf-1.1818346.

Wolff, Jürgen (1983): Literaturverfilmungen. Hgg. v. d. Landesbildstelle Württemberg. Stuttgart.

Wrobel, Dieter (2008): Rückblicke auf die DDR im Film zwischen Erinnerungs- und Rekonstruktionsmodus. In: Josting u. a. (Hrsg.). S. 180–196.

Wrobel, Dieter (2016): Flucht-Texte – Flucht-Orte [Basisartikel]. In: Praxis Deutsch. Jg. 43. H. 257. S. 4–13.

Wulff, Hans J. (1988): Die signifikativen Funktionen der Farben im Film. In: Kodikas/ Code 11, H. 3–4, S. 363–276.

Wulff, Hans J. (1999): Darstellen und Mitteilen. Elemente der Pragmasemiotik des Films. Tübingen.

Wulff, Hans J. (2002): Der Plan macht's. Wahrnehmungspsychologische Experimente zur Filmmontage. In: Beller (Hrsg.). S. 178–189.

Wulff, Hans J. (2012a): Backstory Wound. In: Lexikon der Filmbegriffe. URL: http:// filmlexikon.uni-kiel.de/index.php?action=lexikon&tag=det&id=5928.

Wulff, Hans J. (2012b): roter Hering. In: Lexikon der Filmbegriffe. URL: https://film lexikon.uni-kiel.de/index.php? action=lexikon&tag=det&id=477.

Zeitlinger, Eva (2003): Unterhaltungsfilme im Unterricht? Versuch einer Begründung in Theorie und Praxis. In: ide – informationen zur deutschdidaktik. Jg. 27. H. 4. S. 78–85.

Zitzlsperger, Helga (2000): Märchenrezeption von Kindern. In: Franz/Kahn (Hrsg.). S. 14–30.

Netzquellen (letzter Aufruf am 29.09.2020)

AG Kino – Gilde deutscher Filmkunsttheater e.V., Stellungnahme zur Novellierung des Filmförderungsgesetzes vom 25. März 2019: https://www.bundesregierung.de/resource/blob/973862/1612052/430831626265b1490e2ab621a2f31ef6/2019–05–16-ffg-ag-kino-stellungnahme-data.pdf?download=1

Architektur CALIGARI: https://www.welt.de/wissenschaft/article124255258/Dr-Caligari-laesst-den-Schlafwandler-wieder-morden.html#cs-Das-Cabinet-des-Dr-Caligari-D-1919Li-2.jpg

Bundesverband Jugend und Film: FilmKanon: http://www.bjf.info/filmKanon/

Bundesverband Jugend und Film: https://www.bjf.info/

Bundeszentrale für politische Bildung (BpB) (2013): Film im NS-Staat: https://www.BpB.de/geschichte/nationalsozialismus/geheimsache-ghettofilm/153344/film-im-ns-staat

Bundeszentrale für politische Bildung: FilmKanon (2005): http://www.BpB.de/gesell schaft/bildung/filmbildung/filmKanon/

Der Besondere Kinderfilm: http://der-besondere-kinderfilm.de/

Deutscher Jugendfilmpreis: https://www.deutscher-jugendfilmpreis.de/home.html

Die Welt vom 10.01.2018 zu TANNBACH: https://www.welt.de/regionales/bayern/article172352661/Fraenkischer-Bund-bemaengelt-Dialekt-in-ZDF-Serie-Tannbach.html

Dieffenbachstraße 93 in Berlin: https://www.google.de/maps/@52.4942773,13.410672,3a,75y,115.35h,92.36t/data=!3m6!1e1!3m4!1saMF4GNew6VLAblKuIZ-88Q!2e0!7i13312!8i6656

Disney/Neuschwanstein: https://www.focus.de/regional/muenchen/umland/ludwig-ii-inspirierte-walt-disney-neuschwanstein-traumschloss-eines-maerchenkoenigs_id_3648864.html

DrehbuchWerkstatt München: Treatment: https://www.drehbuchwerkstatt.de/Fachtexte/Treatment.html

Duden: https://www.duden.de/rechtschreibung/Femme_fatale.

Emmy Awards 2013: https://www.youtube.com/watch?v=msx4Xr8y6Cs

Erklärvideo Lichtblick: https://vimeo.com/265717107

European Children's Film Association: https://www.ecfaweb.org/

Fanfiction.de. Das Fanfiction-Archiv: HOUSE OF CARDS: https://www.fanfiktion.de/House-of-Cards/c/300000924/1/updatedate

Filmplakat KRABAT: https://www.fbw-filmbewertung.com/film/krabat

GÄNSEHAUT (D 2015): https://qwergelesen.de/kurzfilm-gaensehaut

Greenlight Media: http://greenlightmedia.com/kids-classic-simsalagrimm-finds-a-new-home/

High Noon: https://filmarchiv.chamberofunderstanding.net/podcast/Ep15_High Noon.jpg

House of Cards Junkie (Parody): https://www.youtube.com/watch?v=VlL4RFvzNKI

House of Cards, Plakat Staffel 1: https://www.imdb.com/title/tt1856010/mediaviewer/rm919970304

House of Cards, Plakat Staffel 6: https://www.imdb.com/title/tt1856010/mediaviewer/rm3983309312

House of Cards, Trailer Staffel 5: https://www.youtube.com/watch?v=iLqfO7isnfk

Internationale Kurzfilmtage Oberhausen: https://www.kurzfilmtage.de/

Ives, Charles: The Unanswered Question. hr-Sinfonieorchester. Andrés Orozco-Estrada: https://www.youtube.com/watch?v=WBiL0VEttZw

Japanischer Film: https://de.wikipedia.org/wiki/Japanischer_Film

Kepser (2014): Audiokommentar Gänsehaut: https://www.youtube.com/watch?v=BvBRM6Br4BA

KMK-Standards Abitur (2012): http://www.kmk.org/fileadmin/veroeffentlichungen_beschluesse/2012/2012_10_18-Bildungsstandards-Deutsch-Abi.pdf

KMK-Standards Mittlerer Bildungsabschluss (2003): www.kmk.org/fileadmin/veroeffentlichungen_beschluesse/2003/2003_12_04-BS-Deutsch-MS.pdf

Kompilation: Erste Filme der Brüder Lumière: https://www.youtube.com/watch?v=JGugm8Dzmuc

Kritik Ben Hur: http://www.filmstarts.de/kritiken/1532.html

Länderkonferenz MedienBildung: Filmbildung. Kompetenzorientiertes Konzept für die Schule. Überarbeitete Fassung 2015: https://www.visionkino.de/fileadmin/user_upload/lehrplan/Kompetenzorientiertes_Konzept_Filmbildung_fu%CC%88r_die_Schule_2015.pdf

Lehrplan Deutsch Stadtteilschulen Hamburg (2011): https://www.hamburg.de/contentblob/2372470/d7d69bc24fed2b9fea66b8e455d0bfb5/data/deutsch-sts.pdf

Lehrplan Grundschule Sachsen (2019): https://www.schule.sachsen.de/lpdb/web/downloads/2_lp_gs_deutsch_2019.pdf?v2

LehrplanPLUS Bayern Deutsch Gymnasium: https://www.lehrplanplus.bayern.de/fachlehrplan/gymnasium/5/deutsch

https://www.lehrplanplus.bayern.de/fachlehrplan/gymnasium/8/deutsch

https://www.lehrplanplus.bayern.de/fachlehrplan/gymnasium/11/deutsch

Lexikon der Filmbegriffe Uni Kiel: Storyboard: https://filmlexikon.uni-kiel.de/index.php?action=lexikon&tag=det&id=350

Lieder/Musikstücke SimsalaGrimm: https://www.musik-sammler.de/release/simsala-grimm-cd-714628/

Lola rennt (Plakat): https://www.filmposter-archiv.de/filmplakat.php?id=679

LOLA RENNT (Plakat): https://www.filmposter-archiv.de/filmplakat.php?id=27004

LOLA RENNT. Der Soundtrack zum Film. Introduction Theme: https://www.youtube.com/watch?v=cAG49M6WPIw

Merchandising SimsalaGrimm: https://www.spreadshirt.de/user/SimsalaGrimm/kinder+&+babys

Moviechat.org. HOUSE OF CARDS Discussion: https://moviechat.org/tt1856010/House-of-Cards

Movie-College München: Drehbuch: https://www.movie-college.de/filmschule/drehbuch/aeussere-form/drehbuchauszug

Movie-College München: Exposé: https://www.movie-college.de/filmschule/drehbuch/expose;

Mr. Bean im Kino: https://www.youtube.com/watch?v=LbuqQT2kNGg&list=RDiVCt3OLPsFM&index=12&app=desktop

Netflix-Abonnent*innen: https://de.statista.com/statistik/daten/studie/196642/umfrage/abonnenten-von-netflix-quartalszahlen/

Neuschwanstein: https://about-a-journey.com/wp-content/uploads/2019/11/Schloss-Neuschwanstein-3–1.jpg

Online-Prospekt zu WAS IST WAS: https://www.book2look.com/book/xoWtjEZO2X

President Obama imitates Frank Underwood for April Fools Day: https://www.youtube.com/watch?v=kUjbb9Vj_G4

Programmplatz „Kurzschluss" bei ARTE: https://www.arte.tv/de/videos/kino/kurzfilme/

RICO, OSKAR UND DIE TIEFERSCHATTEN, Besucherzahlen: http://www.filmstarts.de/kritiken/221599/charts/

RICO, OSKAR UND DIE TIEFERSCHATTEN, Interview der Hauptdarsteller und der Regisseurin: https://www.youtube.com/watch?v=BqQMgc_JmK8

RICO, OSKAR UND DIE TIEFERSCHATTEN, Kundenrezensionen: https://www.amazon.de/Rico-Oskar-Tieferschatten-Anton-Petzold/productreviews/B00YWEAWU8/ref=cm_cr_arp_d_ paging_btm_next_2?ie=UTF8&reviewerType=all_reviews&pageNumber=2

RICO, OSKAR UND DIE TIEFERSCHATTEN, Songtext „Supermänner": https://www.songtexte.com/songtext/blumentopf/supermanner-33b964a9.html

RICO, OSKAR UND DIE TIEFERSCHATTEN, Trailer: https://www.youtube.com/watch?v=WkjM6FIWekI

RICO, OSKAR UND DIE TIEFERSCHATTEN, Unterschiede zum Buch: https://de.wikipedia.org/wiki/Rico,_Oskar_und_die_Tieferschatten_(Film)#Unterschiede_zum_Buch

Schattenstil NOSFERATU: https://www.nytimes.com/watching/titles/nosferatu

Schönheitswahn: https://www.youtube.com/watch?v=8KI9iUqyFbs

Spinner: Kurzprosa: https://opus.bibliothek.uni-augsburg.de/opus4/frontdoor/deliver/index/docId/3023/file/Spinner_Kurzprosa.pdf

STAR TREK: https://static.posters.cz/image/750/bilder/raumschiff-enterprise-boldly-go-i23652.jpg

Tassensprung: https://www.sprachfoerderung.eu/baustein/der-tassensprung/

THE BIG SLEEP: https://www.youtube.com/watch?v=LF_chuSy9G4 (2:29)

THE GREAT TRAIN ROBBERY: HTTPS://WWW.IMDB.COM/TITLE/TT0000439/MEDIAVIEWER/RM3350585344?REF_=TTMI_MI_ALL_POS_13

The Lumière Brothers' First Films: https://www.youtube.com/watch?v=LtZORqB_WAM

Verkaufszahlen AVATAR: https://de.wikipedia.org/wiki/Avatar_%E2%80%93_Aufbruch_nach_Pandora

Vorleseprobe SimsalaGrimm-Buch: https://www.oetinger.de/buch/mein-grosses-maerchenbuch-simsalagrimm/9783770701407

WAS IST WAS TV: https://www.fernsehserien.de/was-ist-was-tv

WAS IST WAS-Seite des Tessloff-Verlags: https://www.wasistwas.de/home.html

Webportal *Film noir*: https://www.der-film-noir.de/v1/

WAGON TRAIN: https://images-na.ssl-images-amazon.com/images/I/91GzeJ3E%2BHL._SL1500_.jpg

What is Motion – Eadweard Muybridge: https://www.youtube.com/watch?v=6XGEq37Dnso

Wikipedia ALS HITLER DAS ROSA KANINCHEN STAHL (D 2019): https://de.wikipedia.org/wiki/Als_Hitler_das_rosa_Kaninchen_stahl_(2019)

Wikipedia: 2001: ODYSSEE IM WELTRAUM: https://de.wikipedia.org/wiki/2001:_Odyssee_im_Weltraum

Wikipedia: DER BLAUE ENGEL: https://de.wikipedia.org/wiki/Der_blaue_Engel

Wikipedia: LOLA: https://de.wikipedia.org/wiki/Lola_(1981)

Wikipedia: Match Cut: https://de.wikipedia.org/wiki/Match_Cut

Wikipedia: PSYCHO: https://de.wikipedia.org/wiki/Psycho_(1960)

Wikipedia: VERTIGO: https://de.wikipedia.org/wiki/Vertigo_%E2%80%93_Aus_dem_Reich_der_Toten

Wikipedia: ENDSTATION SEHNSUCHT: https://de.wikipedia.org/wiki/Endstation_Sehnsucht_(1951)

Wikipedia *femme fatale*: https://de.wikipedia.org/wiki/Femme_fatale

Wikpedia Grauwal: http://de.wikipedia.org/wiki/Grauwal

Zuschauerzahlen für FROZEN/DIE EISKÖNIGIN (USA 2013) in Deutschland: https://de.wikipedia.org/wiki/Die_Eisk%C3%B6nigin_%E2%80%93_V%C3%B6llig_unverfroren#Einspielergebnis

Filmographie

2001: A Space Odyssey/2001: Odyssee im Weltraum (R. Stanley Kubrick, UK/USA 1968)

À bout de souffle/Ausser Atem (R. Jean-Luc Godard, F 1960)
A Clockwork Orange/Uhrwerk Orange (R. Stanley Kubrick, GB 1971)
A Hard Day's Night/Yeah! Yeah! Yeah! (R. Richard Lester, GB 1965)
A Rainy Day in New York (R. Woody Allen, USA 2019)
A Streetcar Named Desire/Endstation Sehnsucht (R. Elia Kazan, USA 1951)
Abre los ojos/Öffne die Augen (R. Alejandro Amenábars, ESP 1997)
All about Eve/Alles über Eva (R. Joseph L. Mankiewicz, USA 1950)
All That Heaven Allows/Was der Himmel erlaubt (R. Douglas Sirk, USA 1955)
Als Hitler das rosa Kaninchen stahl (R. Caroline Link, D 2019)
Als wir träumten (R. Andreas Dresen, D 2015).
American Beauty (R. Sam Mendes, USA 1999)
Angst essen Seele auf (R. R. W. Fassbinder, BRD 1974)
Annie Hall/Der Stadtneurotiker (R. Woody Allen, USA 1977)
Apocalypse Now (R. Francis Ford Coppola, USA 1979)
Avatar/Aufbruch nach Pandora (R. James Cameron, USA 2009)
Avengers: Endgame (R. Anthony und Joe Russo, USA 2019)

Babel (R. Alejandro Gonzáles Iñárritu, F/USA/MEX 2006)
Barbara (R. Christian Petzold, D 2012)
Barry Lyndon (R. Stanley Kubrick, GB 1975)
Ben Hur (R. William Wyler, USA 1959)
Birdman or (The Unexpected Virtue of Ignorance)/Birdman oder (Die unverhoffte Macht der Ahnungslosigkeit) (R. Alejandro Gonzáles Iñárritu, USA 2014)
Birth of a Nation/Geburt einer Nation (R. David W. Griffith, USA 1915)
Blair Witch Project (R. Daniel Myrick/Eduardo Sánchez, USA 1999)
Blow Up (R. Michelangelo Antonioni, GB 1966)
Blue Jasmine (R. Woody Allen, USA 2013)
Borat (R. Larry Charles, USA 2006)
Bowling for Columbine (R. Michael Moore, CND/USA/D 2002)
Bringing Up Baby/Leoparden küsst man nicht (R. Howard Hawks, USA 1938)
Brokeback Mountain (R. Ang Lee, USA/CND 2005)

C'era una volta il West/Once Upon a Time in the West/Spiel mir das Lied vom Tod (R. Sergio Leone, I/USA 1968)

Casablanca (R. Michael Curtiz, USA 1942)

Cendrillon/Aschenputtel (R. Georges Méliès, F 1899)

Chinatown (R. Roman Pola´nski, USA 1974)

Cinderella/Aschenputtel (R. Clyde Geronimi/Wilfred Jackson/Hamilton Luske, USA 1950)

Citizen Kane (R. Orson Welles, USA 1941)

Cloud Atlas (R. Lana und Andy Wachowski/Tom Tykwer, D/USA 2012)

Dances with Wolves/Der mit dem Wolf tanzt (R. Kevin Costner, USA 1990)

Das Boot (R. Wolfgang Petersen, BRD 1981)

Das boxende Känguruh (R. Max und Emil Skladanowsky, D 1895)

Das Cabinet des Dr. Caligari (R. Robert Wiene, D 1920)

Das Leben der Anderen (R. Florian Henckel von Donnersmarck, D 2006)

Das Parfum – Die Geschichte eines Mörders (R. Tom Tykwer, D/E/USA 2006)

Das weisse Band (R. Michael Haneke, D 2009)

Deadpool (R. Tim Miller, USA 2016)

Der Arzt von Stalingrad (R. Géza von Radványi, BRD 1958)

Der blaue Engel (R. Joseph von Sternberg, D 1930)

Der Florentiner Hut (R. Wolfgang Liebeneiner, D 1939)

Der Junge im gestreiften Pyjama (R. Mark Hermann, UK/USA 2008)

Der kleine Muck (R. Wolfgang Staudte, DDR 1953)

Der Name der Rose (R. Jean-Jacques Annaud, BRD/F/I 1986)

Der Untertan (R. Wolfgang Staudte, DDR 1951)

Der verlorene Schuh (R. Ludwig Berger, D 1923)

Der verlorene Sohn (R. Luis Trenker, D 1934)

Die Abenteuer des Prinzen Achmed (R. Lotte Reiniger, D 1926)

Die Brücke (R. Bernhard Wicki, BRD 1959)

Die Ehe der Maria Braun (R. R. W. Fassbinder, BRD 1979)

Die Klavierspielerin (R. Michael Haneke, D 2001)

Die Mörder sind unter uns (R. Wolfgang Staudte, D 1946)

Die Spur der Steine (R. Frank Beyer, DDR 1966)

Die Blechtrommel (R. Volker Schlöndorff, BRD 1979)

Django Unchained (R. Quentin Tarantino, USA 2012)

Don't look now/Wenn die Gondeln Trauer tragen (R. Nicolas Roeg, I/GB 1973)

Double Indemnity/Frau ohne Gewissen (R. Billy Wilder, USA 1944)

EASY RIDER (R. Dennis Hopper, USA 1969)
EMIL UND DIE DETEKTIVE (R. Gerhard Lamprecht, D 1931)

FAHRENHEIT 9/11 (R. Michael Moore, USA 2004)
FANTASMAGORIE (R. Émile Cohl, F 1908)
FARGO (R. Joel David und Ethan Jesse Coen, USA 1996)
FAUST (R. Gustaf Gründgens/Peter Gorski, BRD 1960)
FIGHT CLUB (R. David Fincher, USA 1999)
FONTANE EFFI BRIEST (R. Rainer Werner Fassbinder, BRD 1974)
FORREST GUMP (R. Robert Zemeckis, USA 1994)
FREE WILLY/FREE WILLY – RUF DER FREIHEIT (R. Simon Wincer, USA 1993)
FROZEN/DIE EISKÖNIGIN – VÖLLIG UNVERFROREN (R. Chris Buck/Jennifer Lee, USA 2013)
FUNNY GAMES US (R. Michael Haneke, USA/GB/F/A 2007)

GÄNSEHAUT (R. Laszlo I. Kish, CH 1993)
GÄNSEHAUT (R. Lydia Lipphardt, D 2015)
GET OUT (R. Jordan Peele, USA 2017)
GIANT/GIGANTEN (R. George Stevens, USA 1956)
GOLD (R. Thomas Arslan, D 2013)
GONE WITH THE WIND/VOM WINDE VERWEHT (R. Victor Fleming, USA 1939)
GOOD BYE, LENIN! (R. Wolfgang Becker, D 2003)
GOOSEBUMPS (R. ROB LETTERMAN, USA 2015)
GOOSEBUMPS 2: HAUNTED HALLOWEEN (R. Ari Sandel, USA 2018)
GROUNDHOG DAY/UND TÄGLICH GRÜSST DAS MURMELTIER (R. Harold Ramis, USA 1993)

HÄNDE WEG VON MISSISSIPPI (R. Detlev Buck, D 2007)
HARRY POTTER AND THE PHILOSOPHER'S STONE/HARRY POTTER UND DER STEIN DER WEISEN (R. Chris Columbus, GB/USA 2001)
HIGH NOON/12 UHR MITTAGS (R. Fred Zinnemann, USA 1952)
HITLERJUNGE QUEX (R. Hans Steinhoff, D 1933)

IDIOTERNE/IDIOTEN (R. Lars von Trier, DK 1998)
IN JENEN TAGEN (R. Helmuth Käutner, D 1947)
INCEPTION (R. Christopher Nolan, USA 2010)
INDEPENDENCE DAY (R. Roland Emmerich, USA 1996)
INTOLERANCE/INTOLERANZ (R. David W. Griffith, USA 1916)
INTOUCHABLES/ZIEMLICH BESTE FREUNDE (R. Olivier Nakache/Éric Toledano, F 2011)

INVASION OF THE BODY SNATCHERS/DIE KÖRPERFRESSER KOMMEN (R. Don Siegel, USA 1956)

IRGENDWO IN BERLIN (R. Gerhard Lamprecht, D 1946)

IRRÉVERSIBLE/IRREVERSIBEL (R. Gaspar Noé, F 2002)

JAWS/DER WEISSE HAI (R. Stephen Spielberg, USA 1975)

JUD SÜSS (R. Veit Harlan, D 1940)

JURASSIC PARK (R. Stephen Spielberg, USA 1993)

KATJA UND DER FALKE (R. Lars Hesselholdt, DK 1999)

KING KONG/KING KONG UND DIE WEISSE FRAU (R. Merian C. Cooper/Ernest B. Schoedsack, USA 1933)

KING KONG (R. Peter Jackson, USA/NZ 2005)

KRABAT (R. Marco Kreuzpaintner, D 2008)

L.A. CONFIDENTIAL (R. Curtis Hanson, USA 1997)

L' ARRIVÉE D' UN TRAIN EN GARE DE LA CIOTAT/DIE ANKUNFT EINES ZUGES AUF DEM BAHNHOF IN LA CIOTAT (R. Auguste und Louis Lumière, F 1895)

L'ARROSEUR ARROSÉ/DER BEGOSSENE RASENSPRENGER (R. Auguste und Louis Lumière, F 1895)

L'ILLUSIONNISTE FIN DE SIÈCLE/AN UP-TO-DATE CONJURER (R. Georges Méliès, F 1899)

LA SORTIE DE L' USINE LUMIÈRE Á LYON/DIE ARBEITER VERLASSEN DIE LUMIÈRE-WERKE (R. Auguste und Louis Lumière, F 1895)

LADRI DI BICICLETTE/FAHRRADDIEBE (R. Vittorio de Sica, I 1948)

LADY IN THE LAKE/DIE DAME IM SEE (R. Robert Montgomery, USA 1947)

LE VOYAGE DANS LA LUNE/DIE REISE ZUM MOND (R. George Méliès, F 1902)

LES QUATRE CENTS COUPS/SIE KÜSSTEN UND SIE SCHLUGEN IHN (R. François Truffaut, F 1959)

LOLA (R. Rainer Werner Fassbinder, BRD 1981)

LOLA RENNT (R. Tom Tykwer, D 1998)

LORD OF THE FLIES/DER HERR DER FLIEGEN (R. Harry Hook, UK 1963; R. Peter Brook, USA 1990)

LOST HIGHWAY (R. David Lynch, USA/F 1996)

LOST IN TRANSLATION (R. Sofia Coppola, USA/JPN 2003)

M – EINE STADT SUCHT EINEN MÖRDER (R. Fritz Lang, D 1931)

MARTHA (R. Rainer Werner Fassbinder, BRD 1974)

MATCHPOINT (R. Woody Allen, GB/USA/LU 2005)

MEMENTO (R. Christopher Nolan, USA 2000)
METROPOLIS (R. Fritz Lang, D 1927)
MIDNIGHT IN PARIS (R. Woody Allen, USA/ESP 2011)
MOBY DICK (R. John Huston, USA 1956)
MORTE A VENEZIA/DER TOD IN VENEDIG (R. Luchino Visconti, I 1971)
MULHOLLAND DRIVE (R. David Lynch, USA/F 2001)
MÜNCHHAUSEN (R. Joseph von Baky, D 1943)
MYSTERY TRAIN (R. Jim Jarmush, USA 1989)

NIGHT ON EARTH (R. Jim Jarmusch, USA 1991)
NORTH BY NORTHWEST/DER UNSICHTBARE DRITTE (R. Alfred Hitchcock, USA 1959)
NOSFERATU (R. Friedrich W. Murnau, D 1922)
NVA (R. Leander Haußmann, D 2005)

OKTOBER. ZEHN TAGE, DIE DIE WELT ERSCHÜTTERTEN (R. Sergej Eisenstein, UdSSR 1928)
OLYMPIA (R. Leni Riefenstahl, D 1938)
ONE FLEW OVER THE CUCKOO'S NEST/EINER FLOG ÜBER DAS KUCKUCKSNEST (R. Miloš Forman, USA 1975)
OSSESSIONE (R. Luchino Visconti, I 1943)

PANZERKREUZER POTEMKIN (R. Sergej Eisenstein, UdSSR 1925)
PINA (R. Wim Wenders, D 2011)
PLATOON (R. Oliver Stone, USA 1986)
POEM – ICH SETZTE DEN FUSS IN DIE LUFT UND SIE TRUG (R. Ralf Schmerberg, D/USA 2003)
PRETTY WOMAN (R. Garry Marshall, USA 1990)
PRINZESSIN MONONOKE (R. Hayao Miyazaki, J 1997)
PRZYPADEK/DER ZUFALL MÖGLICHERWEISE (R. Krzysztof Kie´slowski, PL 1981/1987)
PSYCHO (R. Alfred Hitchcock, USA 1960)
PULP FICTION (R. Quentin Tarantino, USA 1994)

RAMBO (R. Ted Kotcheff, USA 1982)
RASHOMON/DAS LUSTWÄLDCHEN (R. Akira Kurosawa, J 1950)
READY PLAYER ONE (R. Steven Spielberg, USA 2018)
REAR WINDOW/DAS FENSTER ZUM HOF (R. Alfred Hitchcock, USA 1954)
REBECCA (R. Alfred Hitchcock, USA 1940)
RICO, OSKAR UND DIE TIEFERSCHATTEN (R. Neele Vollmar, D 2014)

ROCKY (R. John G. Avildsen, USA 1976)

ROPE/COCKTAIL FÜR EINE LEICHE (R. Alfred Hitchcock, USA 1948)

ROSEN FÜR DEN STAATSANWALT (R. Wolfgang Staudte, D 1959)

RUSSIAN ARK – EINE EINZIGARTIGE ZEITREISE DURCH DIE EREMITAGE (R. Alexander Sokurow, RUS/D 2002)

SCHINDLER'S LIST/SCHINDLERS LISTE (R. Stephen Spielberg, USA 1993)

SCHWARZWALDMÄDEL (R. Hans Deppe, BRD 1950)

SHREK (R. Andrew Adamson/Vicky Jensen, USA 2001)

SHUTTER ISLAND (R. Martin Scorsese, USA 2010)

SIMSALAGRIMM – „Aschenputtel", „Dornröschen", „Rumpelstilzchen" „Tischleindeckdich", „Schneewittchen" (R. Chris Doyle/Gerhard Hahn, D 1999/2000)

SNOW WHITE AND THE HUNTSMAN (R. Rupert Sanders, USA 2012)

SNOW WHITE AND THE SEVEN DWARFS/SCHNEEWITTCHEN UND DIE SIEBEN ZWERGE (R. David D. Hand, USA 1937)

SONNENALLEE (R. Leander Haußmann, D 2001)

SONS OF THE DESERT/DIE WÜSTENSÖHNE (R. William A. Seiter, USA 1933)

SPEER UND ER (R. Heinrich Breloer, D 2005)

SPELLBOUND/ICH KÄMPFE UM DICH (R. Alfred Hitchcock, USA 1945)

SPIDER-MAN (R. Sam Raimi, USA 2002)

STAGECOACH/HÖLLENFAHRT NACH SANTA FÉ (R. John Ford, USA 1939)

STAR WARS/KRIEG DER STERNE (R. George Lucas, USA 1977)

STERNE (R. Konrad Wolf, DDR 1959)

STILLES LAND (R. Andreas Dresen, D 1992)

SUPERMAN RETURNS (R. Bryan Singer, USA 2006)

TAXI DRIVER (R. Martin Scorsese, USA 1976)

THE ARTIST (R. Michel Hazanavicius, F 2011)

THE AVIATOR/AVIATOR (R. Martin Scorsese, USA/D 2004)

THE BEAUTY AND THE BEAST (R. Bill Condon, USA 2017)

THE BIG SLEEP/TOTE SCHLAFEN FEST, R. Howard Hawks, USA 1946)

THE BIRDS/DIE VÖGEL (R. Alfred Hitchcock, USA 1963)

THE BOURNE ULTIMATUM/DAS BOURNE ULTIMATUM (R. Paul Greengrass, USA/D/GB 2007)

THE DAY AFTER TOMORROW (R. Roland Emmerich, USA 2004)

THE ENCHANTED DRAWING (o. R., USA 1900)

THE FATE OF THE FURIOUS/FAST & FURIOUS 8 (R. F. Gary Gray, USA 2017)

THE GAME (R. David Fincher, USA 1997)

THE GODFATHER/DER PATE (R. Francis Ford Coppola, USA 1972)

THE GOLD RUSH/GOLDRAUSCH (R. Charles Chapling, USA 1925)

THE GRADUATE/DIE REIFEPRÜFUNG (R. Mike Nichols, USA 1967)

THE GREAT DICTATOR/DER GROSSE DIKTATOR (R. Charlie Chaplin, USA 1940)

THE GREAT TRAIN ROBBERY/DER GROSSE EISENBAHNRAUB (R. Edwin S. Porter, USA 1903)

THE IRISHMAN (R. Martin Scorsese, USA 2019)

THE JAZZ SINGER/DER JAZZSÄNGER (R. Alan Crosland, USA 1927)

THE JUNGLE BOOK/DAS DSCHUNGELBUCH (R. Wolfgang Reitherman, USA 1967)

THE LAUNDROMAT/DIE GELDWÄSCHEREI (R. Steven Soderbergh, USA 2019)

THE LION KING/DER KÖNIG DER LÖWEN (R. John Favreau, USA 2019)

THE LION KING/DER KÖNIG DER LÖWEN (R. Roger Allers/Rob Minkoff, USA 1994)

THE MALTESE FALCON/DIE SPUR DES FALKEN (R. John Huston, USA 1941)

THE MATRIX/MATRIX (R. Andy und Larry/Lana Wachowski, USA/AUS 1999)

THE NAKED GUN: FROM THE FILES OF POLICE SQUAD!/DIE NACKTE KANONE (R. David Zucker, USA 1988)

THE PHILADELPHIA STORY/DIE NACHT VOR DER HOCHZEIT (R. George Cukor, USA 1940)

THE PLEDGE/DAS VERSPRECHEN (R. Sean Penn, USA 2001)

THE POSEIDON ADVENTURE/DIE HÖLLENFAHRT DER POSEIDON (R. Ronald Neame, USA 1973)

THE POSTMAN ALWAYS RINGS TWICE/WENN DER POSTMANN ZWEIMAL KLINGELT (R. Tay Garnett, USA 1946)

THE PRINCESS AND THE FROG/KÜSS DEN FROSCH (R. Jon Musker/Ron Clements, USA 2009)

THE SHINING/SHINING (R. Stanley Kubrick, USA 1980)

THE SILENCE OF THE LAMBS/DAS SCHWEIGEN DER LÄMMER (R. Jonathan Demme, USA 1991)

THE THING FROM ANOTHER WORLD/DAS DING AUS EINER ANDEREN WELT (R. Christian Nyby, USA 1951)

THE TRUMAN SHOW/DIE TRUMAN SHOW (R. Peter Weir, USA 1998)

THE WOLF OF WALL STREET (R. Martin Scorsese, USA 2013)

TIMECODE (R. Mike Figgis, USA 2000)

TITANIC (R. James Cameron, USA 1997)

TO BE OR NOT TO BE/SEIN ODER NICHTSEIN (R. Ernst Lubitsch, USA 1942)

TODO SOBRE MI MADRE/ALLES ÜBER MEINE MUTTER (R. Pedro Almodóvar, ESP 1999)

TOMMY (R. Ken Russell, GB 1975)

TONI ERDMANN (R. Maren Ade, D 2016)

TONIO KRÖGER (R. Rolf Thiele, BRD 1964)
TOY STORY (R. John Lasseter, USA 1995)
TRAINSPOTTING/TRAINSPOTTING – NEUE HELDEN (R. Danny Boyle, GB 1996)
TRIUMPH DES WILLENS (R. Leni Riefenstahl, D 1935)
TSCHICK (R. Fatih Akin, D 2016)
TWISTER (R. Jan de Bont, USA 1996)
TYSTNADEN/DAS SCHWEIGEN (R. Ingmar Bergman, SWE 1963)

VANILLA SKY (R. Cameron Crowe, USA 2001)
VERTIGO/VERTIGO – AUS DEM REICH DER TOTEN (R. Alfred Hitchcock, USA 1958)
VICE/VICE – DER ZWEITE MANN (R. Adam McKay, USA 2018)
VICTORIA (R. Sebastian Schipper, D 2015)

WALE UND DELFINE. (R. k.A., D 2006, WAS IST WAS-TV 2003)
WALTZ WITH BASHIR (R. Ari Folman, ISR/F/D 2008)
WENN DER VATER MIT DEM SOHNE (R. Hans Quest, BRD 1955)
WHO FRAMED ROGER RABBIT/FALSCHES SPIEL MIT ROGER RABBIT (R. Zemeckis, USA 1988)
WIENER BLUT (R. Willi Forst, D 1942)
WINTERSCHLÄFER (R. Tom Tykwer, D 1997)
WITWER MIT FÜNF TÖCHTERN (R. Erich Engels, BRD 1957)
WO IST DAS HAUS MEINES FREUNDES (R. Abbas Kiarostami, IRN 1988)
WRITTEN ON THE WIND/IN DEN WIND GESCHRIEBEN (R. Douglas Sirk, USA 1956)

YELLA (R. Christian Petzold, D 2007)

Fernsehserien (mit Startjahr)

Acht Stunden sind kein Tag (1972)
Babylon Berlin (2017)
Biene Maja (D/J 1975; Remake D 2013)
Bonanza (1959)
Breaking Bad (2008)
Columbo (1968)
Dallas (1978)
Die Geissens (2011)
Ein Herz und eine Seele (1973)
Game of Thrones (2011)
Gunsmoke/Rauchende Colts (1955)
Gute Zeiten, schlechte Zeiten (1992)
Holocaust (1978)
House of Cards (2013)

- *Staffel 1/Folge 1 (R. David Fincher, 2013)*
- *Staffel 2/Folge 1 (R. Carl Franklin, 2014)*
- *Staffel 5/Folge 9 (R. Roxann Dawson, 2017)*
- *Staffel 6/Folge 1 (R. Alik Sakharov, 2018)*

Looney Tunes (1930)
Meister Eder und sein Pumuckl (1982)
Once Upon a Time (2011)
Roots (1977)
Shaun the Sheep/Shaun das Schaf (2007)
Silly Symphonies (1929)
SimsalaGrimm (1999/2000)
South Park (1997)
Star Trek/Raumschiff Enterprise (1966)
Stranger Things (2016)
Stromberg (2004)
Tadellöser & Wolff (1975)
The Big Bang Theory (2007)
The Porky Pig Show/Schweinchen Dick (USA 1964; D 1972)
The Simpsons/Die Simpsons (1989)
The Sopranos (1999)
Wagon Train (1957)
Wickie und die starken Männer (1972)

Verzeichnis der Abbildungen

Verzeichnis der Tabellen

Stichwortverzeichnis